東京大学史料編纂所影印叢書 4

小笠原文書

東京大学史料編纂所編

八木書店

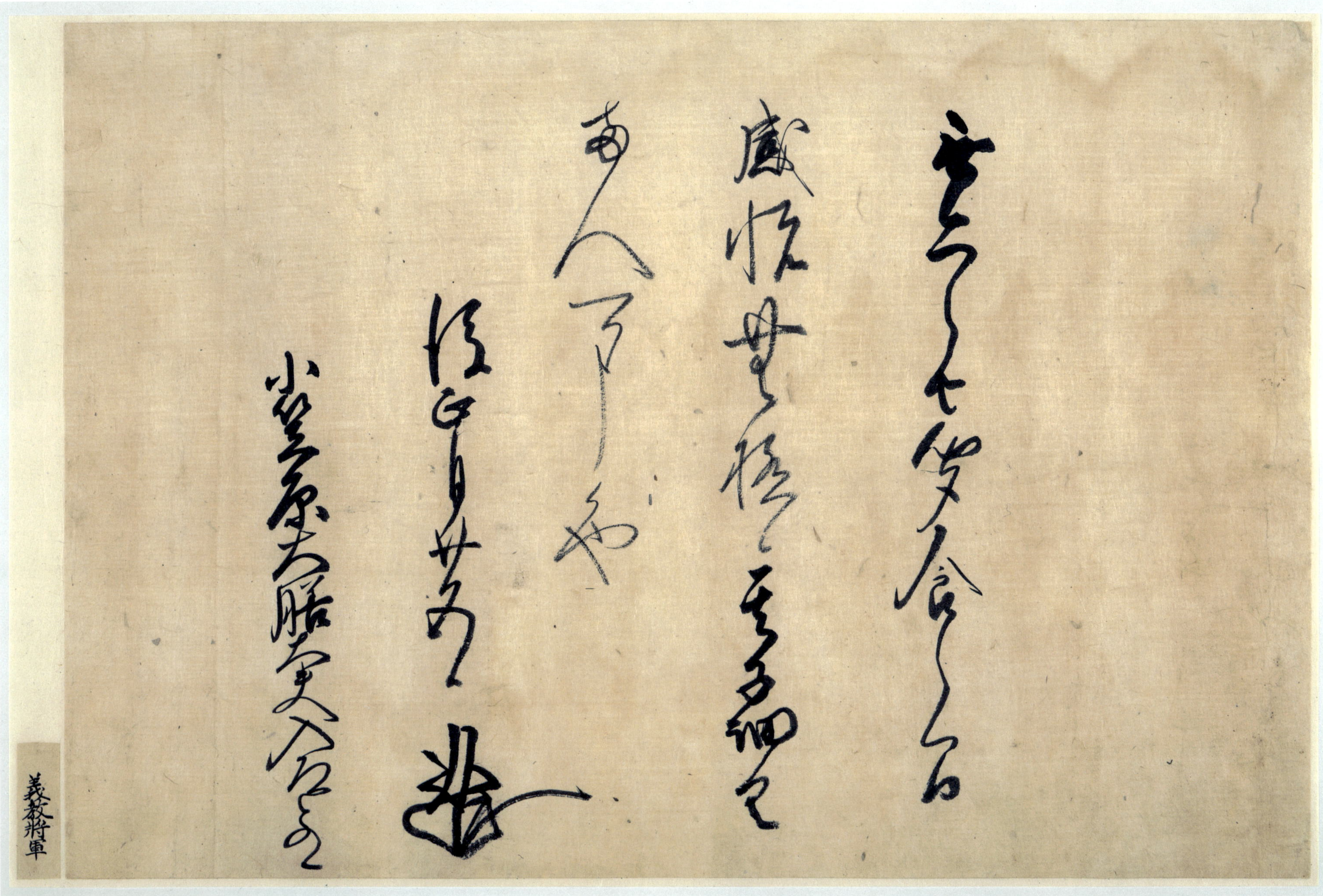

第二帖　32足利義教御内書　（永享十一年）閏正月二十五日　（七六頁）

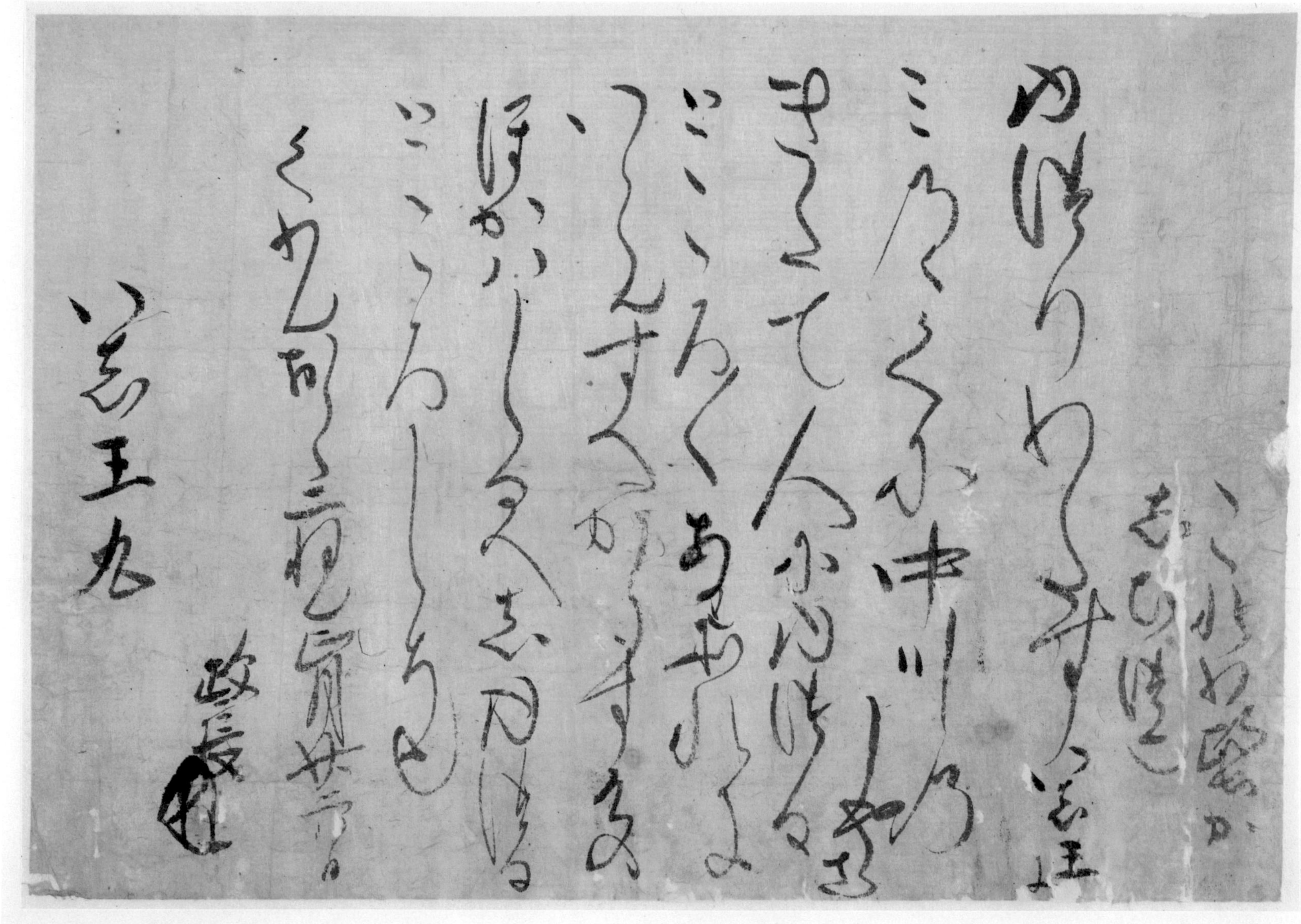

第一帖　27小笠原政長譲状　観応二年正月二十六日（二九頁）

例言

一、東京大学史料編纂所影印叢書は、東京大学史料編纂所が所蔵する原本史料等を精選し、影印によって刊行するものである。

一、本冊には、『小笠原文書』を収めた。

一、『小笠原文書』は、明治時代中頃、四帖の手鑑の形態に整理装丁されたが、近年解体して修補が行われた。本冊では、原則として手鑑の整理装丁の順序に従って配列し、帖別に文書番号を付した。

一、文書図版は、一通ごとに最適の大きさで表示し、縮率の一覧を付表として示した。

一、文書紙背に端裏書・墨引がある場合は、その図版を本冊解説に収め、文書図版の上欄に＊紙背と標示した。

一、続紙の紙数は、文書図版の下欄、各紙右端に⑴、⑵などと標示した。

一、本冊の解説は簡潔を旨とし、原則として常用漢字を用い、必要に応じて参考図版を挿入した。解説の文書目録には、文書名、年月日、員数、帖別番号、料紙、法量、紙数、差出、宛所、備考を記した。

一、法量は縦×横の順に示した。

一、差出、宛所等は、文書の表記のまま記し、花押については（花押）または（袖判）と表記した。

一、備考には、墨映、端裏書、墨引、封紙、重ね書、その他の情報を記した。文書の本紙、封紙、および手鑑台紙上に貼られていた小紙片は、全て付箋の名称で統一した。端裏書、封紙ウハ書、および付箋に記された文字は「　」内に示し、筆跡が異なる箇所は『　』で括り、（異筆）（又異筆）と傍注した。また、当該文書の、『大日本史料』（本冊の略称『大史』）、『信濃史料』（信濃史料刊行会、本冊の略称『信史』）における収録条、および『新編信濃史料叢書』第十二巻（信濃史料刊行会、一九七五年、本冊の略称『信叢』）所収「勝山小笠原文書」における収録頁を示し、対照の便に供した。

一、文書の本文、端裏書、封紙ウハ書および付箋の文字を記す際、欠損文字は字数を推算して□、上部欠損は［　］の符号にて示した。抹消文字は、その左傍に〻の符号を付し、判読不能の場合は■で示した。また、特に改行を示す必要がある場合は、／の符号を用いた。

一、傍注は、文字の異同、誤脱、欠損箇所の推定等、文字を置き換えるべきものは〔　〕で、参考または説明のためのものは（　）で括って示した。

一、目次、柱、および解説の文書目録に掲げた年月日付のうち、執筆者の推定にかかるものは（　）で括った。

一、本冊の解説は東京大学史料編纂所員が執筆した。分担は、各項の末尾に示した。

一、本冊の図版撮影等は、東京大学史料編纂所史料保存技術室が担当した。

一、本冊の刊行にあたり、協力を惜しまれなかった各位に対し、厚く感謝の意を表する。

二〇〇八年十一月

東京大学史料編纂所

目次

第一帖 …… 一

27 小笠原政長譲状　観応二年正月二十六日 …… 二九
28 足利尊氏書状　（観応二年カ）五月二十日 …… 三〇
29 足利尊氏下文　観応三年七月十七日 …… 三一
30 小笠原政長書状案　（観応三年）四月二十五日 …… 三二
31 足利尊氏御判御教書　文和二年七月五日 …… 三四
32 足利尊氏御判御教書　文和二年七月五日 …… 三五
33 足利義詮御判御教書　文和四年五月二十六日 …… 三六
34 足利義詮御判御教書　延文元年十月九日 …… 三七
35 小笠原長基書下　貞治四年七月二十六日 …… 三八
36 足利義満御判御教書　永徳二年八月二十七日 …… 三九
37 小笠原清順（長基）譲状　永徳三年二月十二日 …… 四〇
38 小笠原清政譲状　永徳三年四月十三日 …… 四二

第二帖

第二帖 …… 四三
1 足利義教御内書　（永享二年カ）二月十九日 …… 四五
2 足利義教御内書　（正長二年カ）六月一日 …… 四六
3 足利義教御内書　（永享三年）二月二十三日 …… 四七
4 足利義教御内書　（永享三年カ）三月十四日 …… 四八
5 足利義満書状　（応永六年）十二月十日 …… 四九
6 足利義教御内書　（永享二年カ）十二月二十七日 …… 五〇
7 足利義持御内書　（応永二十五年）二月二十一日 …… 五一
8 畠山道端（満家）書状　（応永三十年）八月十九日 …… 五二
9 足利義持御内書　（年未詳）三月三日 …… 五三
10 足利義持御内書　（応永二十五年カ）十二月二十日 …… 五四
11 足利義持御内書　（年未詳）三月十四日 …… 五五
12 足利義持御内書　（年未詳）二月十八日 …… 五六
13 足利義教御内書　（永享八年）五月十八日 …… 五七
14 足利義教御内書　（永享七年カ）十二月二十日 …… 五八
15 足利義持御内書　（応永三十四年カ）十月二十六日 …… 五九
16 足利義持御内書　（応永三十三年カ）十二月十一日 …… 六〇

17 足利義持御内書（応永三十三年）八月二十七日……六一
18 足利義持御内書（年未詳）二月十八日……六二
19 足利義教御内書（永享八年カ）三月二十日……六三
20 足利義教御内書（永享九年カ）七月十一日……六四
21 足利義教御内書（永享九年カ）三月三日……六五
22 足利義教御内書（永享九年カ）十一月十五日……六六
23 足利義教御内書（永享十年カ）二月七日……六七
24 足利義教御内書（永享五年カ）二月十五日……六八
25 足利義教御内書（永享八年カ）三月二十日……六九
26 足利義教御内書（永享七年カ）四月二十二日……七〇
27 足利義教御内書（永享七年カ）十一月七日……七一
28 足利義教御内書（永享七年カ）十一月十三日……七二
29 足利義教御内書（永享七年カ）九月十六日……七三
30 足利義教御内書（永享十年）九月二十四日……七四
31 足利義教御内書（永享十二年カ）三月十四日……七五
32 足利義教御内書（永享十一年）閏正月二十五日……七六

第三帖……七七

1 足利義満御判御教書 応永三年五月六日……七九
2 足利義満御判御教書 応永五年八月二十四日……八〇
3 足利義満御判御教書 応永六年五月十日……八一
4(1) 足利義満御判御教書 応永六年十一月二十八日……八二
4(2) 某状断簡（年月未詳）十七日……八三
5 後小松天皇口宣案 応永六年十月十日……八四
6 足利義満御判御教書 応永七年八月五日……八五
7 小笠原長秀譲状 応永十二年十一月九日……八六
8 足利義持御判御教書 応永二十二年十二月五日……八七
9 足利義持御内書（応永二十四年）正月二十三日……八八
10 足利義持御判御教書 応永二十三年十二月晦日……八九
11 足利義持御判御教書 応永二十五年九月九日……九〇

12 足利義持御内書 （応永二十五年）十月二十八日 …… 九一
13 足利義持御内書 （応永二十六年）三月十四日 …… 九二
14 足利義持判御教書 応永三十年十一月十六日 …… 九三
15 足利義持御内書 （応永三十一年）六月二十六日 …… 九四
16 称光天皇口宣案 応永三十二年二月三日 …… 九五
17 足利義持判御教書 応永三十二年十二月二十九日 …… 九六
18 足利義持御内書 （応永三十四年）二月十八日 …… 九七
19 足利義持御内書 （応永三十四年）六月二十九日 …… 九八
20 室町幕府管領畠山道端（満家）奉書 正長元年八月二十八日 …… 九九
21 足利義教判御教書 永享七年二月二十一日 …… 一〇〇
22 足利義教御内書 （永享七年）九月二十二日 …… 一〇一
23 室町幕府管領細川持之奉書 永享十年八月十七日 …… 一〇二
24 室町幕府管領細川持之奉書 永享十年九月六日 …… 一〇三
25 室町幕府管領細川持之奉書 永享十年十月一日 …… 一〇四
26 足利義教御内書 （永享十年）十二月二十三日 …… 一〇五
27 足利義教御内書 （永享十一年）閏正月二十四日 …… 一〇六
28 足利義教判御教書 永享十一年六月二十日 …… 一〇七
29 室町幕府評定衆連署意見状 文安二年十一月二十四日 …… 一〇八
30 後花園天皇口宣案 宝徳二年六月十九日 …… 一〇九
31 細川勝元書状 （年未詳）九月十一日 …… 一一〇
32 室町幕府管領細川勝元奉書 長禄二年七月二十九日 …… 一一一
33 室町幕府管領畠山政長奉書 寛正六年六月九日 …… 一一二
34 足利義尹（義稙）奉行人連署奉書 文亀元年六月十三日 …… 一一三
35 武田勝頼判物 元亀四年（癸酉）七月六日 …… 一一四
36 武田勝頼判物 天正三年（乙亥）七月十九日 …… 一一五

第四帖 …… 一一七

1 足利義教御内書 （嘉吉元年）五月二十六日 …… 一一九
2 細川道賢（持賢）書状 （年未詳）五月四日 …… 一二〇
3 細川政国書状 （文明五年）三月二十日 …… 一二一

4 足利義政御内書（文明七年）八月六日……一二二
5 畠山道端(満家)書状（応永三十年）十月十日……一二三
6 細川持之書状（永享十年）九月二十四日……一二四
7 小笠原正透(政康)置文（年月日未詳）……一二五
8 小笠原宗康書状（文安三年カ）三月十一日……一二六
9 足利義政御判御教書　享徳四年正月十六日……一二八
10 足利義政御内書（康正元年）十一月二十七日……一二九
11 細川道賢(持賢)書状（年未詳）九月十一日……一三〇
12 細川道賢(持賢)書状（長禄二年）十月二十日……一三一
13 細川勝元書状（享徳四年）正月二十九日……一三二
14 細川勝元書状（康正元年）十一月二十七日……一三三
15 細川勝元書状（長禄二年）八月二十九日……一三四
16 室町幕府奉行人連署奉書案　文明五年十一月二十一日……一三五
17 足利義政御内書案（文明五年）十一月二十二日……一三六
18 足利義政御内書（長禄二年）八月二十七日……一三七
19 足利義政御内書（文明五年）三月九日……一三八
20 足利義政御内書（文明十八年）五月十三日……一三九
21 足利義政御内書（長禄二年）八月二十七日……一四〇
22 足利義政御内書（文明十年カ）二月二十一日……一四一
23 細川政国書状（文明十年カ）二月二十一日……一四二
24 大内義興書状（文亀元年）六月十三日……一四三
25 赤沢政吉書状（長禄二年）十月二十日……一四四
26 足利義政御内書（年未詳）十一月三日……一四五
27 細川道賢(持賢)書状（康正二年）五月十日……一四六
28 某書状案　明応八年三月十三日……一四七
29 斯波義雄書状（文亀元年カ）八月十二日……一四八
30 佐竹宗三(光家)書状（永正四年）八月十六日……一四九
31 佐竹宗三(光家)書状（年未詳）三月十三日……一五二
32 佐竹宗三(光家)書状（永正三年）閏十一月十七日……一五三
33 佐竹宗三(光家)書状（永正四年）八月十六日……一五四
34 佐竹宗三(光家)書状（永正三年）閏十一月十二日……一五五

第一帖

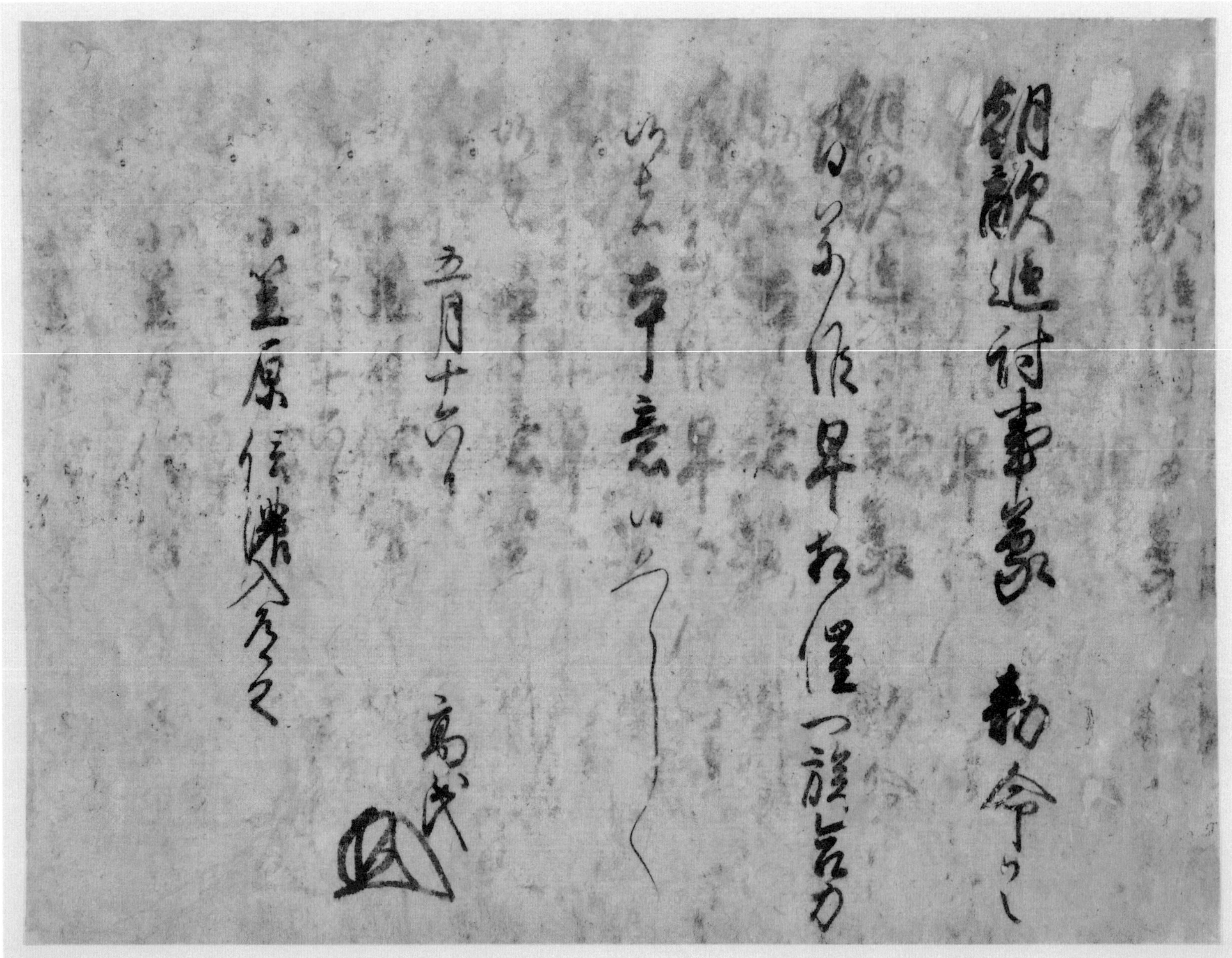
朝敵追討事、蒙　勅命候

五月十六日

高氏（花押）

小笠原信濃入道殿

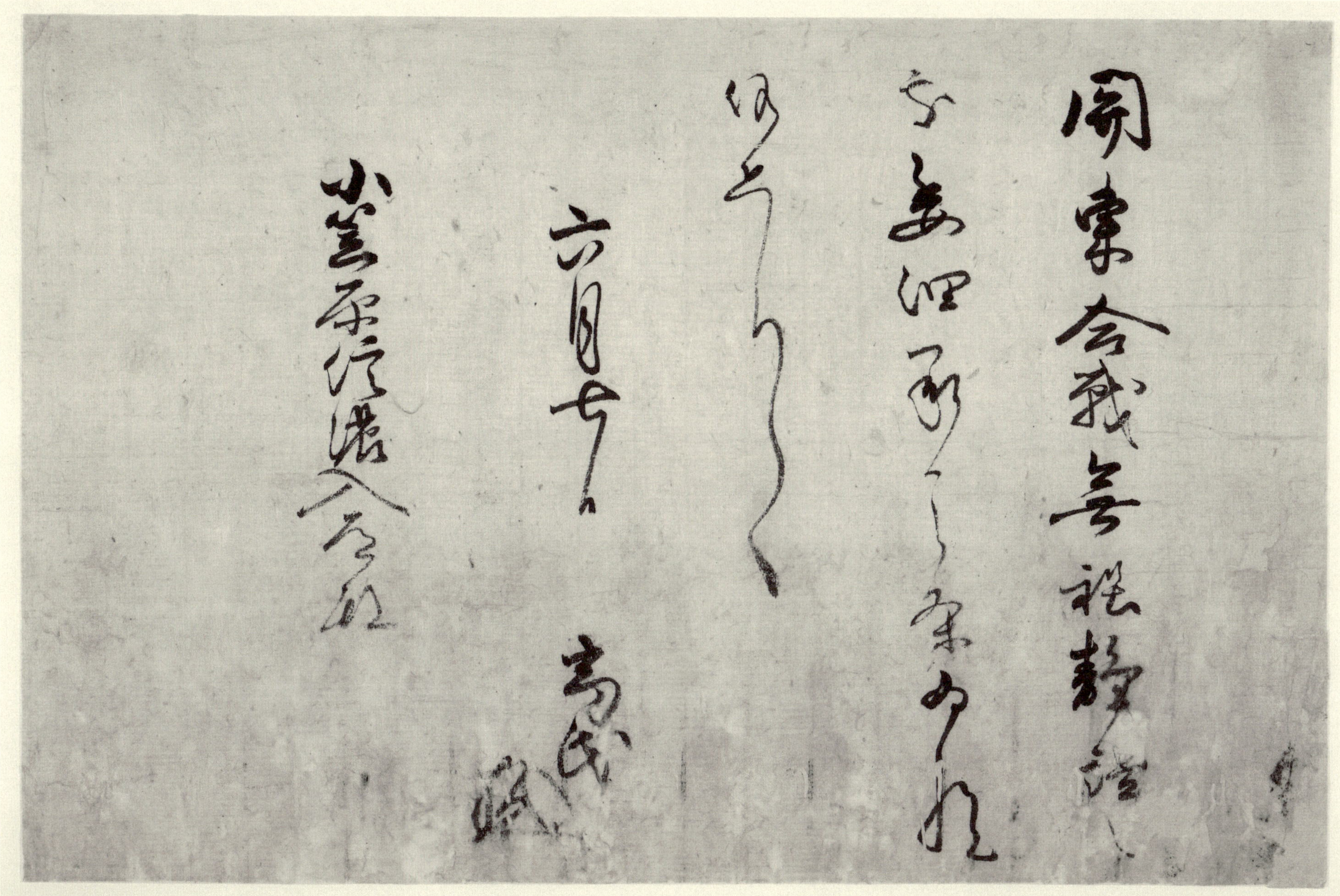

第一帖　2足利高氏〈尊氏〉書状　（元弘三年）六月七日

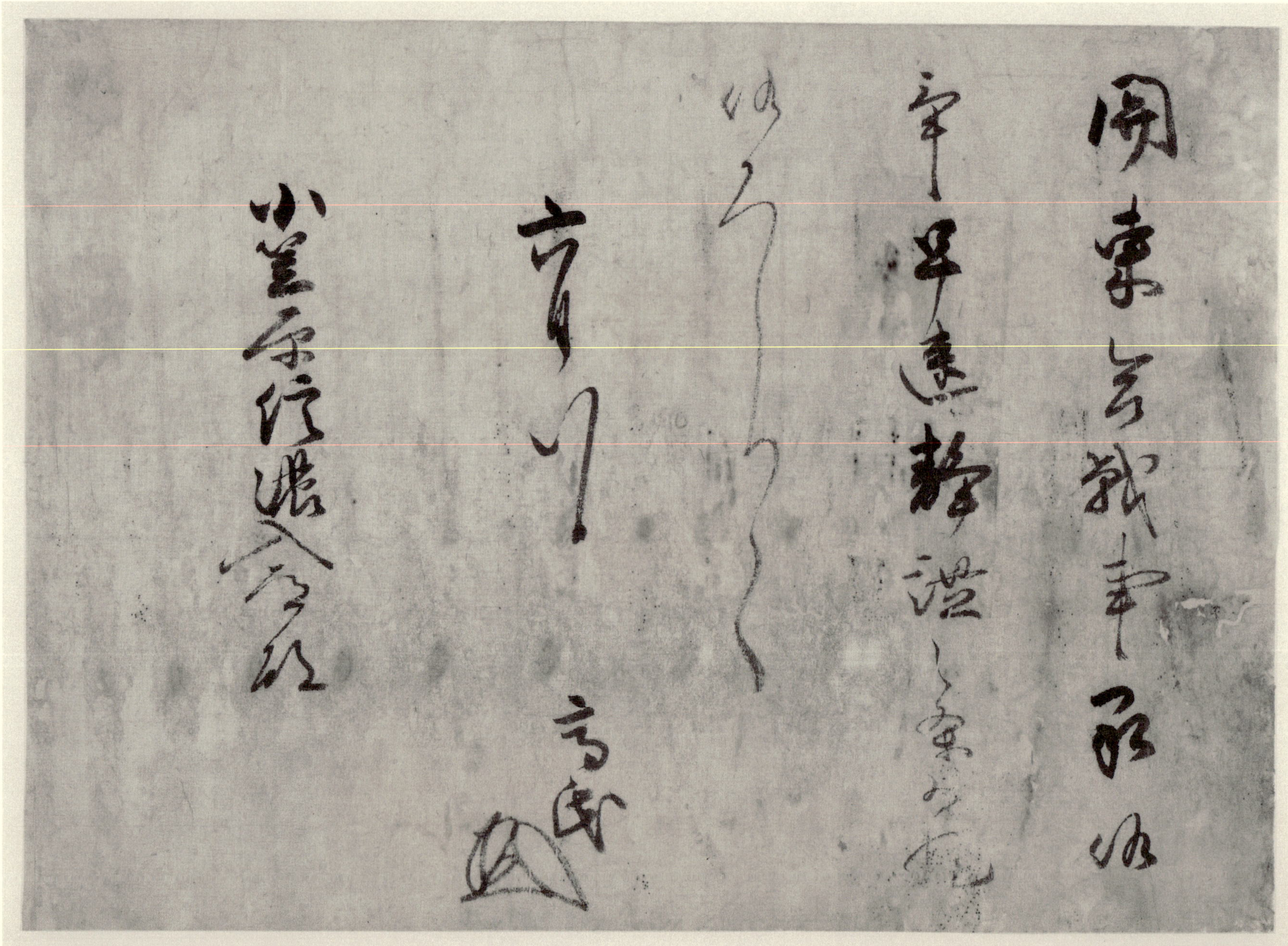

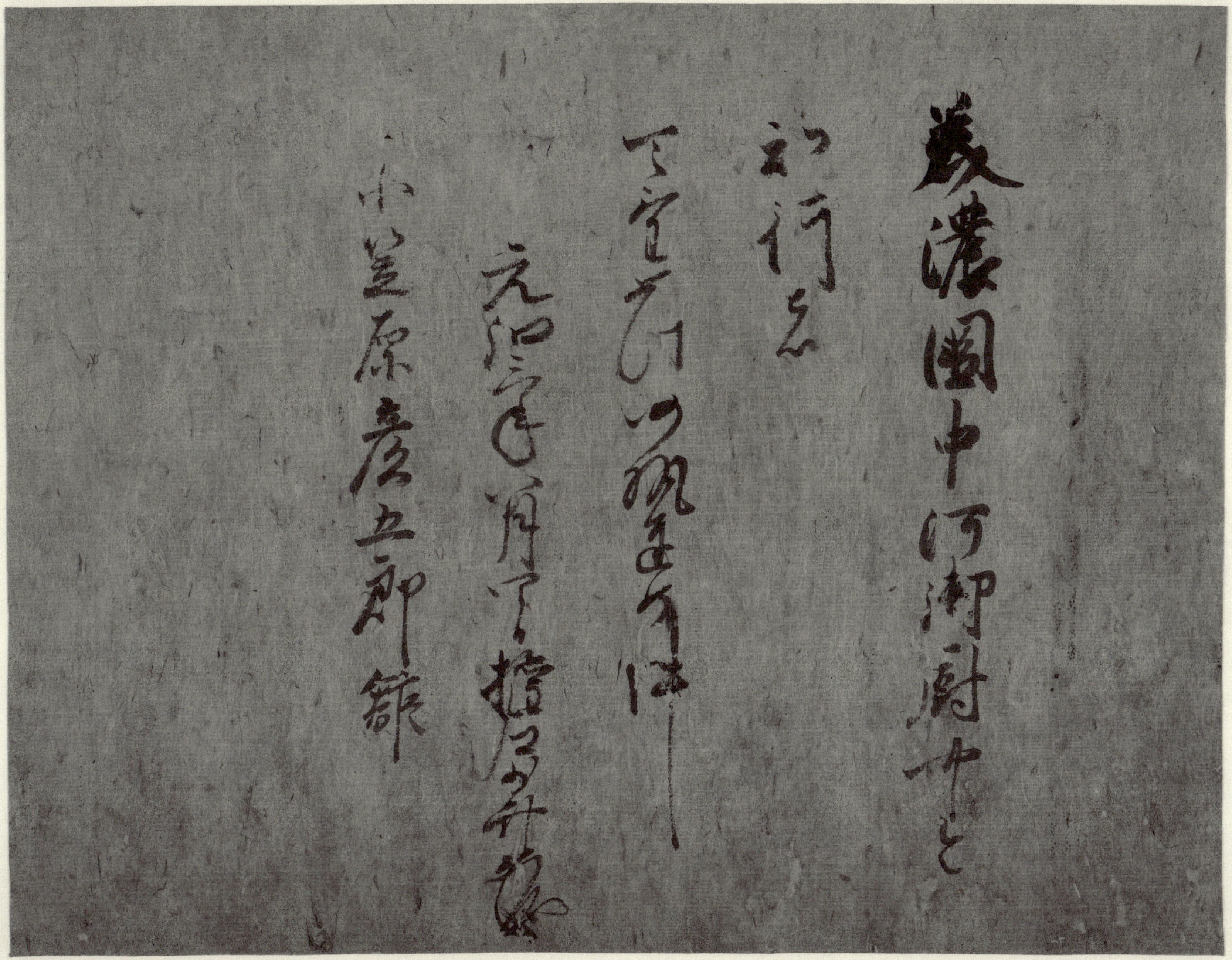
美濃國中河御厨地頭
知行者
元弘三
八月四日
小笠原彦五郎館

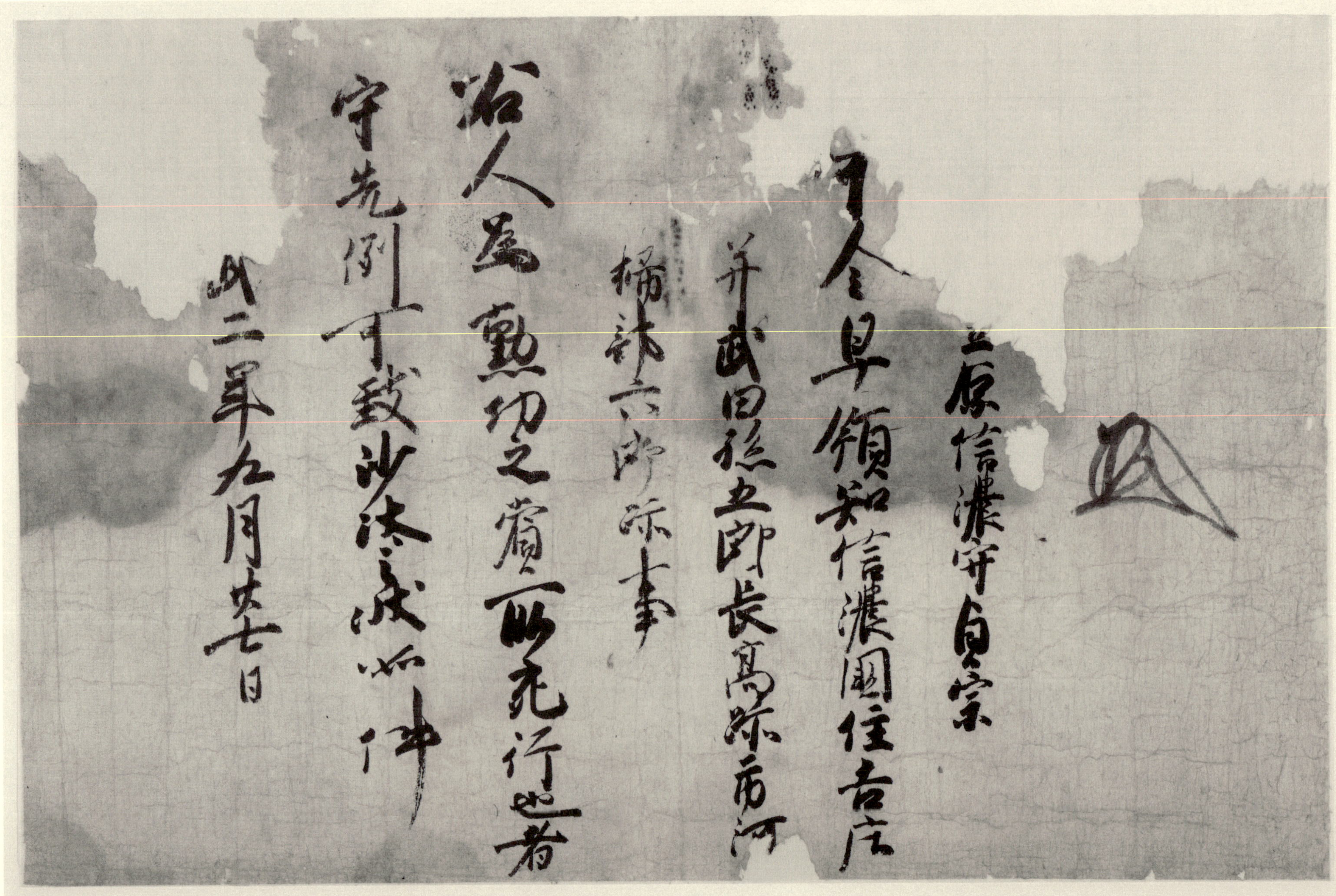

（花押）
小笠原信濃守貞宗
可令早領知信濃國住吉庄
并武田孫五郎長高跡市河
掃部六郎跡等事
右人爲勲功之賞所充行也者
守先例可致沙汰之状如件
建武二年九月廿七日

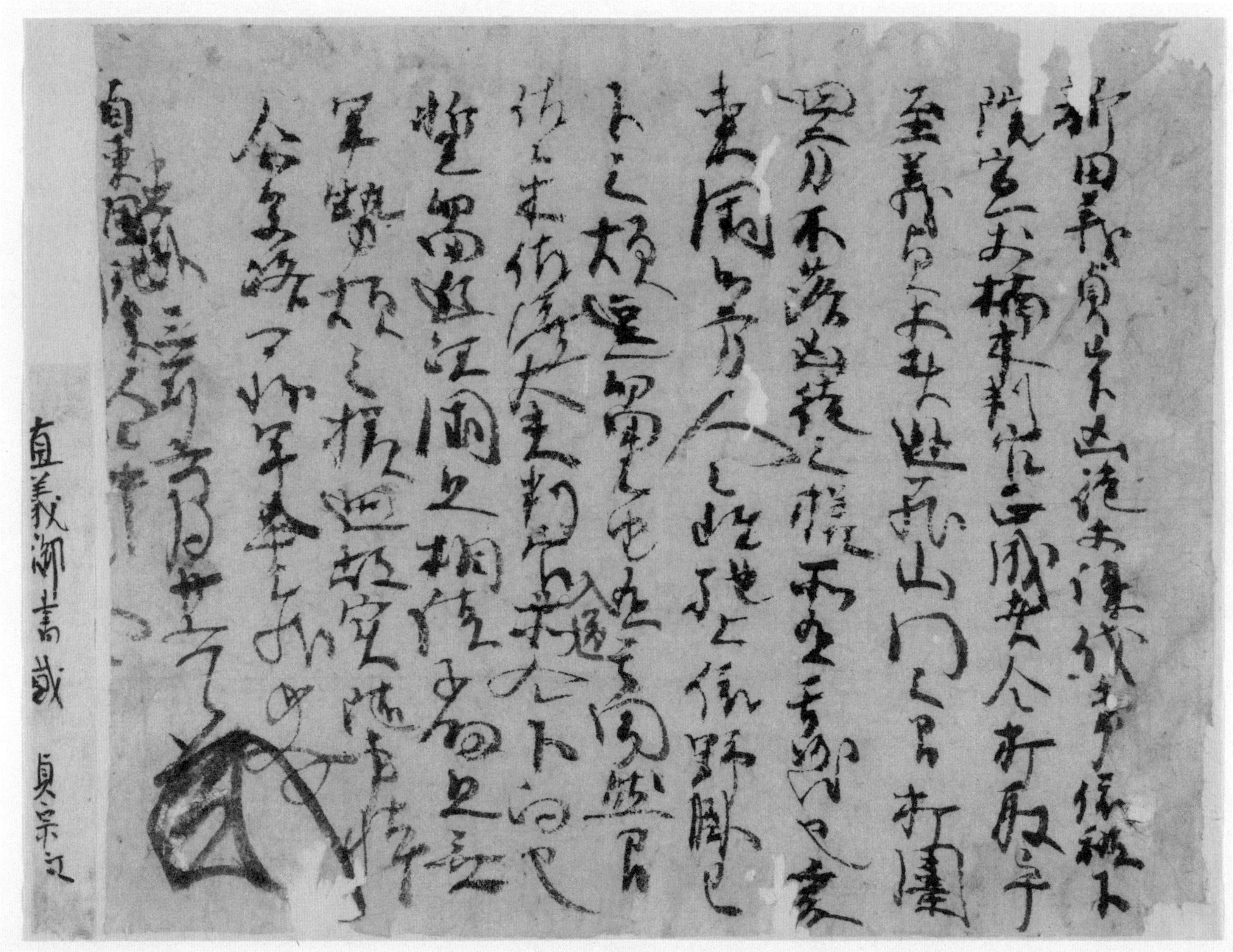

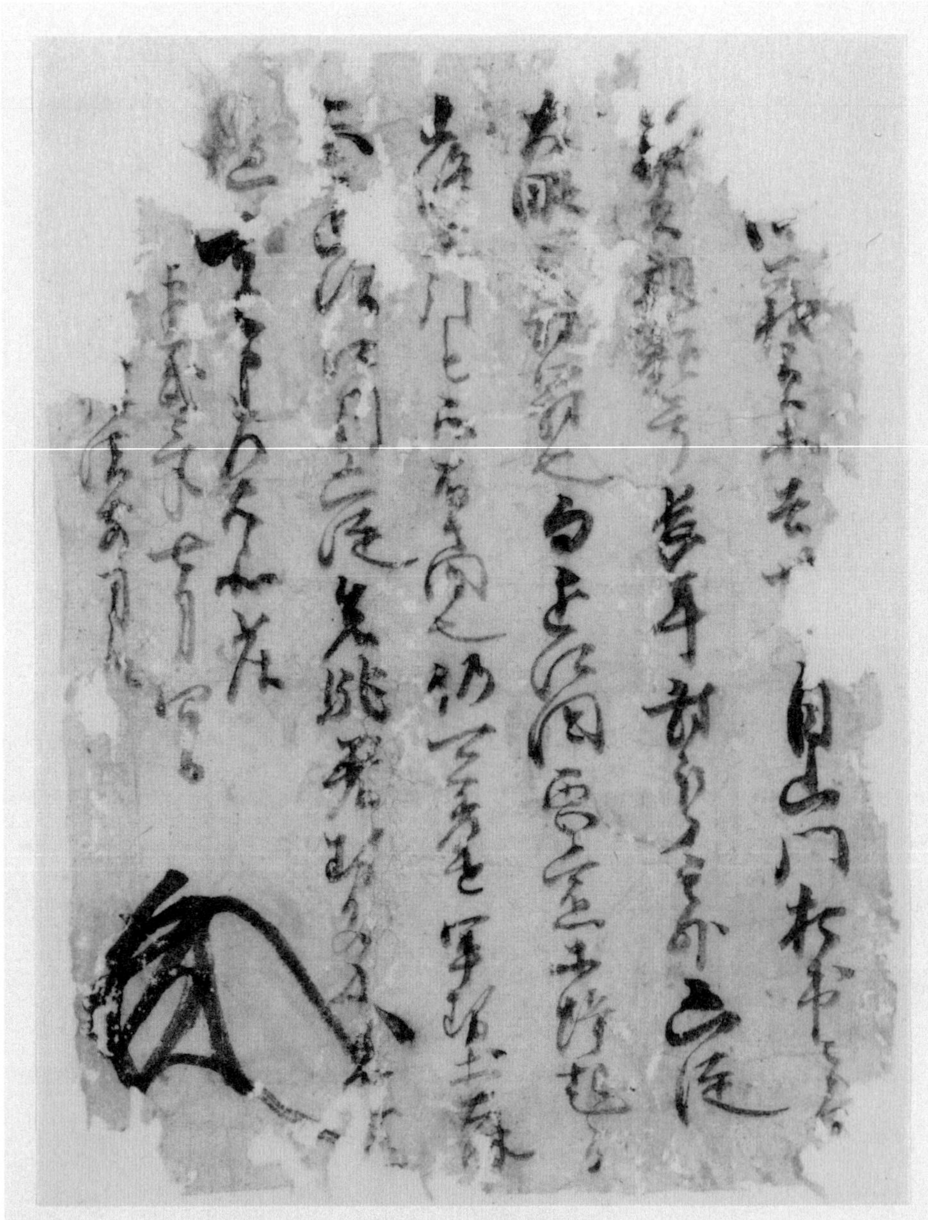

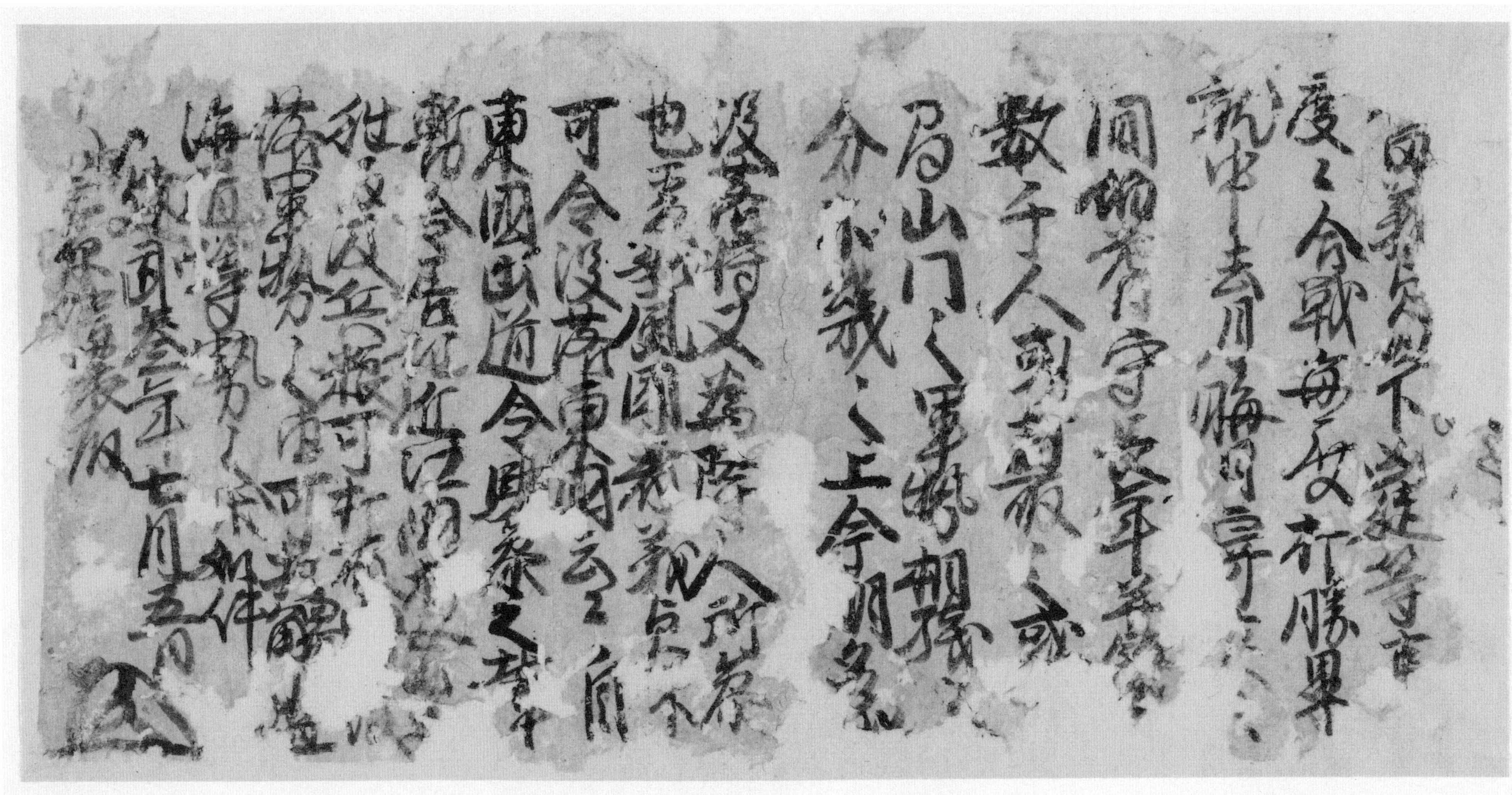

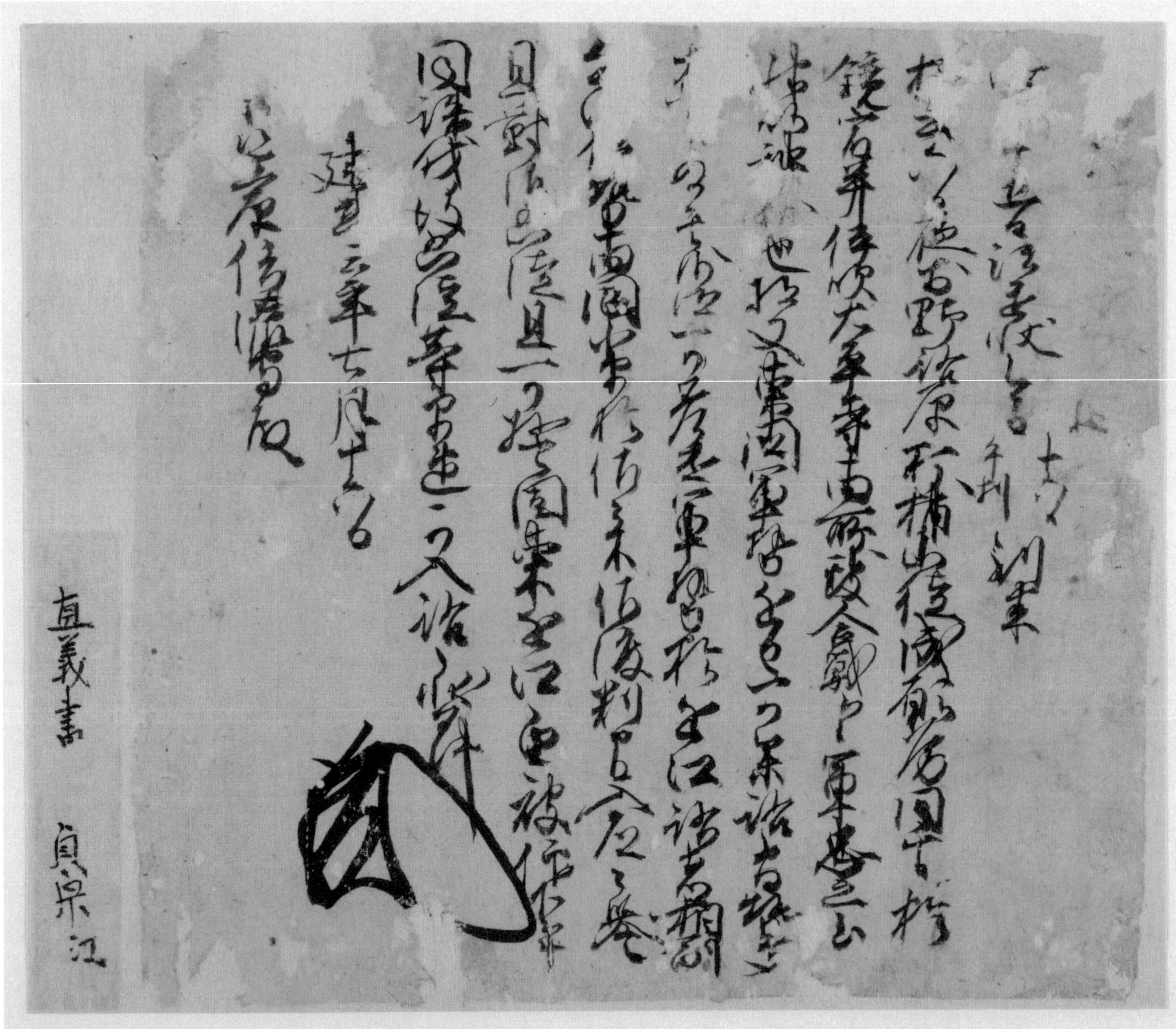

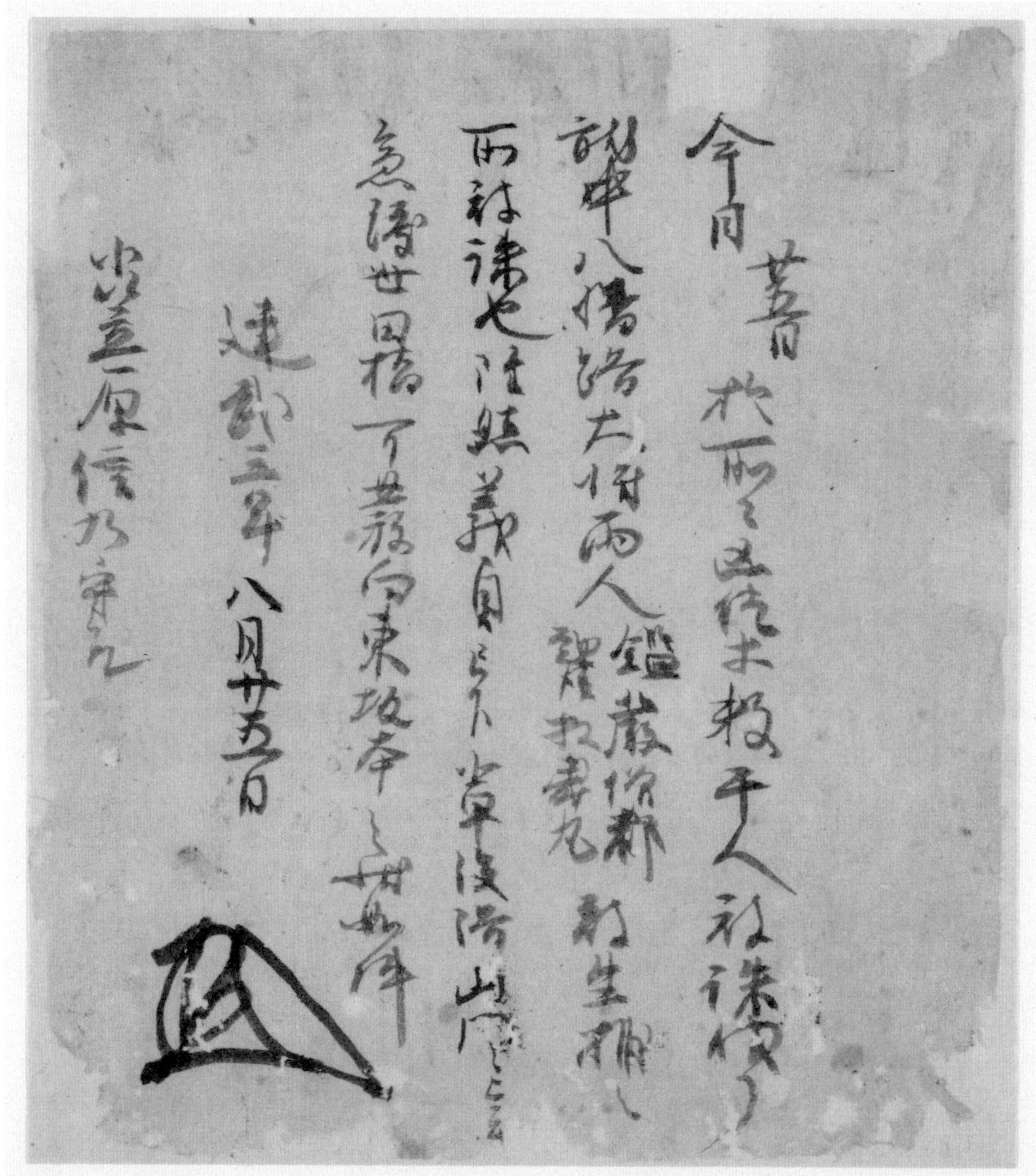

今月廿日　於所々凶徒未殺手人被誅伐了
就中八幡路大将両人[illegible]討生捕了
所被誅也、[illegible]義貞以下[illegible]山門々々
[illegible]可発向東坂本之状如件
建武三年八月廿五日
（花押）
小笠原信濃守殿

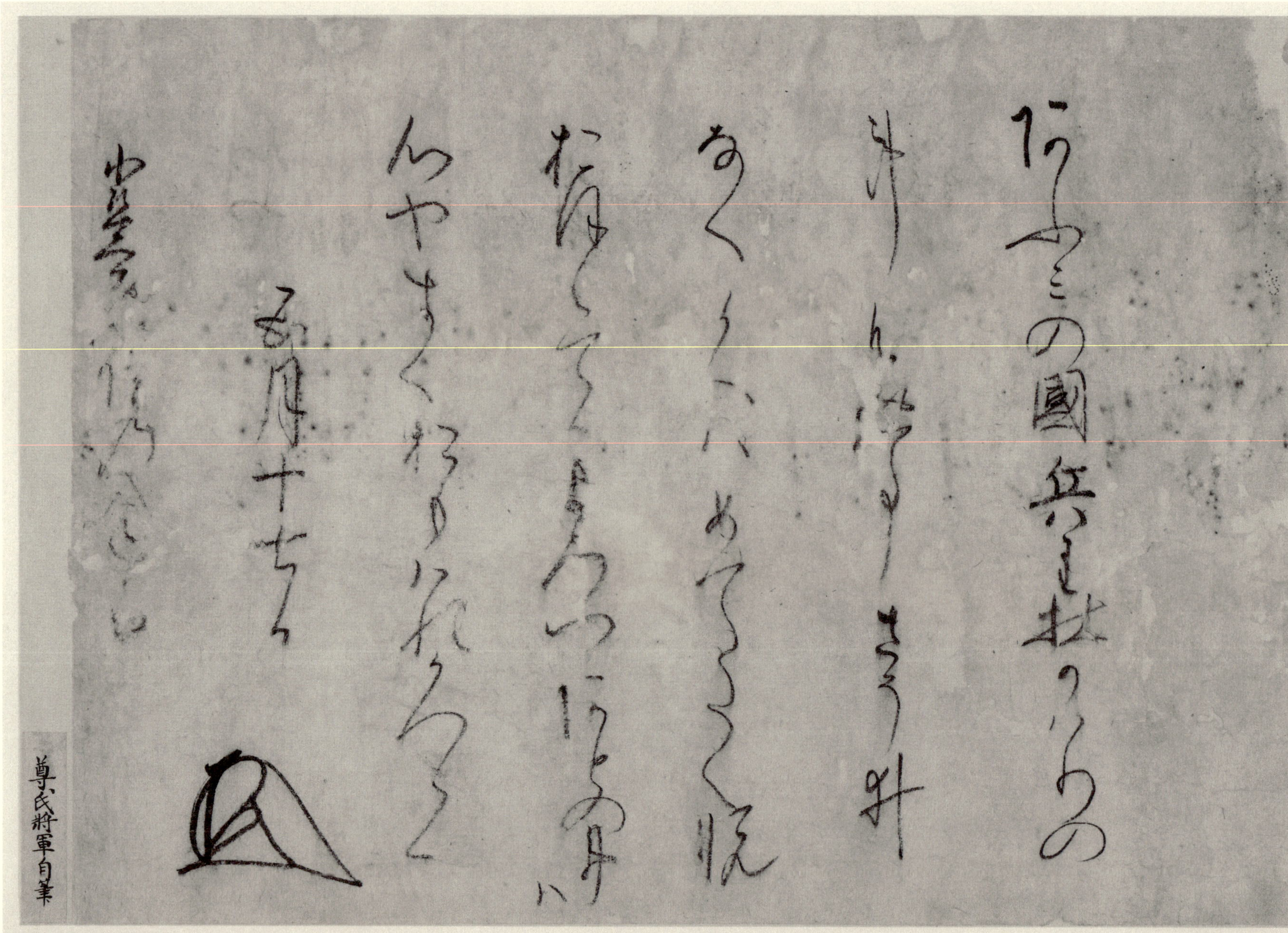

五月十七日
尊氏将軍自筆

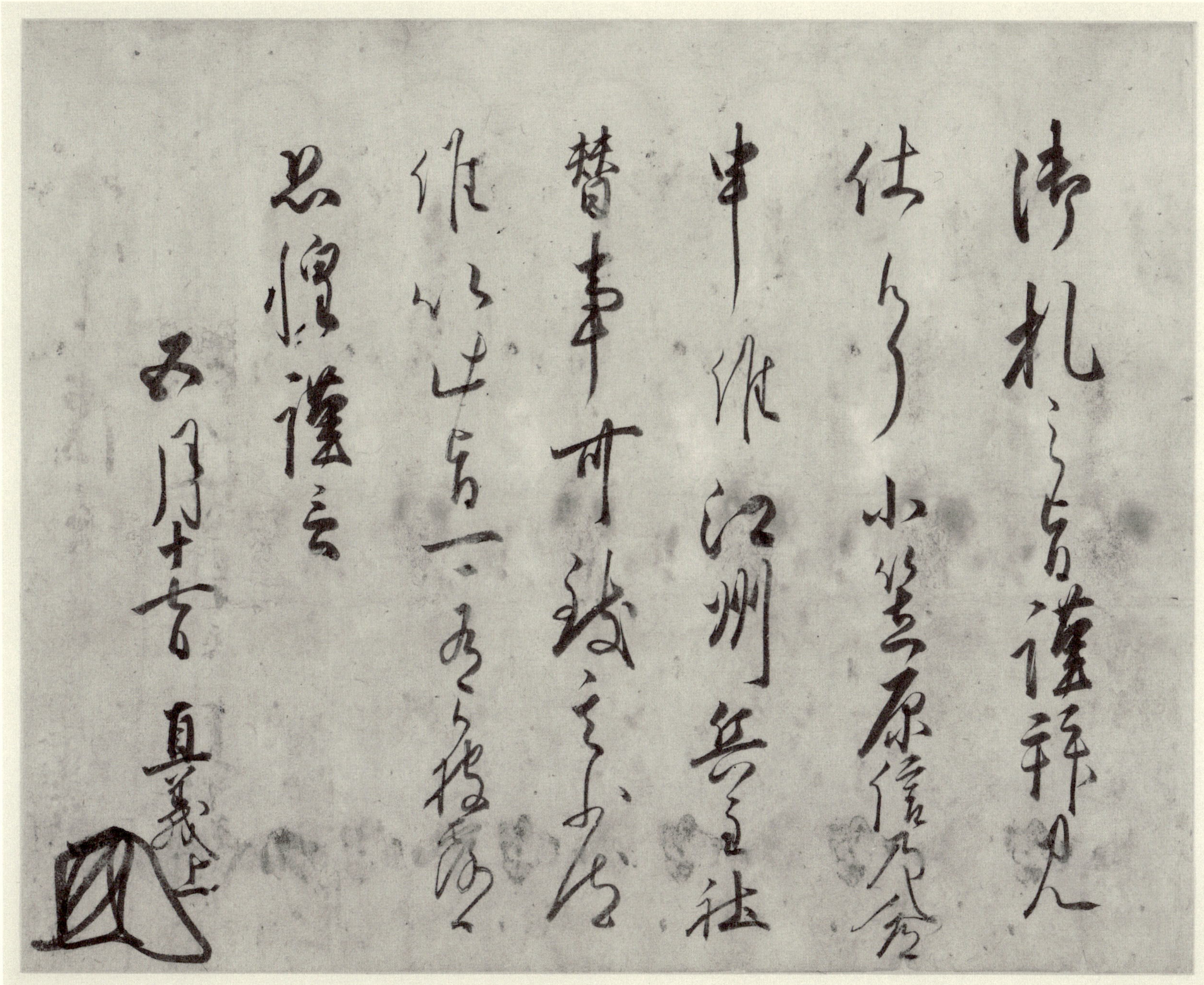
御札之旨謹拝見
候了小笠原信乃守
申候江州兵主社
替事可致沙汰之由
候以此旨可有御披露
恐惶謹言
五月十七日　直義（花押）上

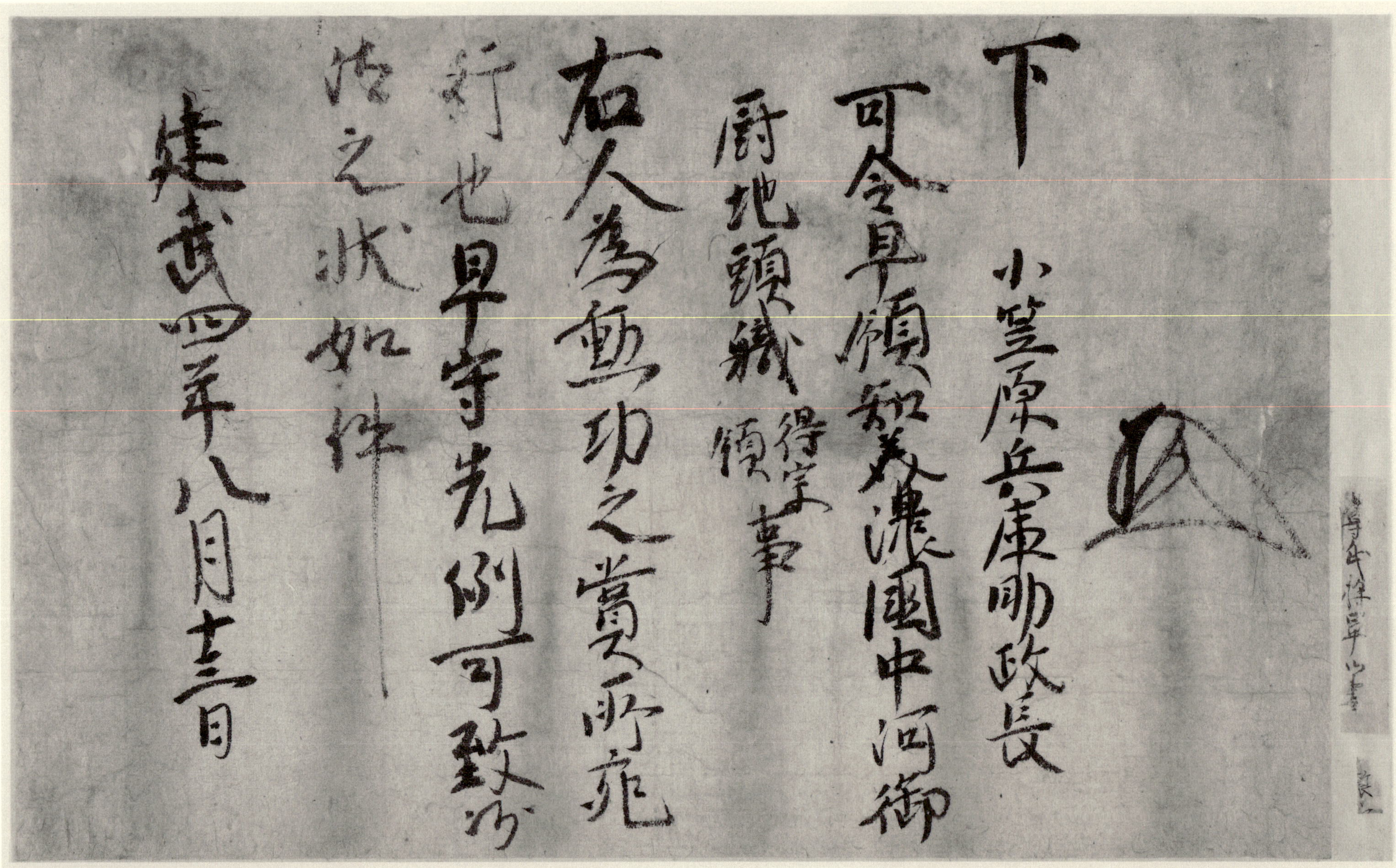
（花押）
下　小笠原兵庫助政長
可令早領知美濃國中河御
厨地頭職 得宗領事
右人為勲功之賞所宛
行也早守先例可致沙
汰之状如件
建武四年八月十三日

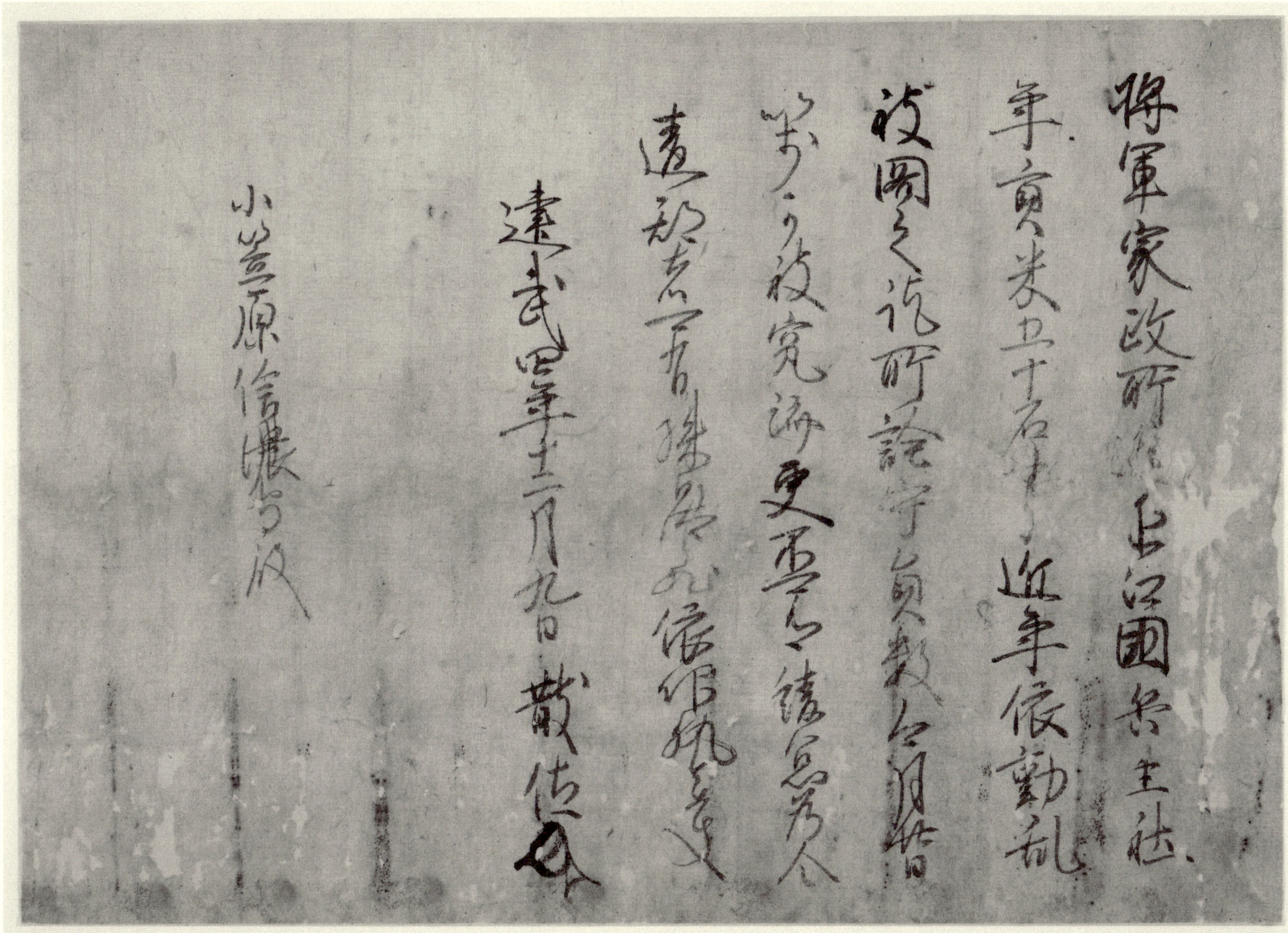

将軍家政所□上□国□□□
年貢米五十石事、近年依動乱
被閣之旨、所詮守貢数今月中
可被究済、更□□懈怠□□
□□□□□□依仰執達如件
建武四年十二月九日　散位（花押）
小笠原信濃守殿

第一帖　14室町幕府政所執事長井広秀奉書　建武四年十二月九日

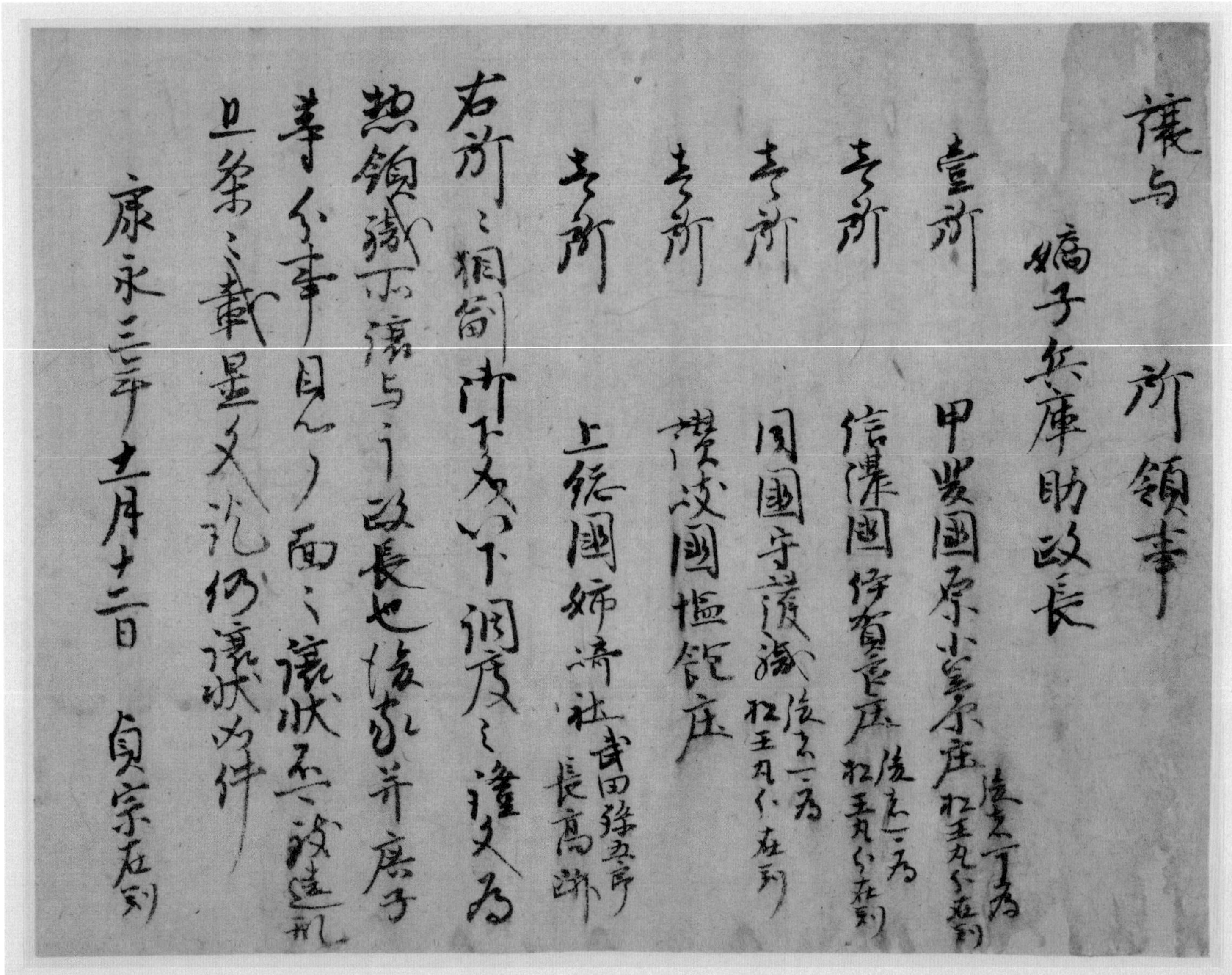
譲与　所領事
嫡子兵庫助政長
壹所　甲斐國原小笠原庄　除中一分為松王丸分在別
壹所　信濃國伴野庄　除中一分為松王丸分在別
壹所　同國守護職　除中一分為松王丸分在別
壹所　讃岐國塩飽庄
壹所　上総國姉崎社　武田孫五郎長高跡
右所々相副御下文以下調度之證文為
勲功領職所讓与于政長也後家并庶子
等不可申子細而之讓状不具致違乱
且為三載是又讓状如件
康永三年十一月十二日　貞宗在判

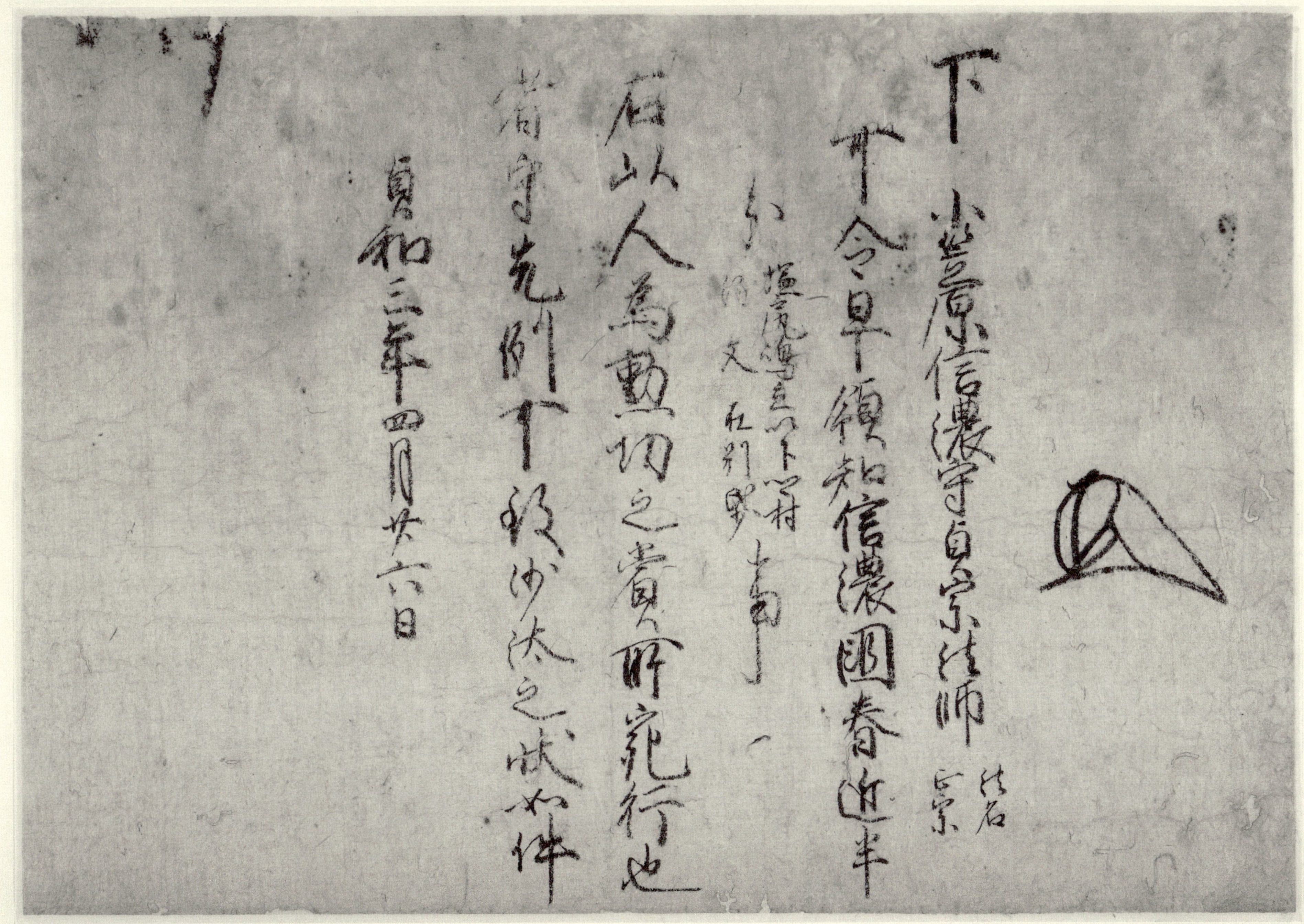

（花押）
下　小笠原信濃守貞宗法師　法名正宗
可令早領知信濃國春近半分〈塩尻郷並以下村　注文在別紙〉事
右以人為勲功之賞所宛行也
者守先例可致沙汰之状如件
貞和三年四月廿六日

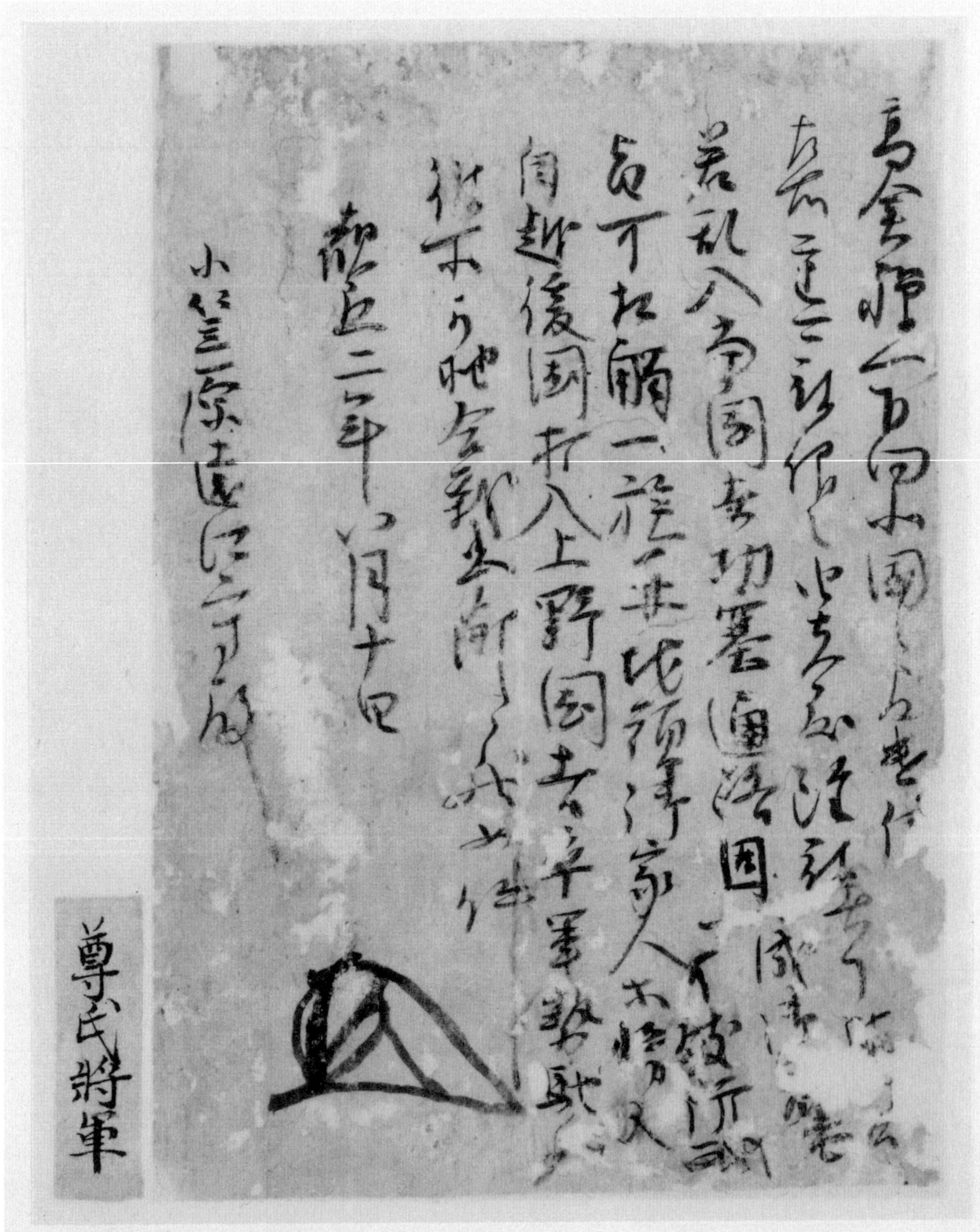
観応二年八月十日
小笠原遠江守殿
尊氏將軍

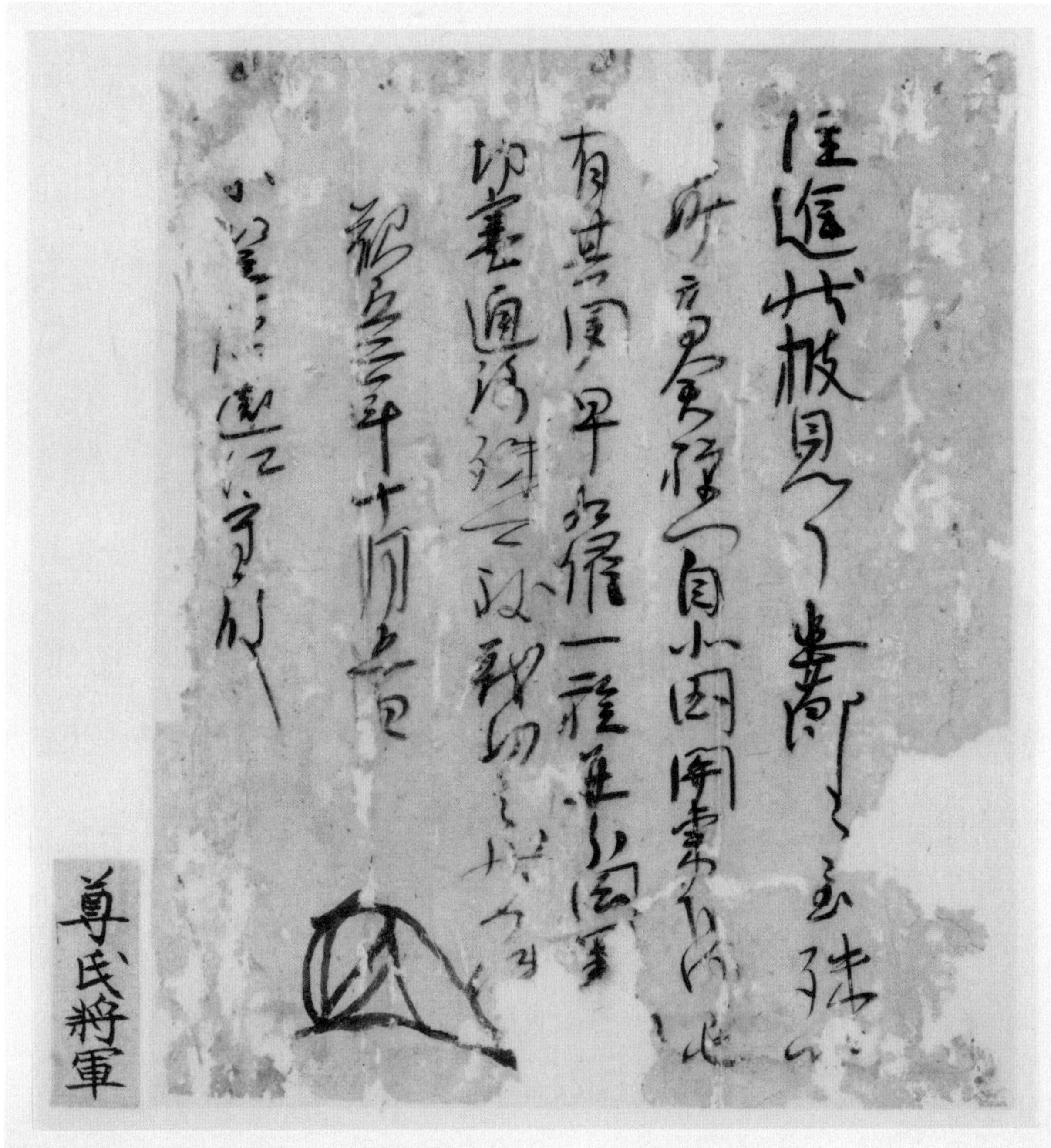
尊氏将軍

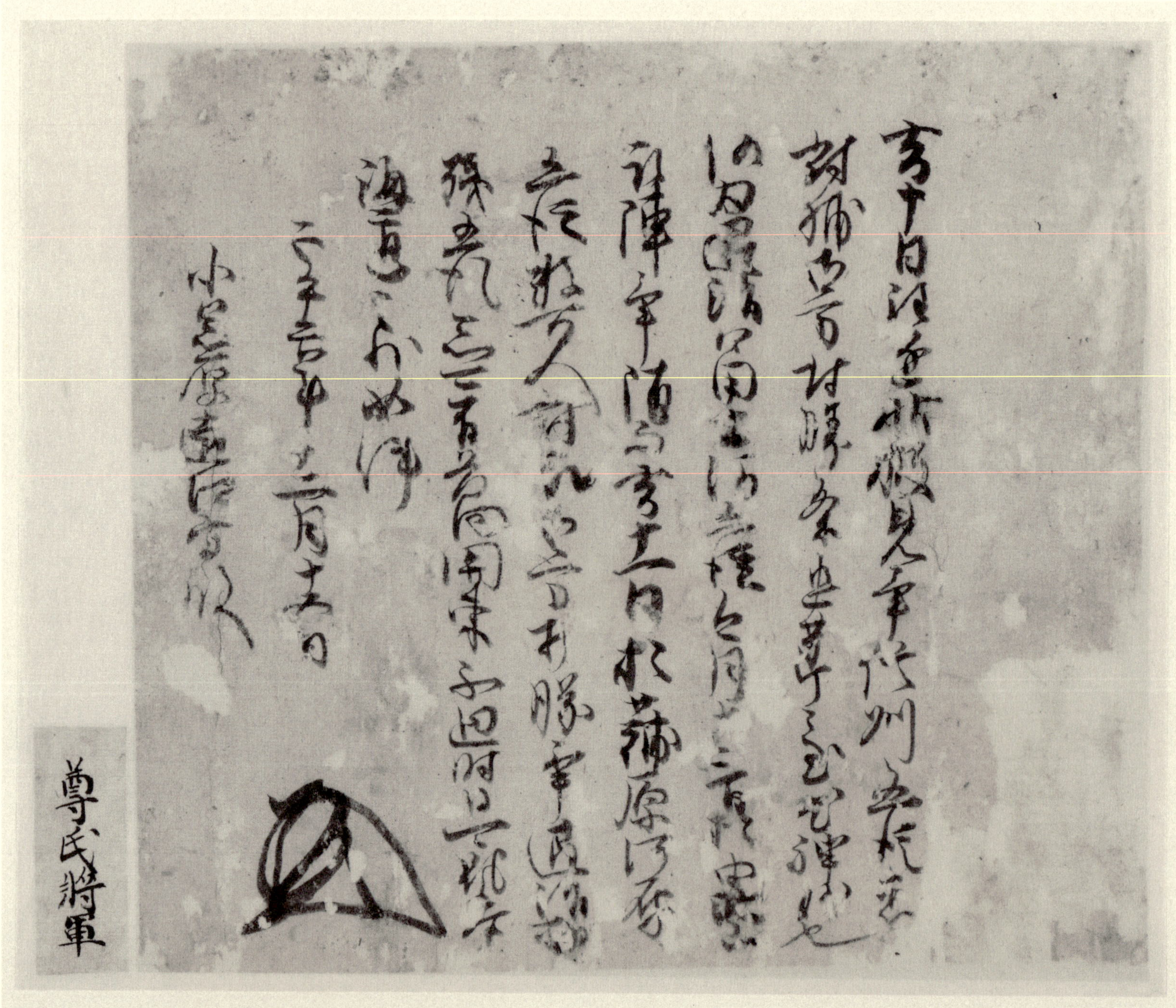
尊氏將軍

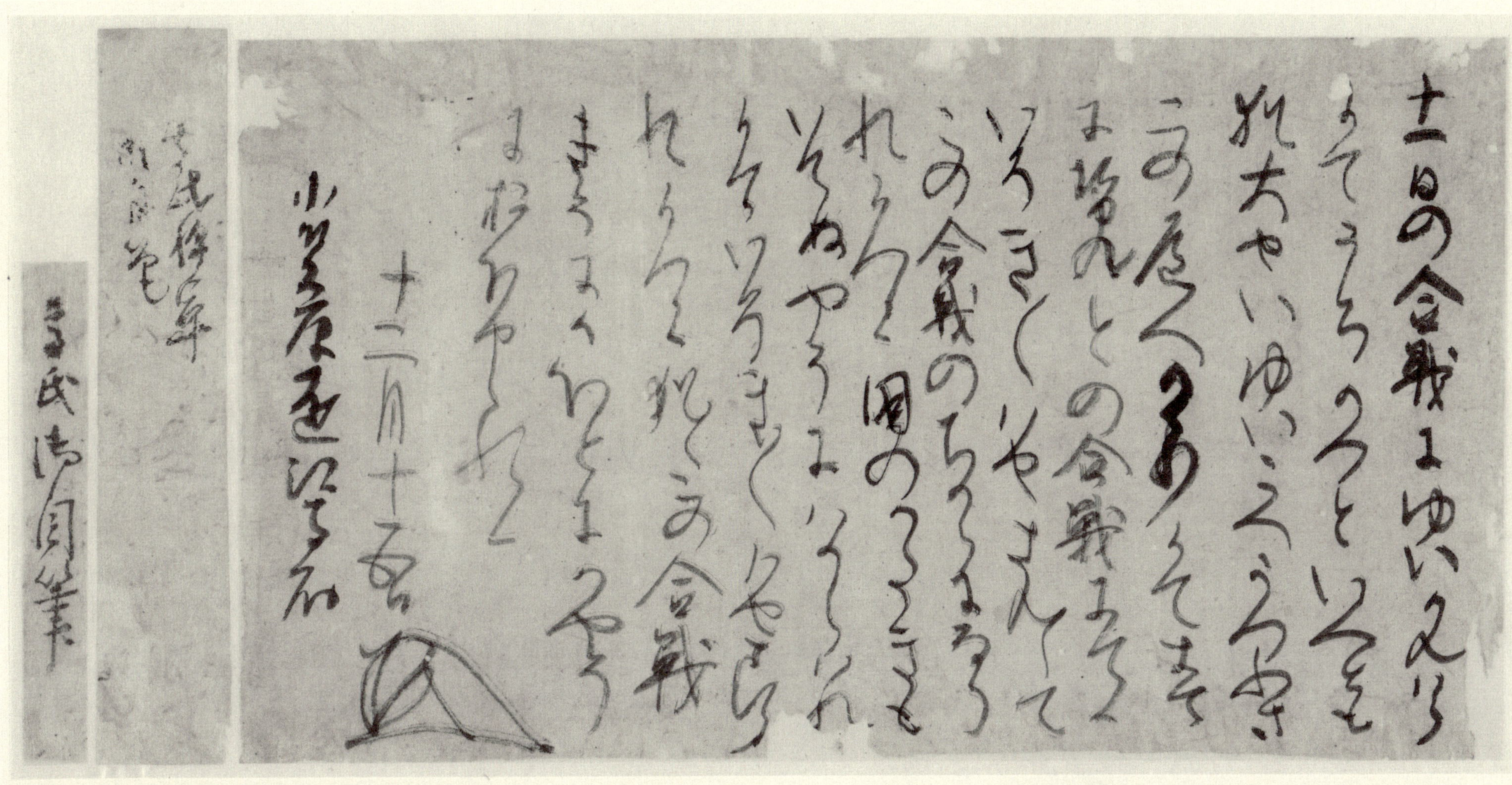

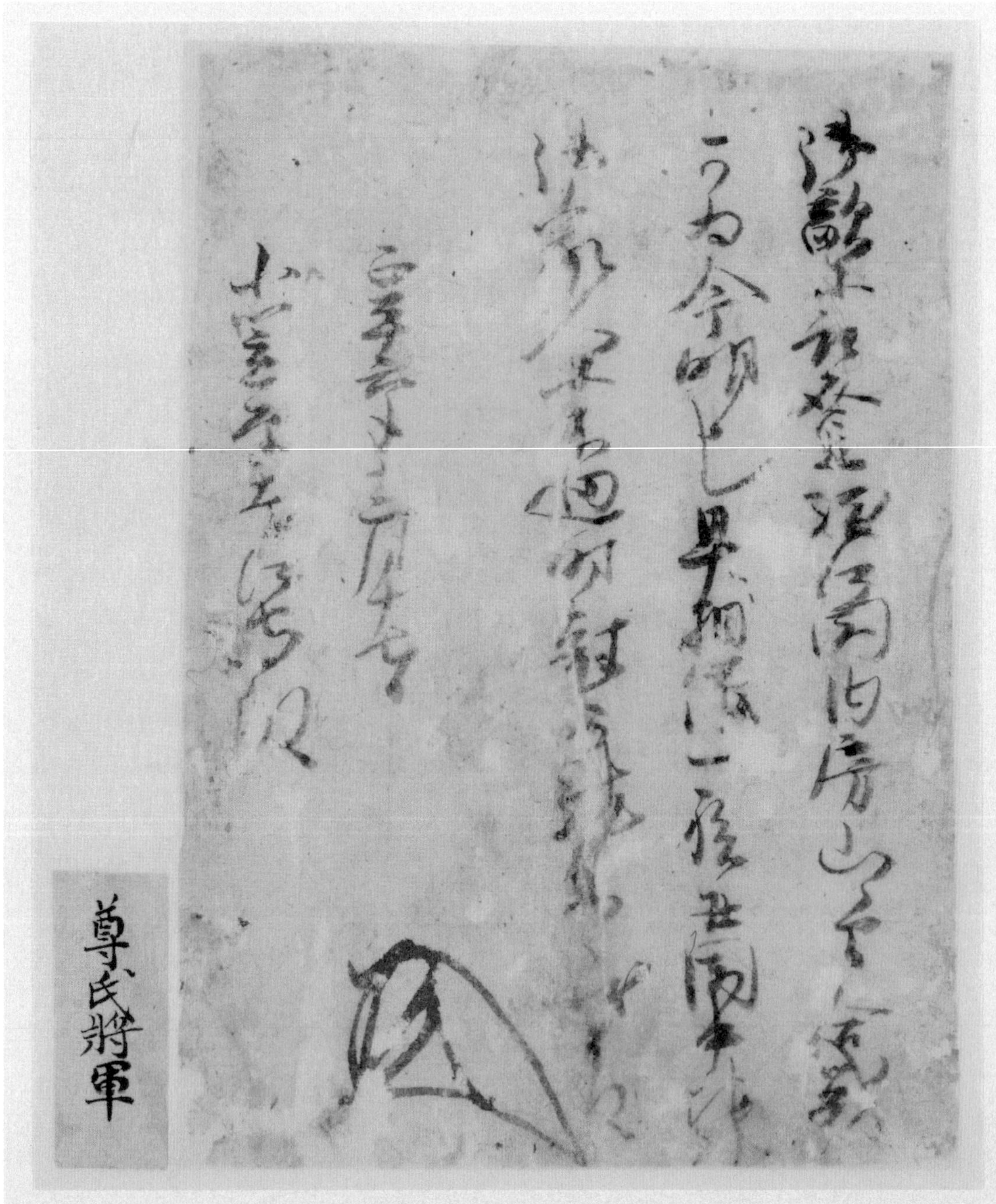
尊氏將軍

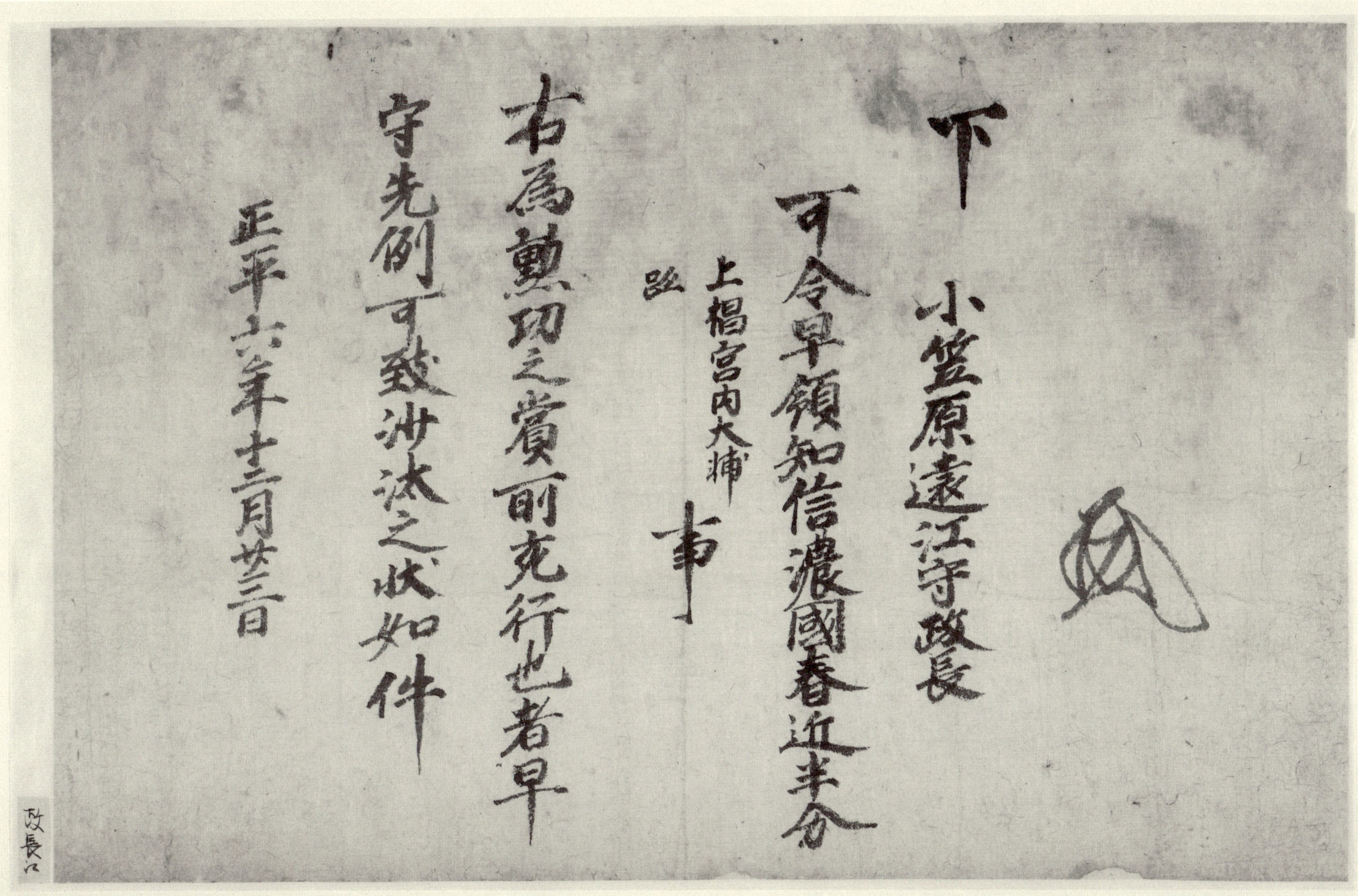

下

小笠原遠江守政長

可令早領知信濃國春近半分

上椙宮内大輔跡事

右為勲功之賞所充行也者早

守先例可致沙汰之状如件

正平六年十二月廿三日

政長

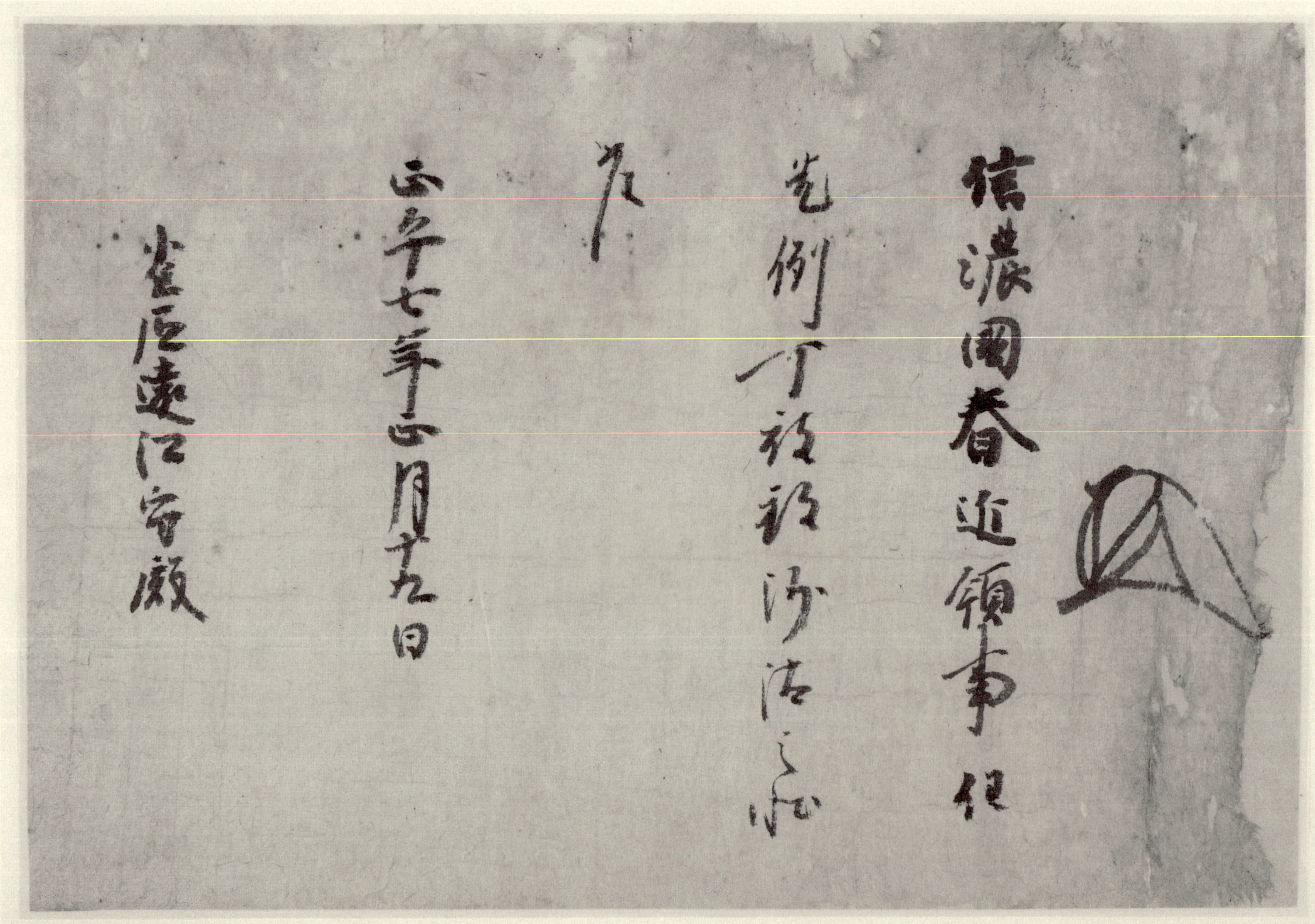

（花押）
信濃国春近領事、任
先例可被致沙汰之状
如件
正平七年正月十九日
小笠原遠江守殿

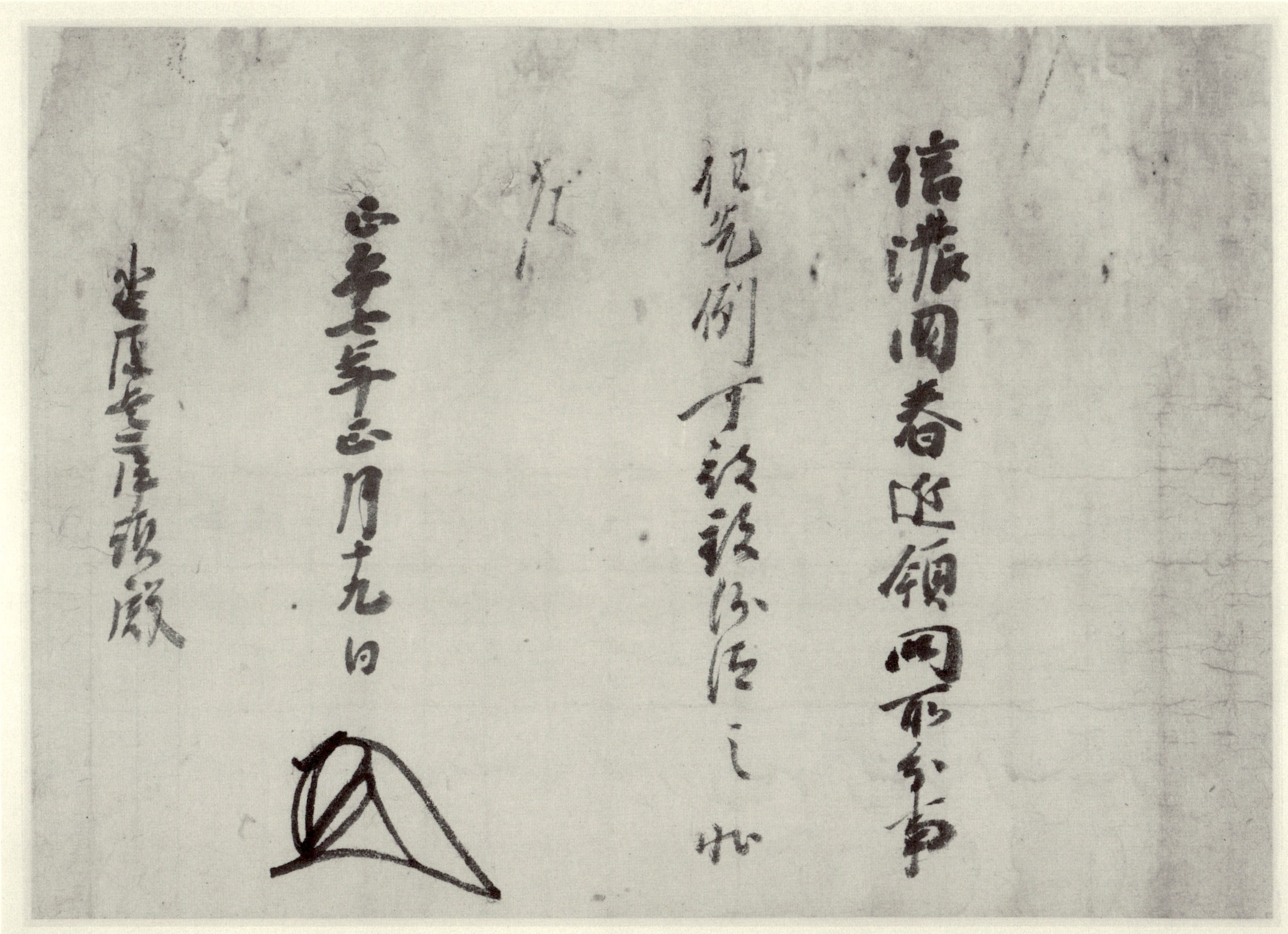
信濃国春近領内所々事
任先例可致沙汰之状
如件
正平七年正月十九日
[illegible]殿

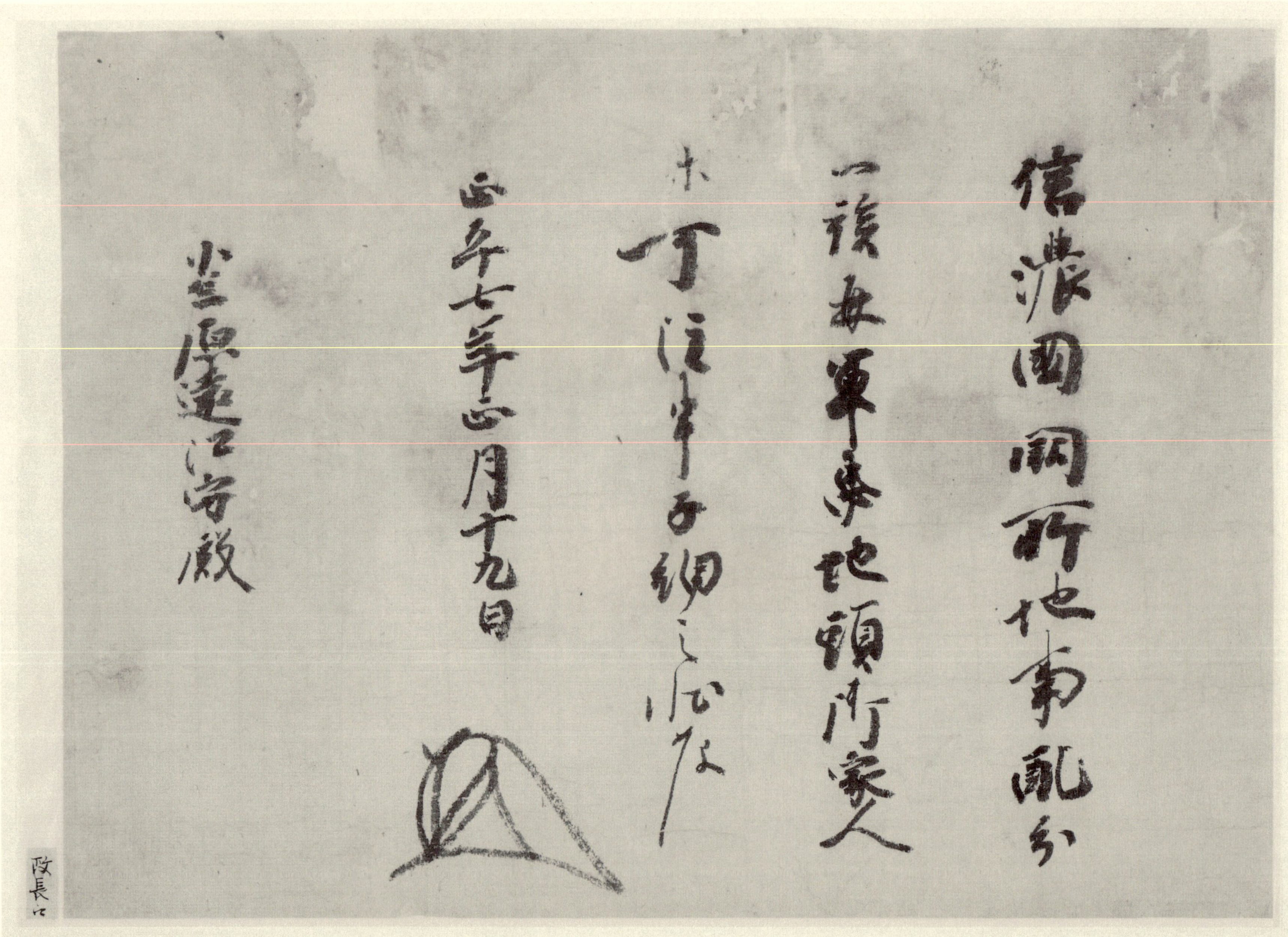

信濃國闕所地事、亂分
一族并軍勢地頭御家人
等可注申子細之状
正平七年正月十九日
小笠原遠江守殿

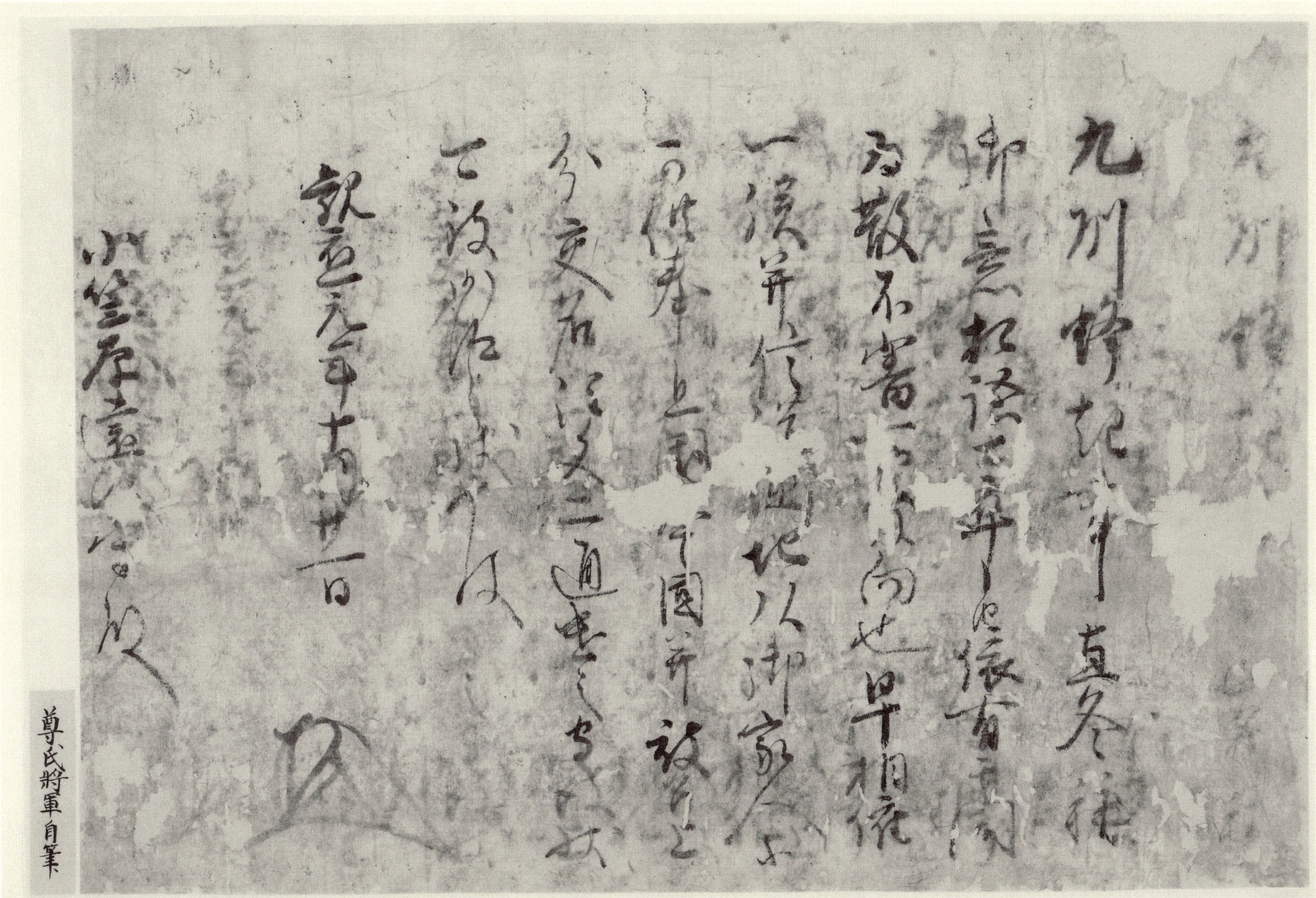
尊氏将軍自筆

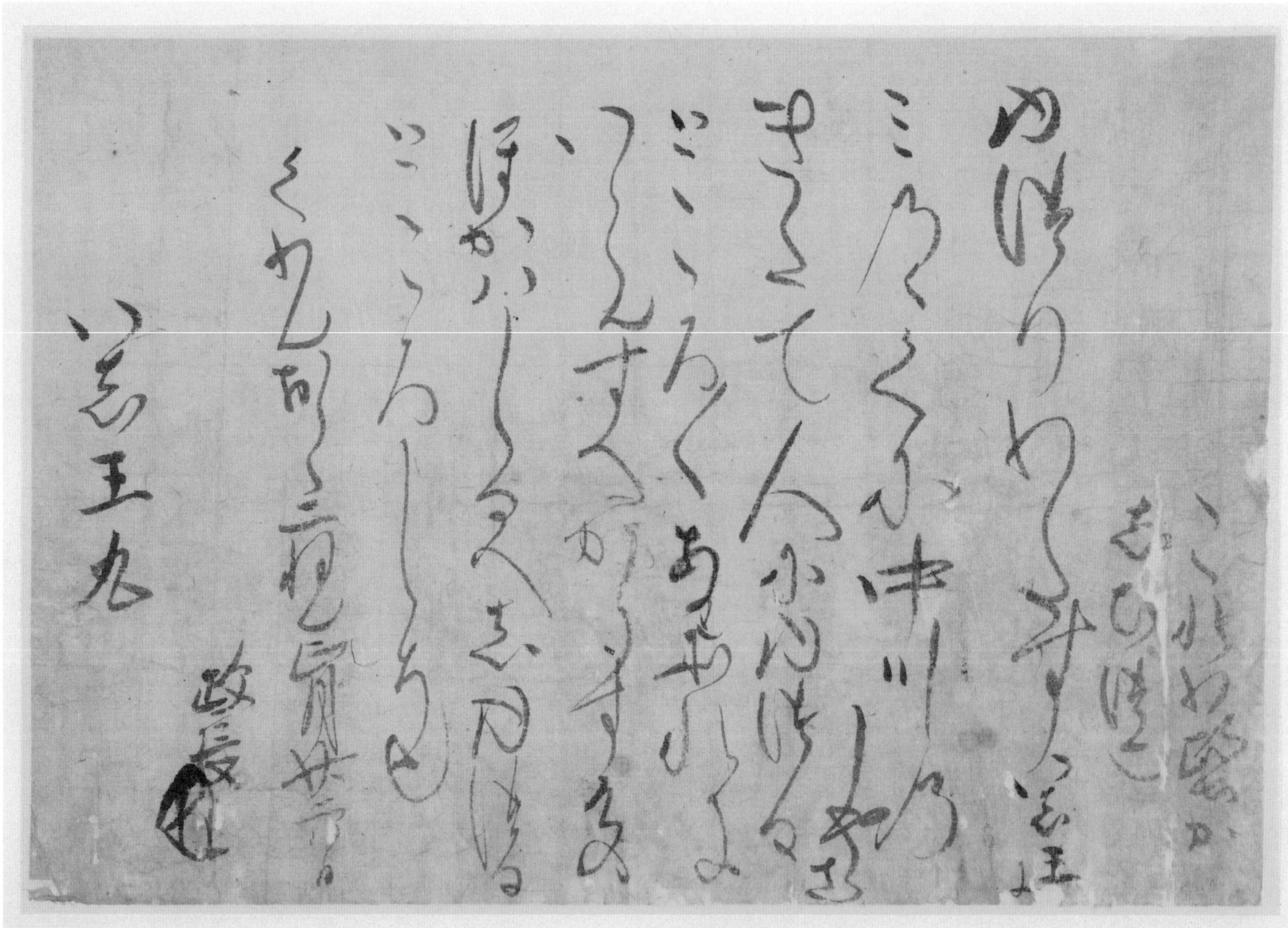

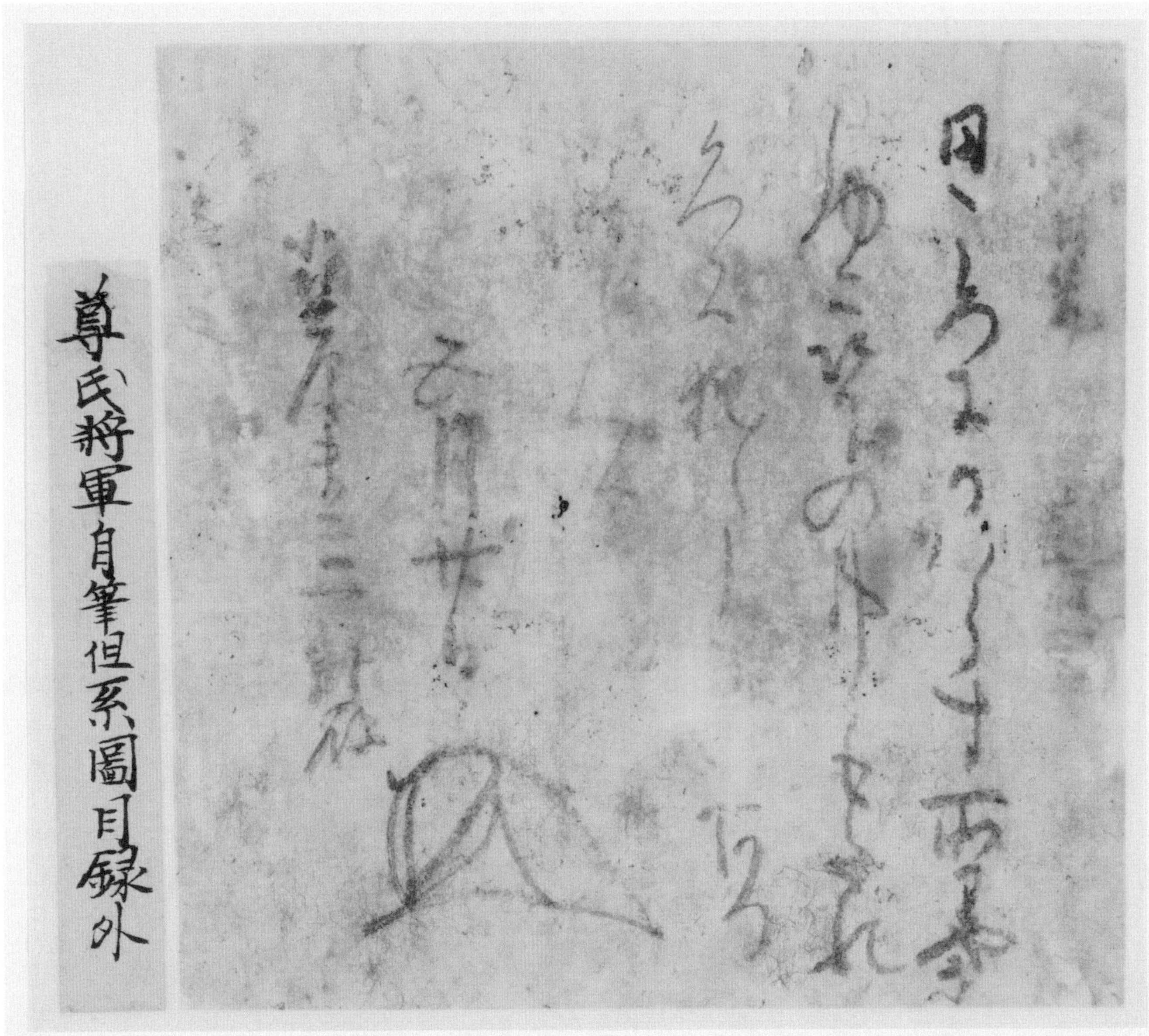
尊氏将軍自筆但系圖目録外

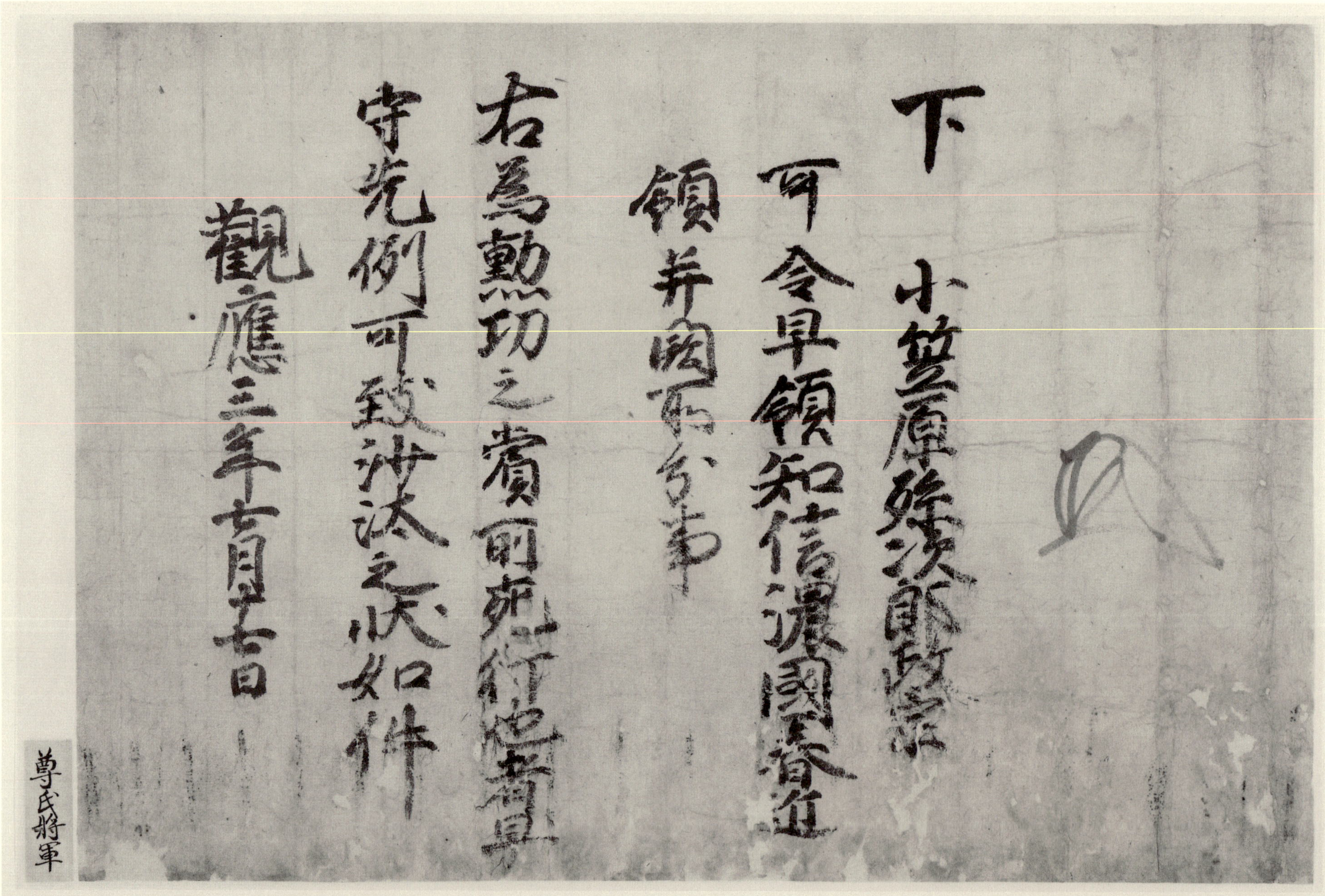
下　小笠原孫次郎政長
可令早領知信濃國春近
領并同國所々事
右為勲功之賞所充行也者早
守先例可致沙汰之状如件
觀應三年七月十七日

尊氏將軍

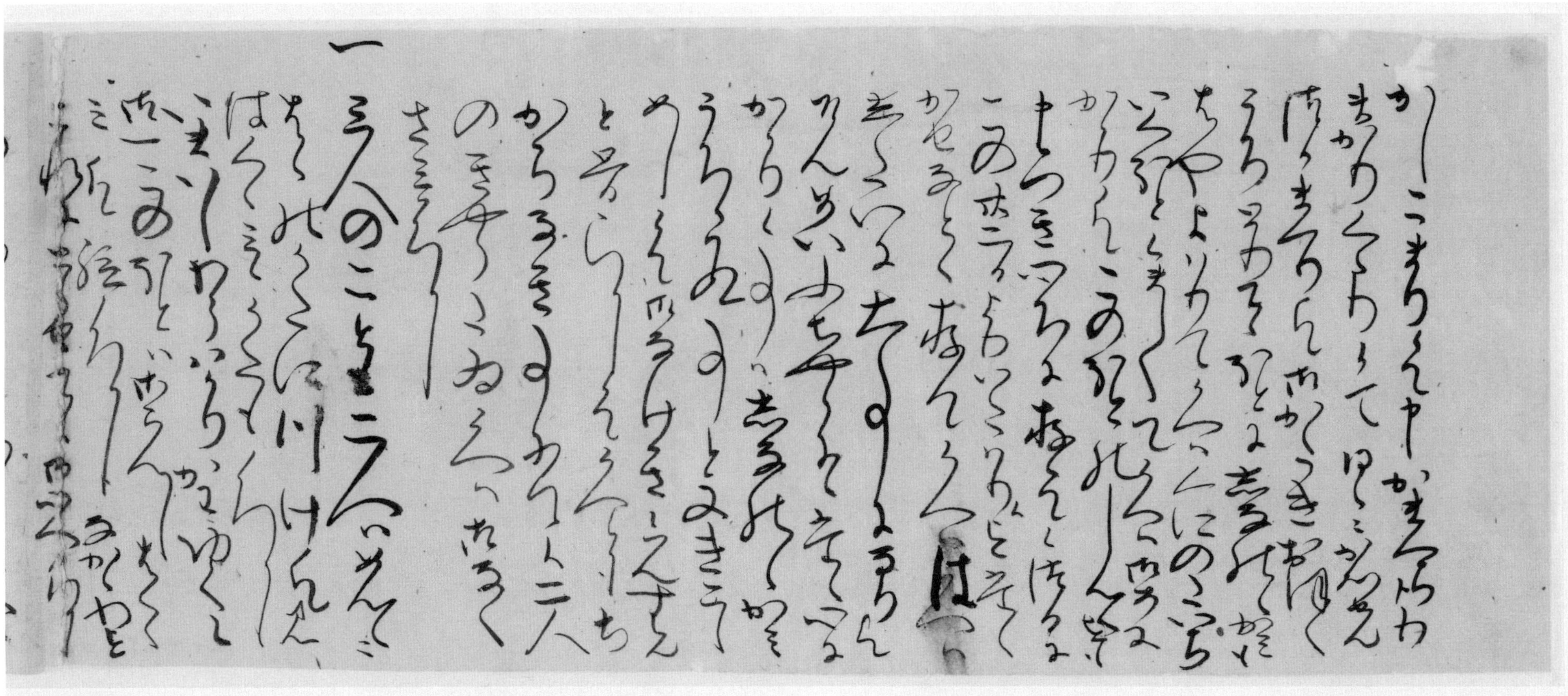

（1）

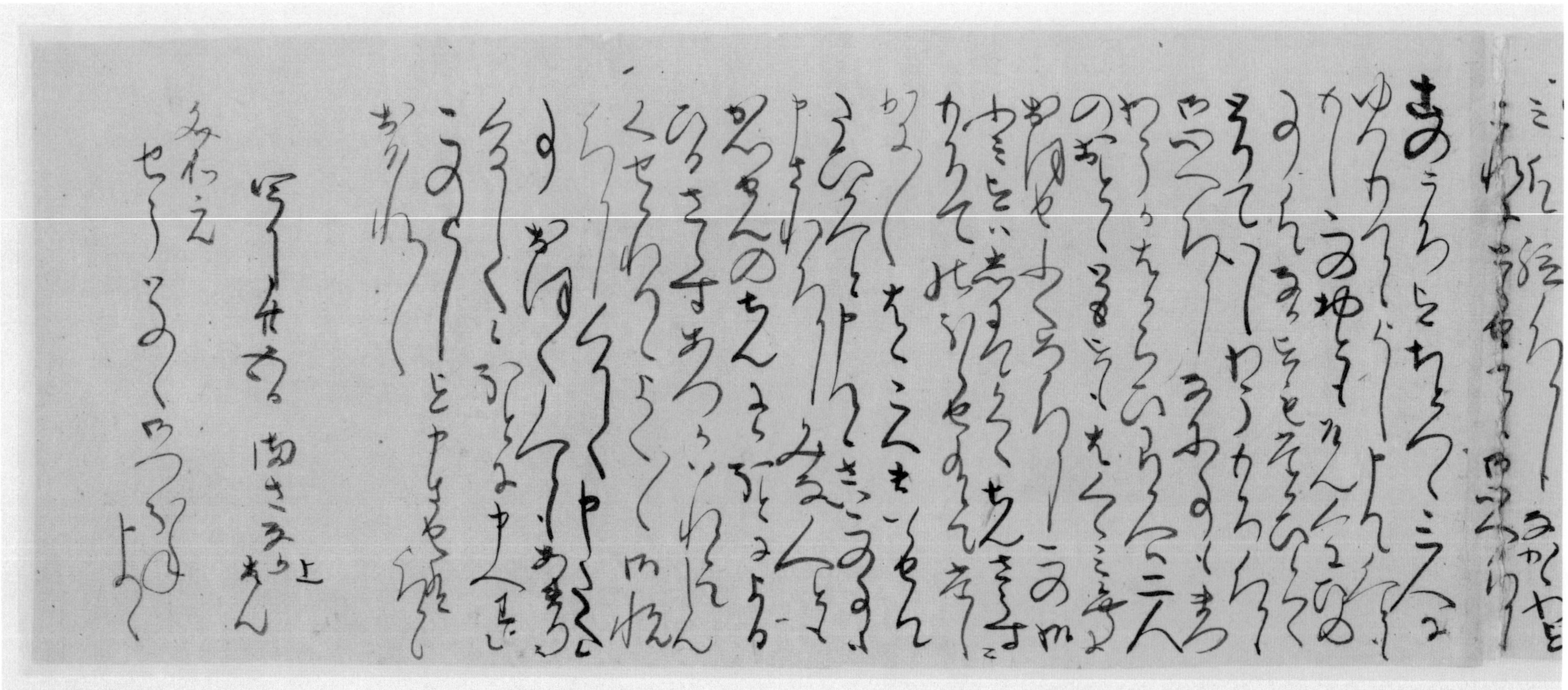

（2）

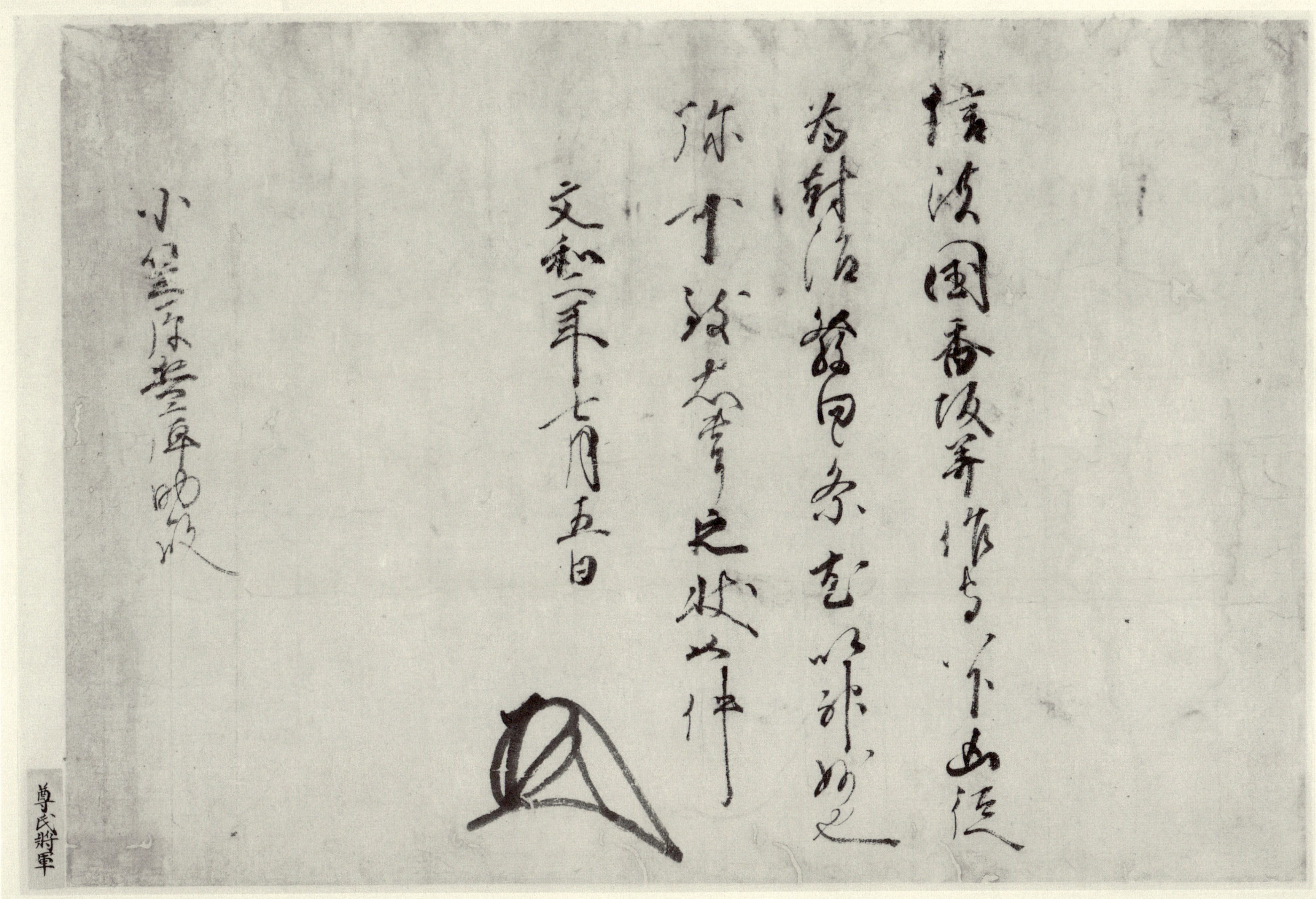
殊可致忠節之状如件

文和二年七月五日

尊氏將軍

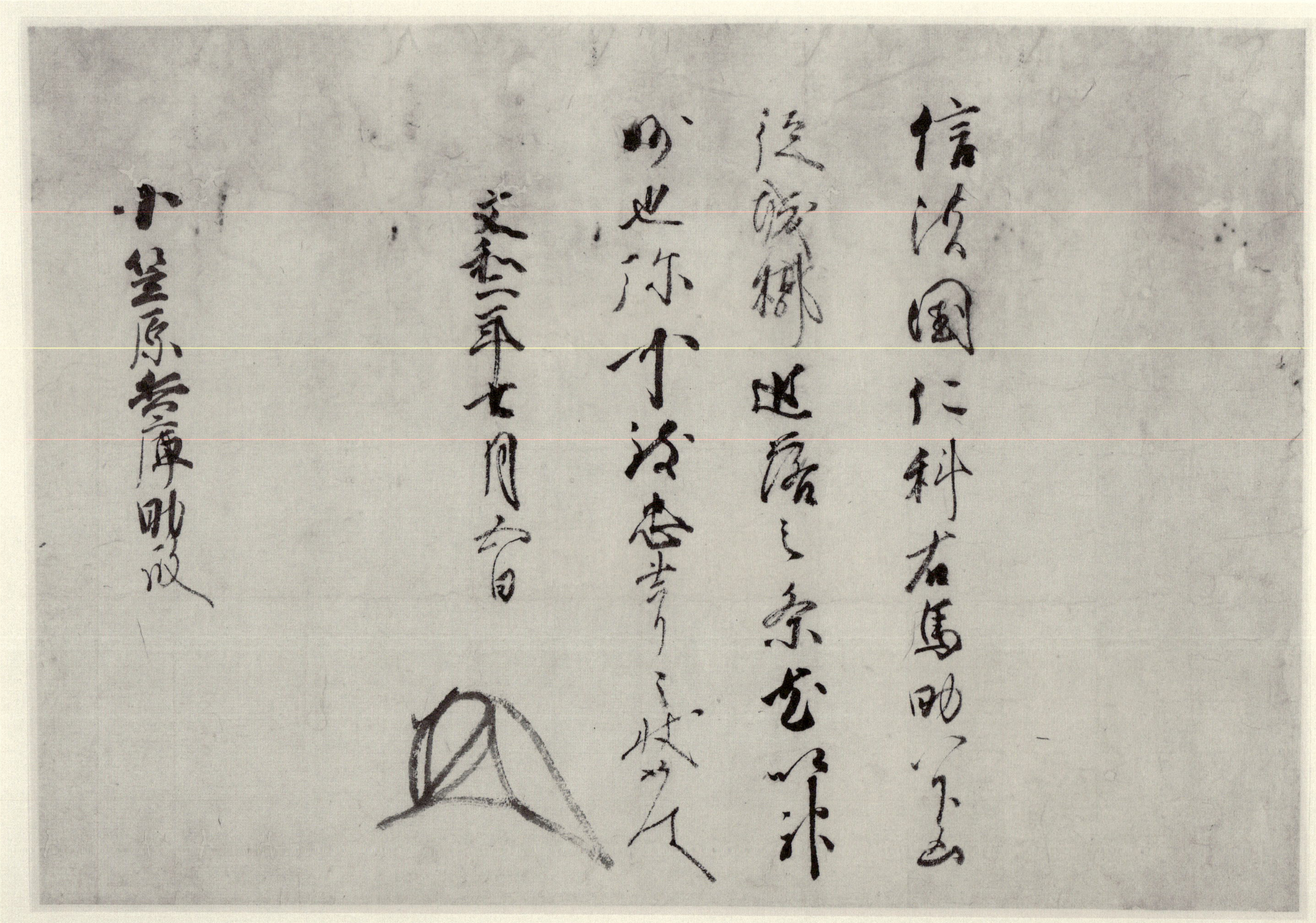

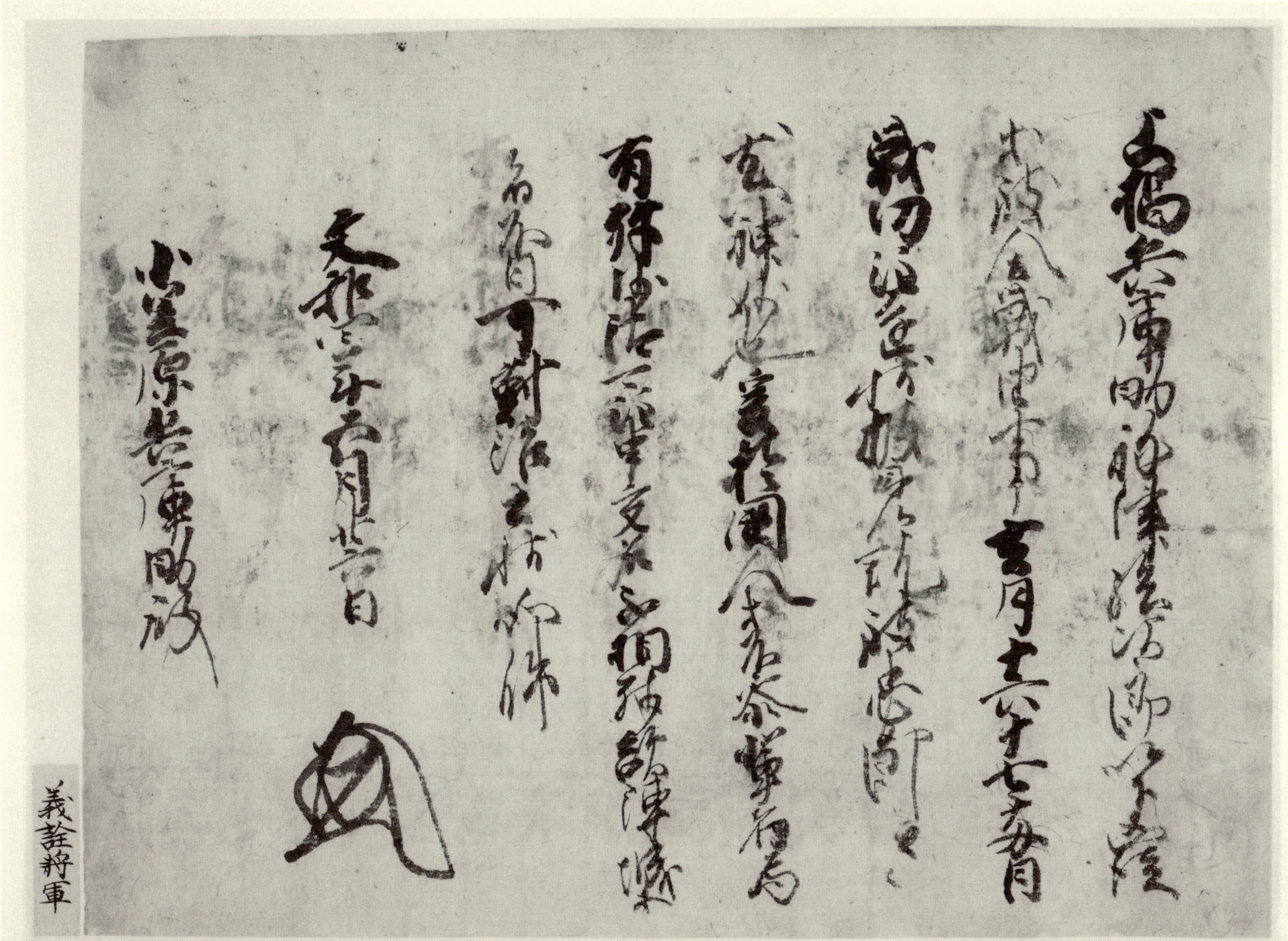
義詮將軍

第一帖　34足利義詮御判御教書　延文元年十月九日

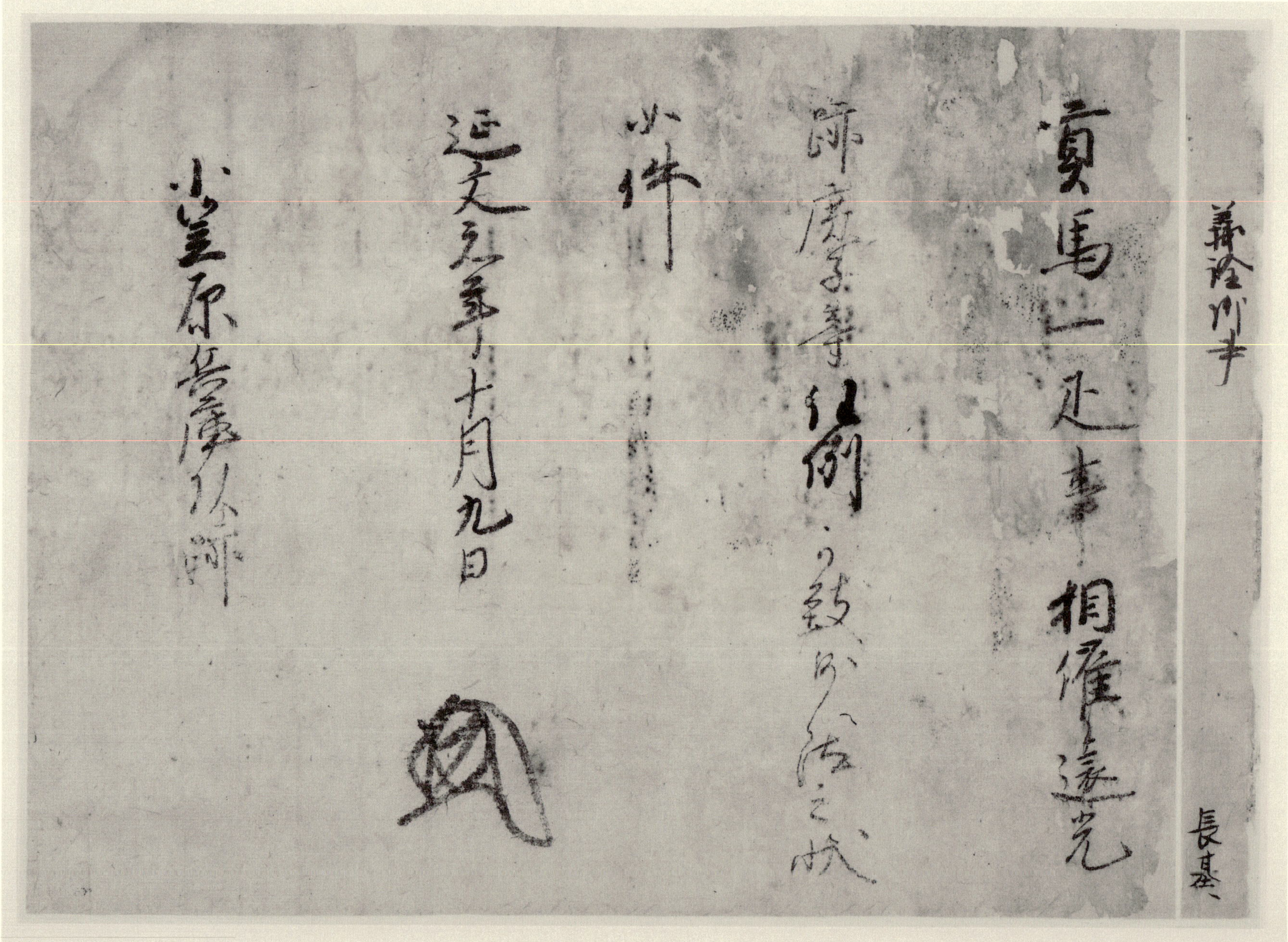

義詮判

貢馬一疋事、相催遠光、
師守等任例、可致沙汰之状
如件
延文元年十月九日
（花押）
小笠原兵庫助殿

長基

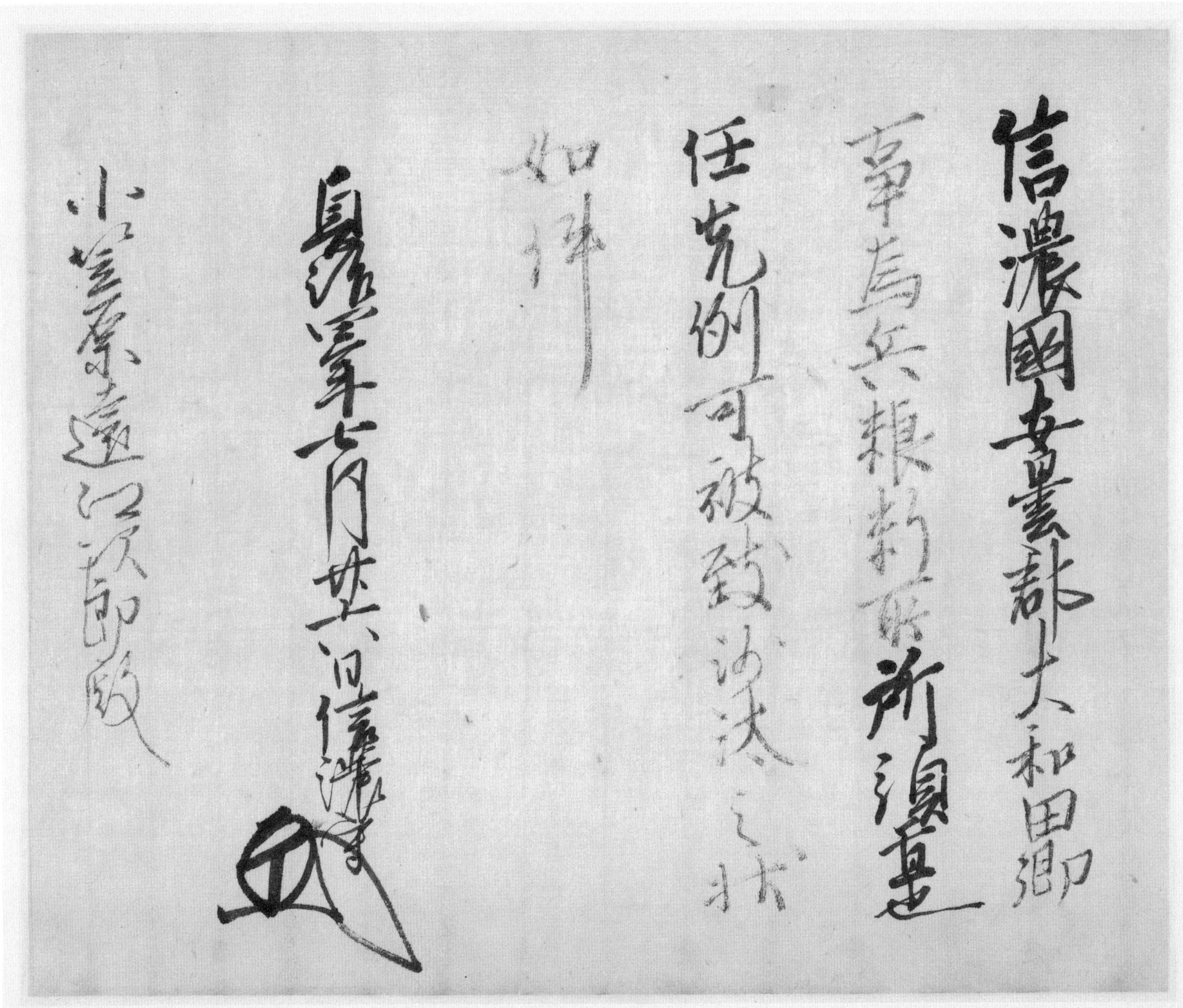
信濃國安曇郡大和田郷
事、爲兵粮料所、所遣也、
任先例可被致沙汰之状
如件
貞治四年七月廿六日　信濃守（花押）
小笠原遠江次郎殿

第一帖　35小笠原長基書下　貞治四年七月二十六日

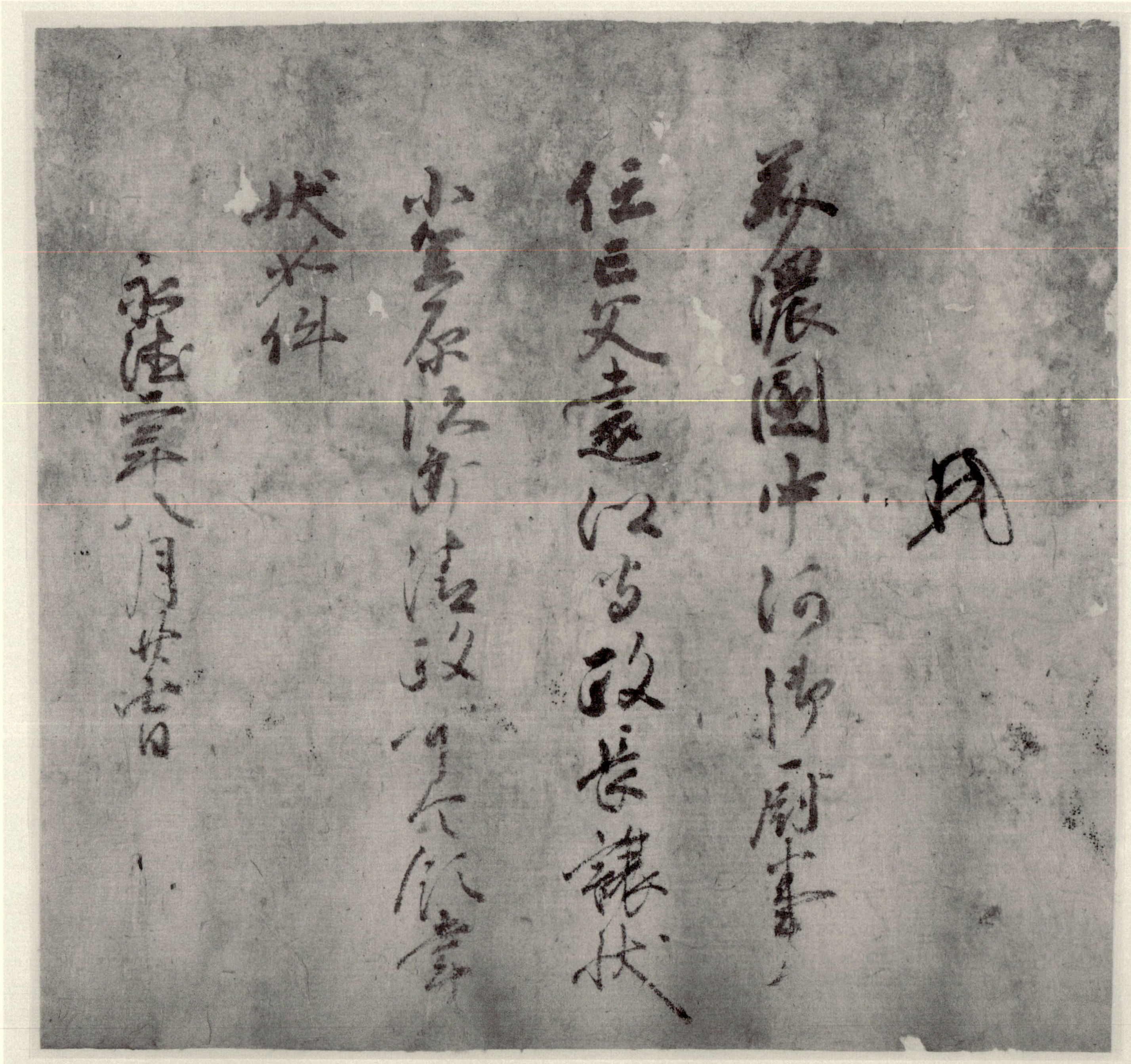

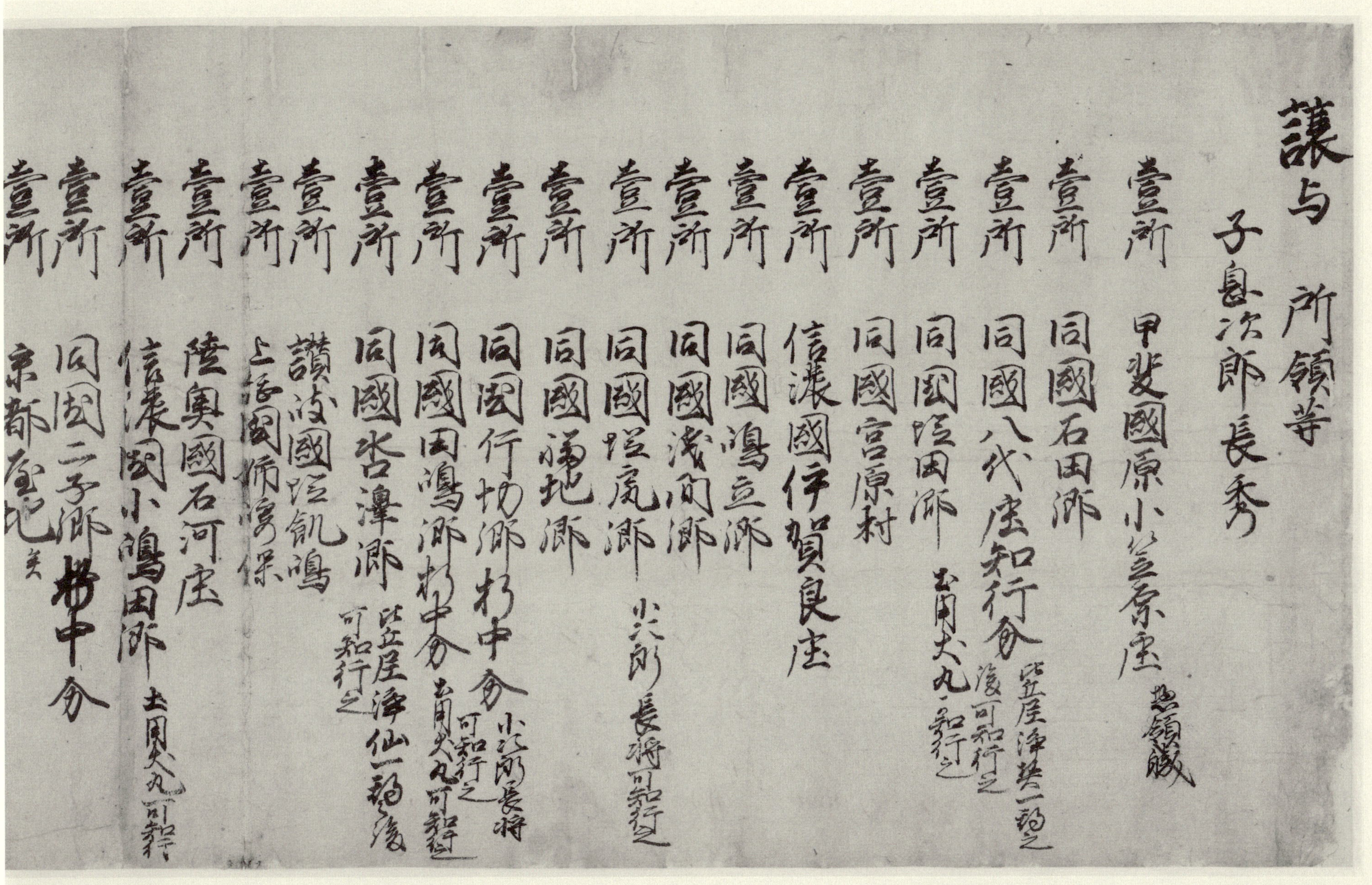

譲与　所領等
子息次郎長秀
壹所　甲斐國原小笠原庄　惣領職
壹所　同國石田郷
壹所　同國八代庄知行分　笠原浄英一期之後可知行之
壹所　同國塩田郷　吉員犬丸知行之
壹所　同國宮原村
壹所　信濃國伊賀良庄
壹所　同國鳩立郷
壹所　同國浅間郷
壹所　同國塩尻郷　小六郎長将可知行之
壹所　同國福地郷
壹所　同國行初郷折中分　小次郎長将可知行之
壹所　同國田嶋郷折中分　吉員犬丸可知行之
壹所　同國水沓澤郷　笠原浄仙一期後可知行之
壹所　讃岐國塩飽嶋
壹所　上総國伊南保
壹所　陸奥國石河庄
壹所　信濃國小嶋田郷　吉員犬丸可知行
壹所　同國二子郷折中分
壹所　京都屋地　美

（1）

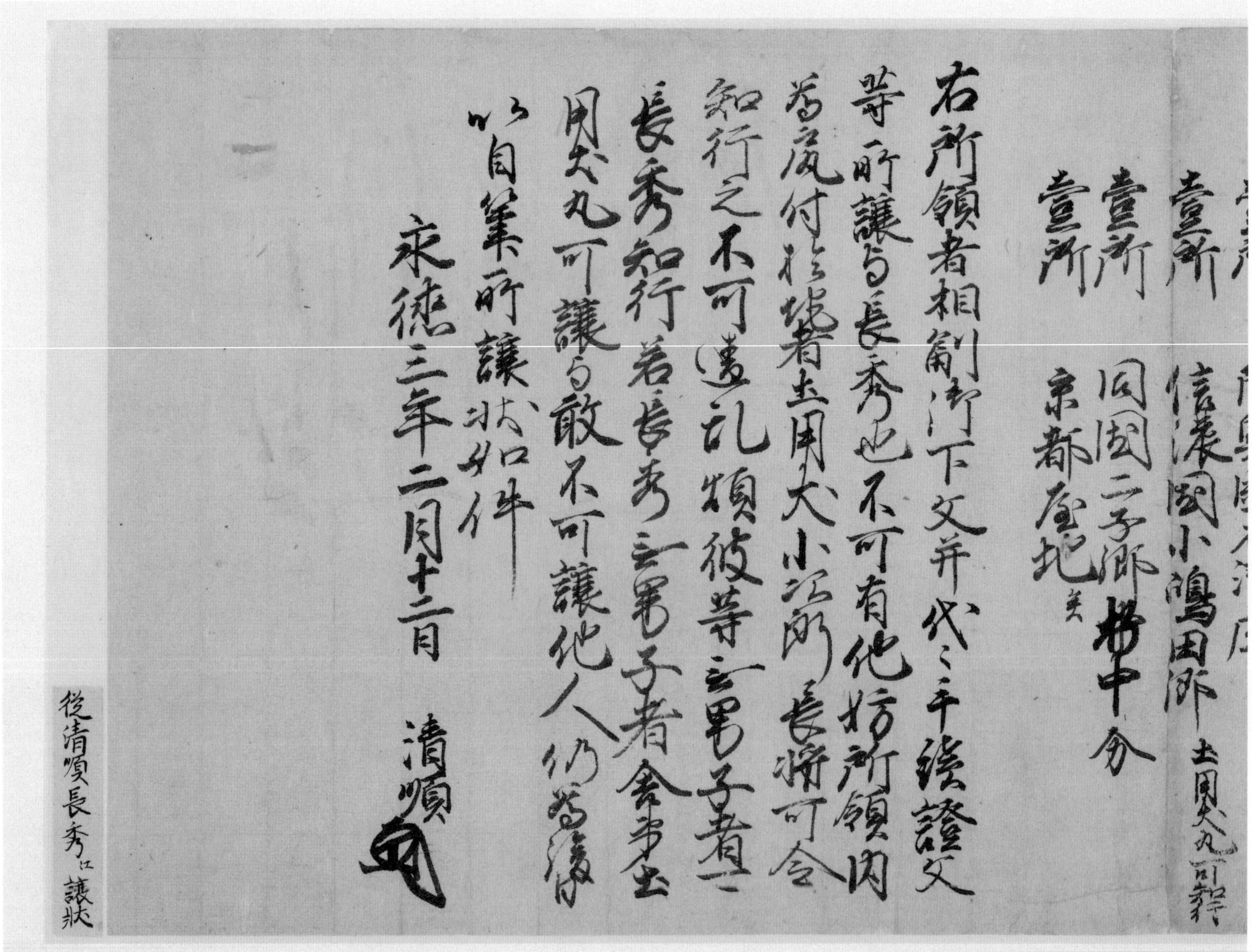
……所……
壹所　信濃国小鳴田郷　土用犬丸可知行
壹所　同国二子郷　半分
壹所　京都屋地　並
右所領者相副御下文并代々手継證文
等所譲与長秀也不可有他妨所領内
為庶付於姪者土用犬丸小笠原長将可令
知行之不可違乱煩彼等之男子者無之
長秀知行若長秀之男子者舎弟土
用犬丸可譲与敢不可譲他人仍為後
日亀鏡所譲状如件
永徳三年二月十二日　清順（花押）

従清順長秀江譲状

(2)

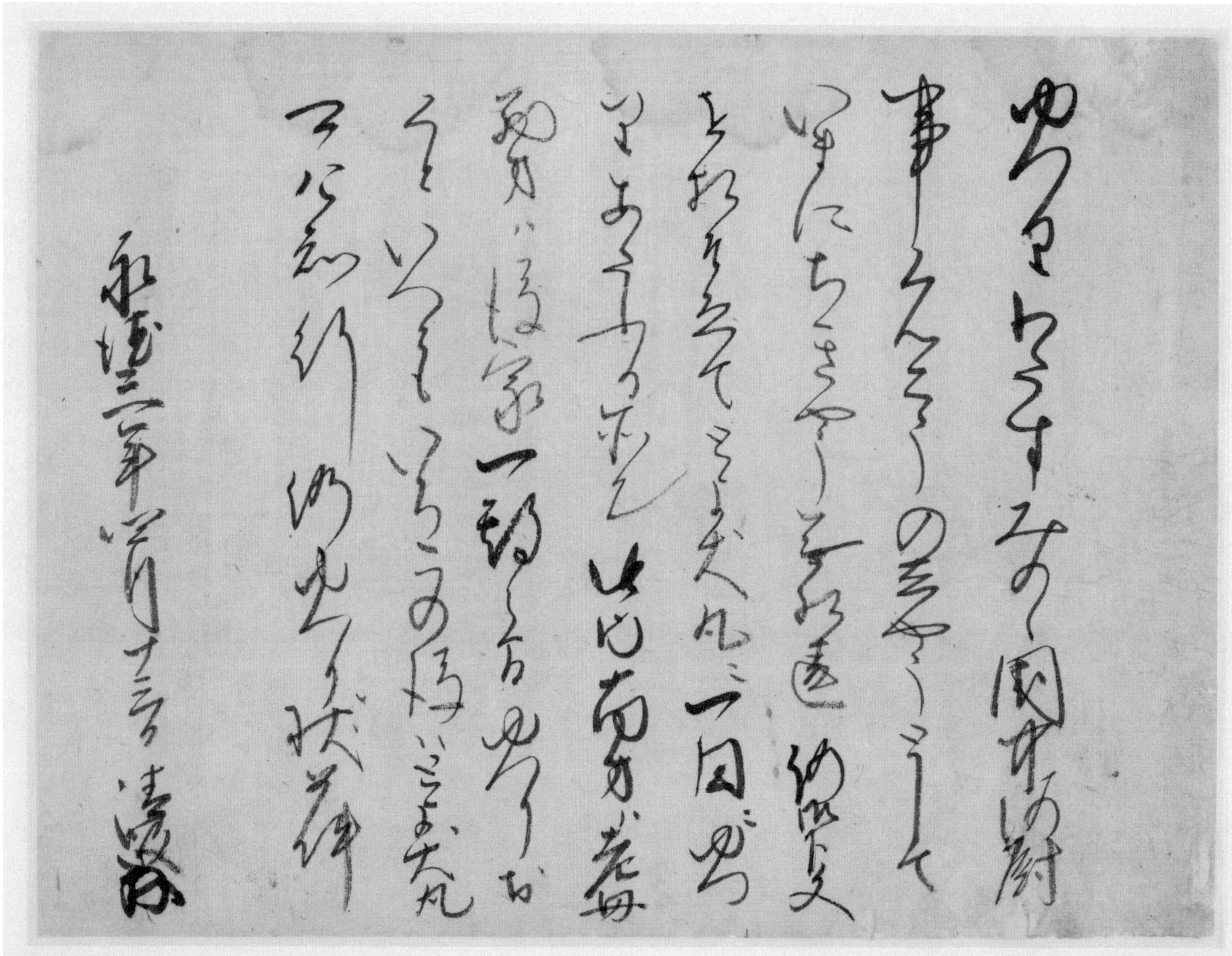
永徳三年卯月十三日　清政

第二帖

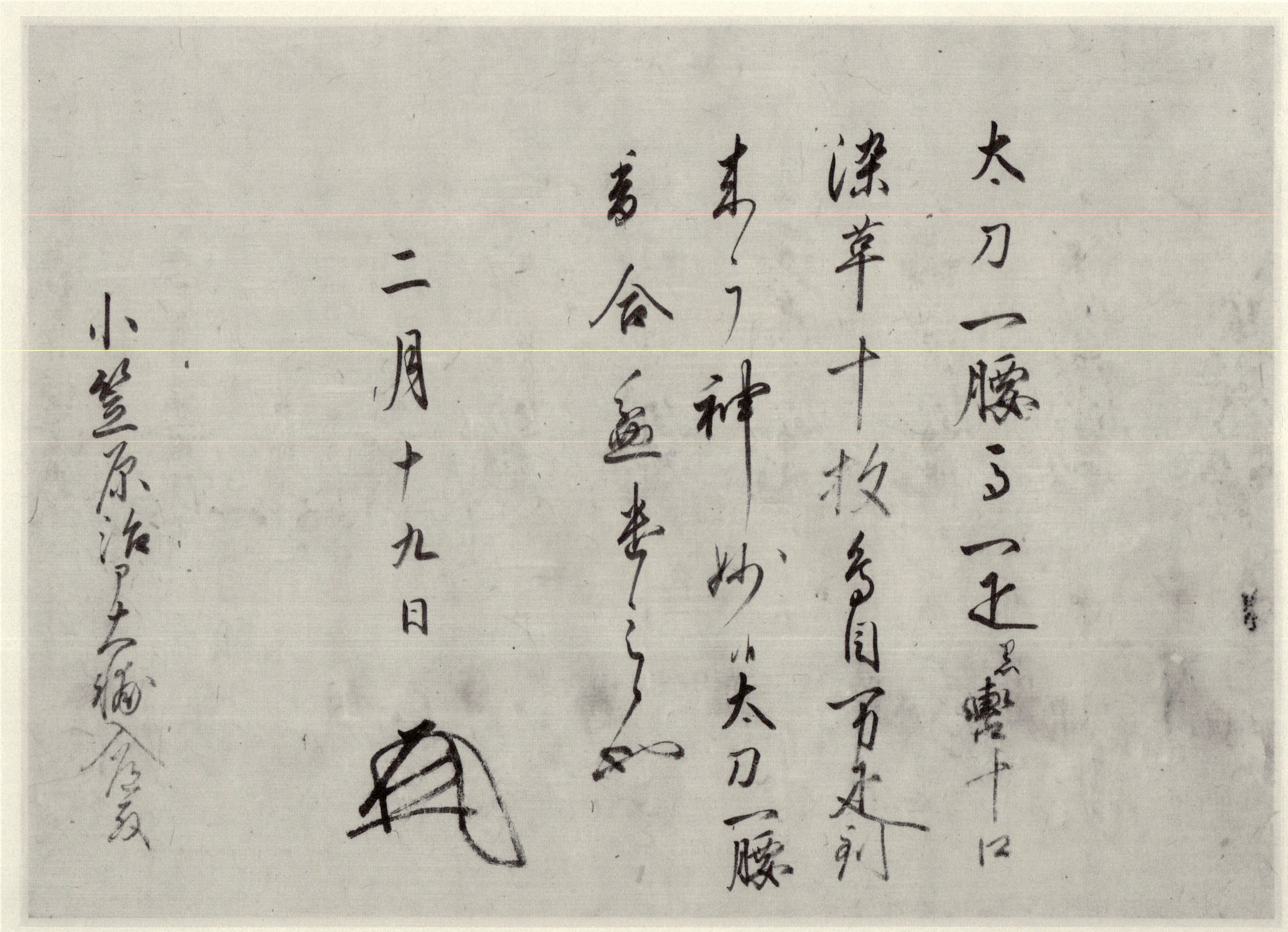

第二帖　1足利義教御内書（永享二年カ）二月十九日

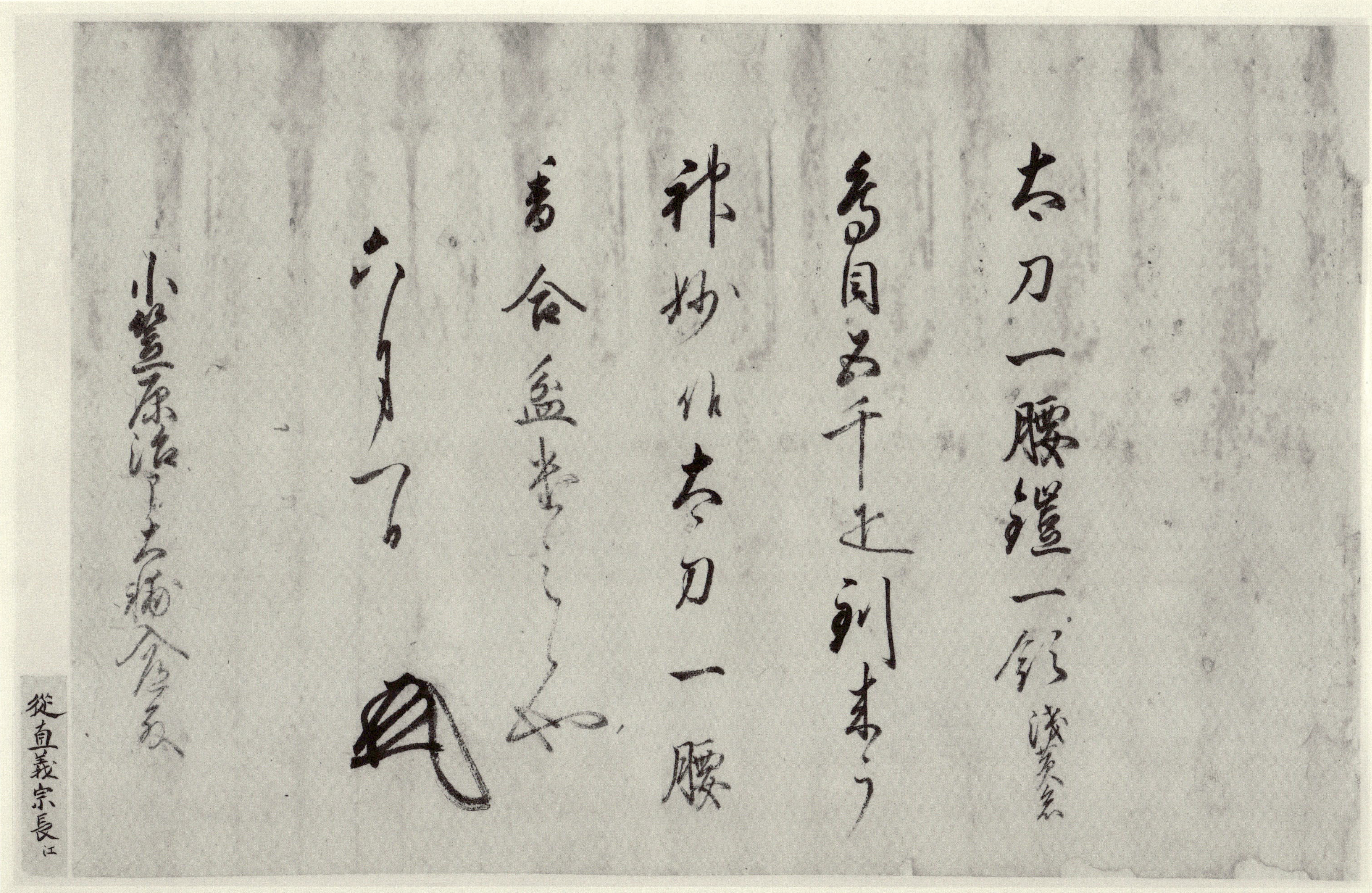
太刀一腰鎧一領浅黄糸
為目出千疋到来了
神妙候　太刀一腰
[illegible]
六月一日（花押）
小笠原治部大輔[illegible]殿
従直義宗長江

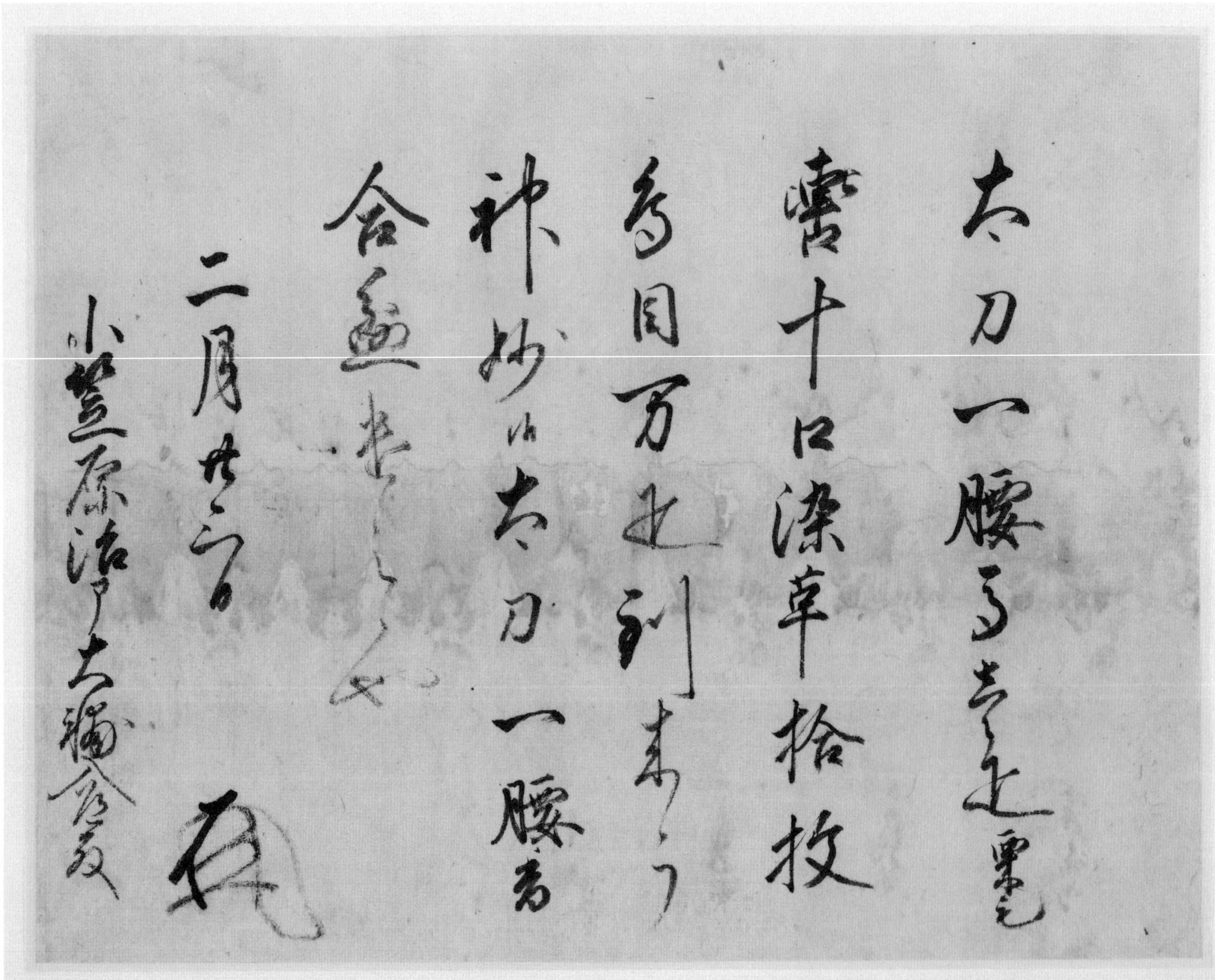

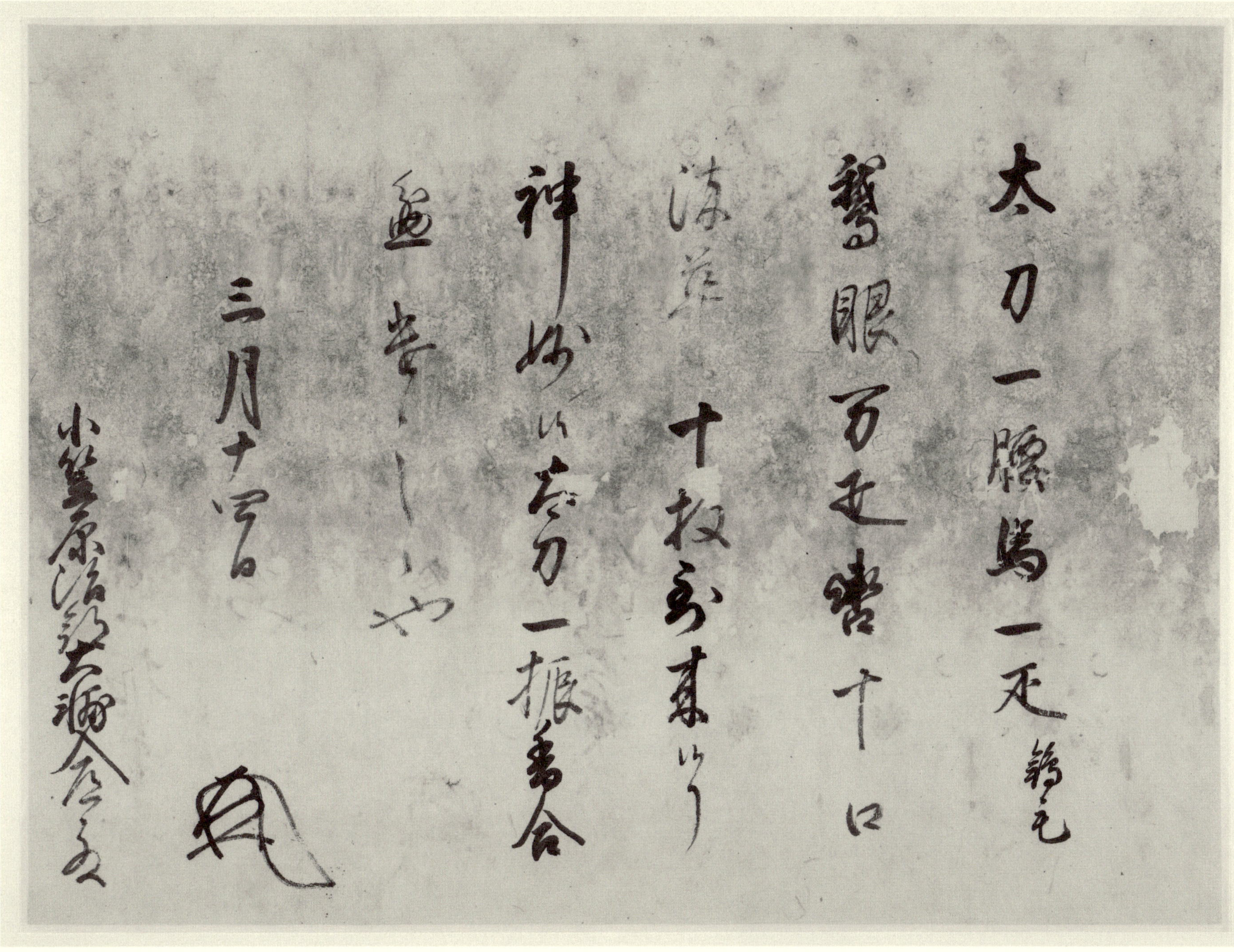

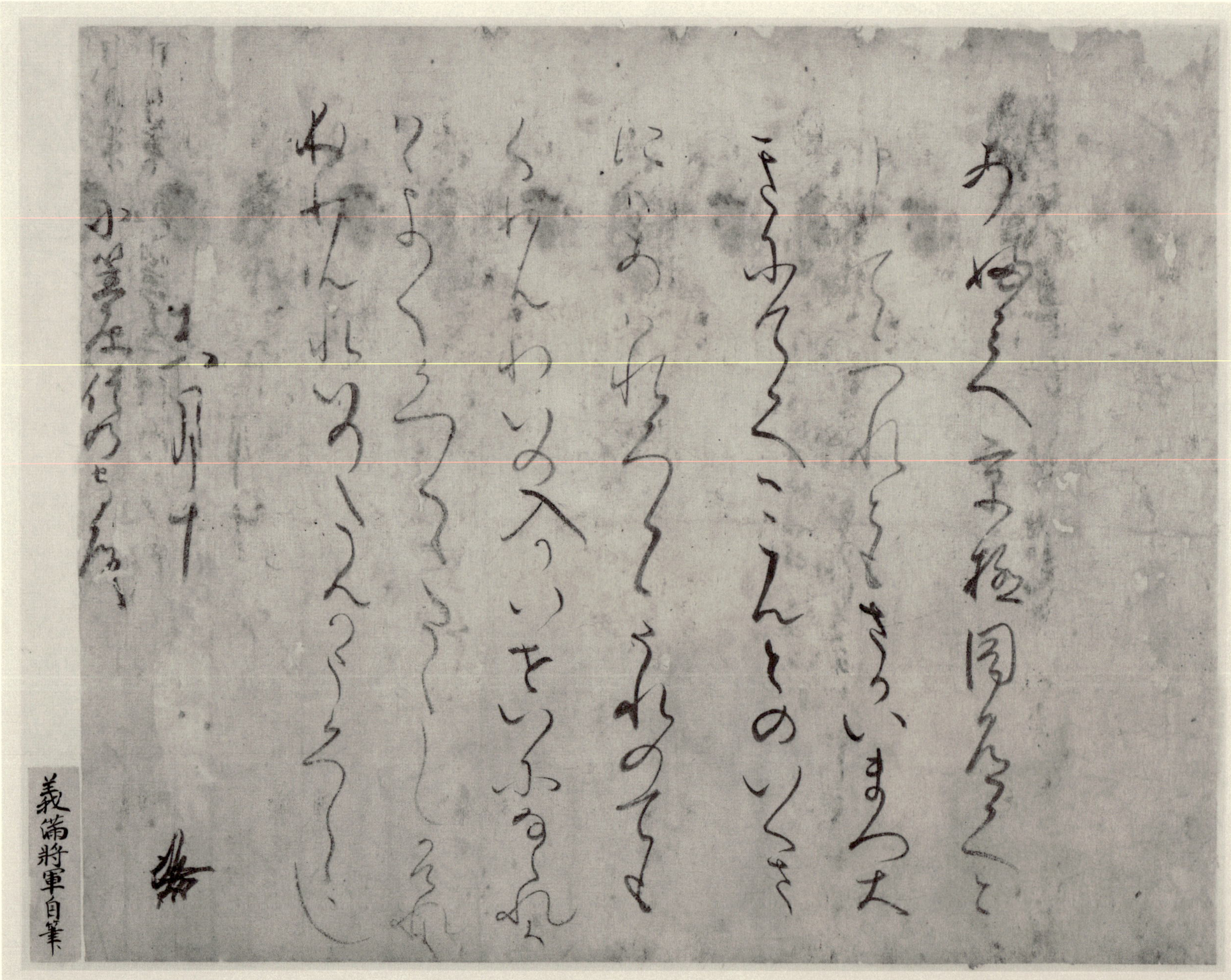
義満将軍自筆

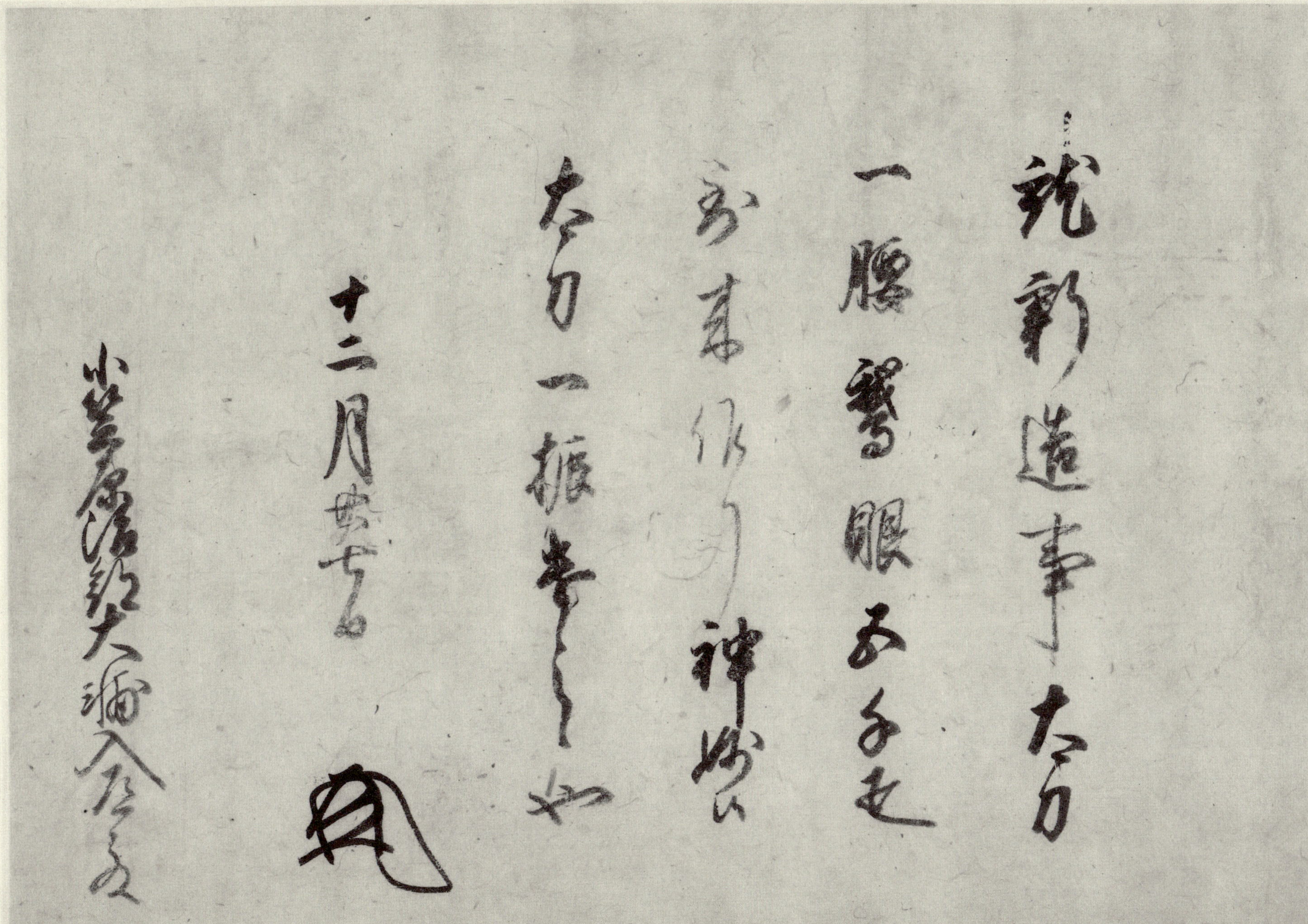
就新造事、太刀
一腰・鵞眼五千疋
到来候了、神妙候
太刀一振遣之候也
十二月廿七日（花押）
小笠原治部大輔入道とのへ

第二帖　6足利義教御内書　（永享二年カ）十二月二十七日

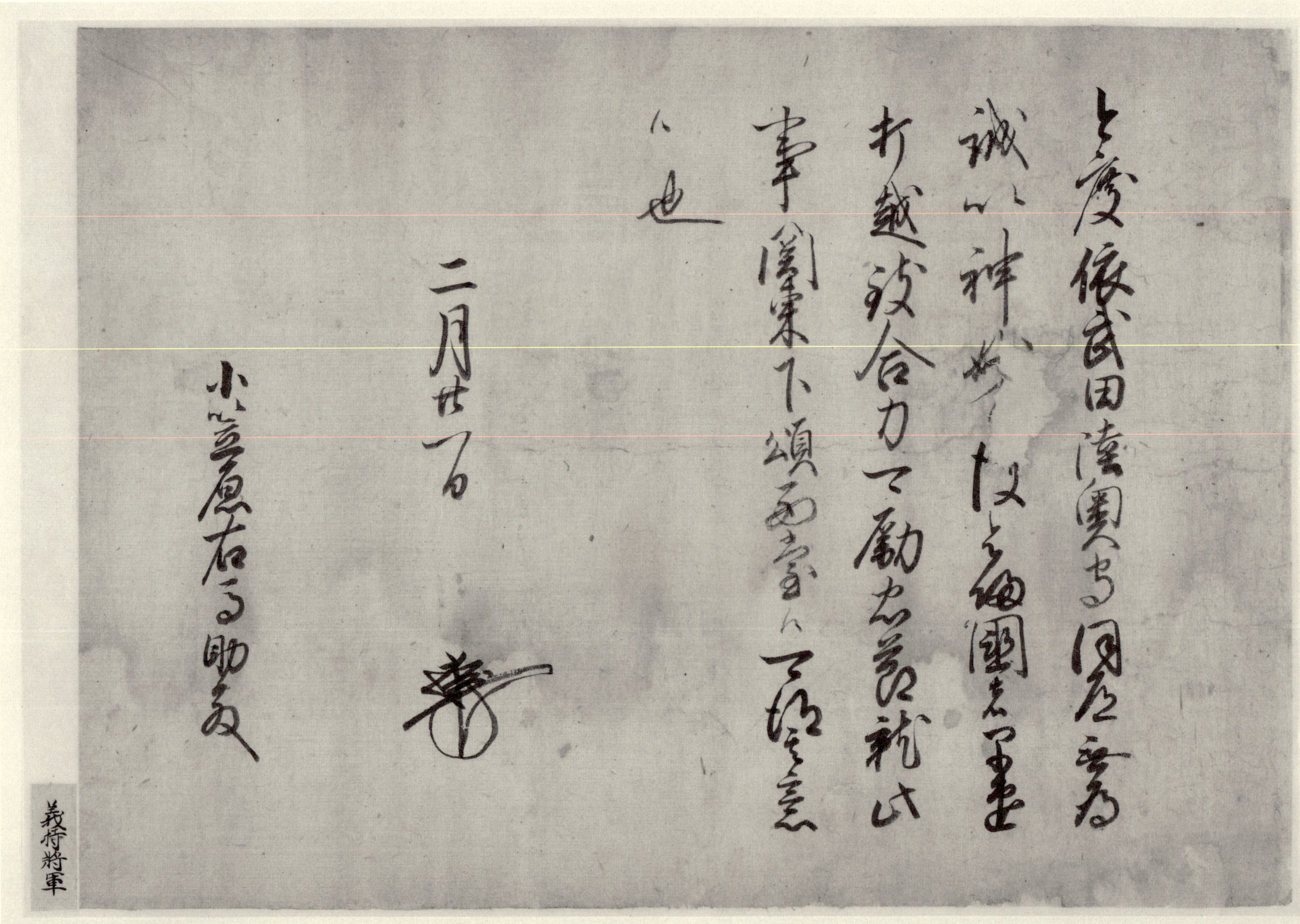
上[illegible]依武田陸奥守同名為[illegible]
[illegible]以神妙、仍[illegible]国[illegible]
打越致合力可励忠節、就此
事関東下知[illegible]
也
二月廿一日（花押）
小笠原右馬助殿

8畠山道端〈満家〉書状　〈応永三十年〉八月十九日

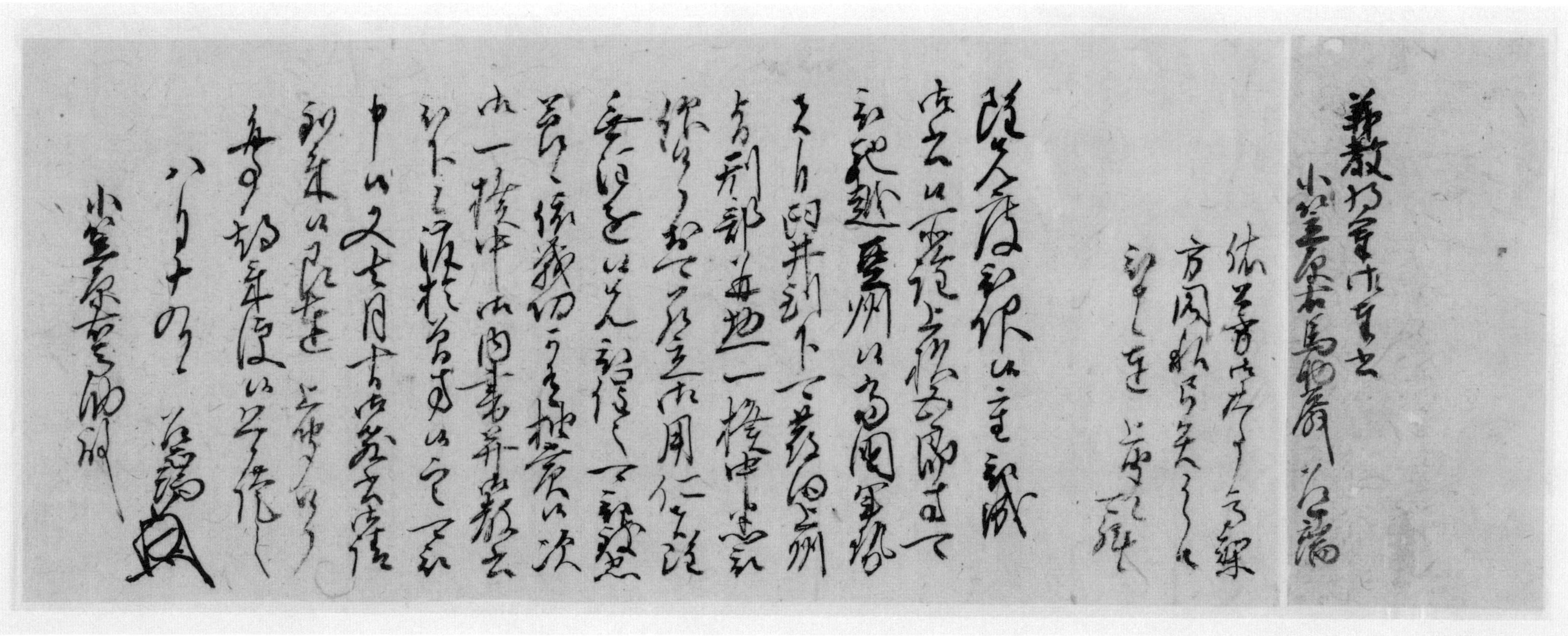

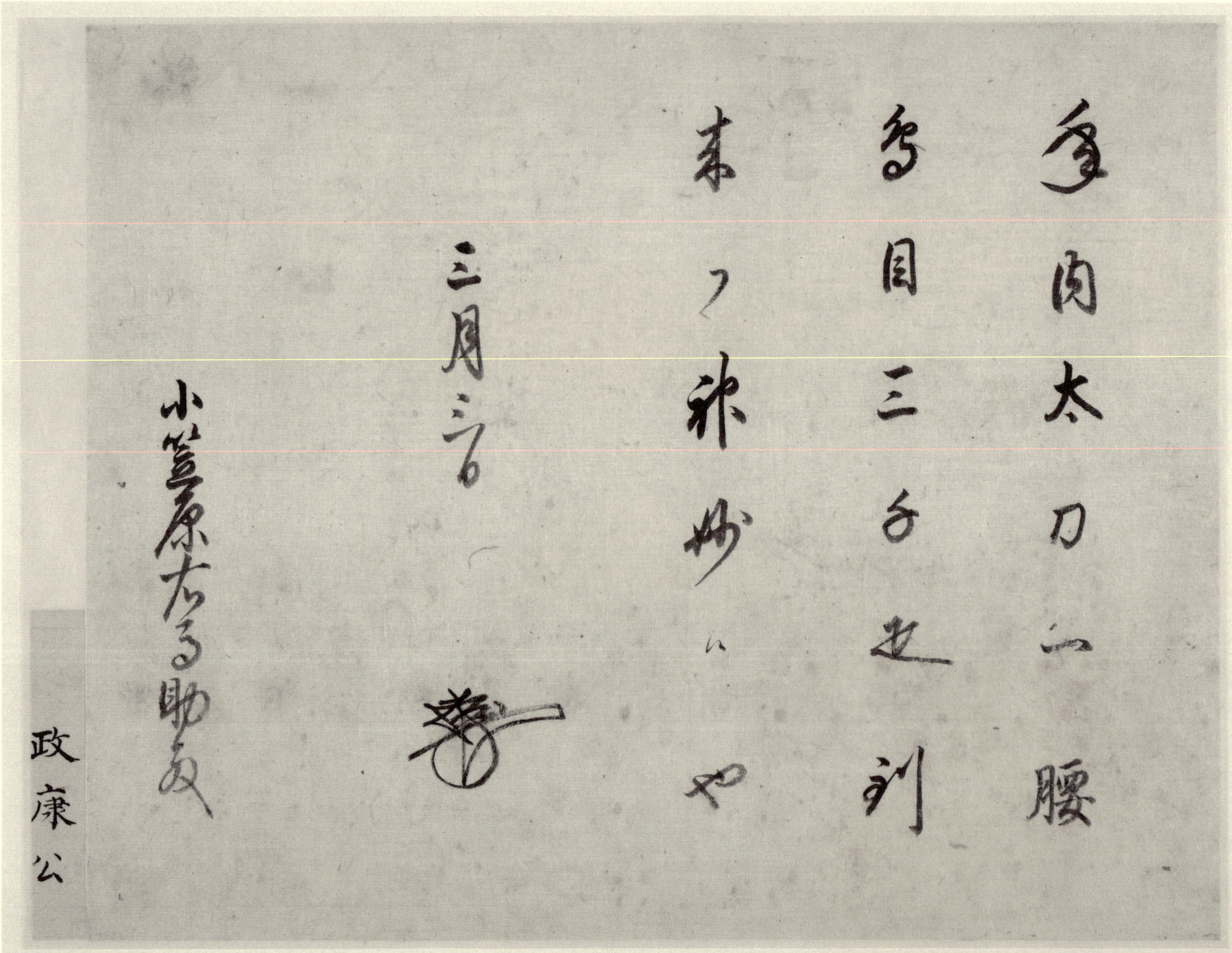
参内太刀一腰
鵞目三千疋到
来了神妙候也
三月三日
小笠原右馬助殿
政康公

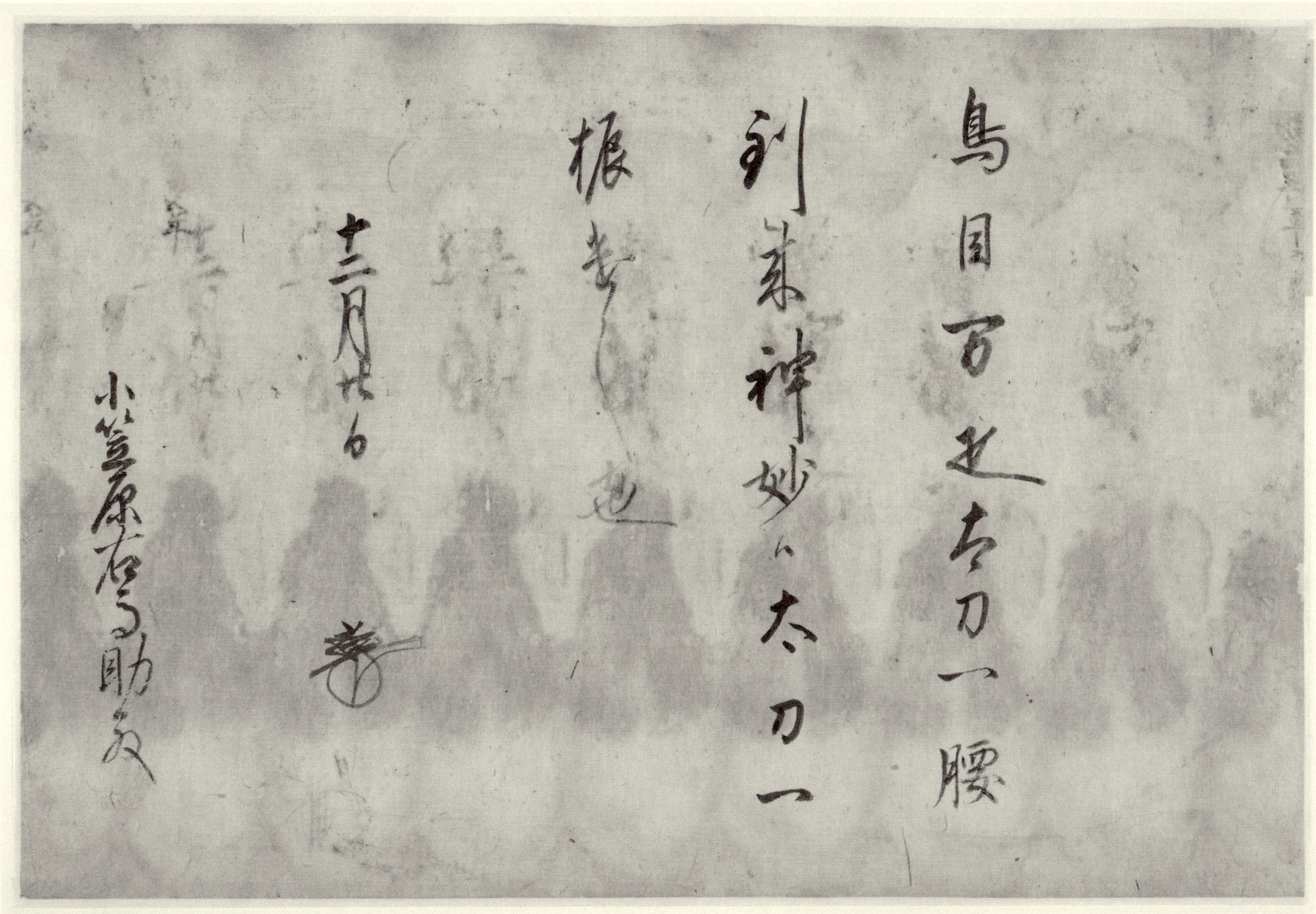
鳥目百疋太刀一腰
到来神妙ゝ太刀一
振遣之也
十二月廿日
小笠原右馬助殿

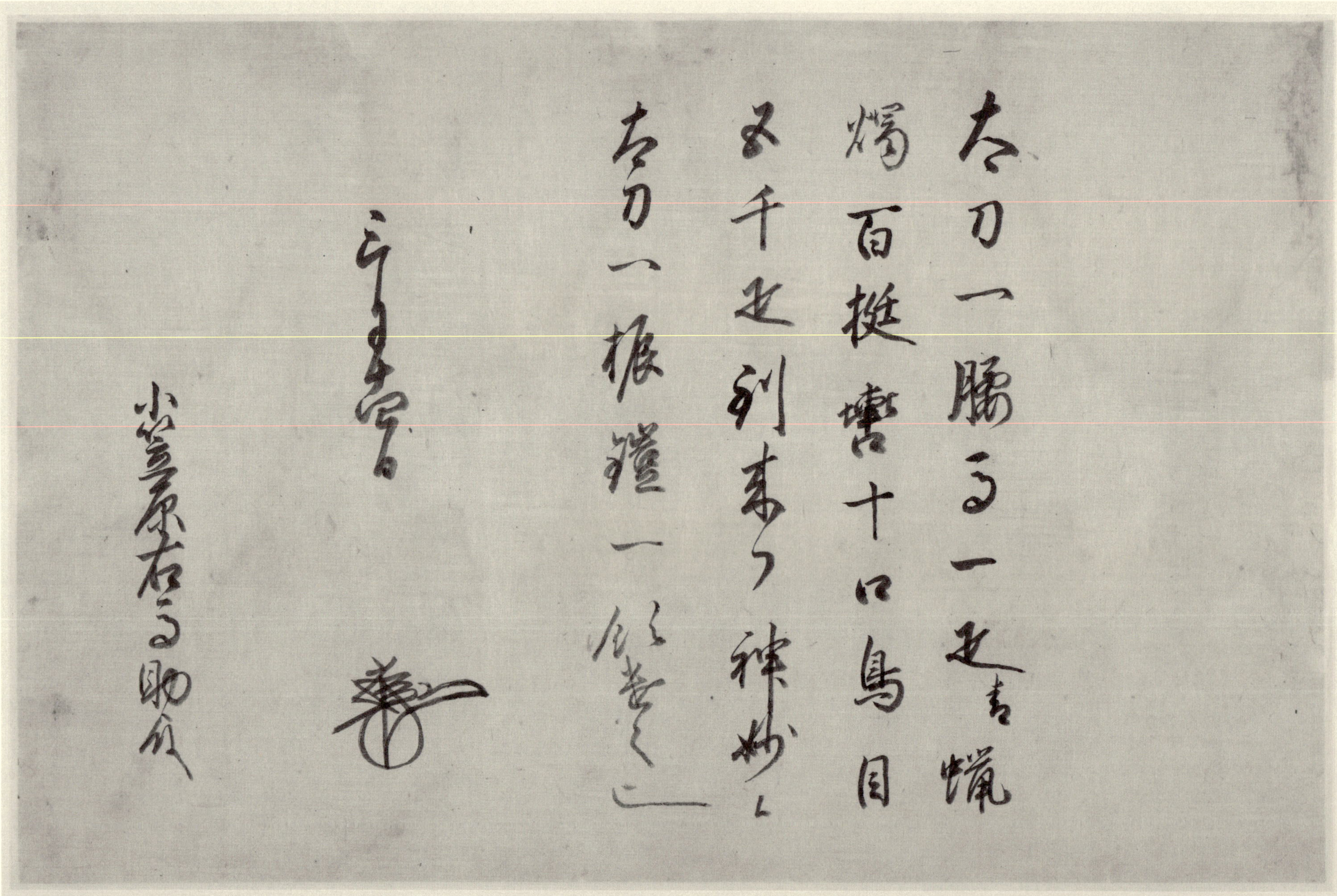

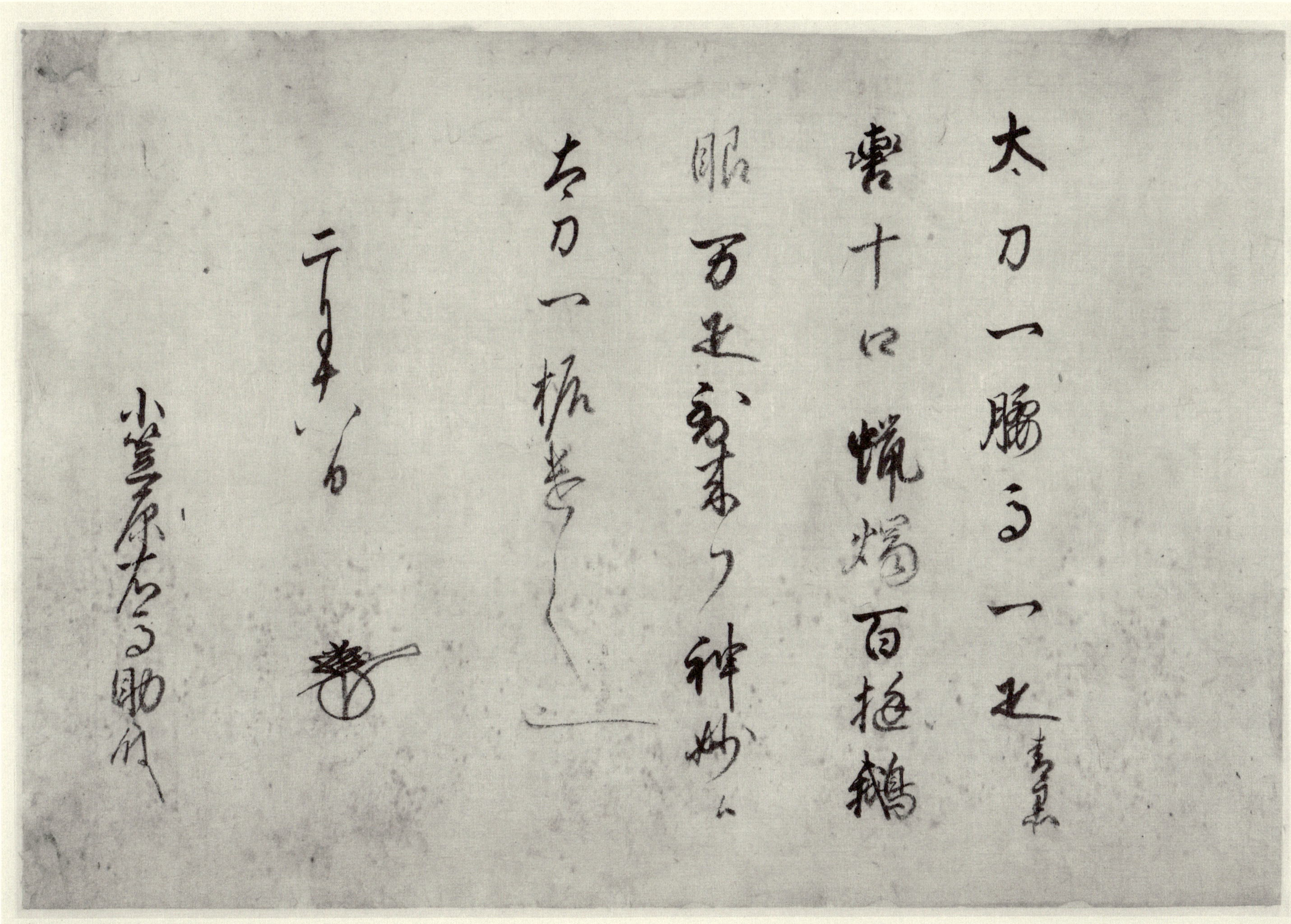

　12足利義持御内書　（年未詳）二月十八日

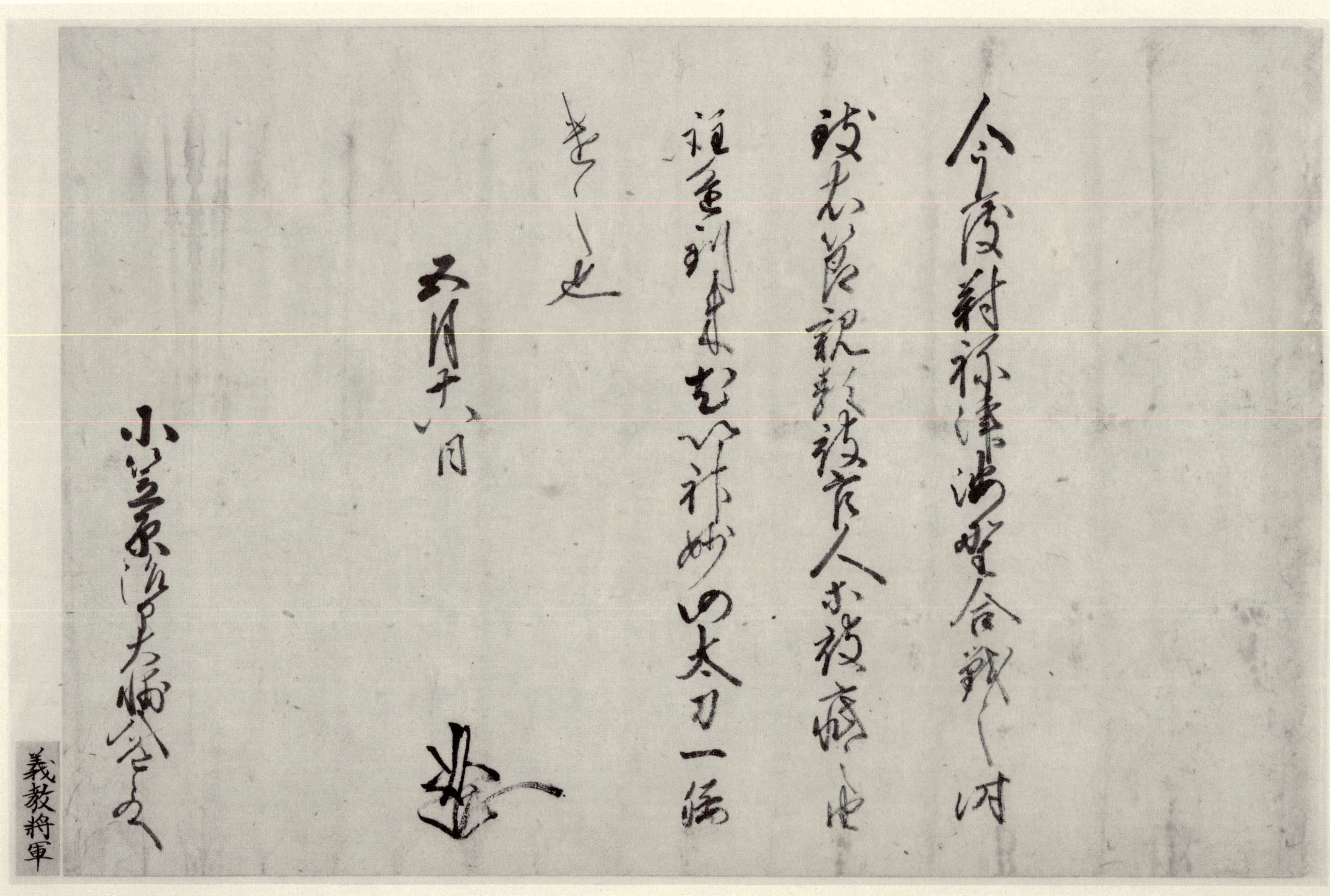
義教将軍

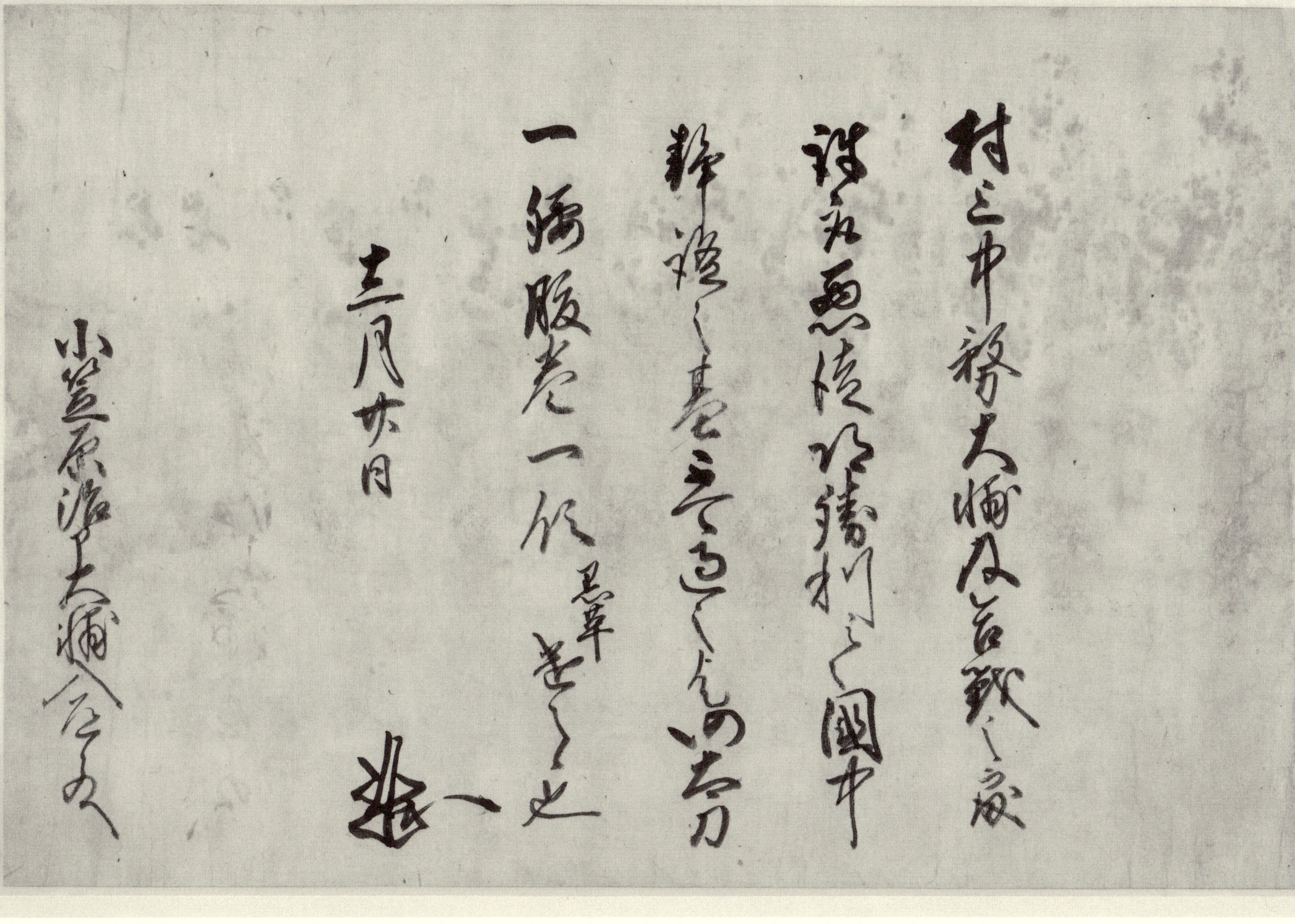
村上中務大輔及首級之儀
誅伐忠節殊勝候、國中
静謐之基[illegible]也、仍太刀
一腰・腹巻一領黒革遣之
十二月廿日
小笠原治部大輔入道とのへ
義教将軍

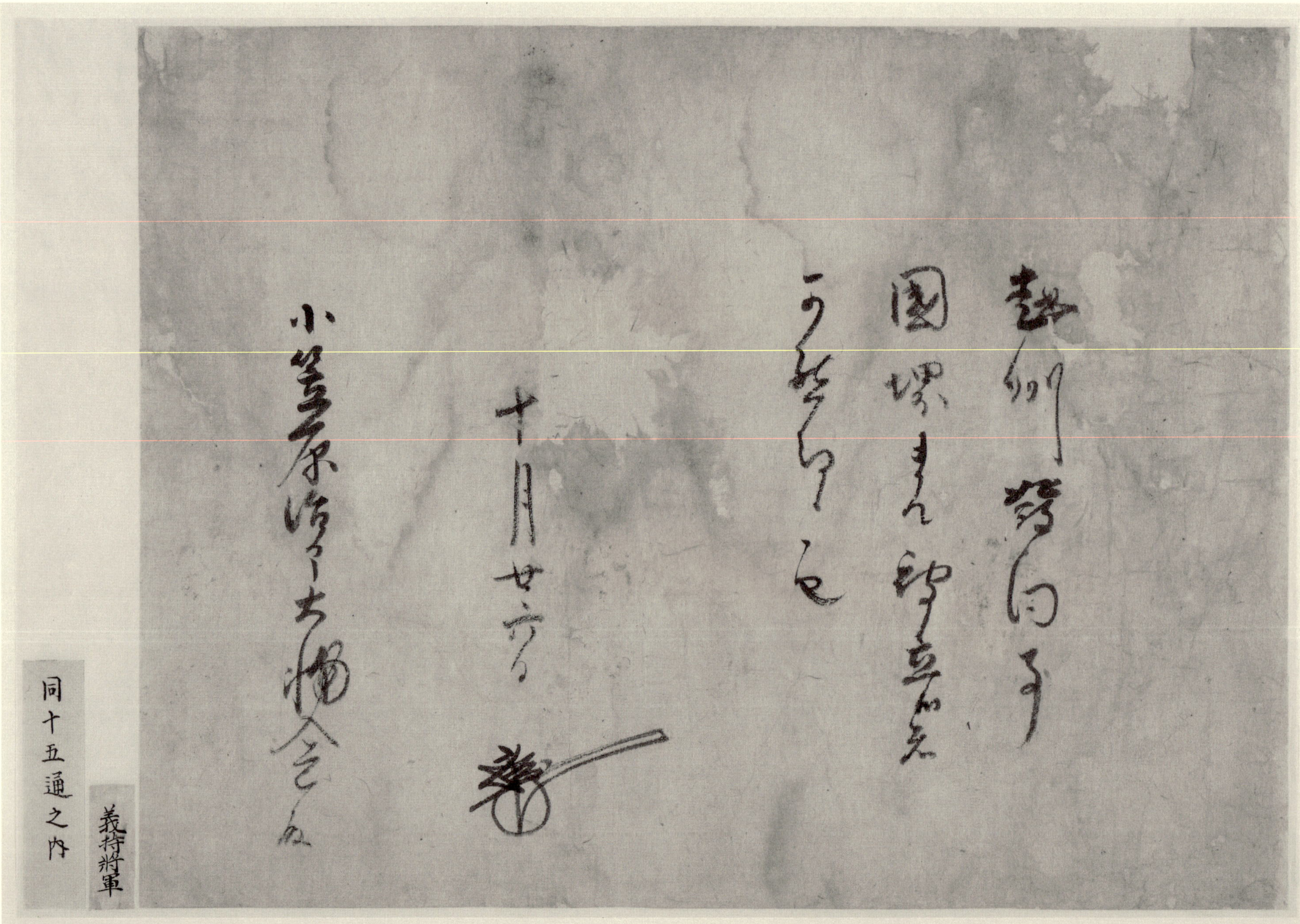
同十五通之内
義持將軍

＊紙背

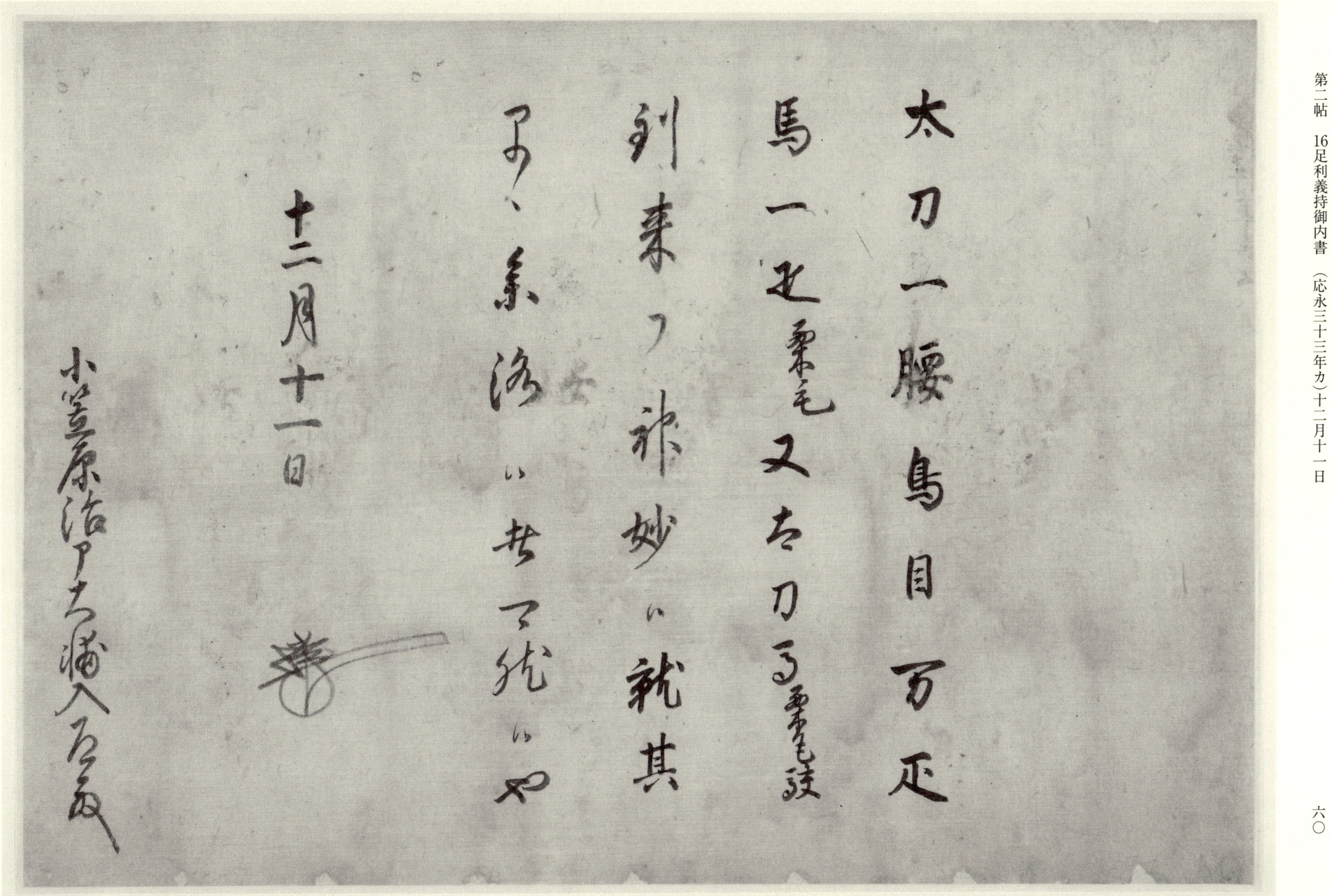
太刀一腰　鳥目万疋
馬一疋栗毛　又太刀馬栗毛鞍
到来了、殊妙候、就其
子々条、洛候、共可残候也
十二月十一日（花押）
小笠原治部大輔入道殿

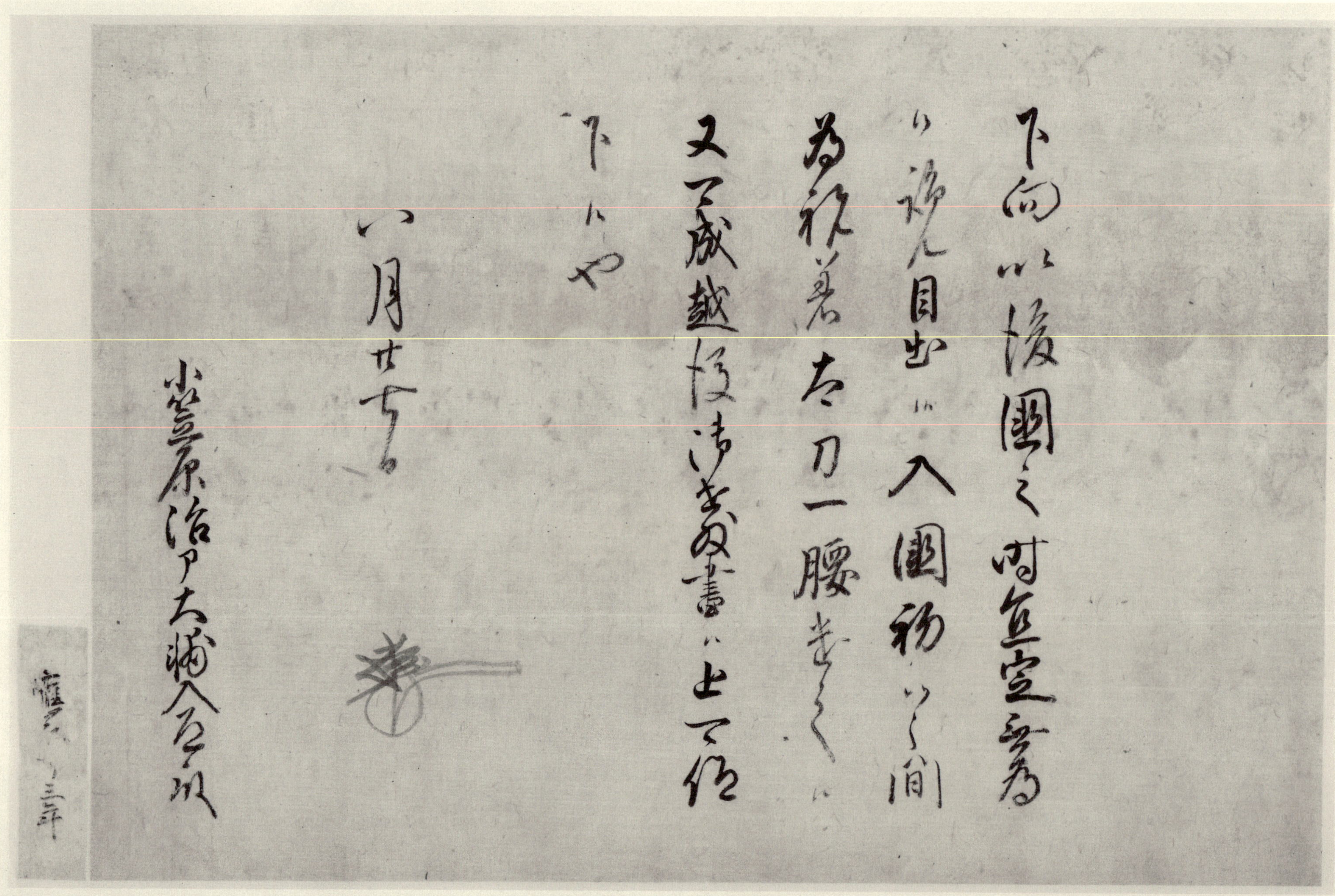

下向以後國之時宜無為
以使節目出入國候間
為祝着太刀一腰遣之
又下成越後清書状上下給
候也
八月廿七日
小笠原治部大輔入道殿

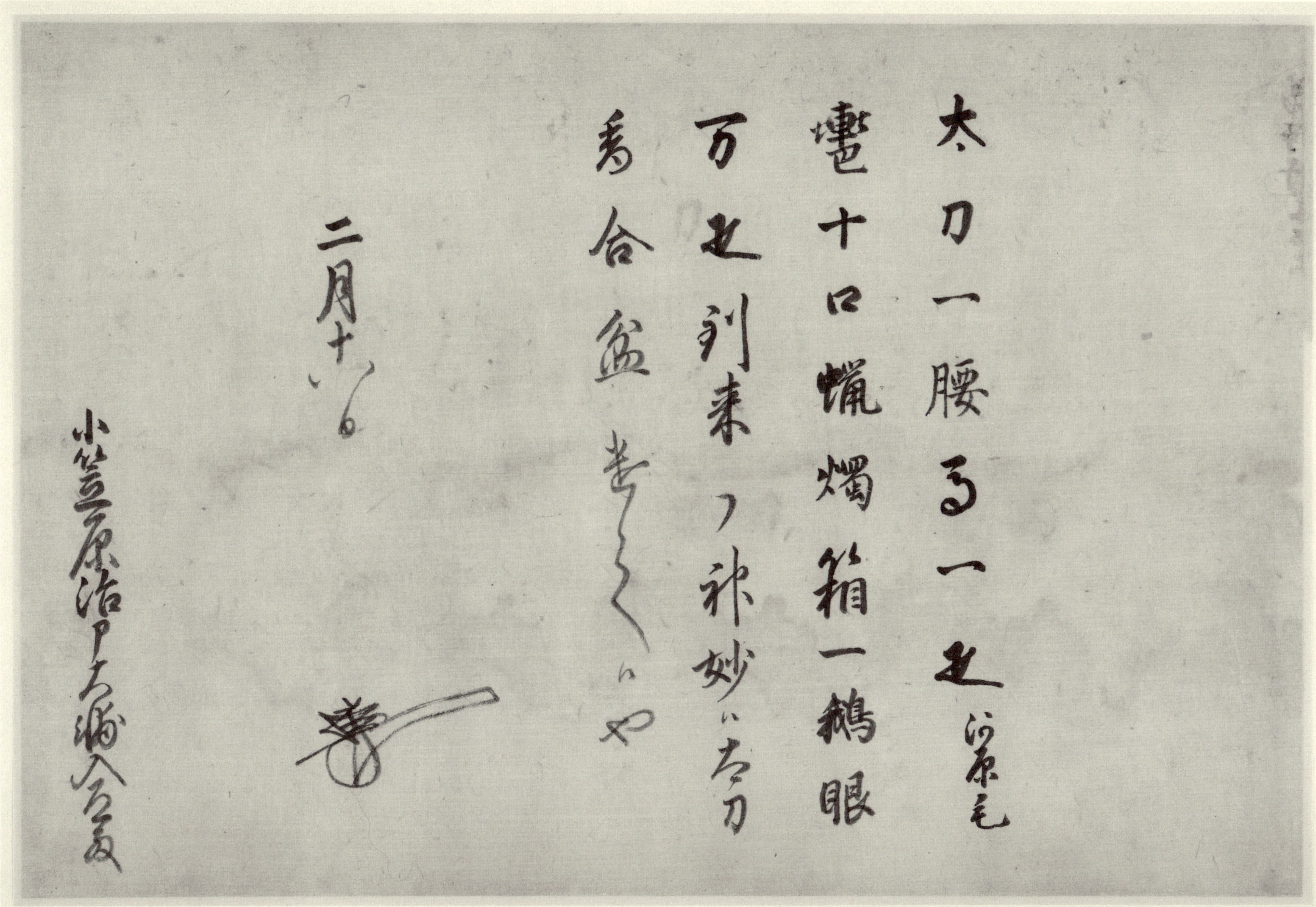
太刀一腰、馬一疋河原毛
鐙十口、蠟燭箱一、鵝眼
万疋到来了、祝着候、太刀
香合盆喜入候也
二月十八日（花押）
小笠原治部大輔入道殿

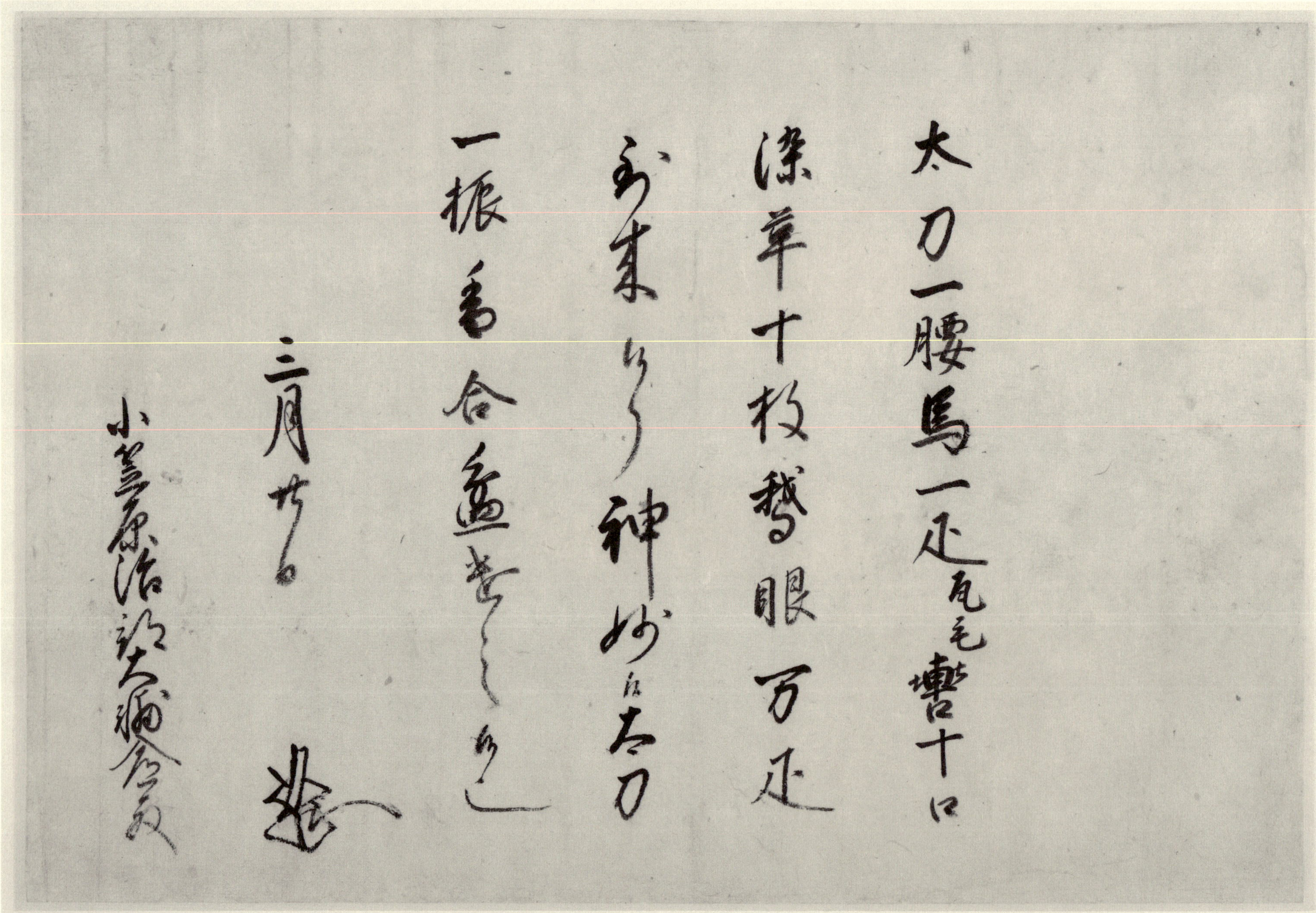

太刀一腰馬一疋瓦毛壜十口
染革十枚鵞眼万疋
到来候、神妙候、太刀
一振為合盃遣之候也
三月廿日（花押）
小笠原治部大輔入道殿

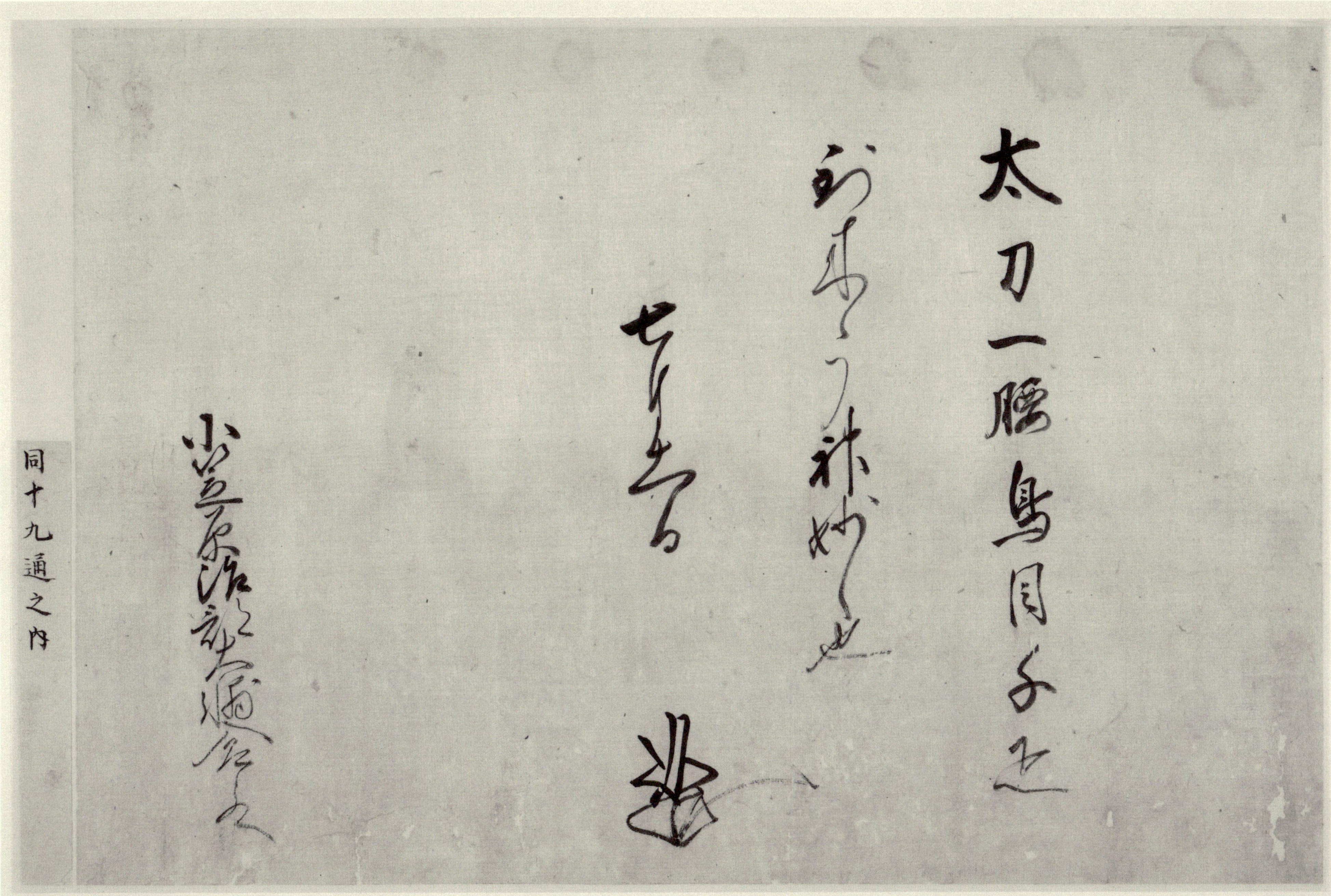
太刀一腰
七月十一日
同十九通之内

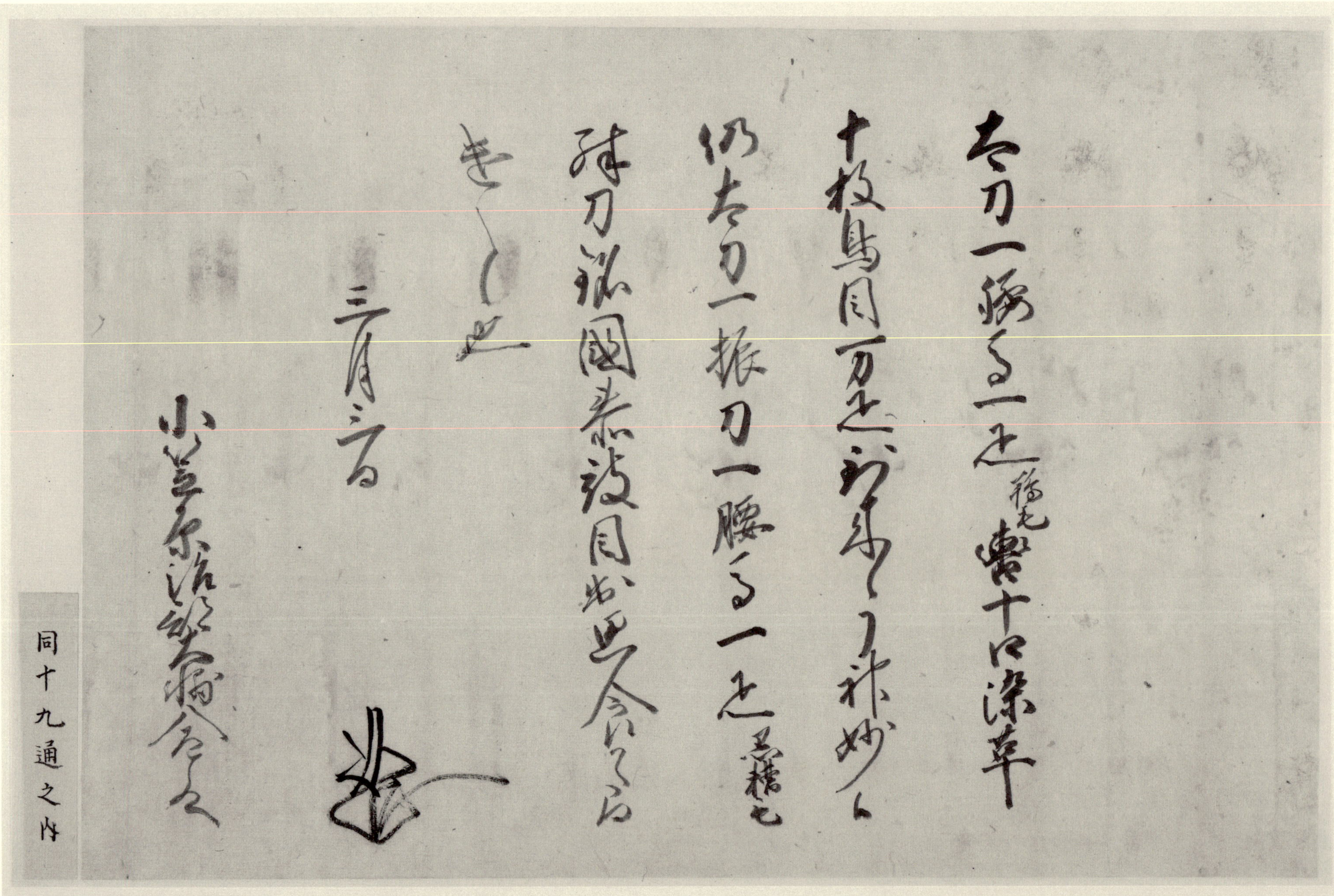
同十九通之内

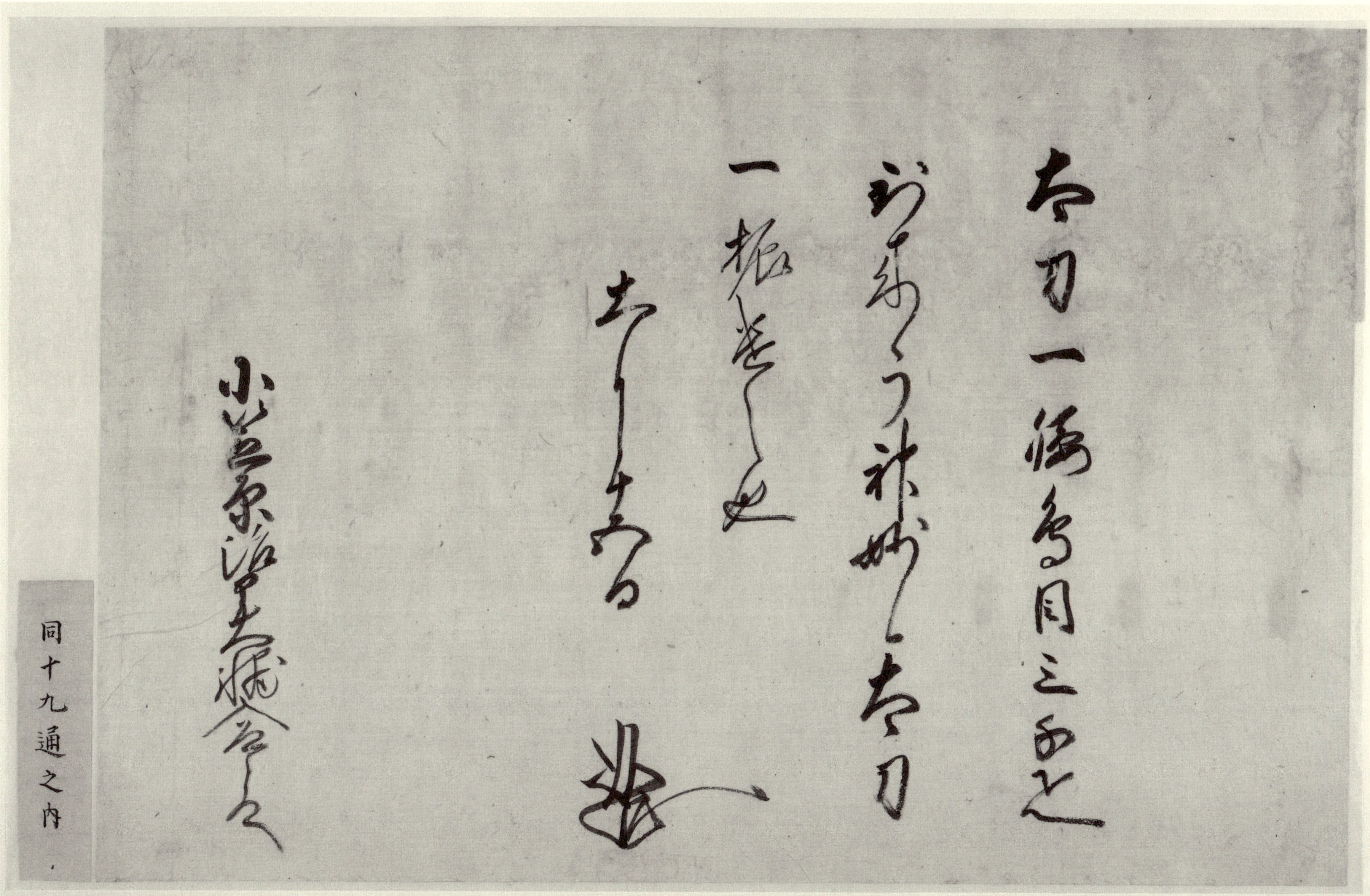
太刀一腰為同之進之
到来候了、祝着候、太刀
一振遣之
十一月十五日（花押）
小笠原治部大輔とのへ

同十九通之内

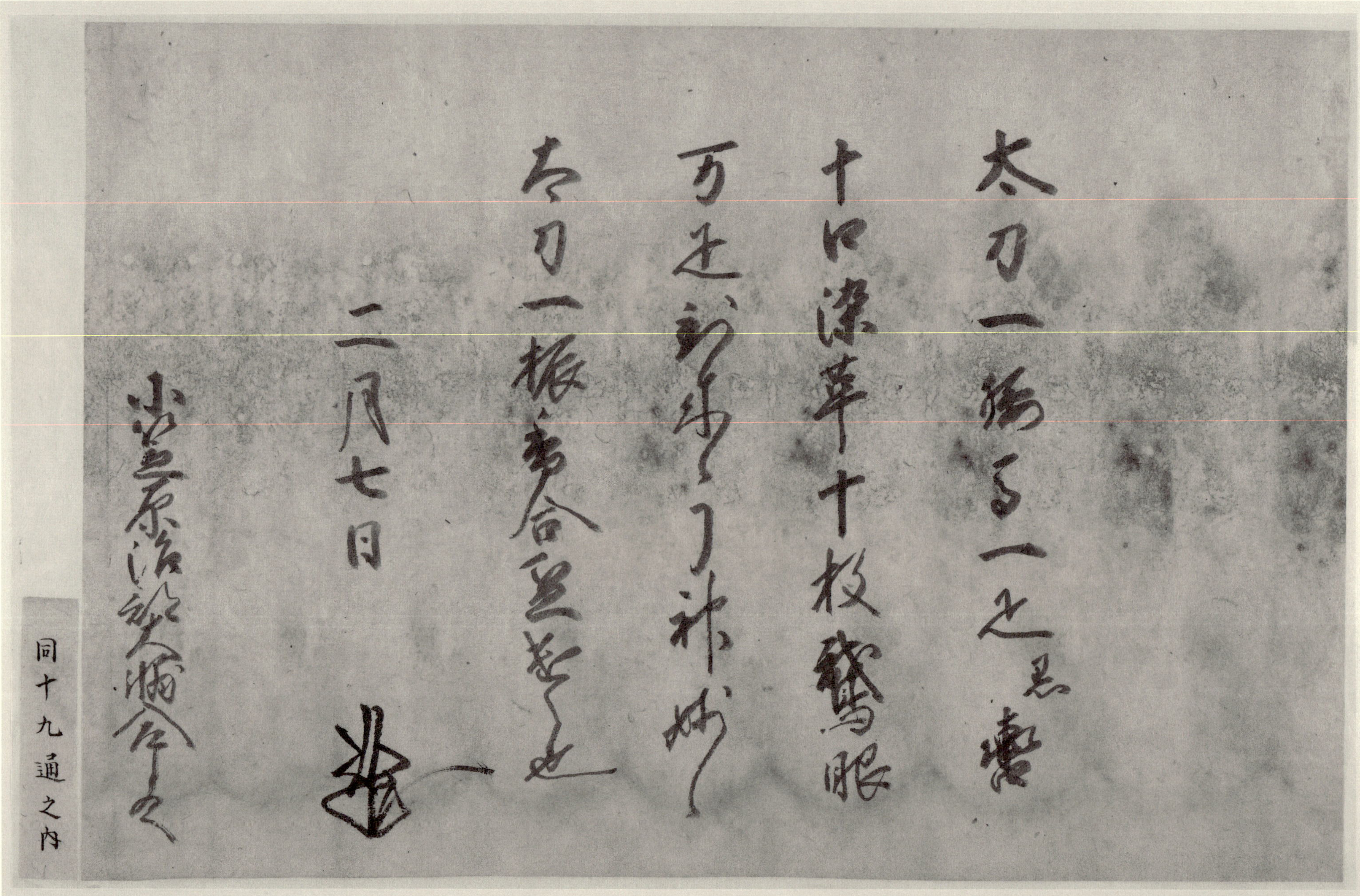
二月七日
同十九通之内

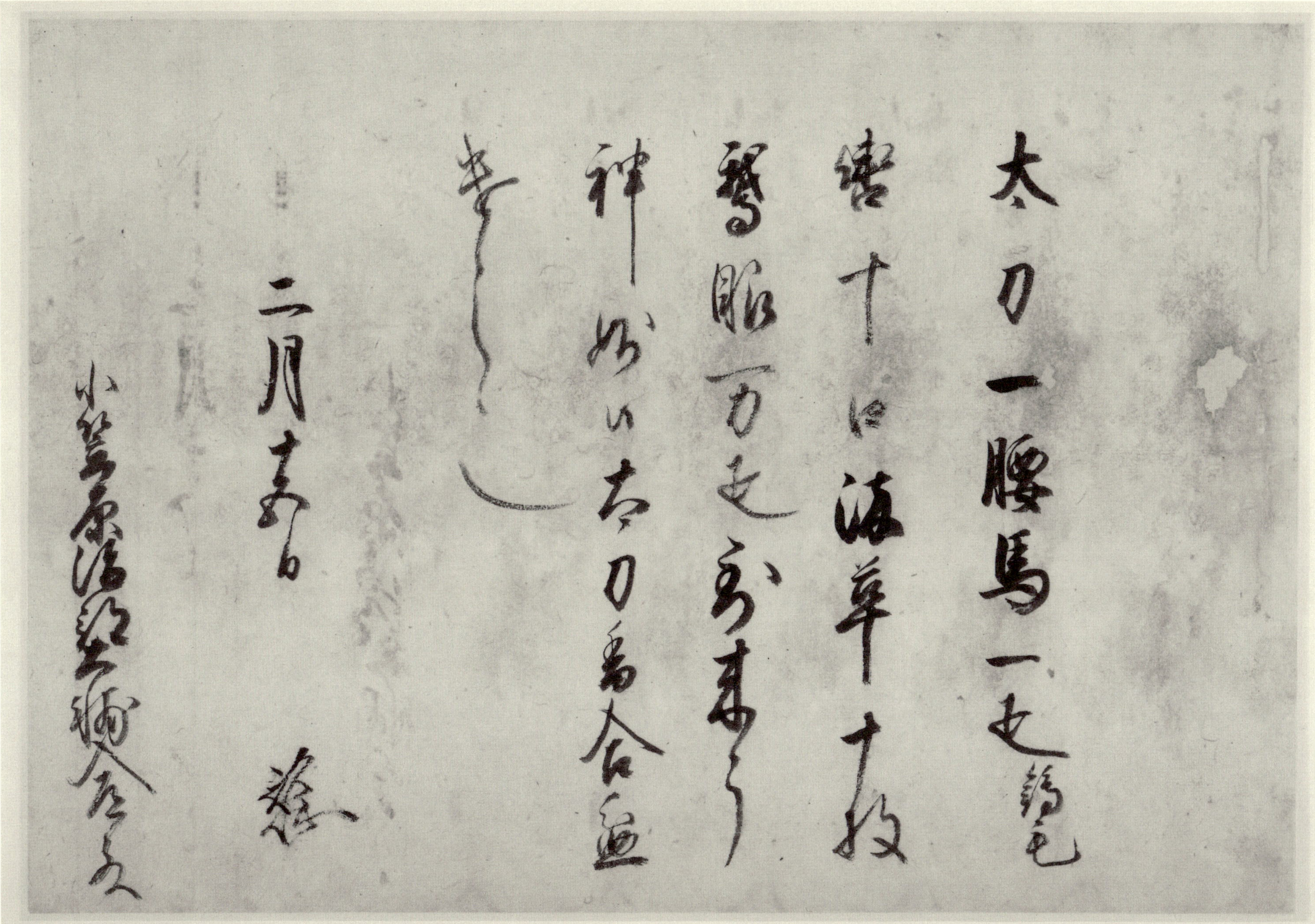

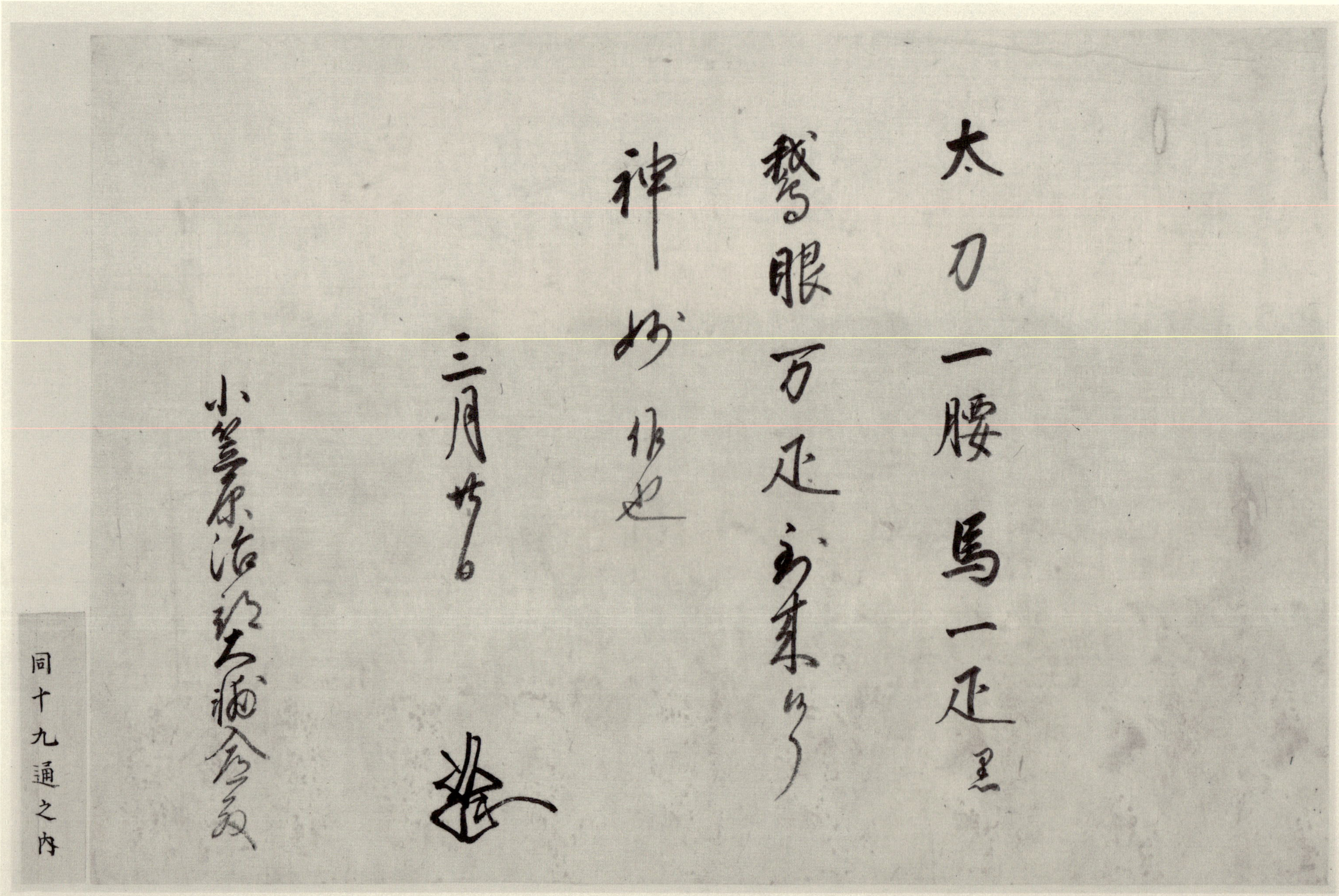
太刀一腰馬一疋黒
鵝眼万疋到来候了
神妙候也
三月廿日（花押）
小笠原治部大輔入道殿

同十九通之内

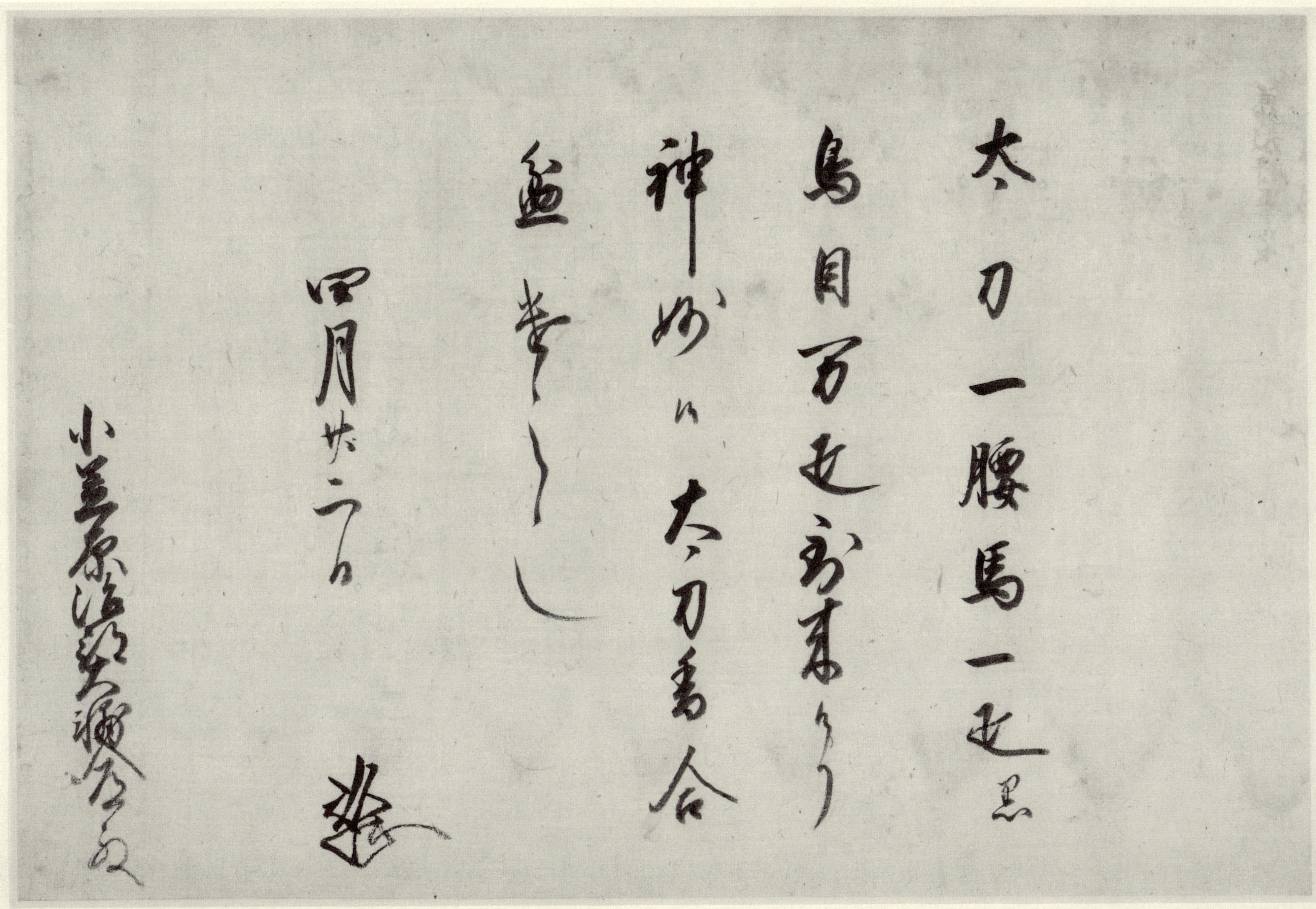
太刀一腰馬一疋黒
鳥目万疋到来候
神妙候、太刀香合
遣之候也
四月廿二日（花押）
小笠原治部大輔とのへ

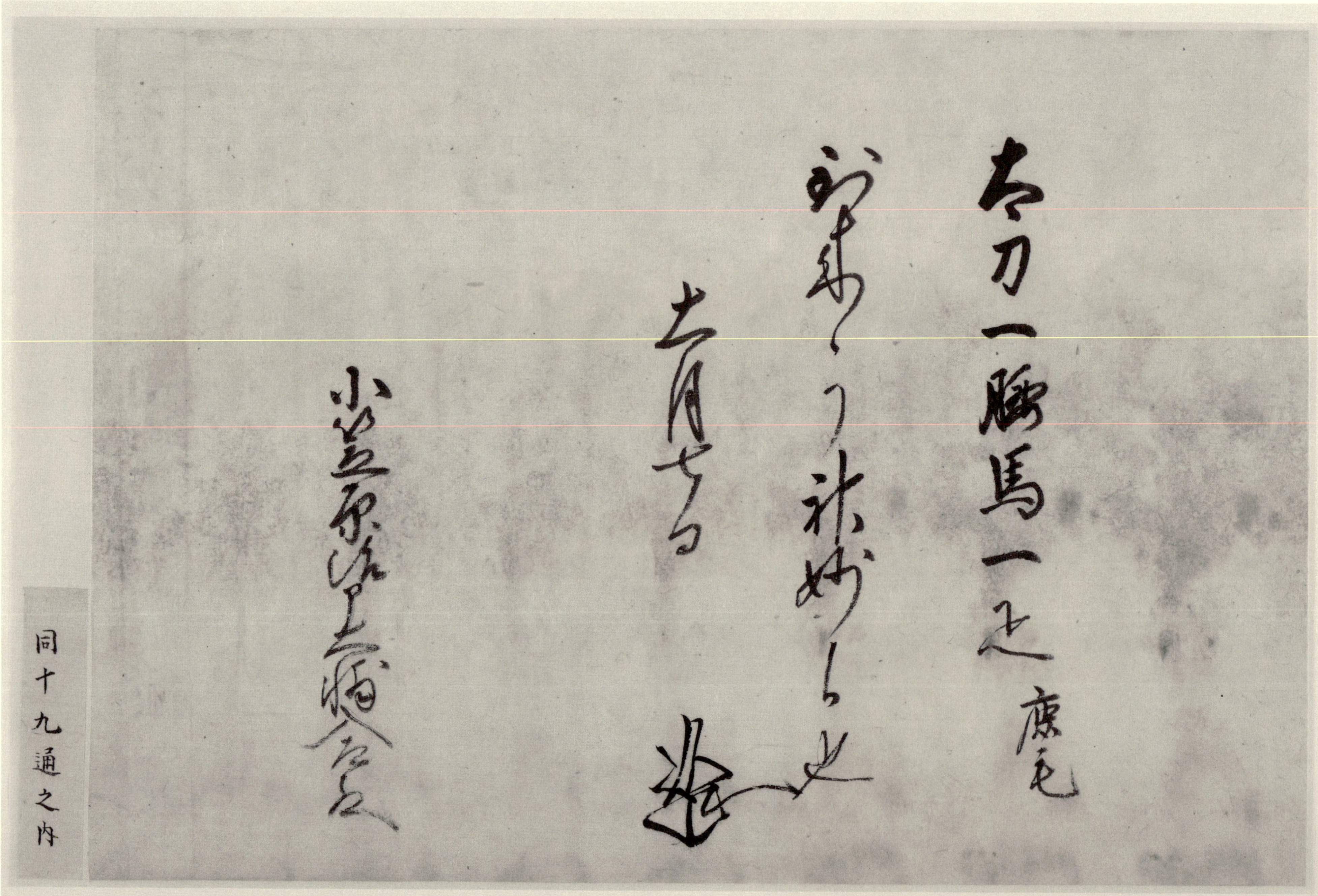

太刀一腰、馬一疋鹿毛
到来候了、神妙候也
十一月七日
同十九通之内

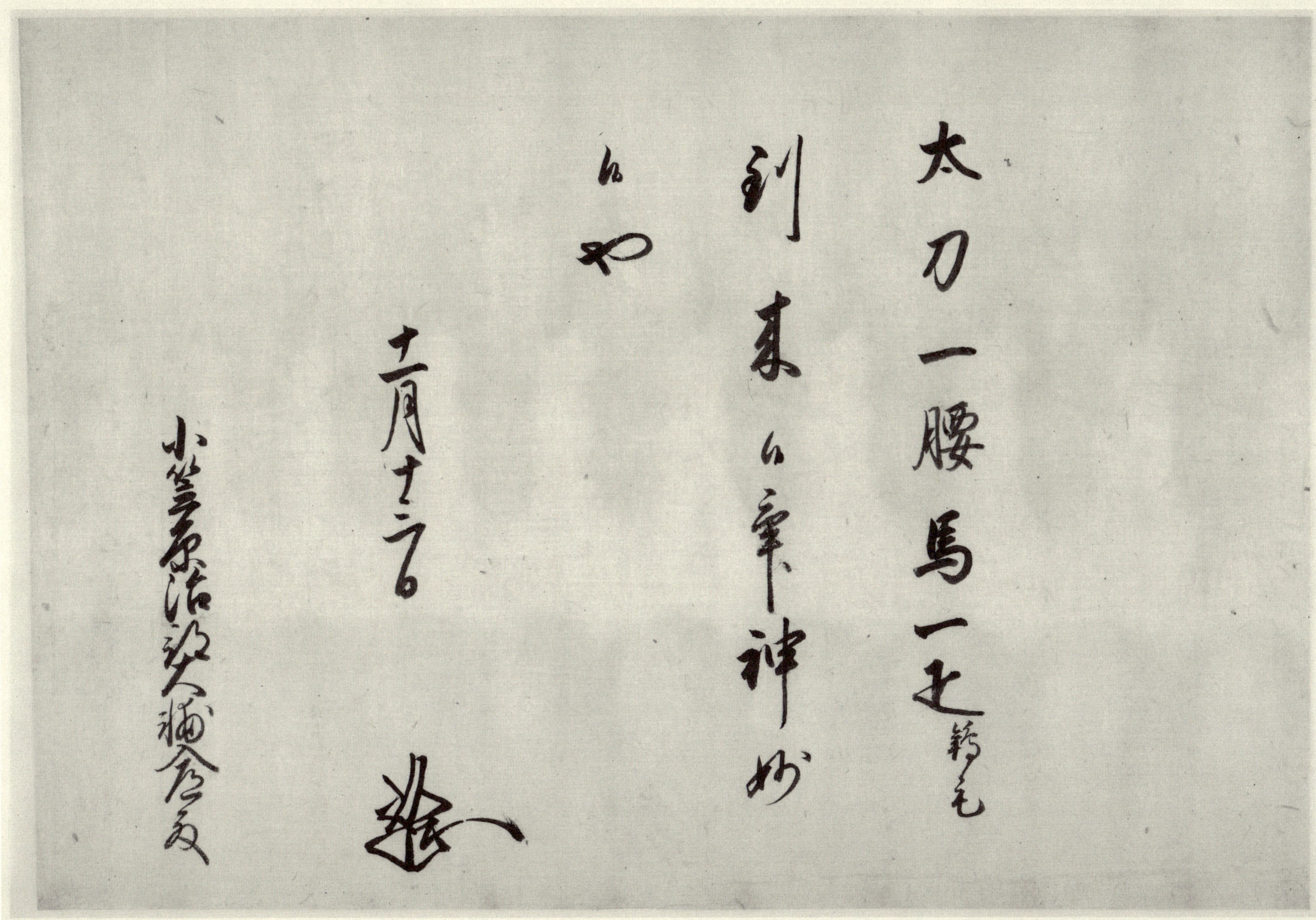
太刀一腰馬一疋鴾毛
到来候神妙
候也
十一月十三日（花押）
小笠原治部大輔とのへ

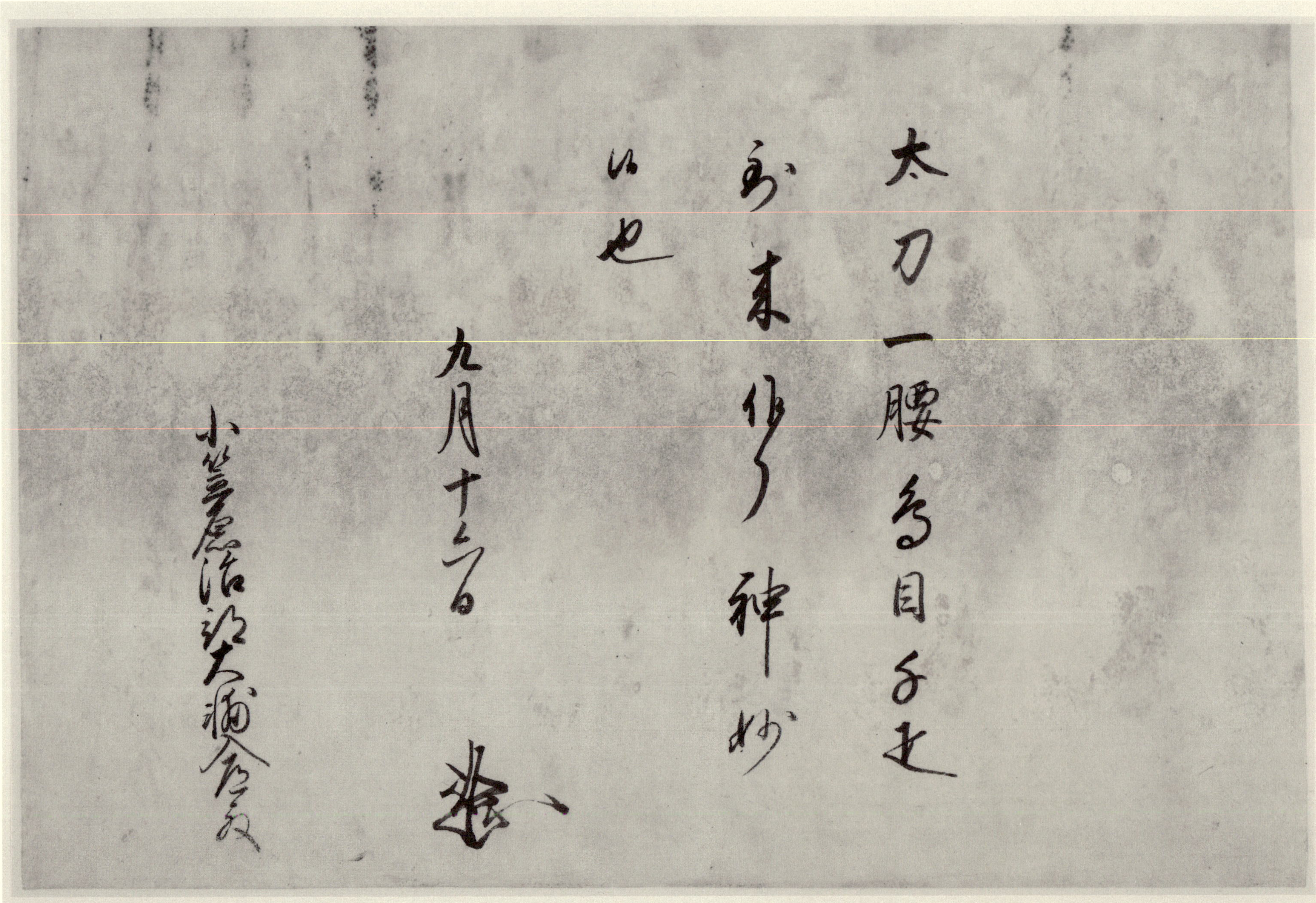
太刀一腰為目千疋
到来、尤神妙
候也
九月十六日（花押）
小笠原治部大輔入道殿

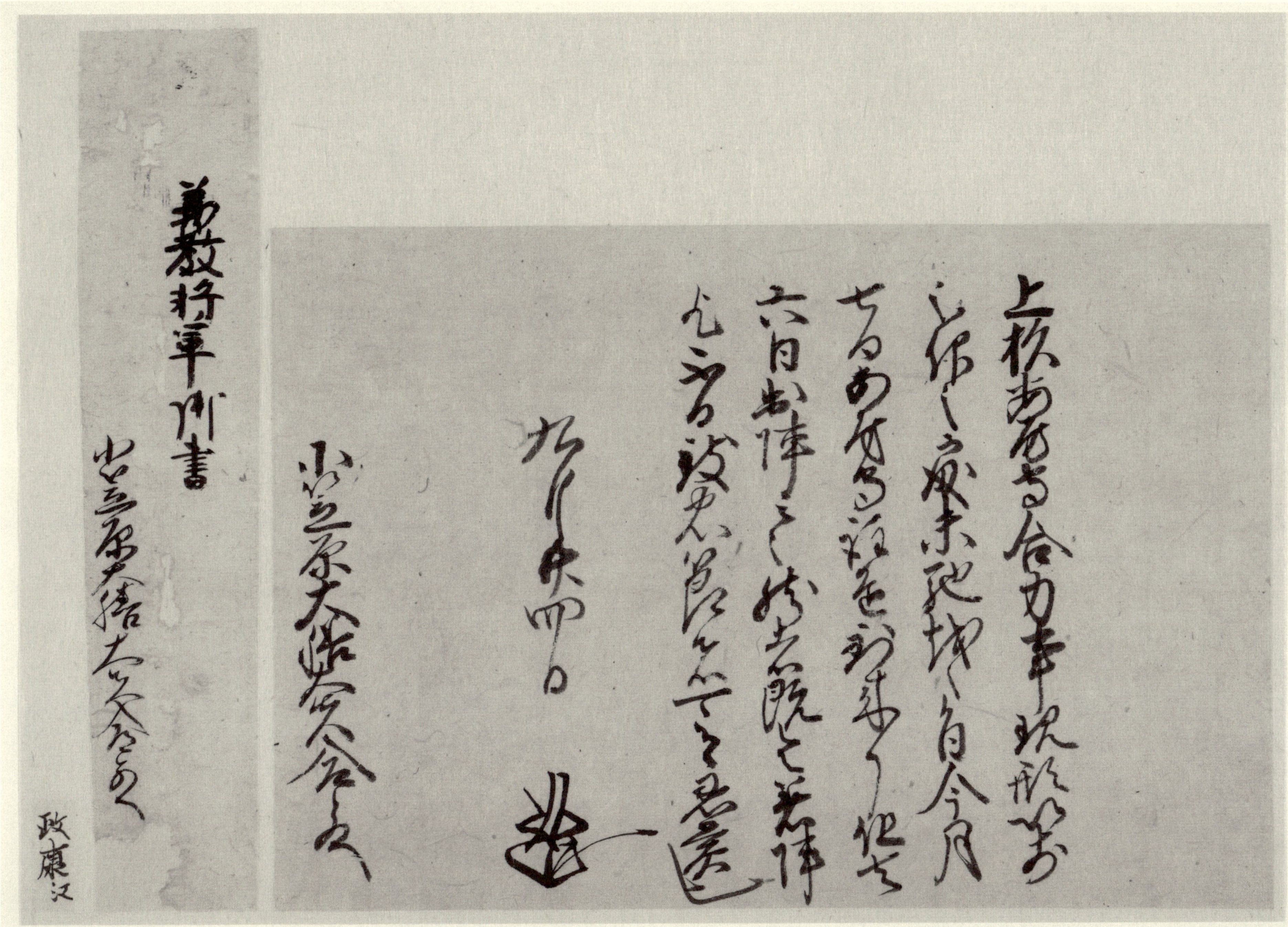
義教将軍御書

九月廿四日

小笠原大膳大夫入道殿

政康江

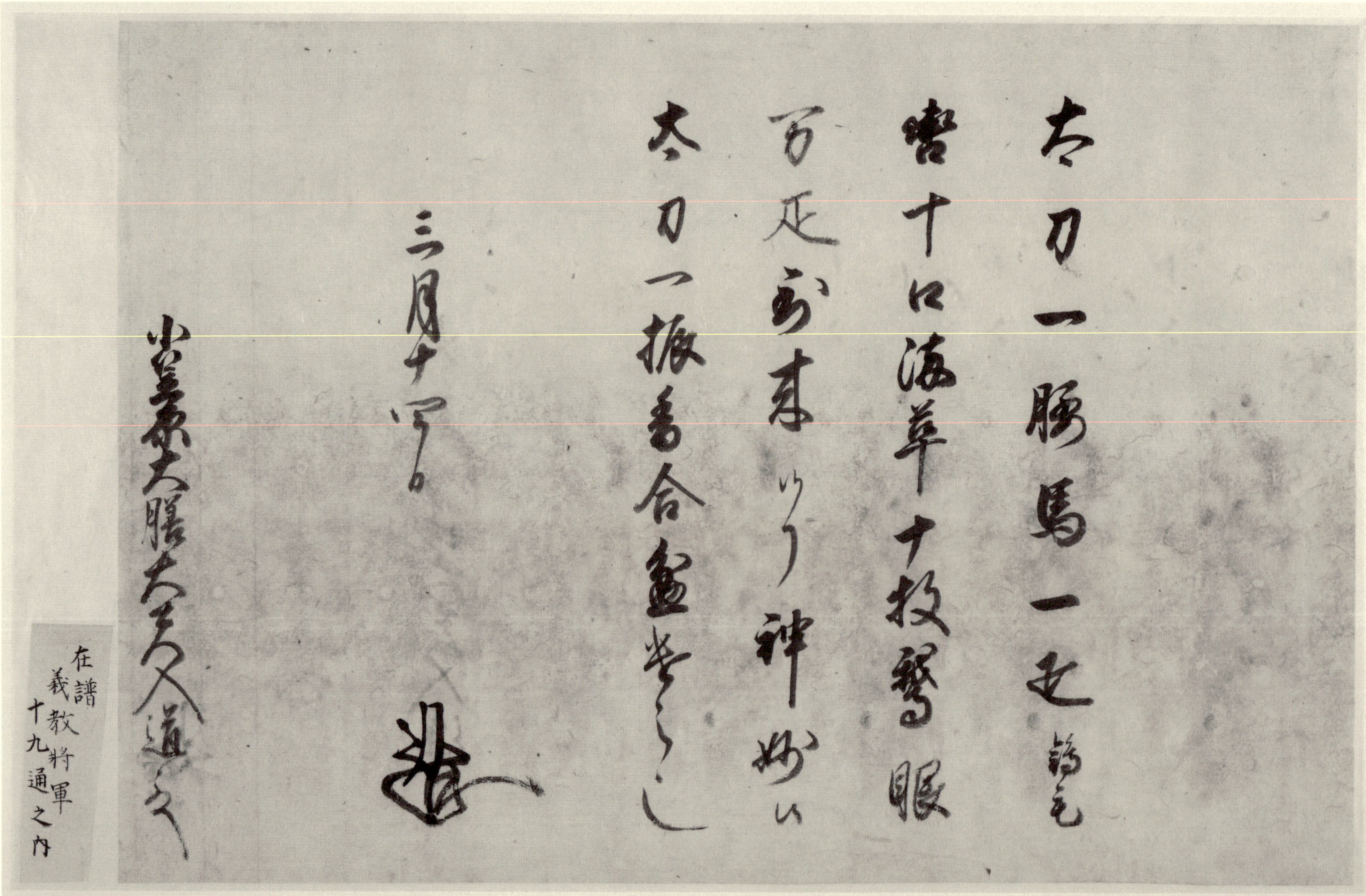
在譜
義教将軍
十九通之内

第二帖　32足利義教御内書　（永享十一年）閏正月二十五日

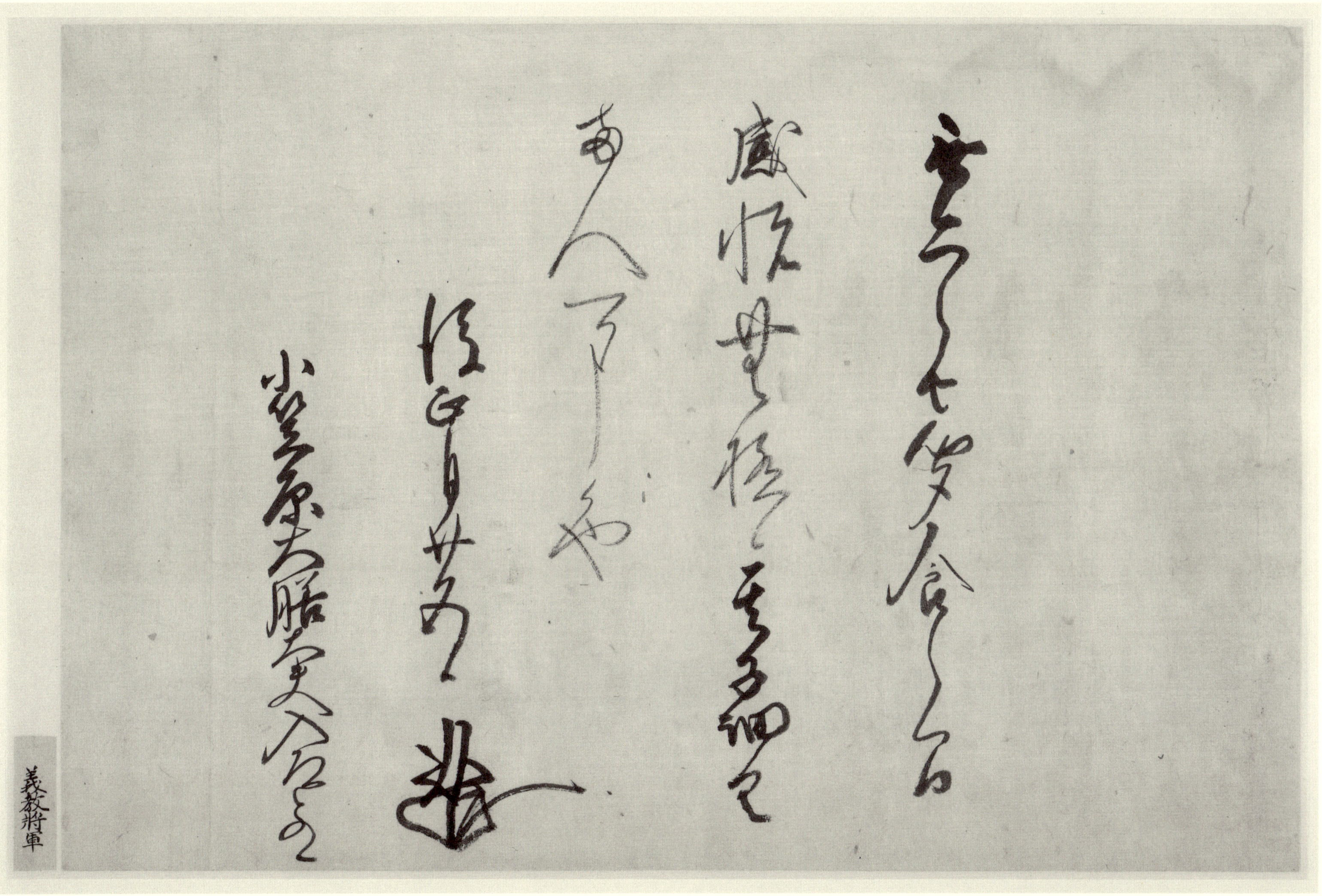

第三帖

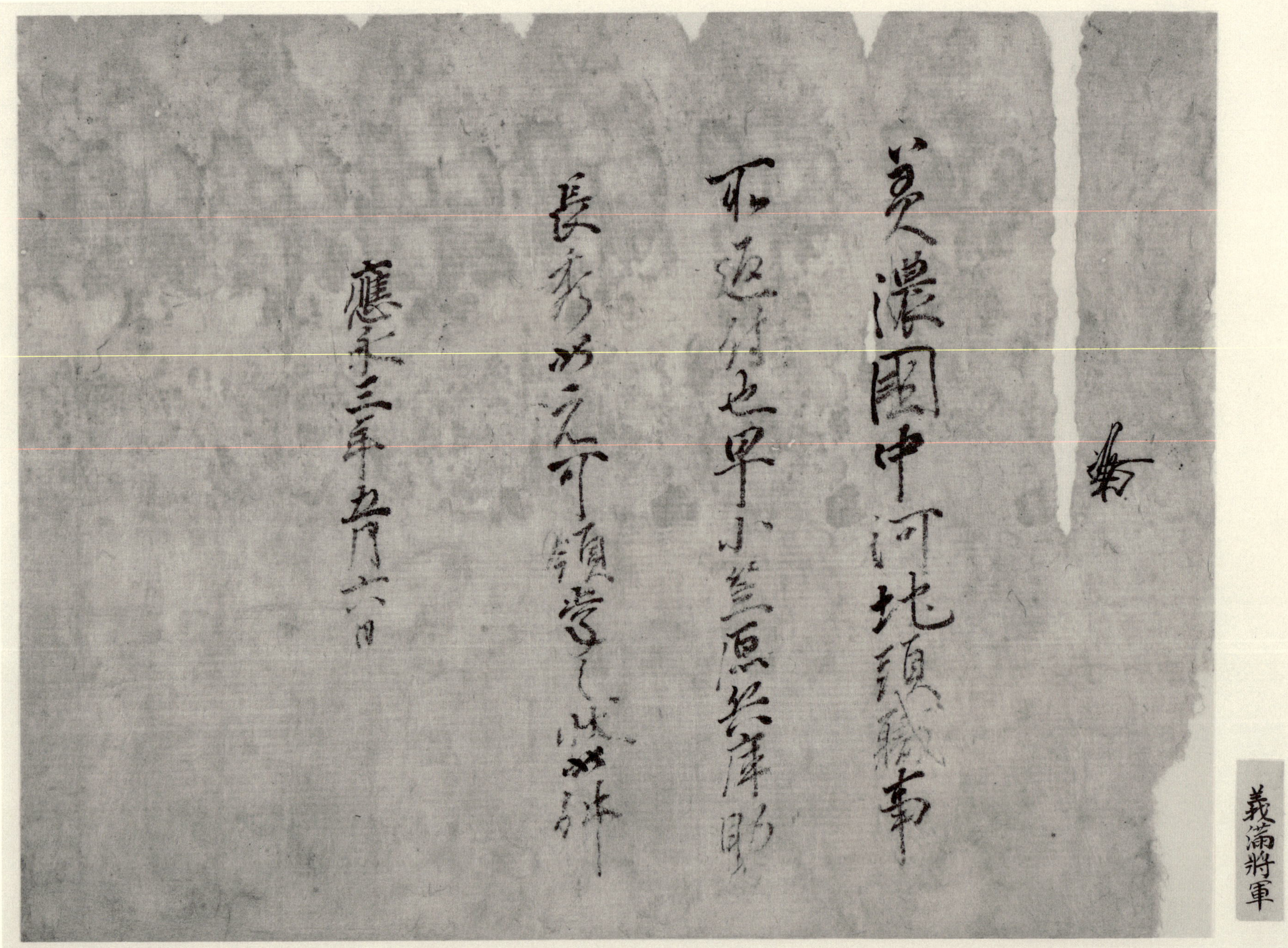
義滿將軍

美濃國中河地頭職事
不返付也早小笠原兵庫助
長秀如元可領掌之状如件
應永三年五月六日

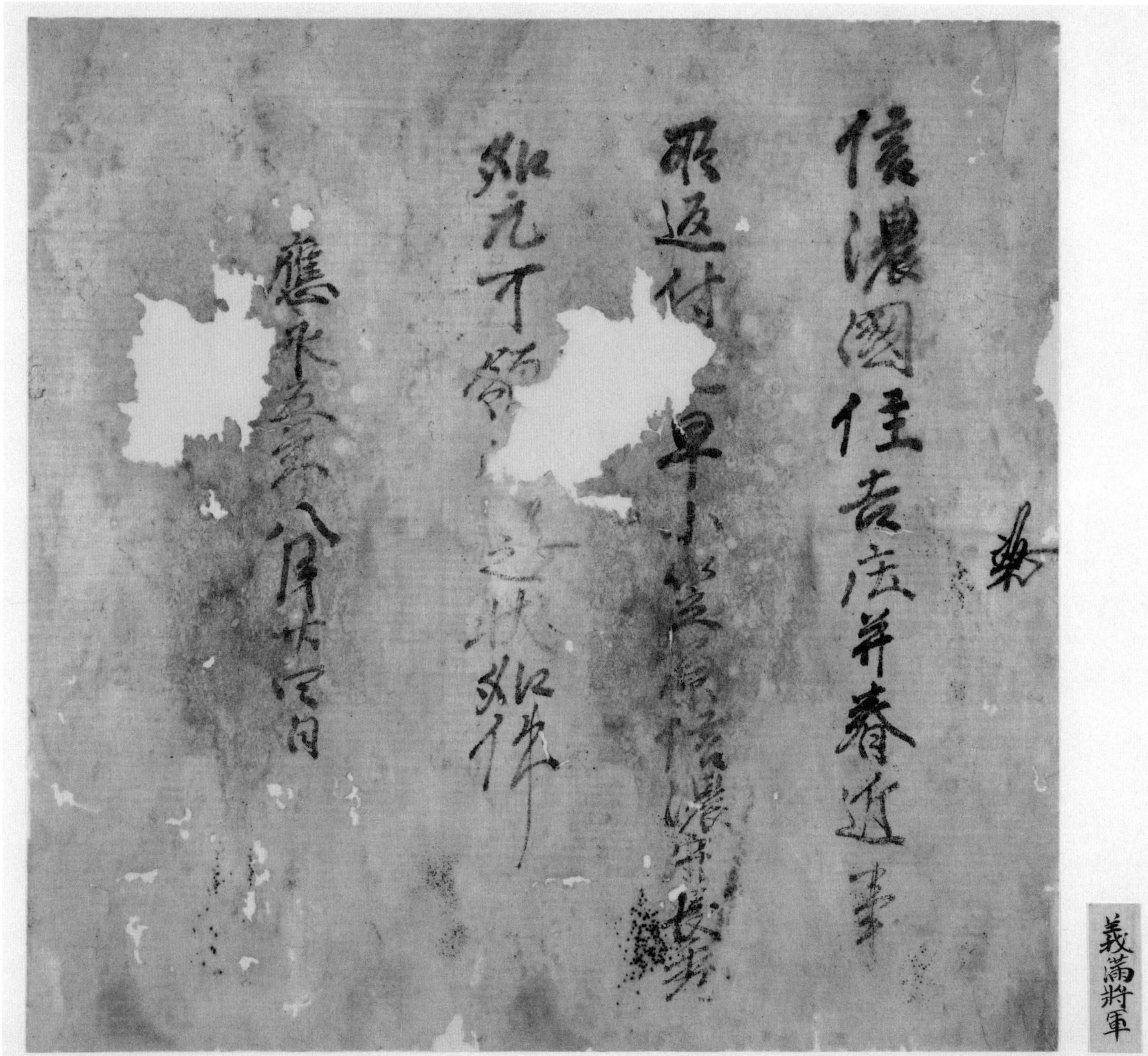
信濃國住吉庄并春近事
所返付也、早小笠原信濃守長秀
如元可[illegible]之状如件
應永五年八月廿四日

義満将軍

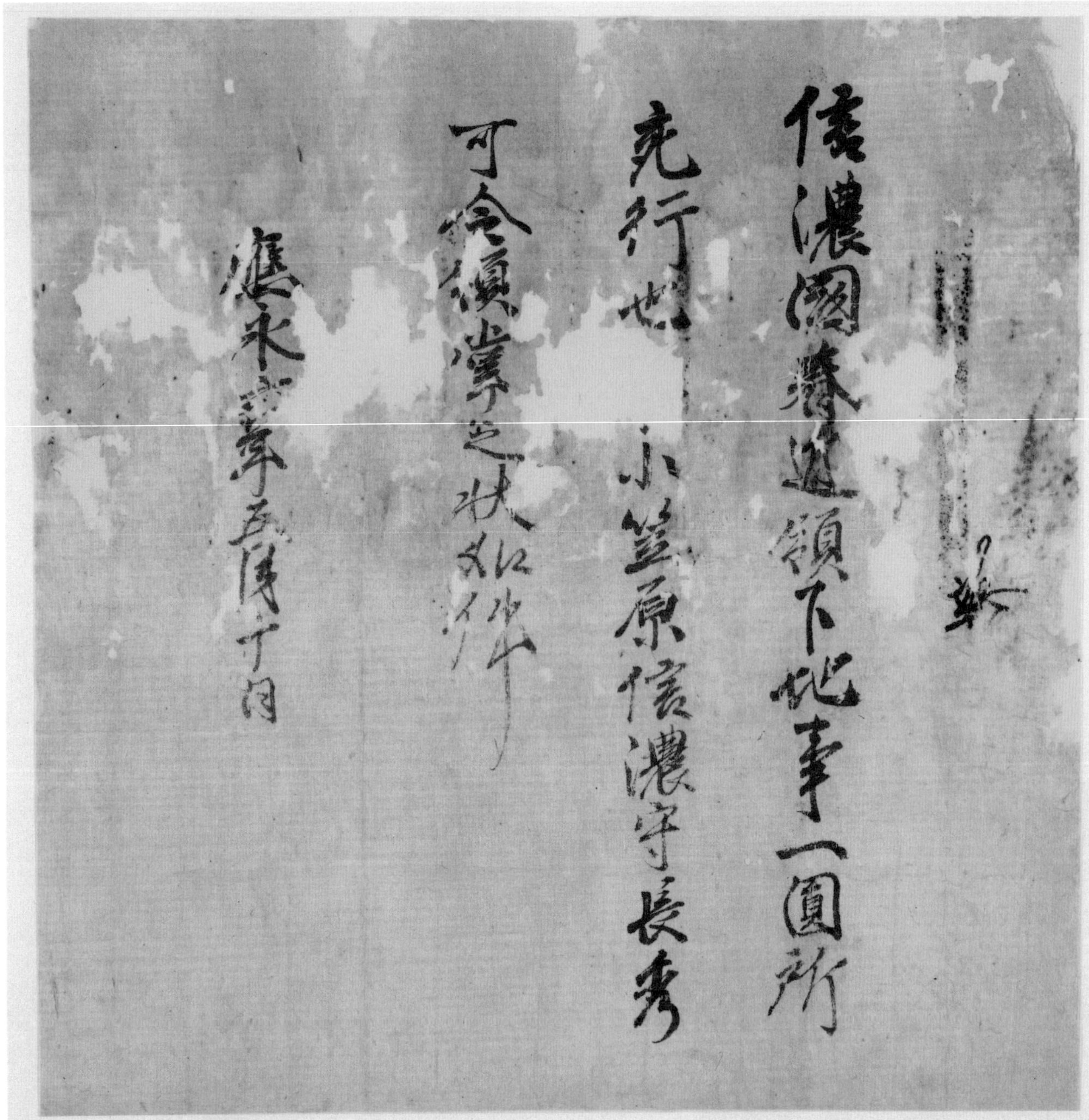
信濃國春近領下地事一圓所
充行也小笠原信濃守長秀
可令領掌之状如件
應永六年五月十日

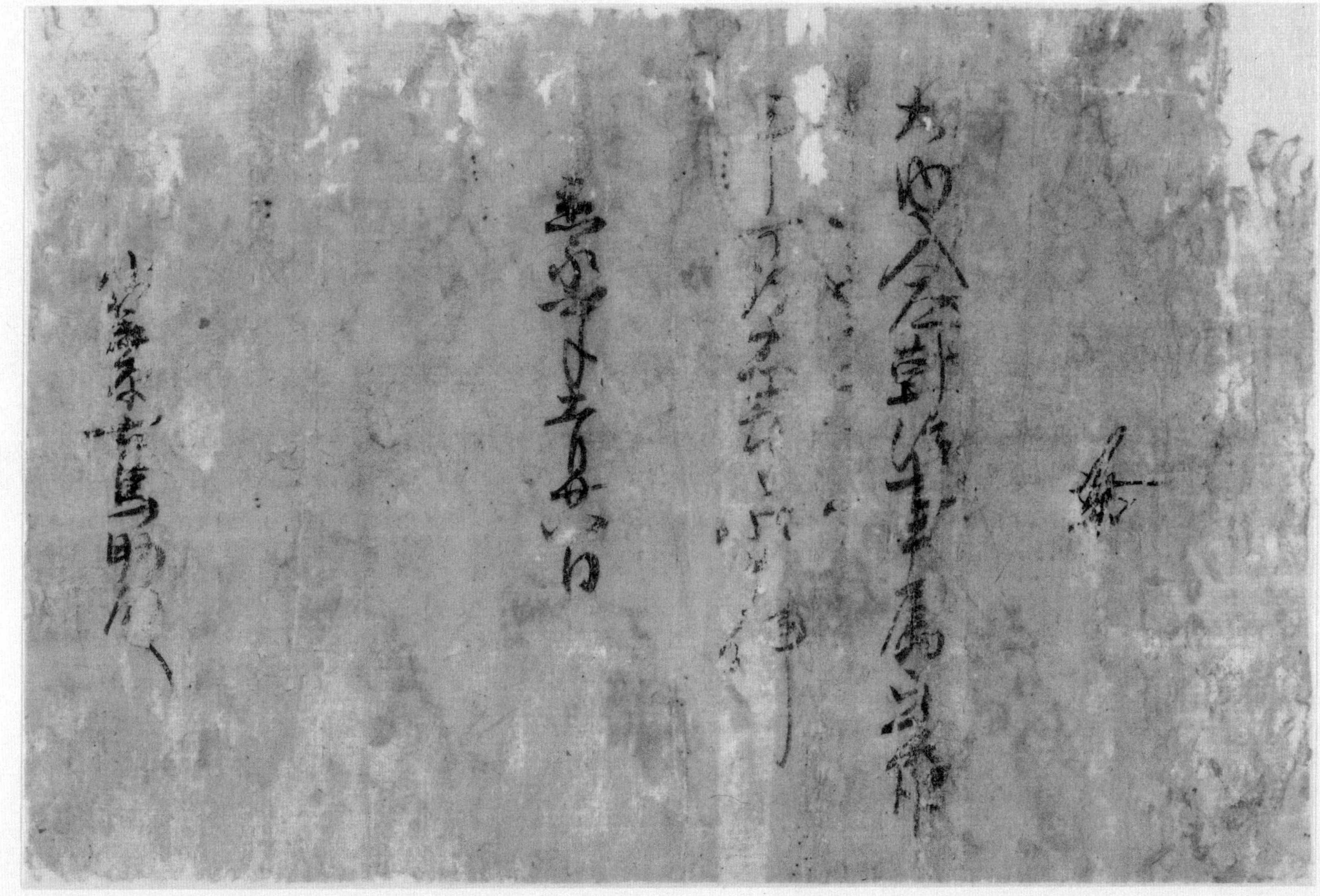

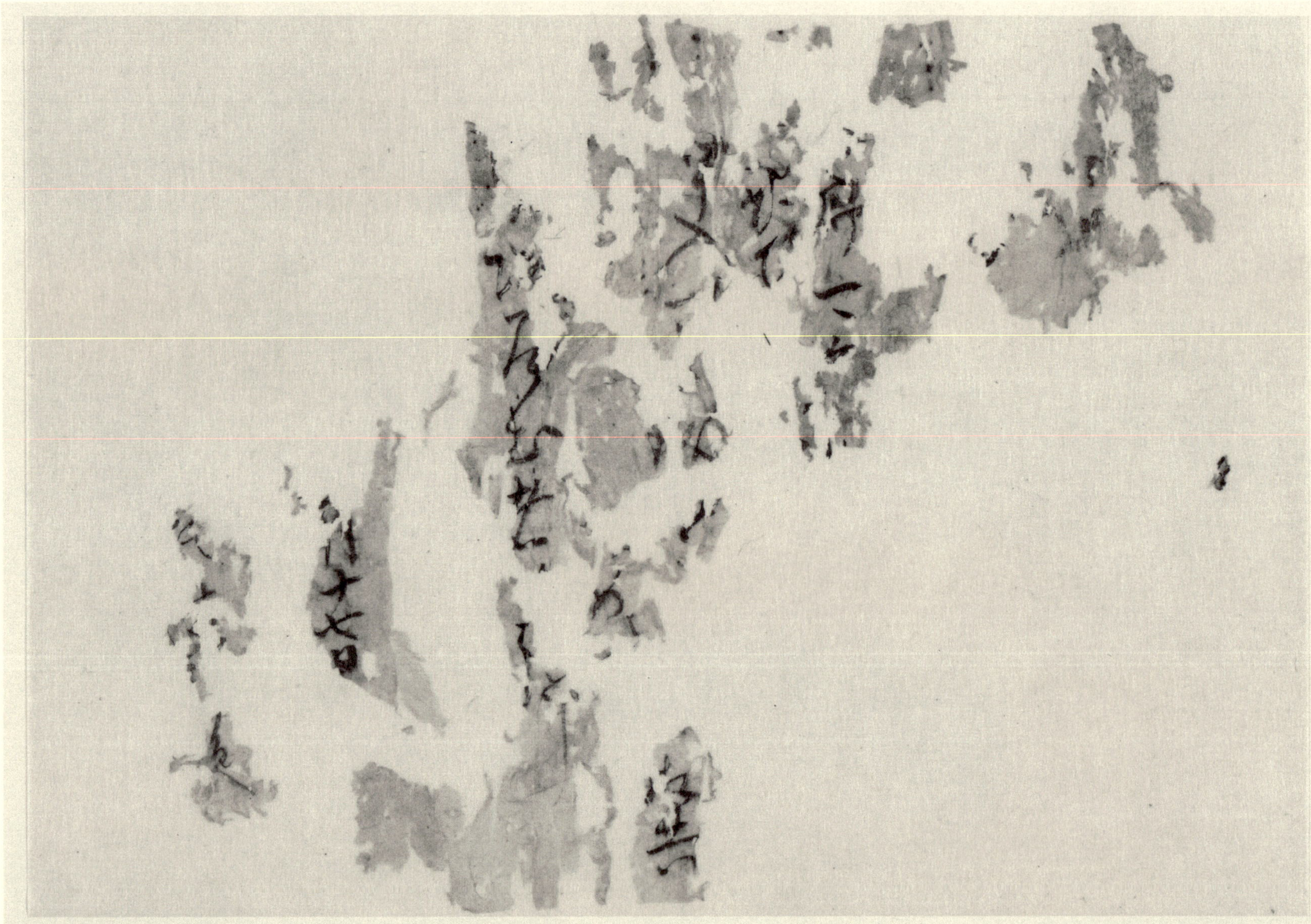
十七日

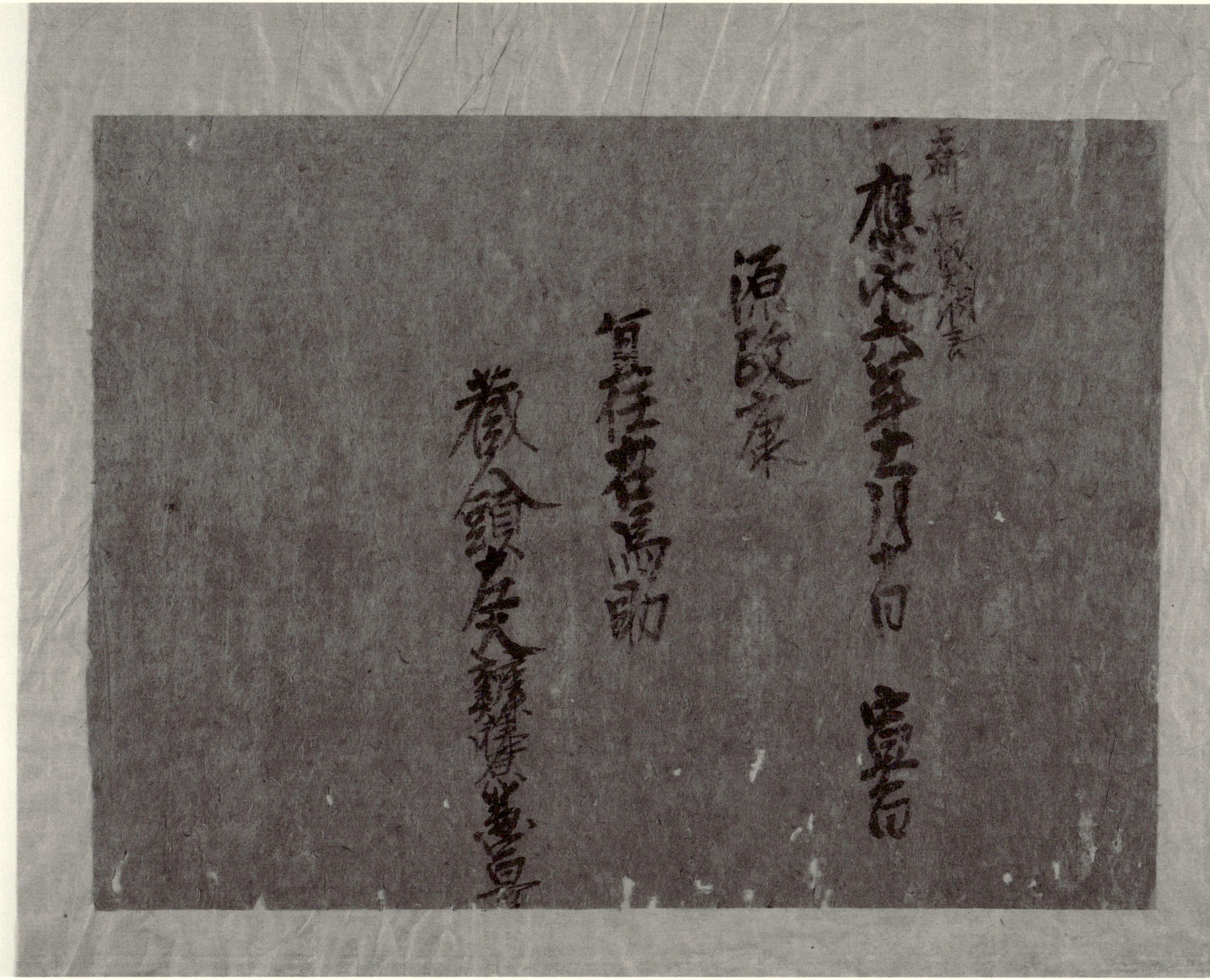
應永六年十月十日　宣旨
源致康
宜任右馬助

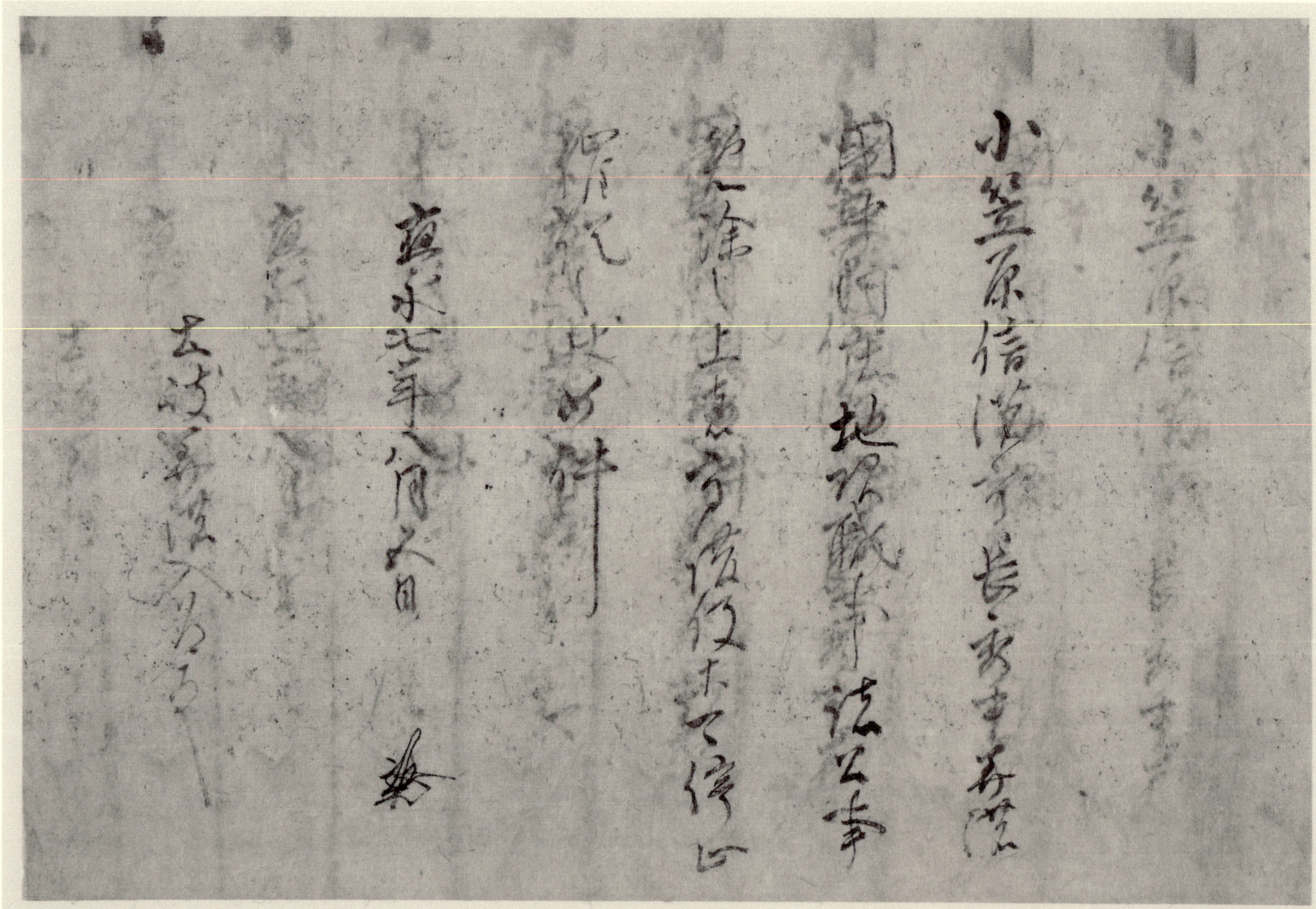

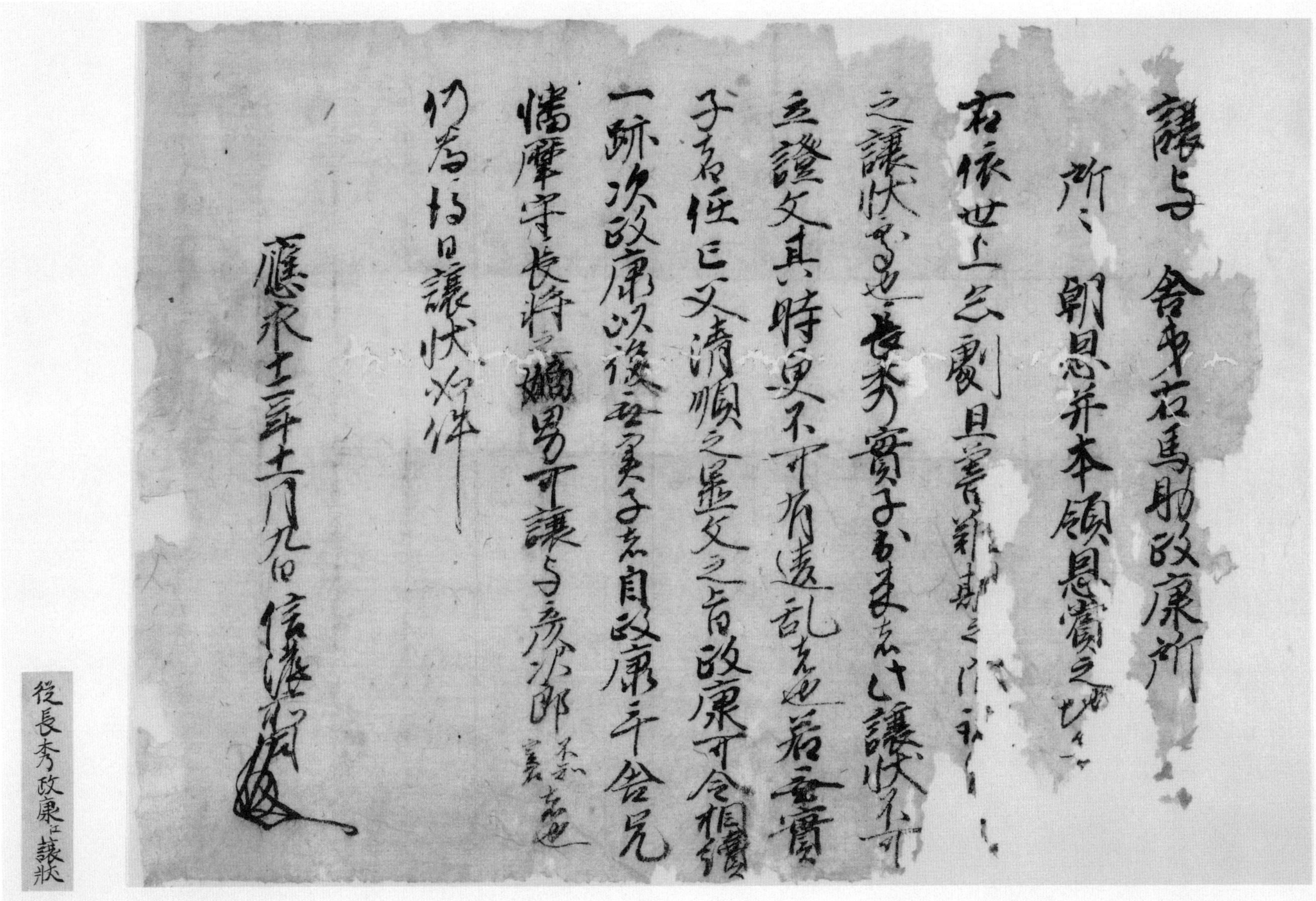
從長秀政康江譲状

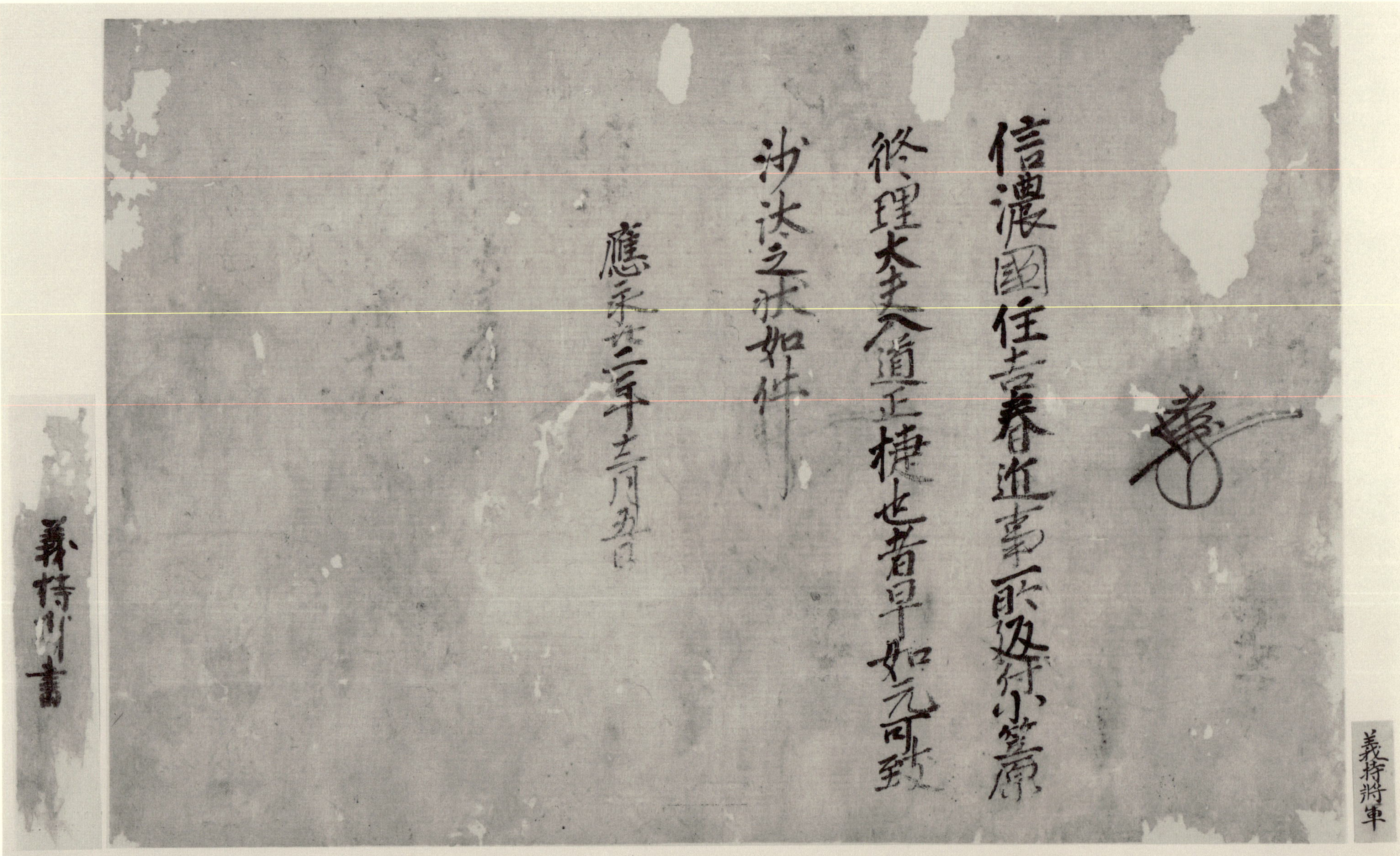
義持將軍
信濃國住吉荘近衛事、所返付小笠原
修理大夫入道正棟也者、早如元可致
沙汰之状如件
應永廿二年十二月五日
義持判書

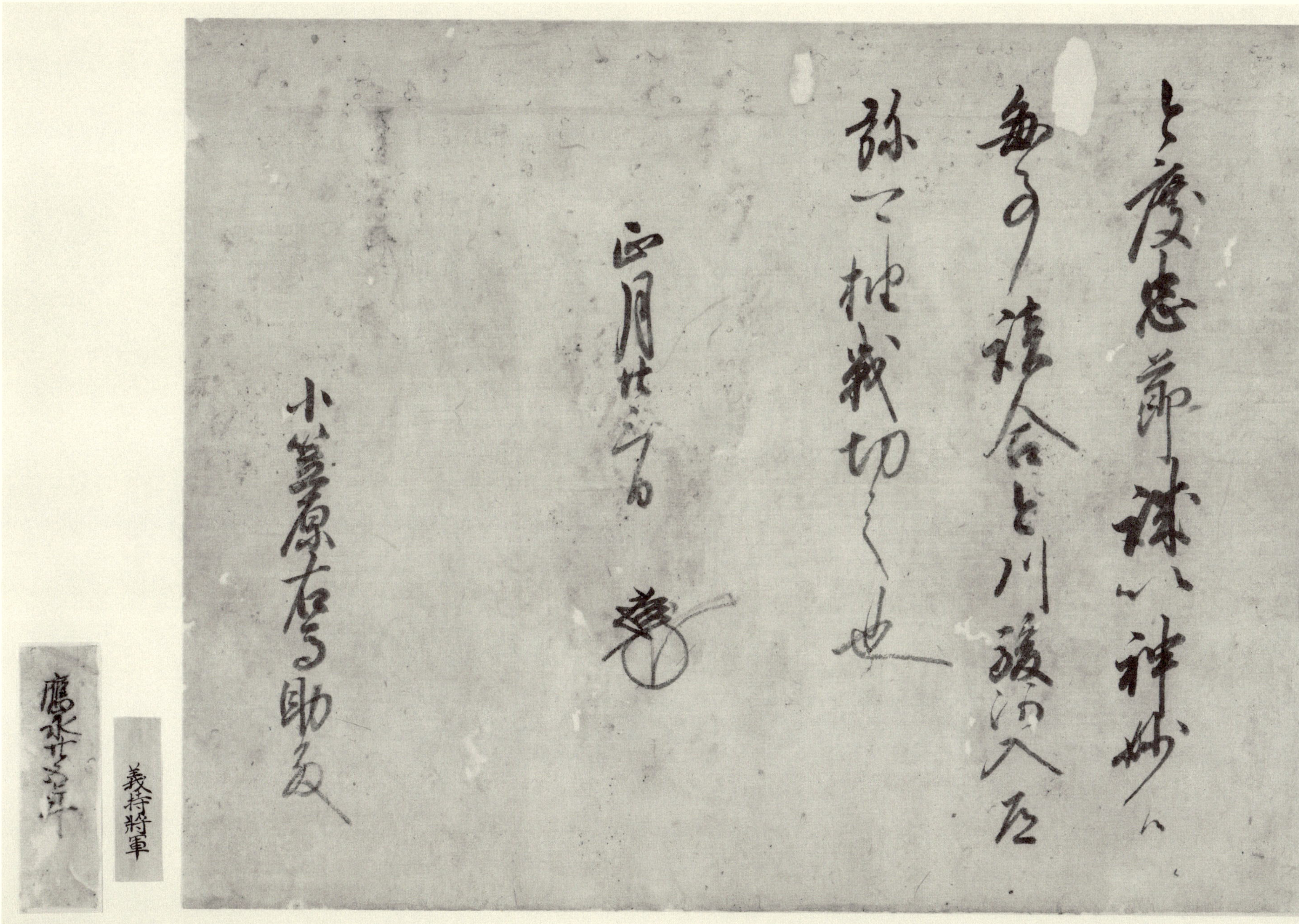
今度忠節殊ニ神妙ニ

正月廿三日

小笠原右馬助殿

應永廿四年

義持将軍

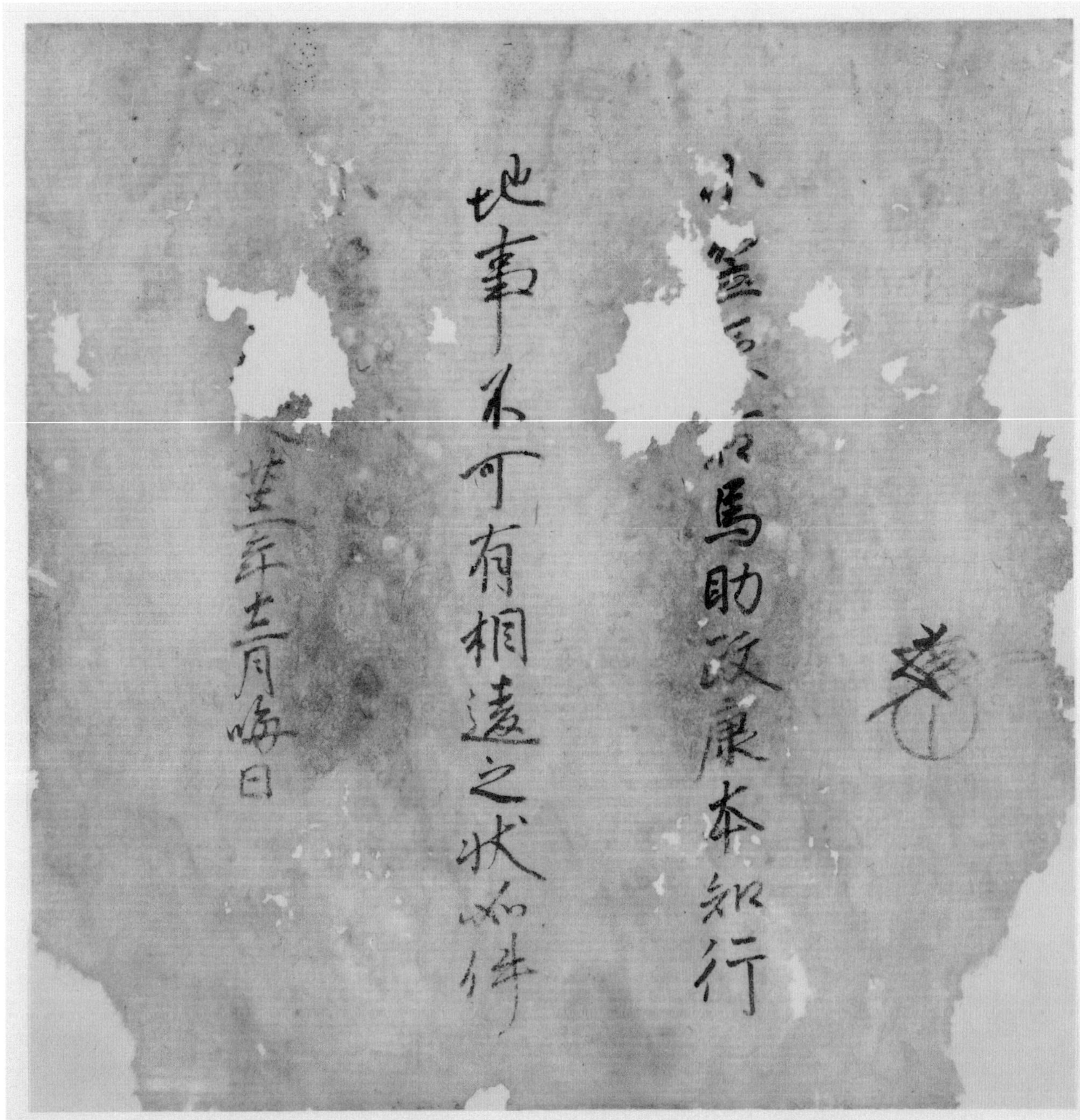

（花押）
小笠原右馬助政康本知行
地事、不可有相違之状如件
[illegible]廿三年十二月晦日

（花押）
信濃國住吉庄并春近領事
所返[illegible]原右馬助政康也者
如元可致沙汰之状如件
應永廿五年九月九日

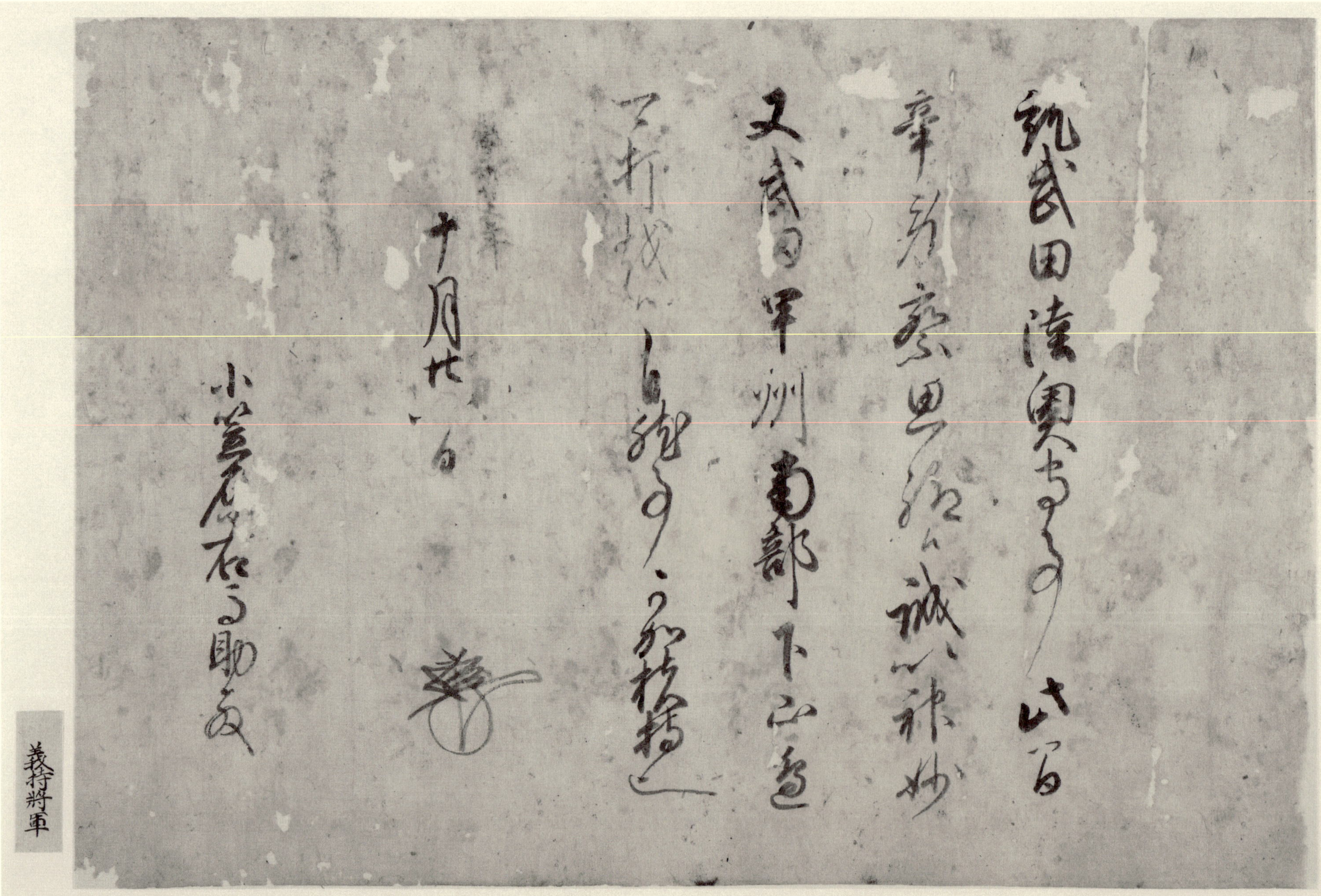
十月廿八日
小笠原右馬助殿
義持将軍

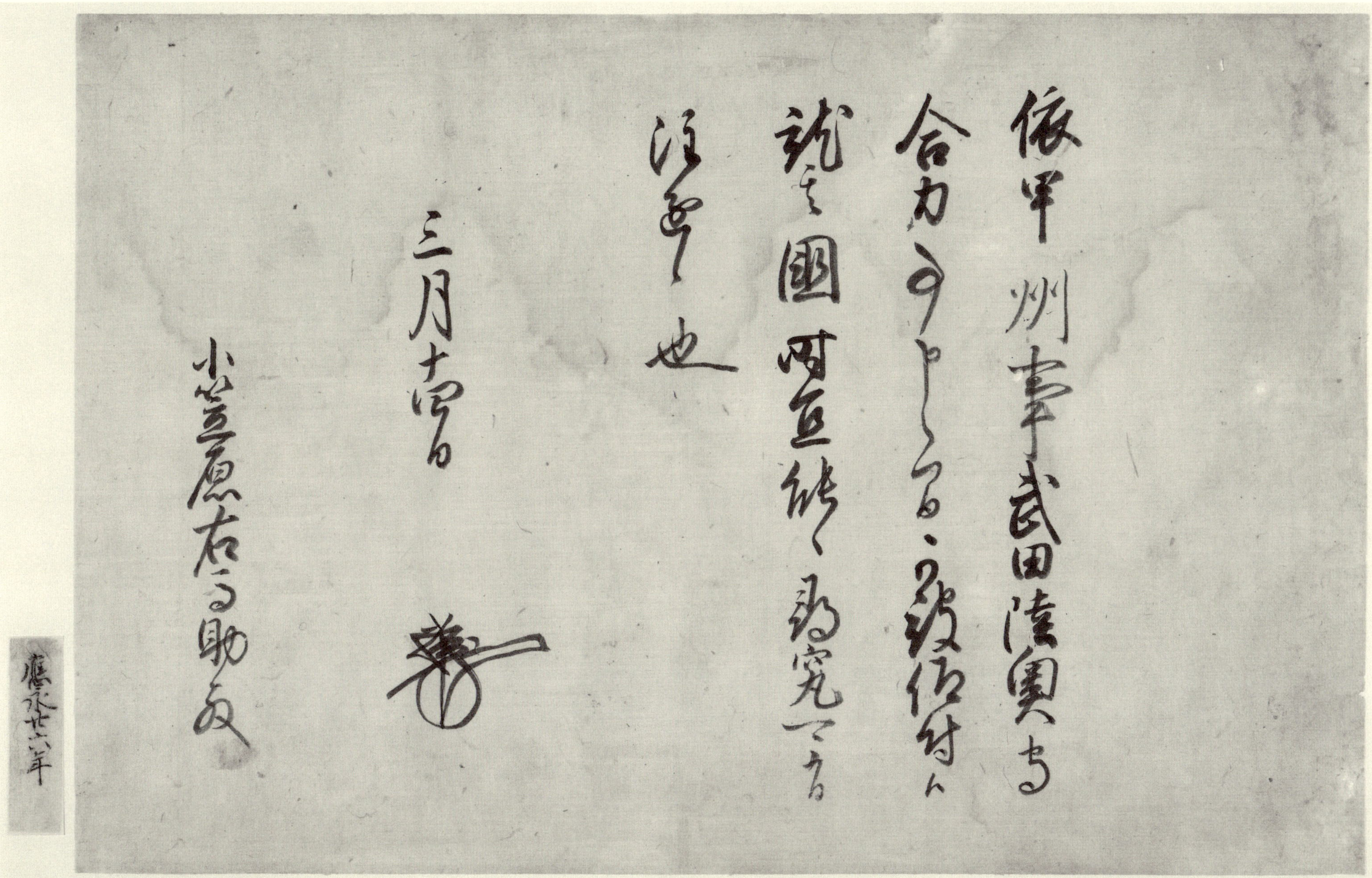
依甲州事、武田陸奥守
合力事、可致忠節候、
静謐国可為簡要候、
可致沙汰也
三月十四日（花押）
小笠原右馬助殿

応永廿六年

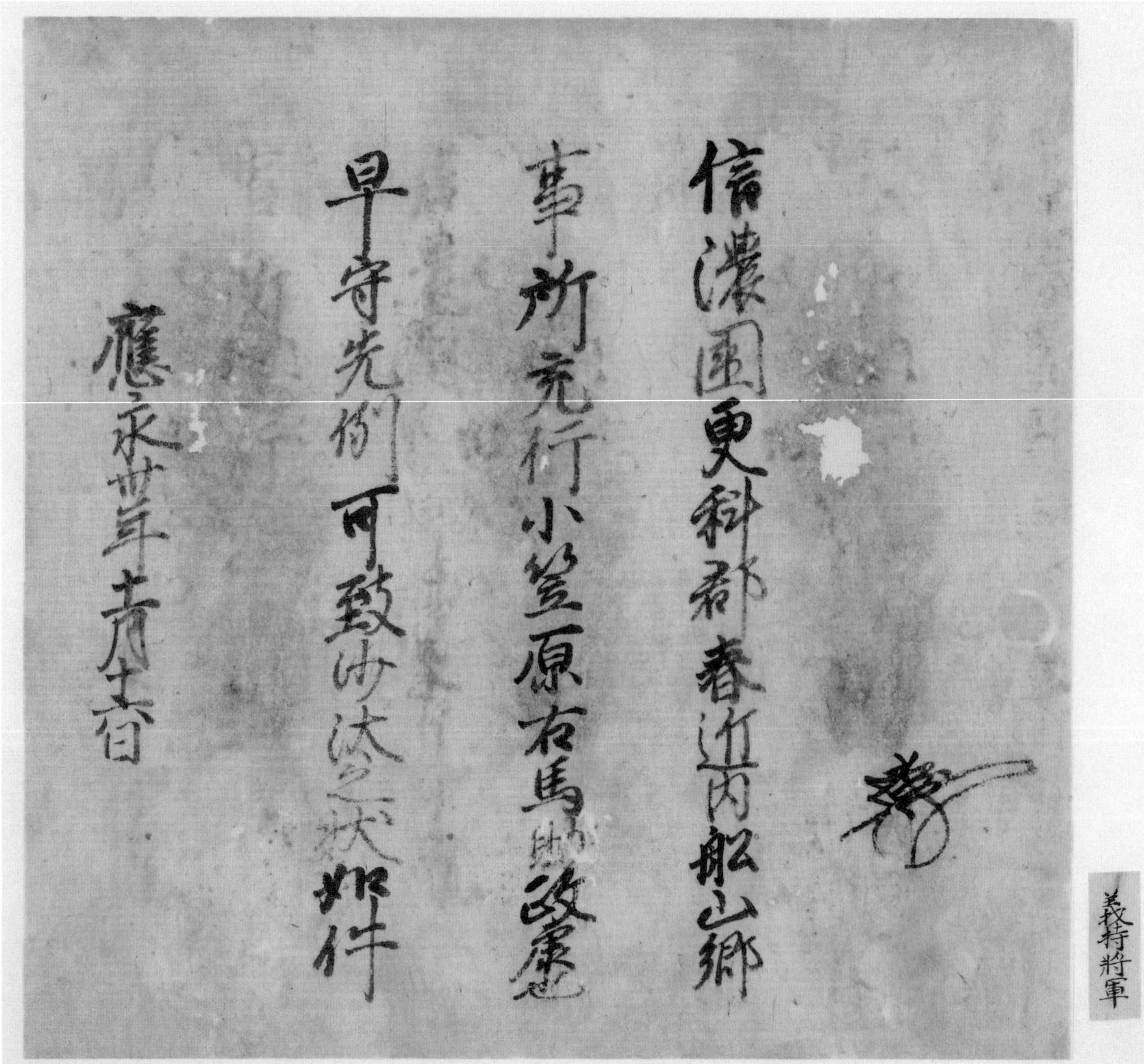

義持将軍

（花押）

信濃國更科郡春近内船山郷
事、所充行小笠原右馬助政康也、
早守先例、可致沙汰之状如件、
應永卅年十一月十六日

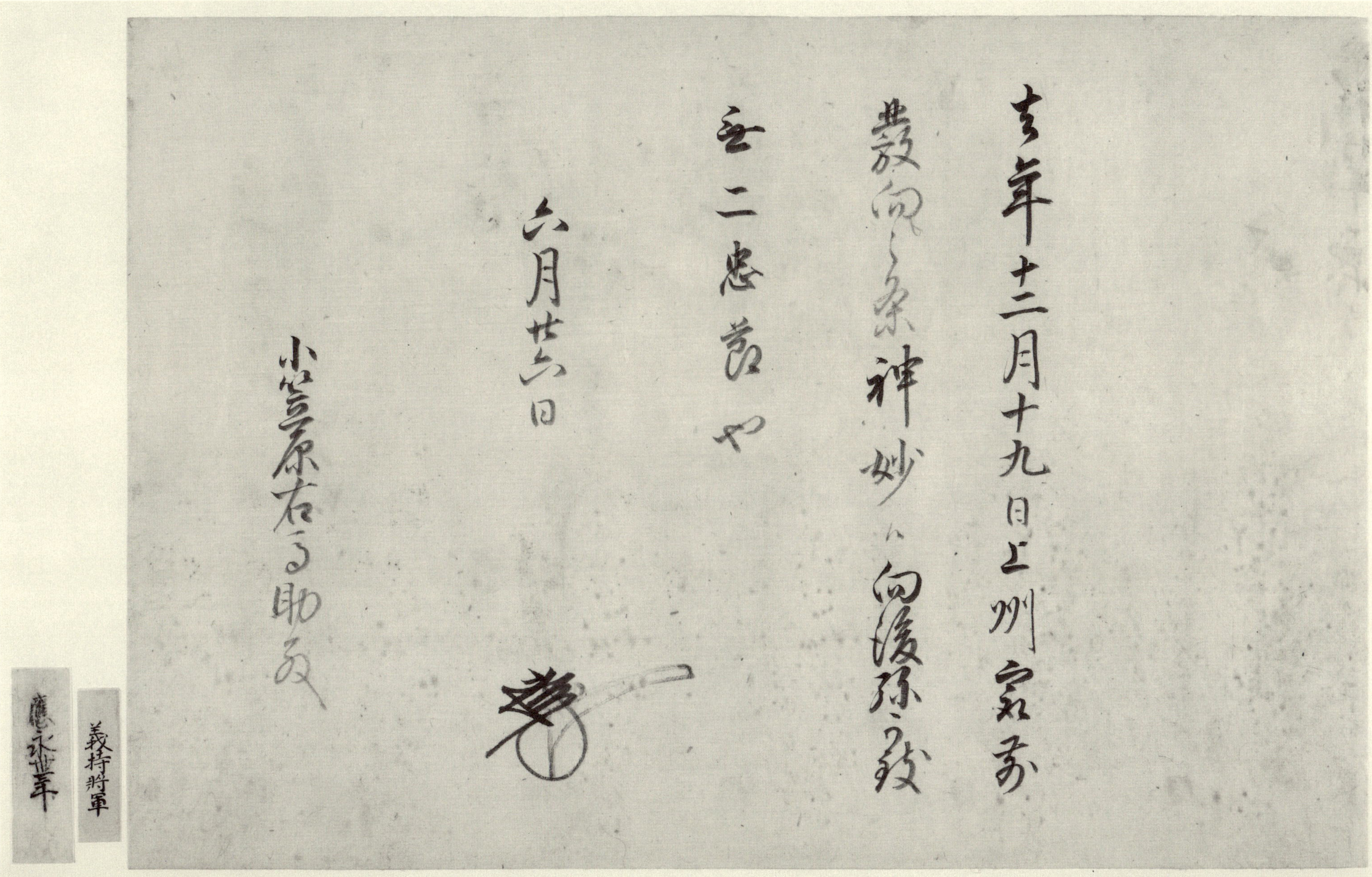
去年十二月十九日上州宮方
發向之条神妙ニ向後弥致
無二忠節也
六月廿六日
小笠原右馬助殿

應永卅一年
義持將軍

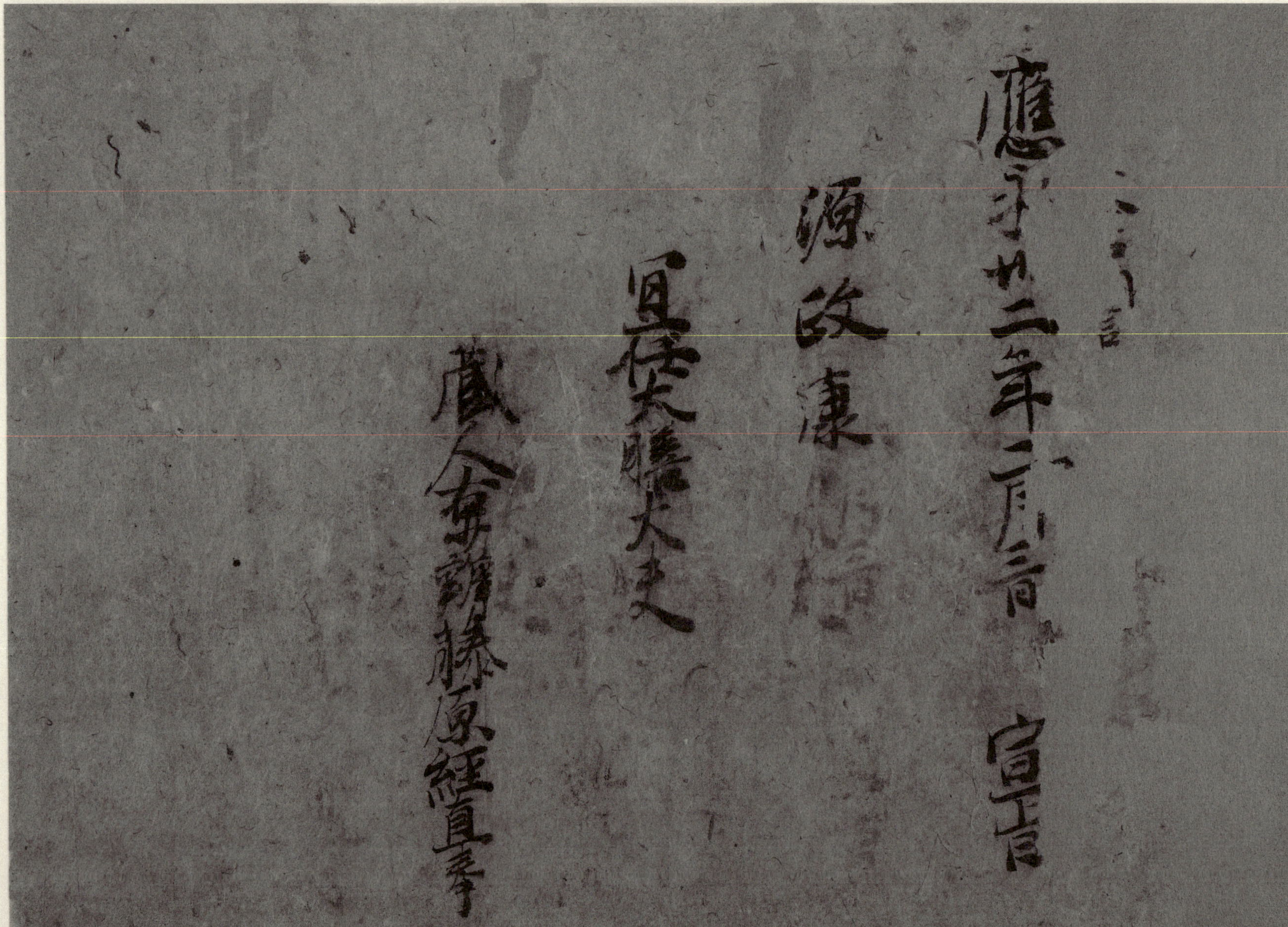
応永卅二年二月三日　宣旨

源政康

宜任大膳大夫

蔵人右少弁藤原経直奉

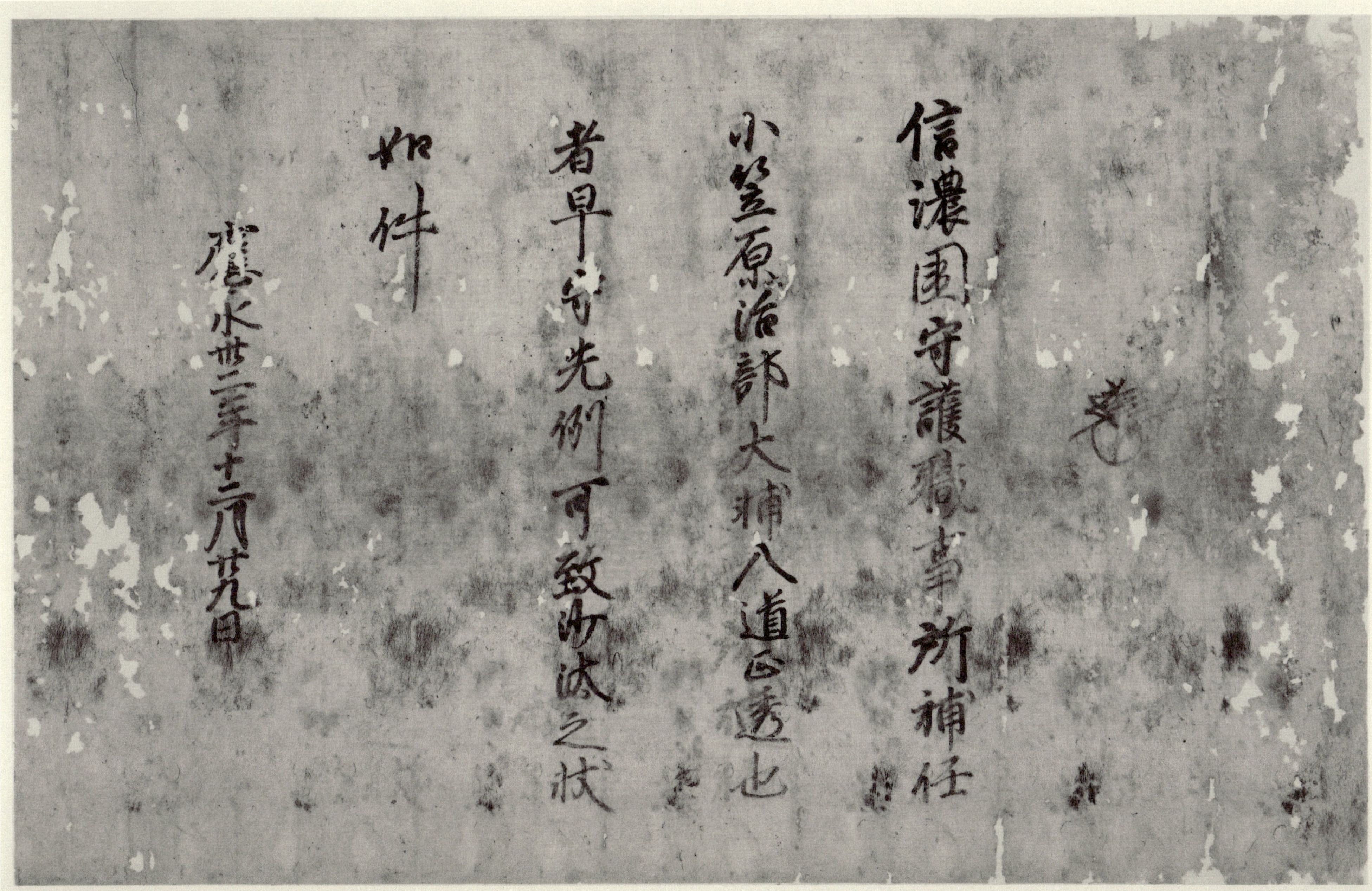
（花押）
信濃国守護職事所補任
小笠原治部大輔入道正透也
者早守先例可致沙汰之状
如件
応永卅二年十二月廿九日

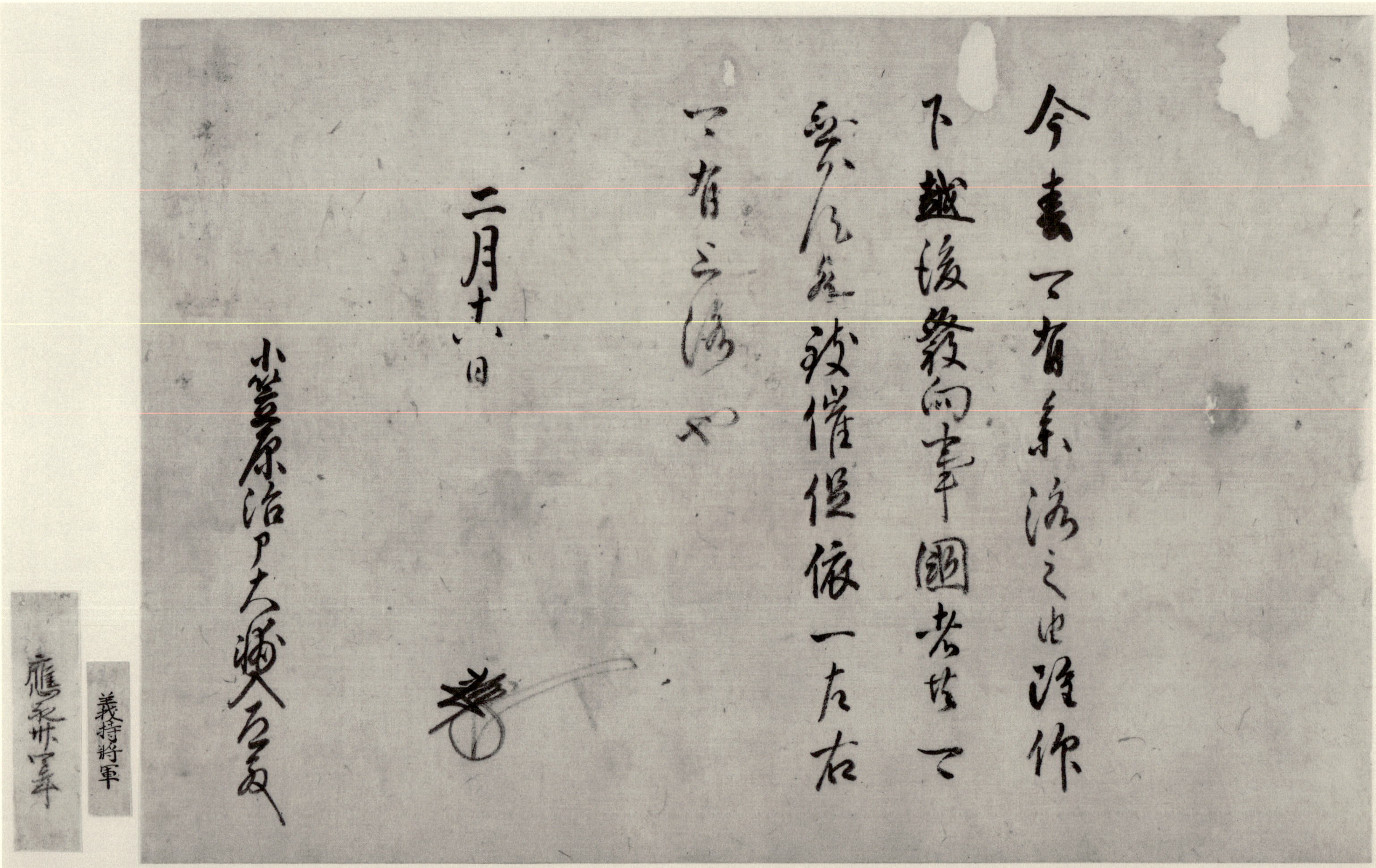
今度可有参洛之由注進候
下越後發向事國者共可
然而延引被催促依一左右
可有参洛候也

二月十八日　（花押）

小笠原治部大輔殿

義持將軍

應永卅四年

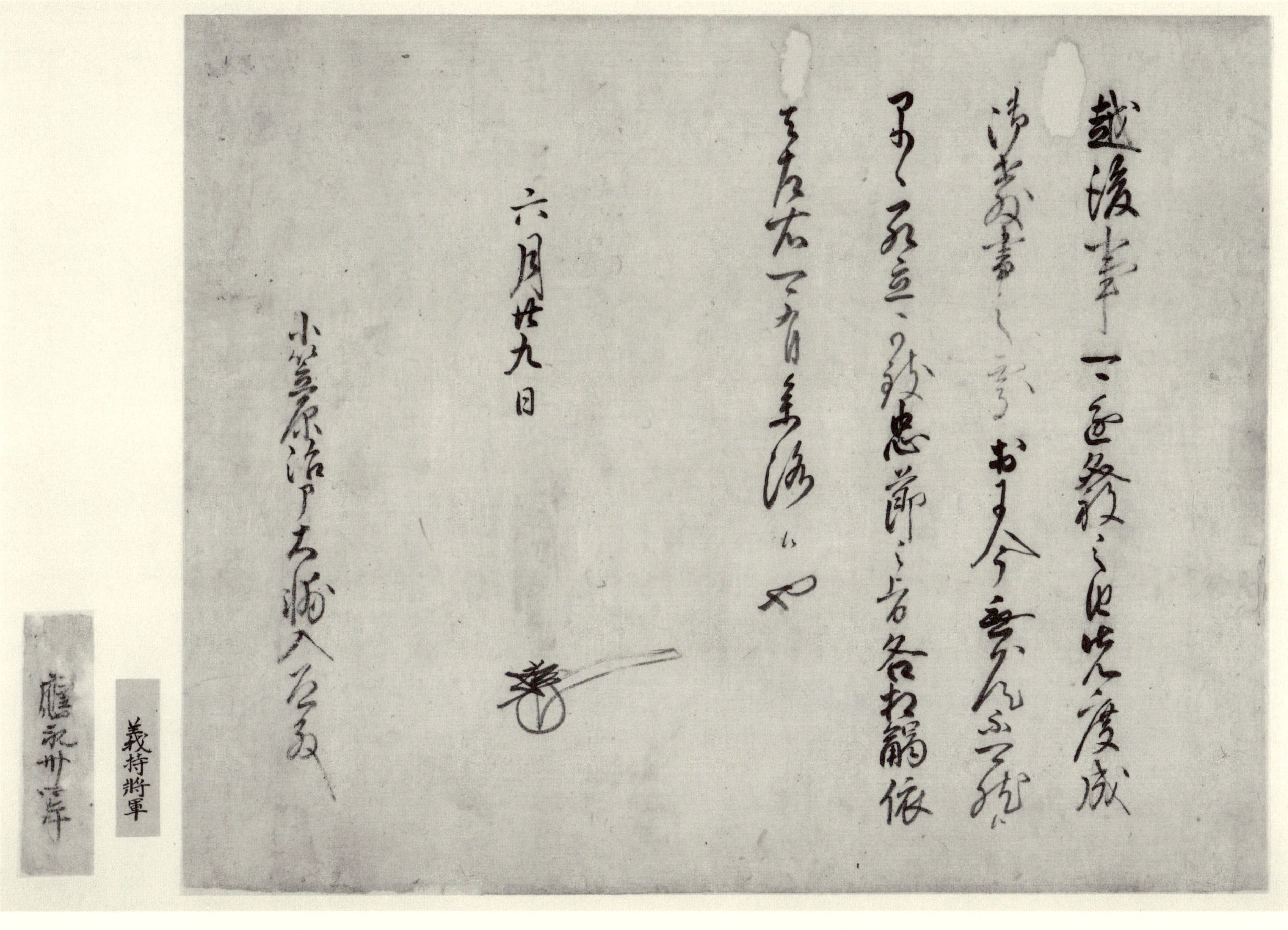
越後事、可発向之由、先度成
遣御書之処、于今無[illegible]不可然候、
早[illegible]可致忠節之旨、各相觸、依
其左右可有[illegible]候也、
六月廿九日
（花押）
小笠原治部大輔入道殿
義持將軍
應永卅四年

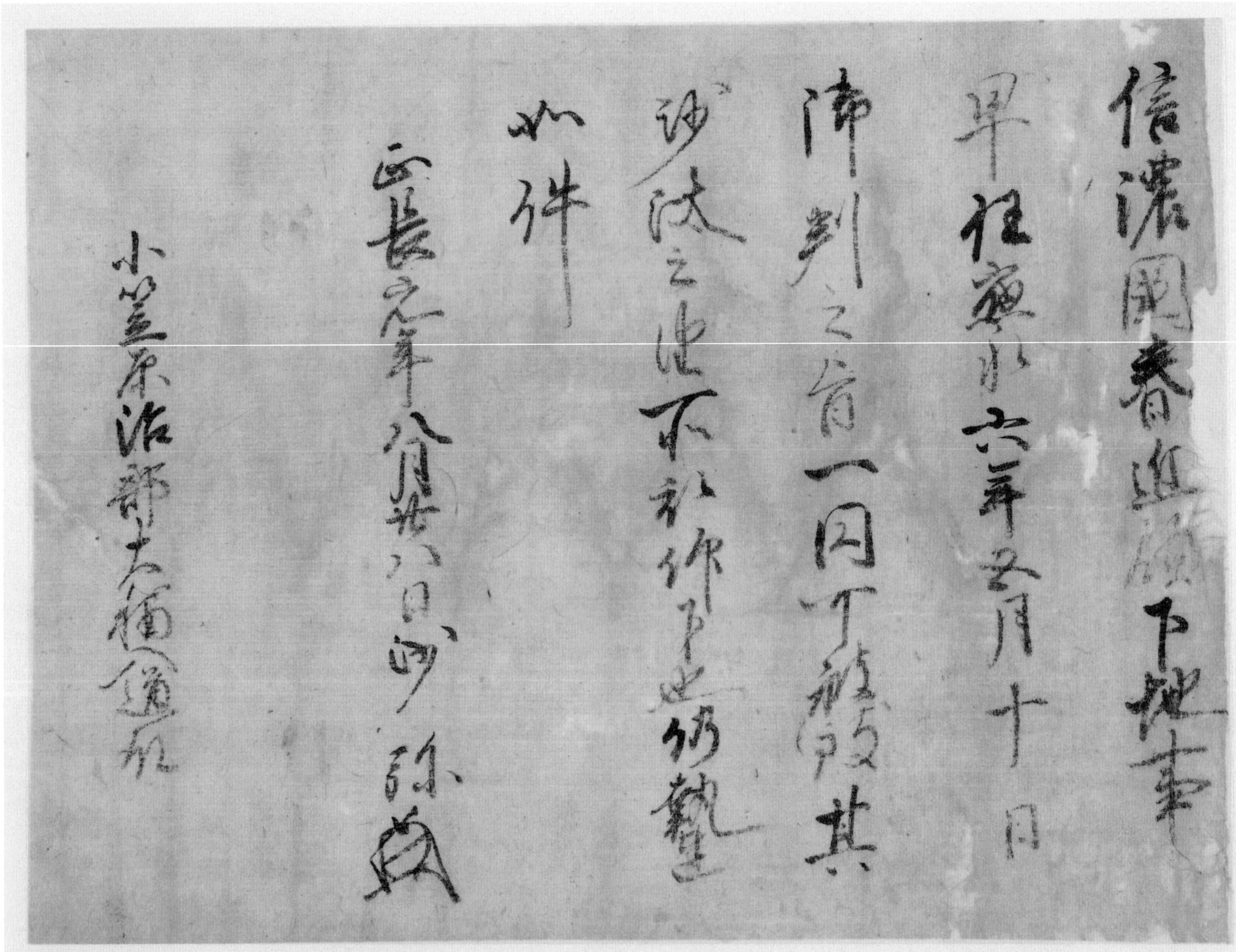
信濃国春近領下地事
早任去応永六年五月十日
御判之旨、一円可被返付其
沙汰之由、所被仰下也、仍執達
如件
正長元年八月廿八日　沙弥（花押）
小笠原治部大輔殿

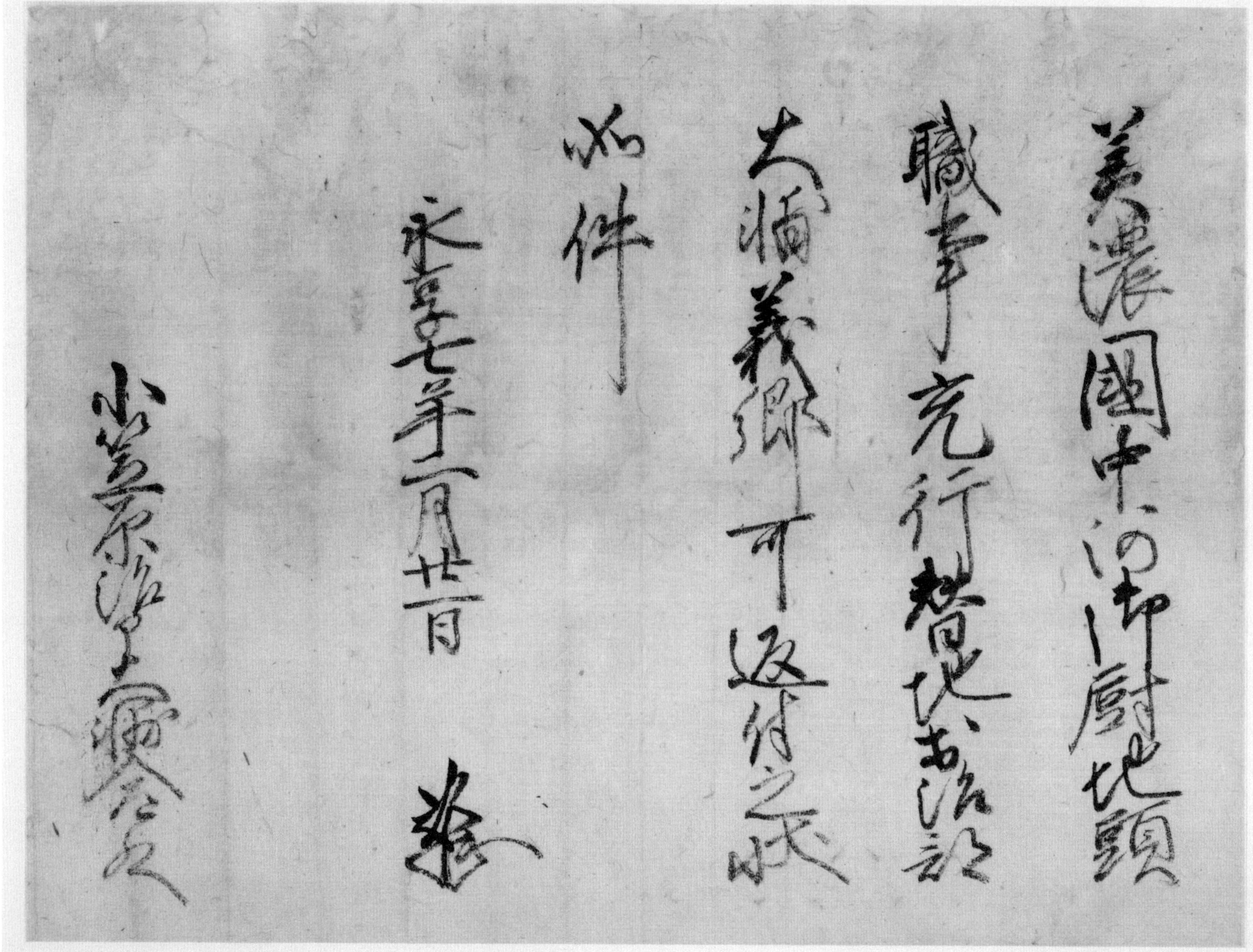

美濃國中河御厨地頭
職事、充行替地於治部
大輔義郷、可沙汰付之状
如件
永享七年二月廿一日（花押）
小笠原治部入道殿

第三帖　22足利義教御内書　（永享七年）九月二十二日

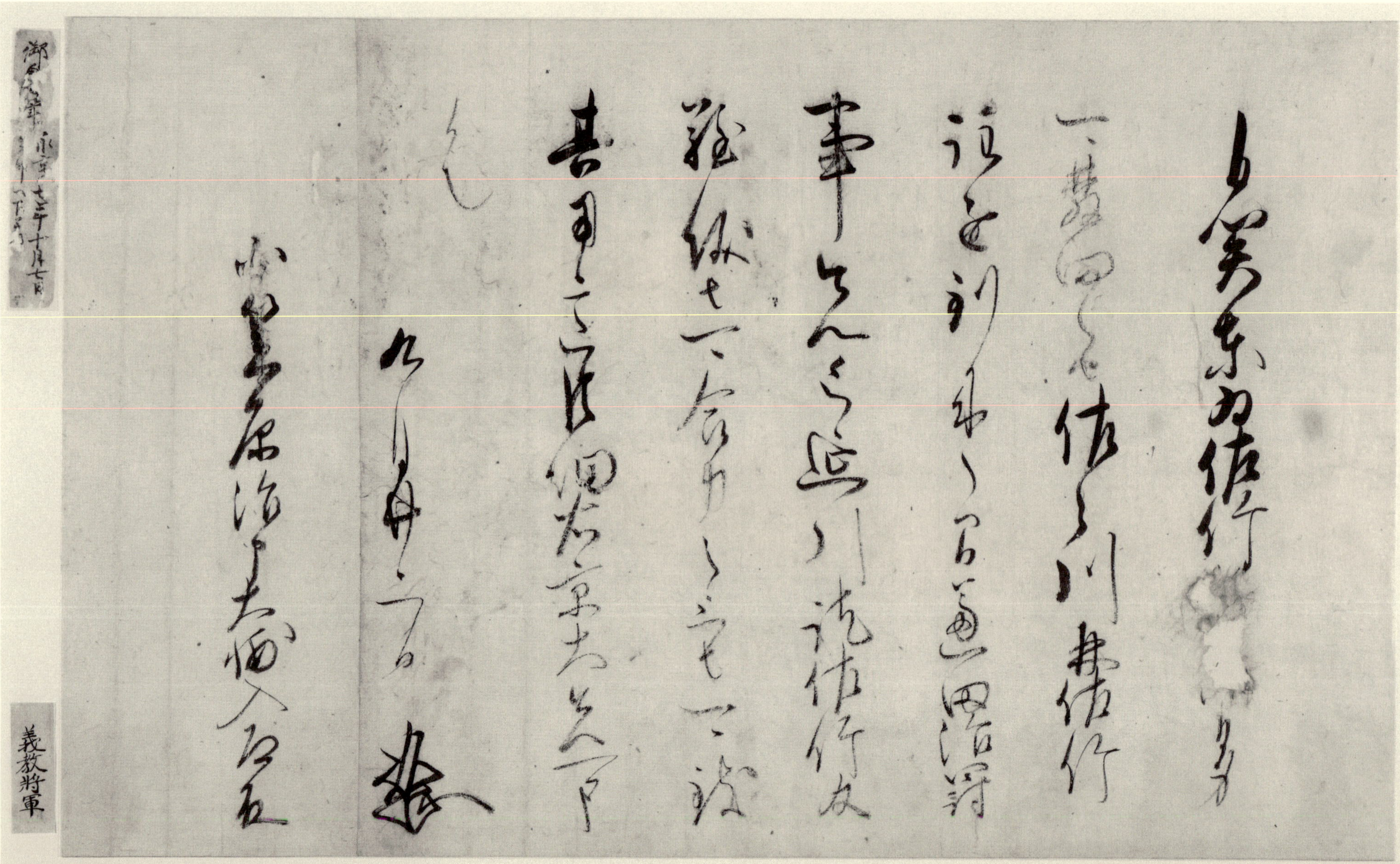

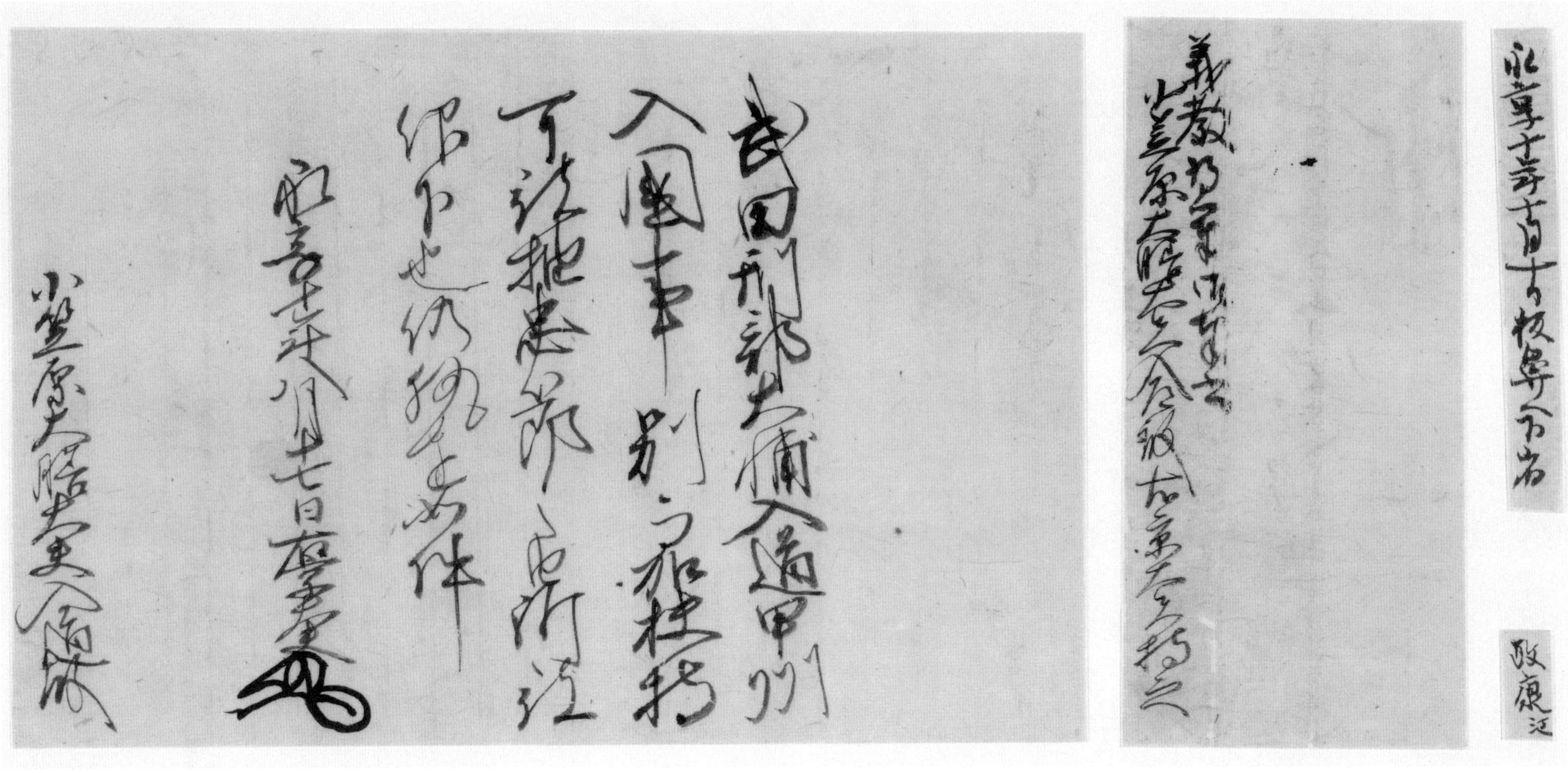
武田刑部大輔入道甲州
入国事　別而加扶持
可被抽忠節之由被仰
下也　仍執達如件
永享十年八月十七日　右京大夫
小笠原大膳大夫入道殿

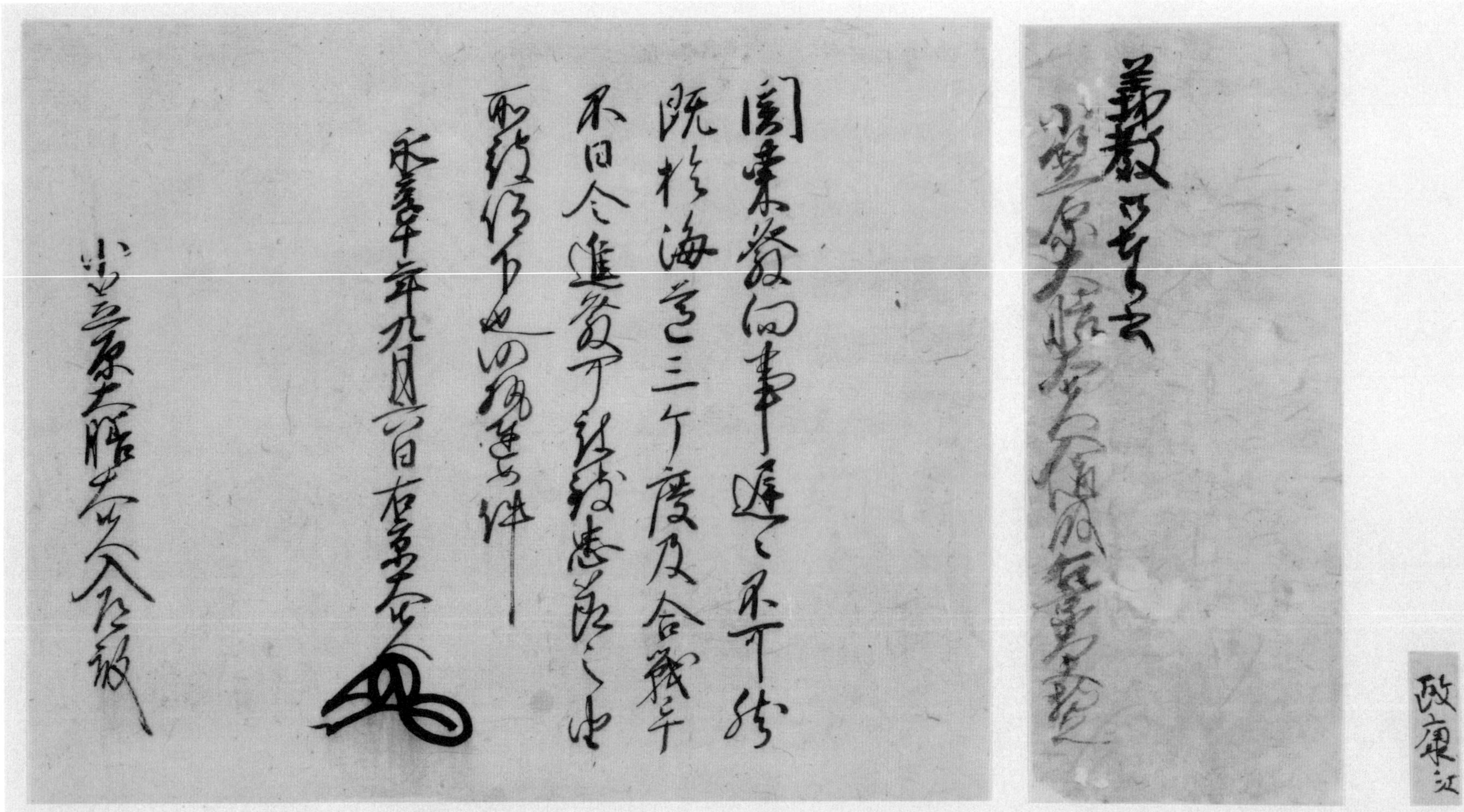

関東発向事、遅々不可然、既於海道三ケ度及合戦云々、不日令進発、可致忠節之由、所被仰下也、仍執達如件
永享十年九月六日　右京大夫（花押）
小笠原大膳大夫入道殿

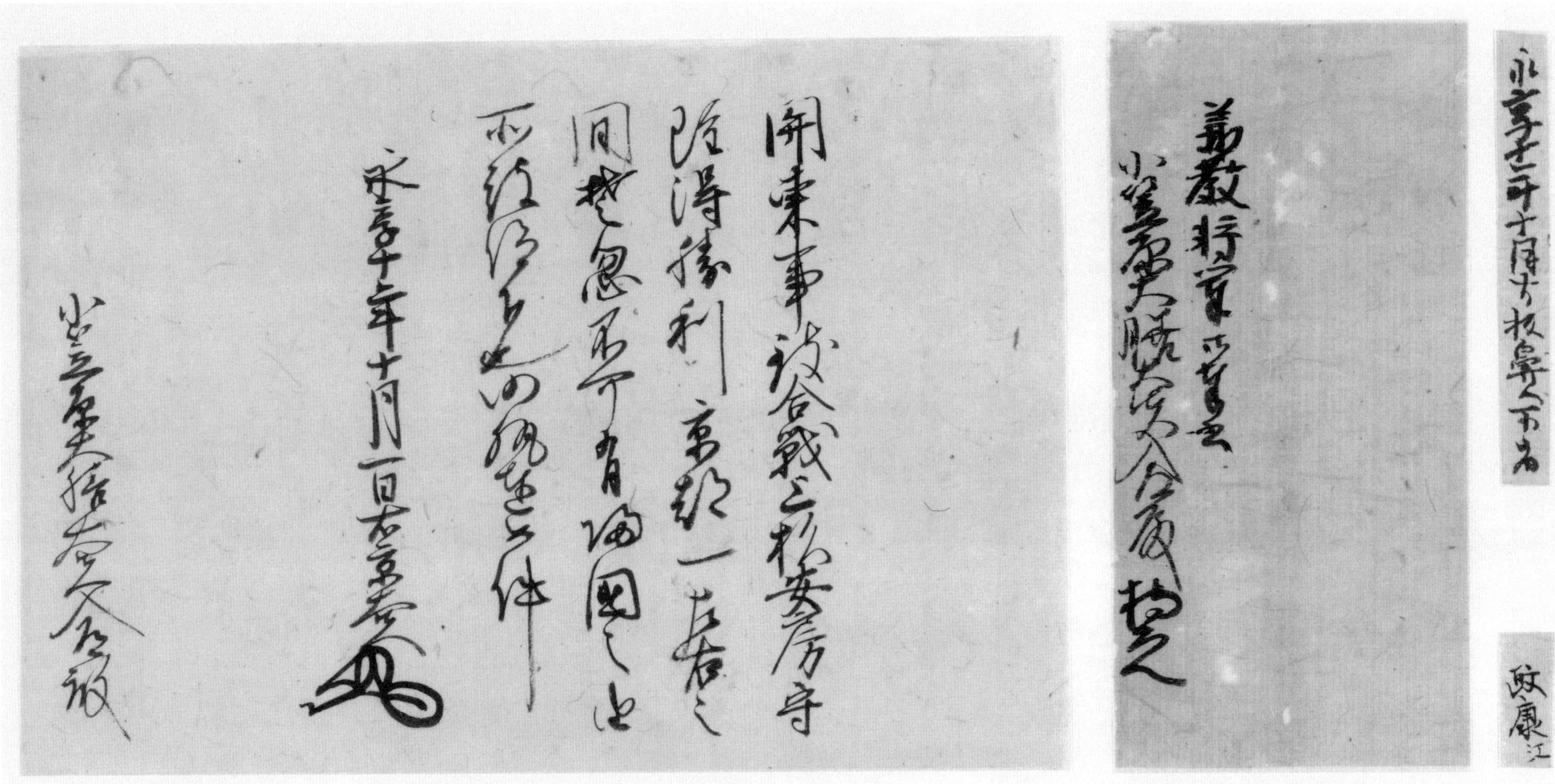

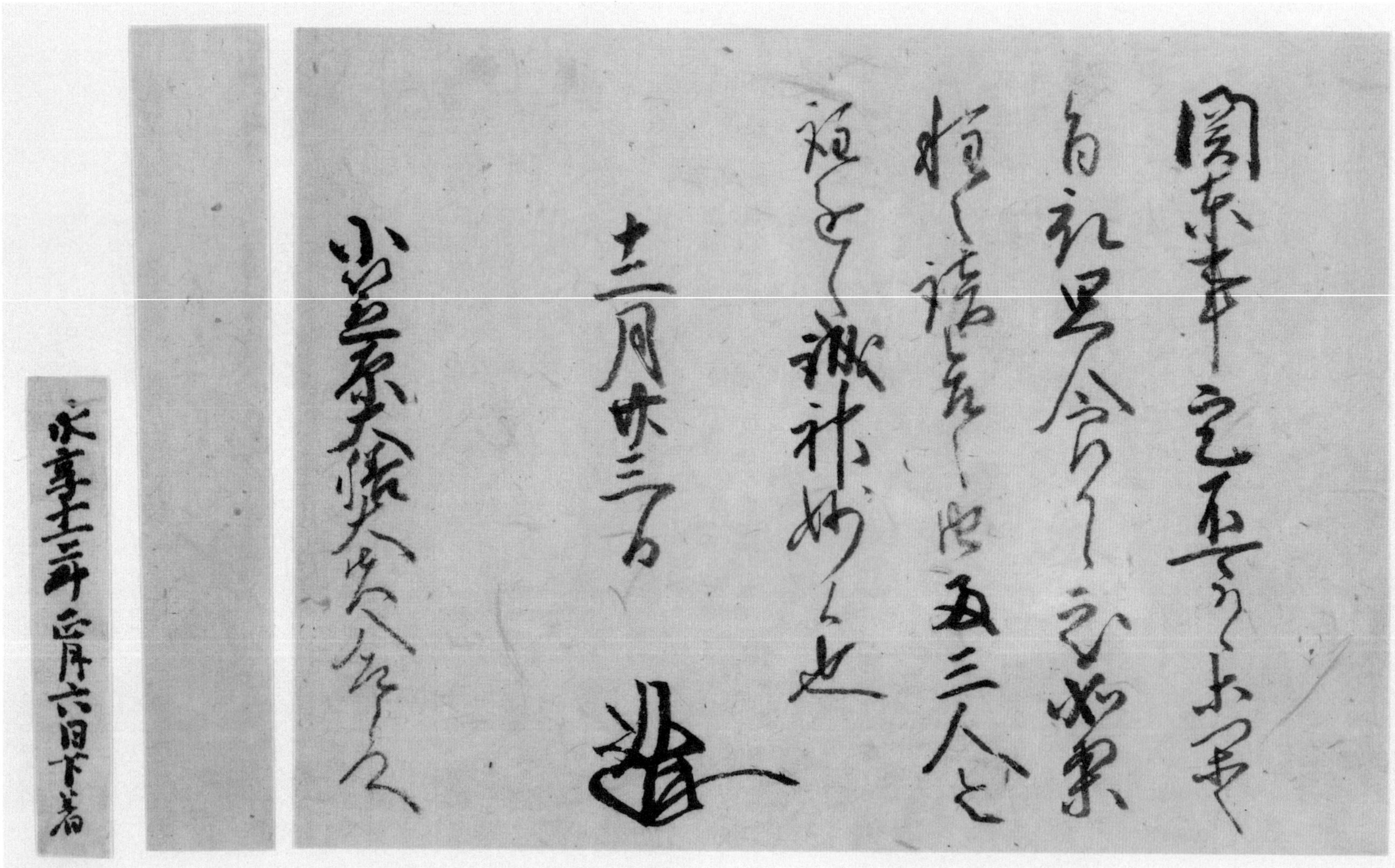
十二月廿三日
小笠原大膳大夫入道殿
永享十二年正月六日下着

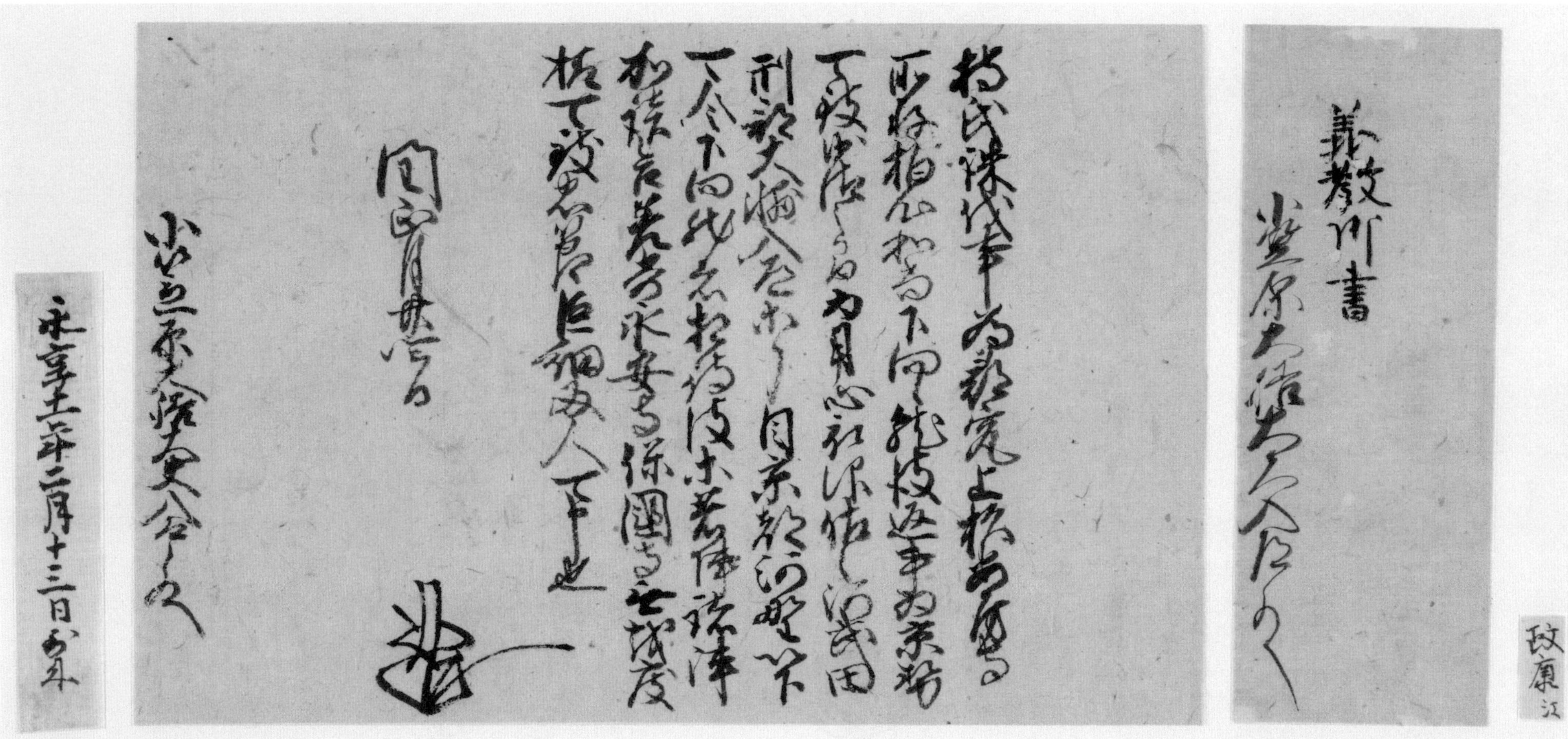

第三帖　27足利義教御内書　（永享十一年）閏正月二十四日

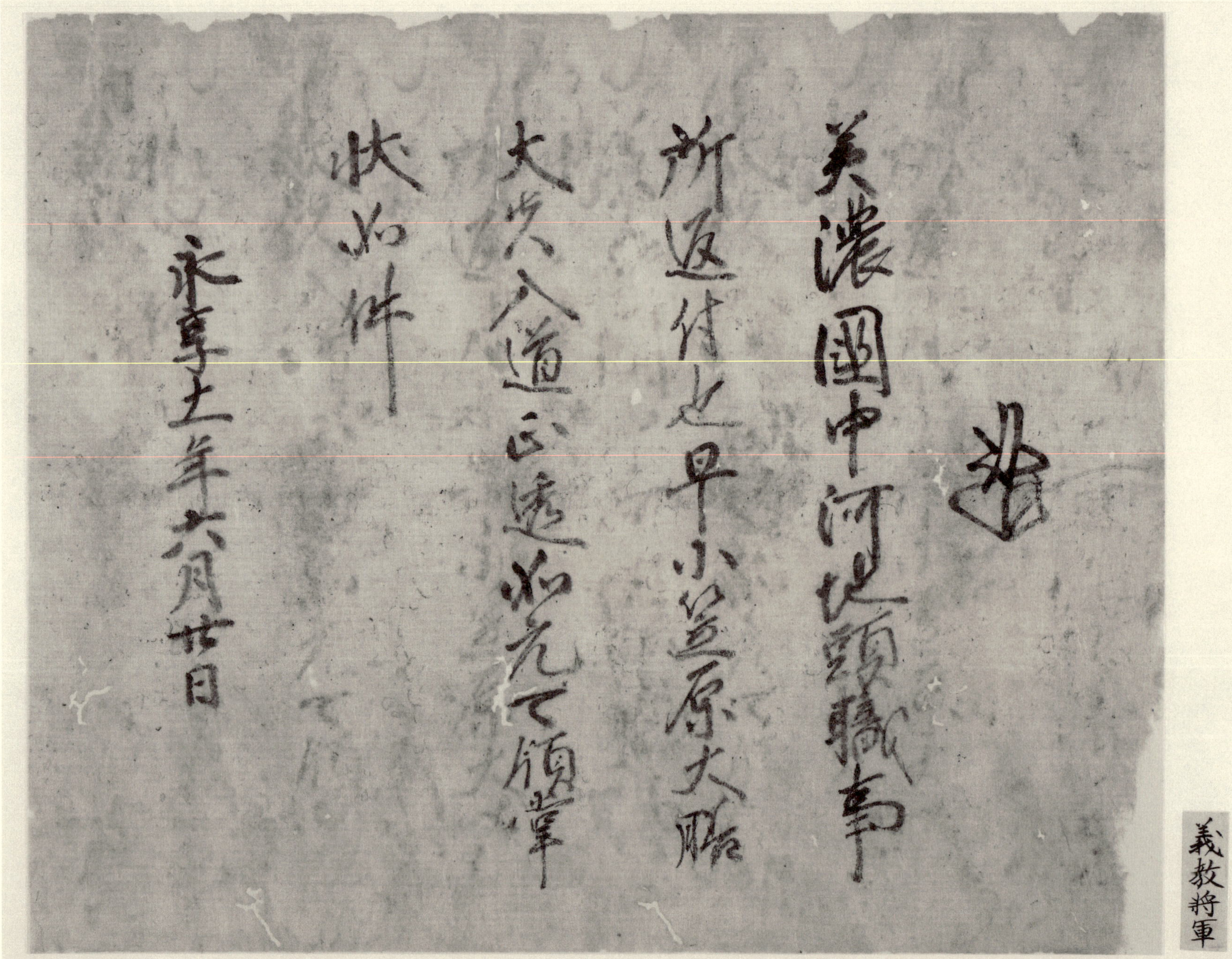

（花押）
美濃國中河地頭職事
所返付之早小笠原大膳
大夫入道正透如元可領掌
状如件
永享十一年六月廿日

義教将軍

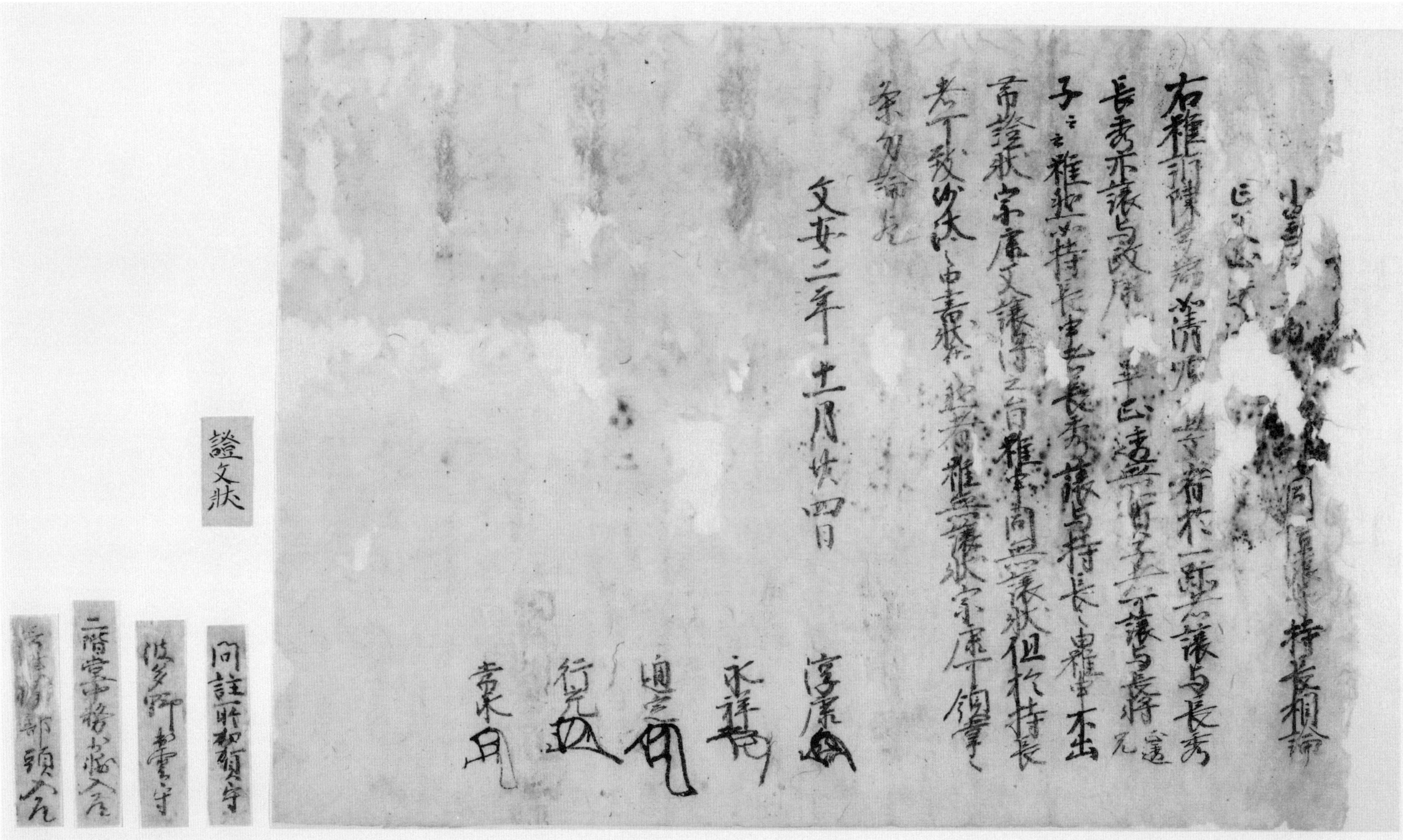

＊紙背

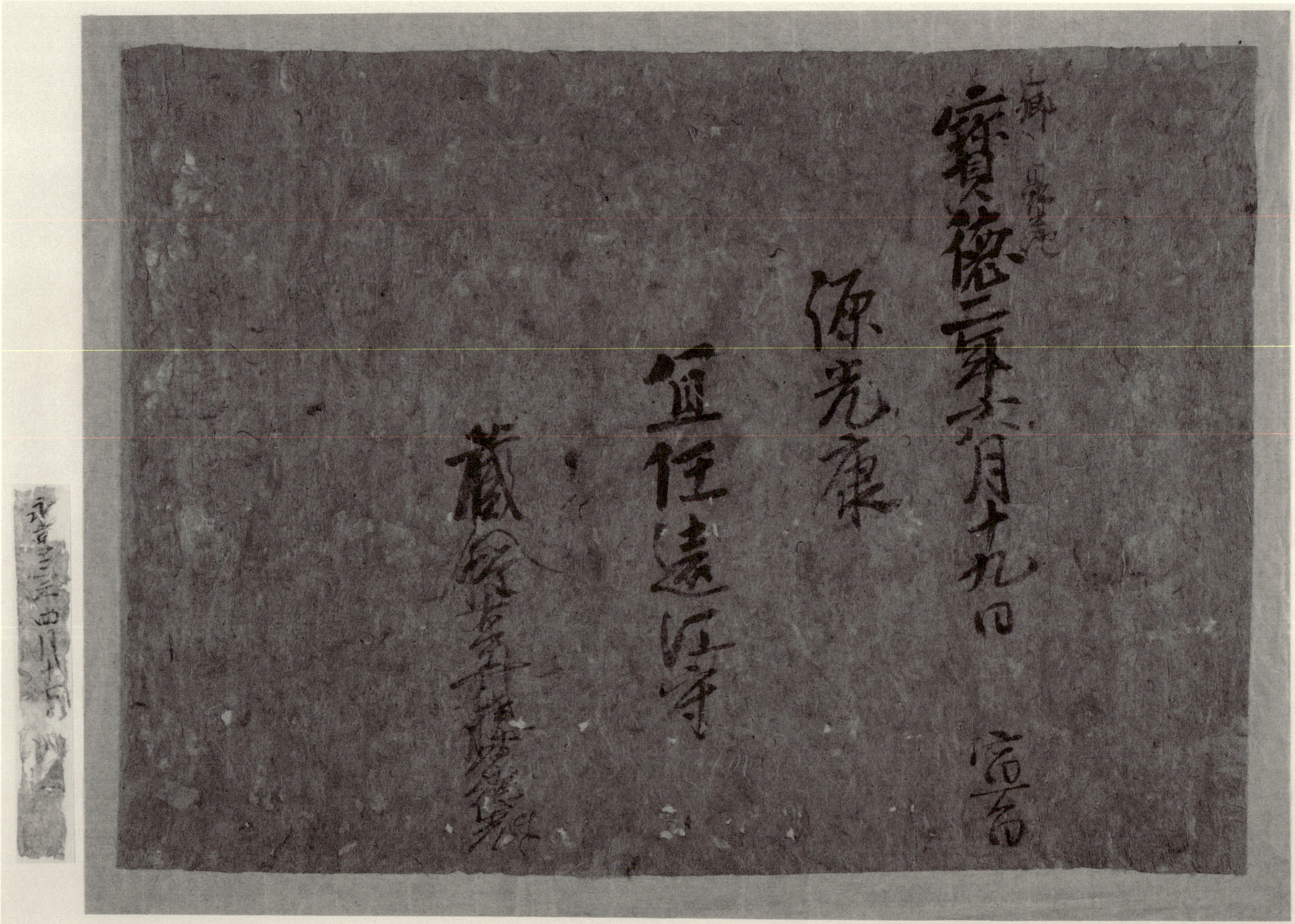
寶徳二年六月十九日　宣旨
源光康
宜任遠江守

31細川勝元書状　（年未詳）九月十一日

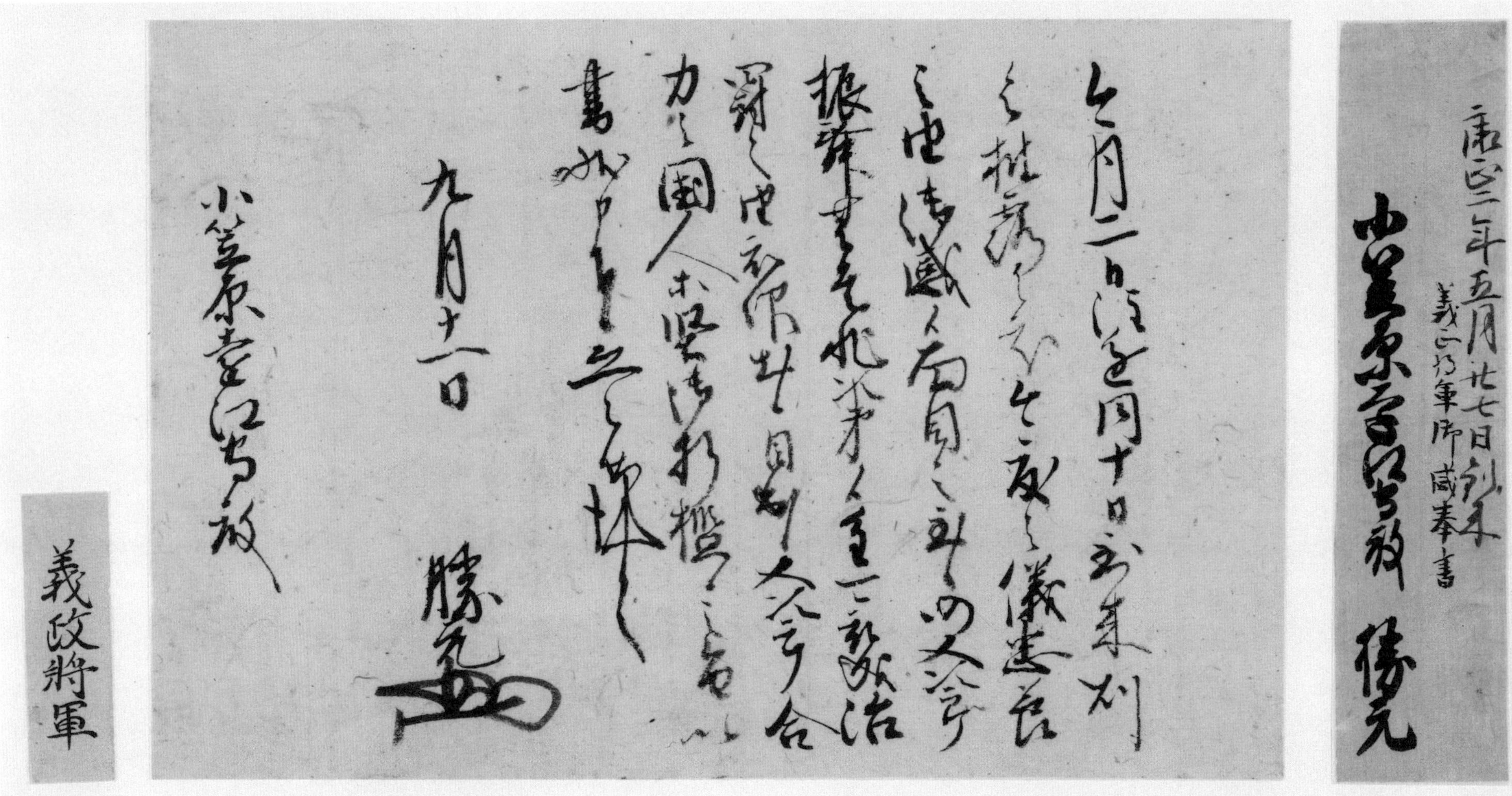

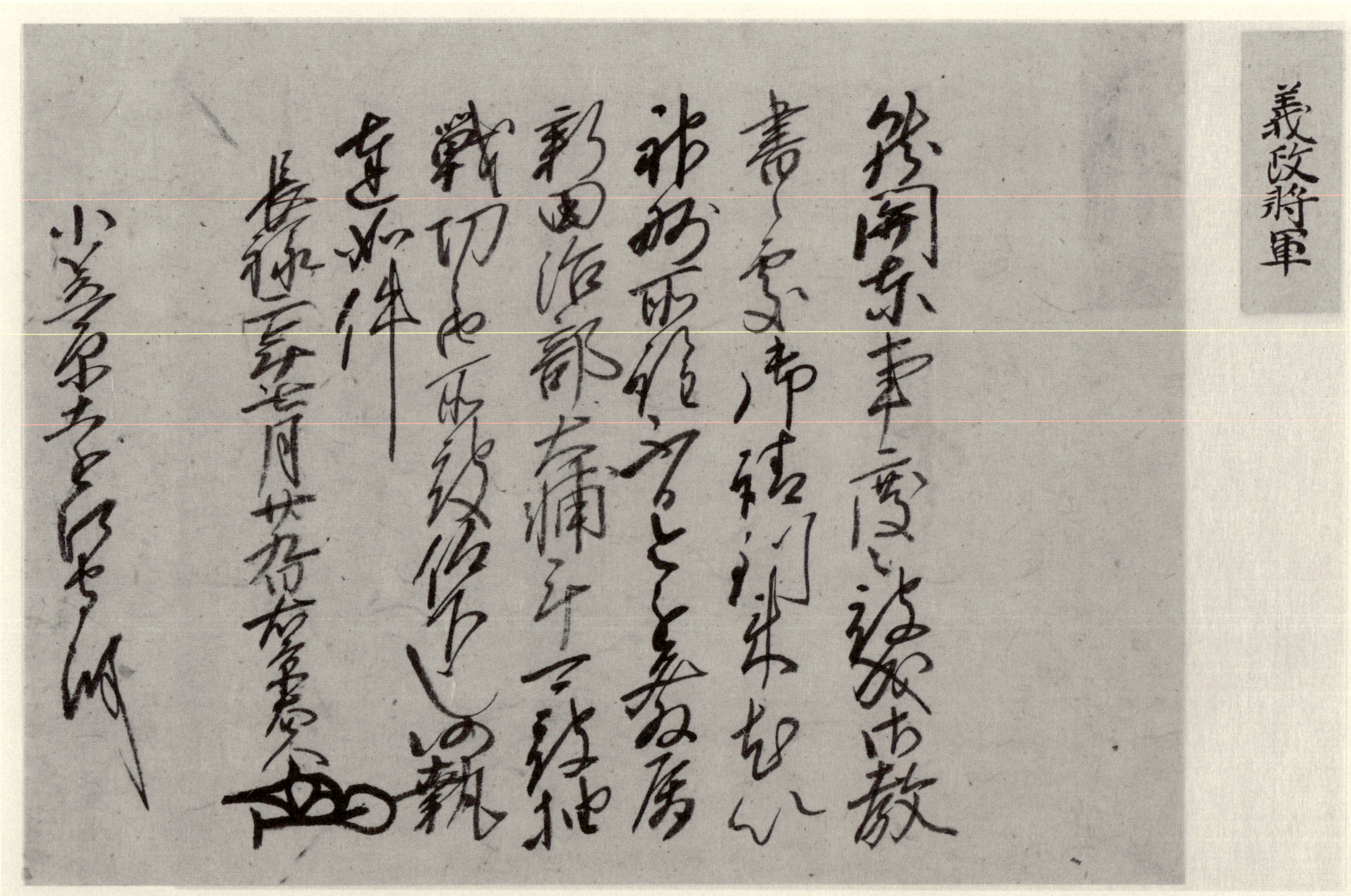
義政將軍

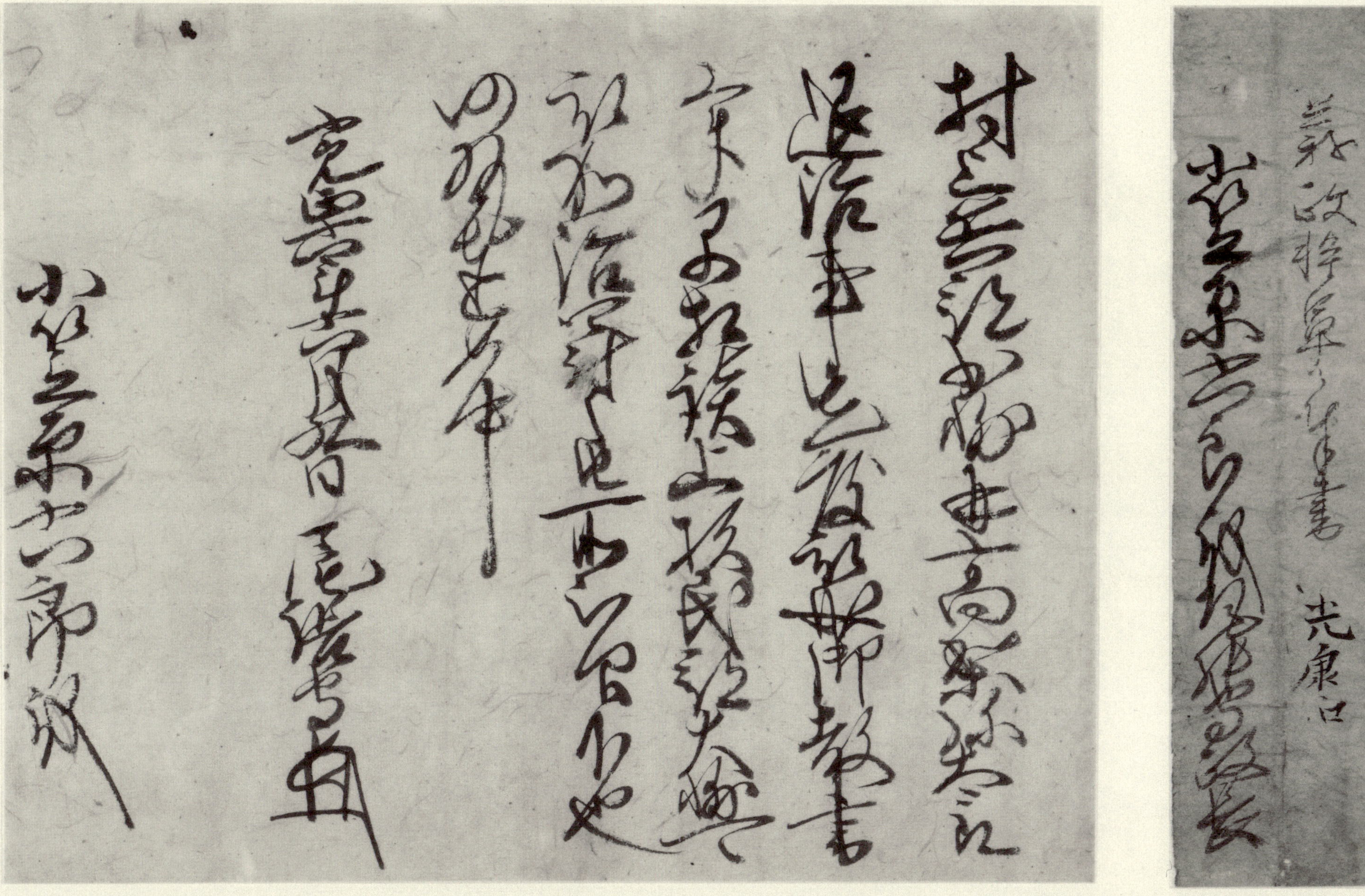

第三帖　33室町幕府管領畠山政長奉書　寛正六年六月九日

＊紙背

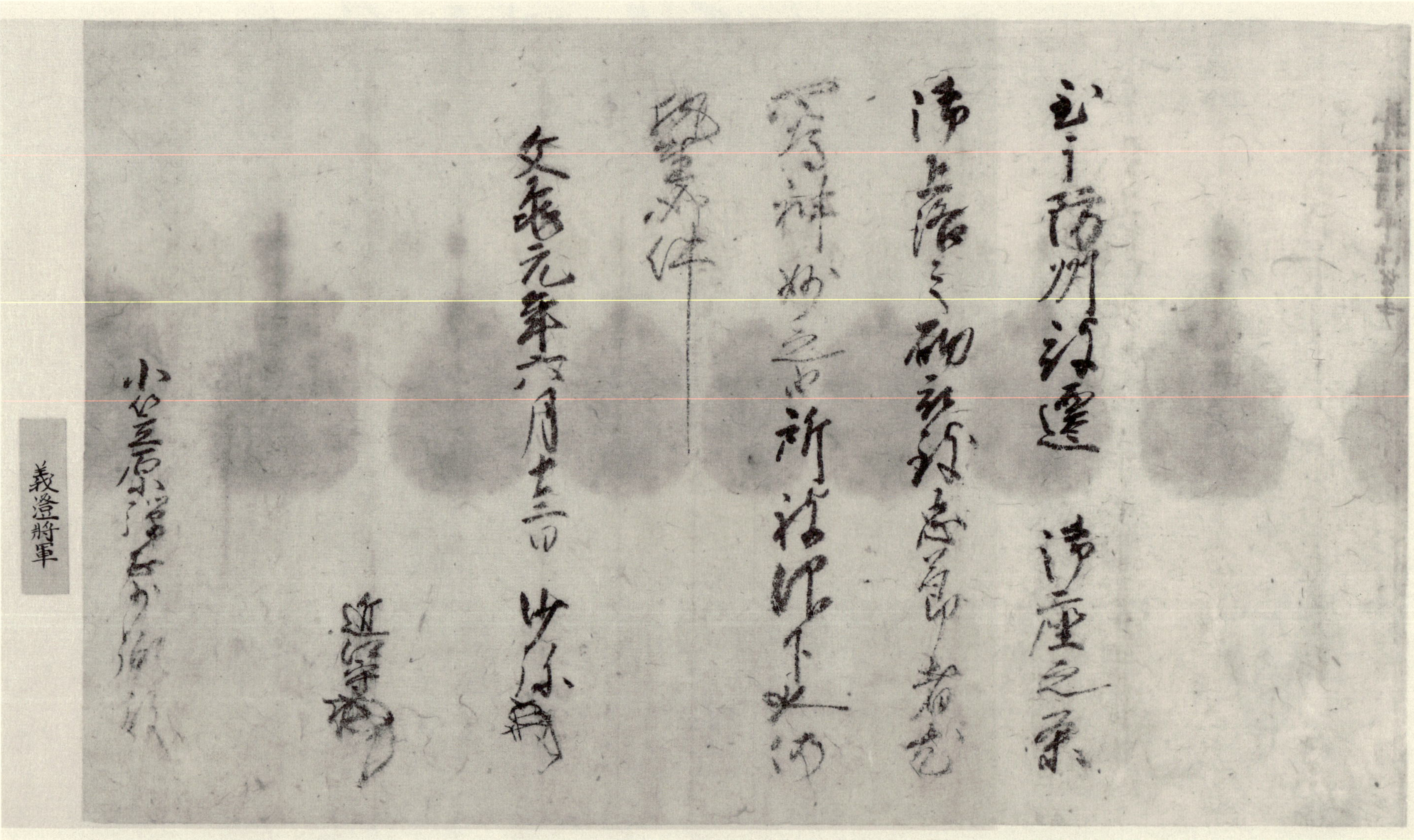

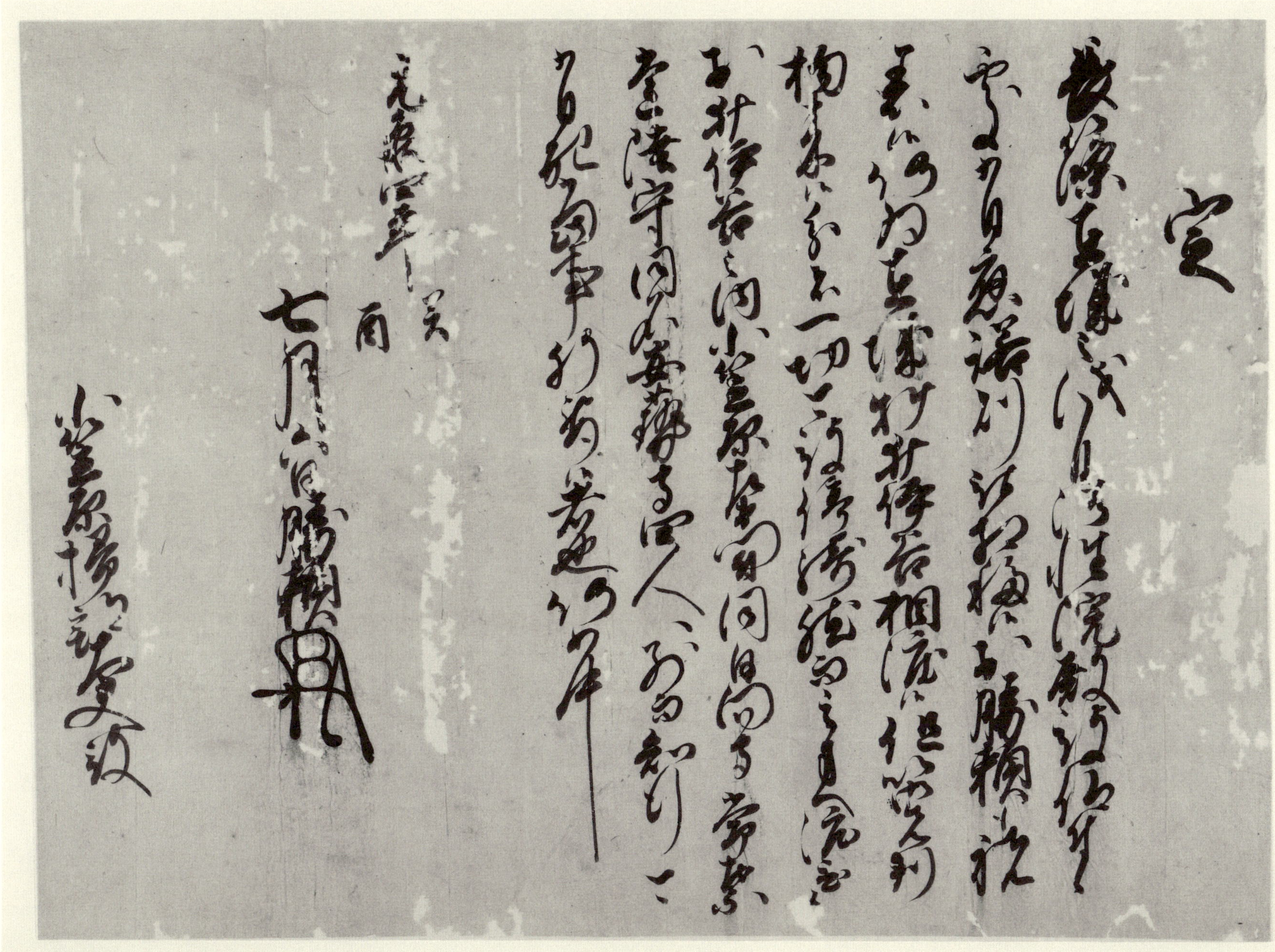
定
元亀四年
七月六日
勝頼

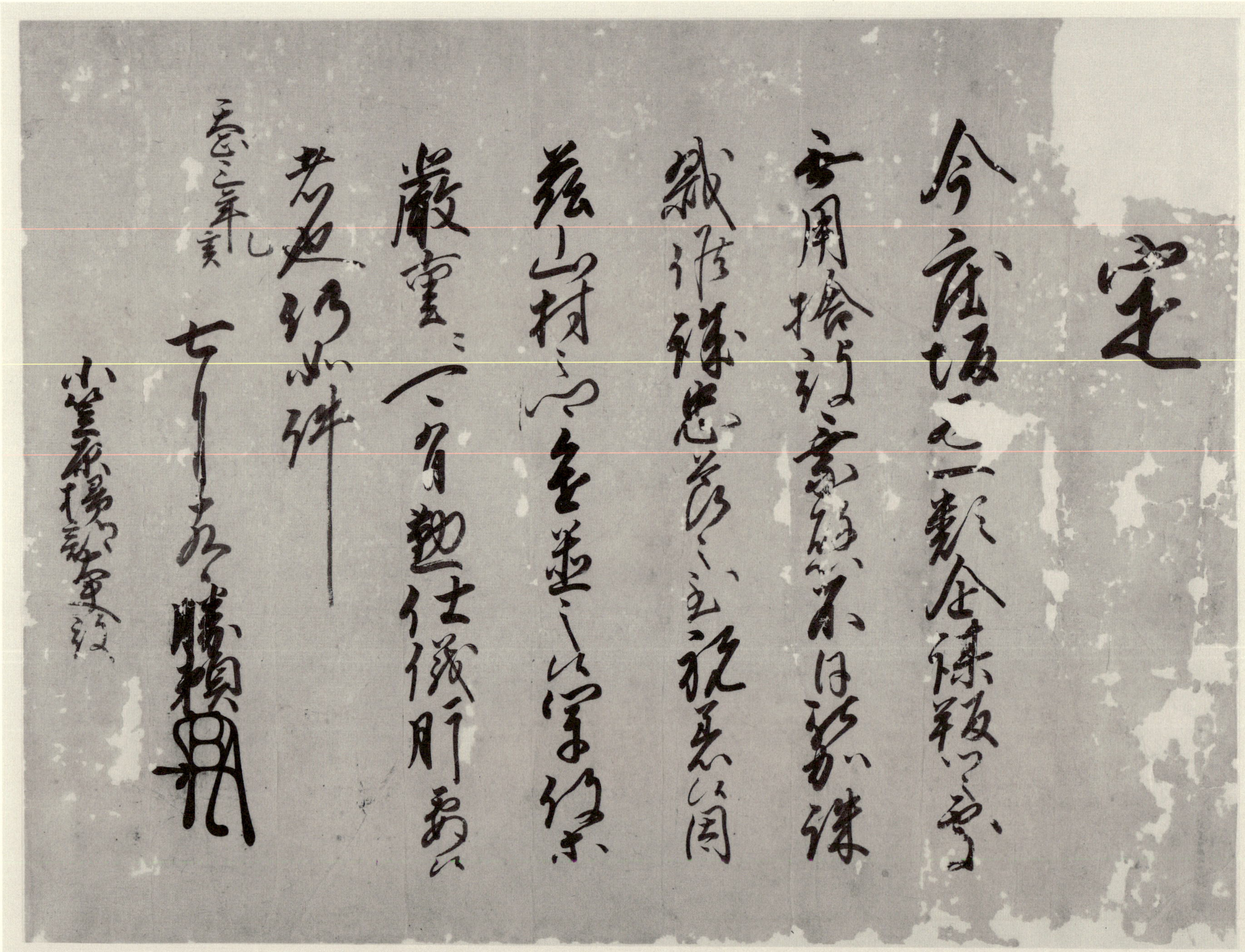

第四帖

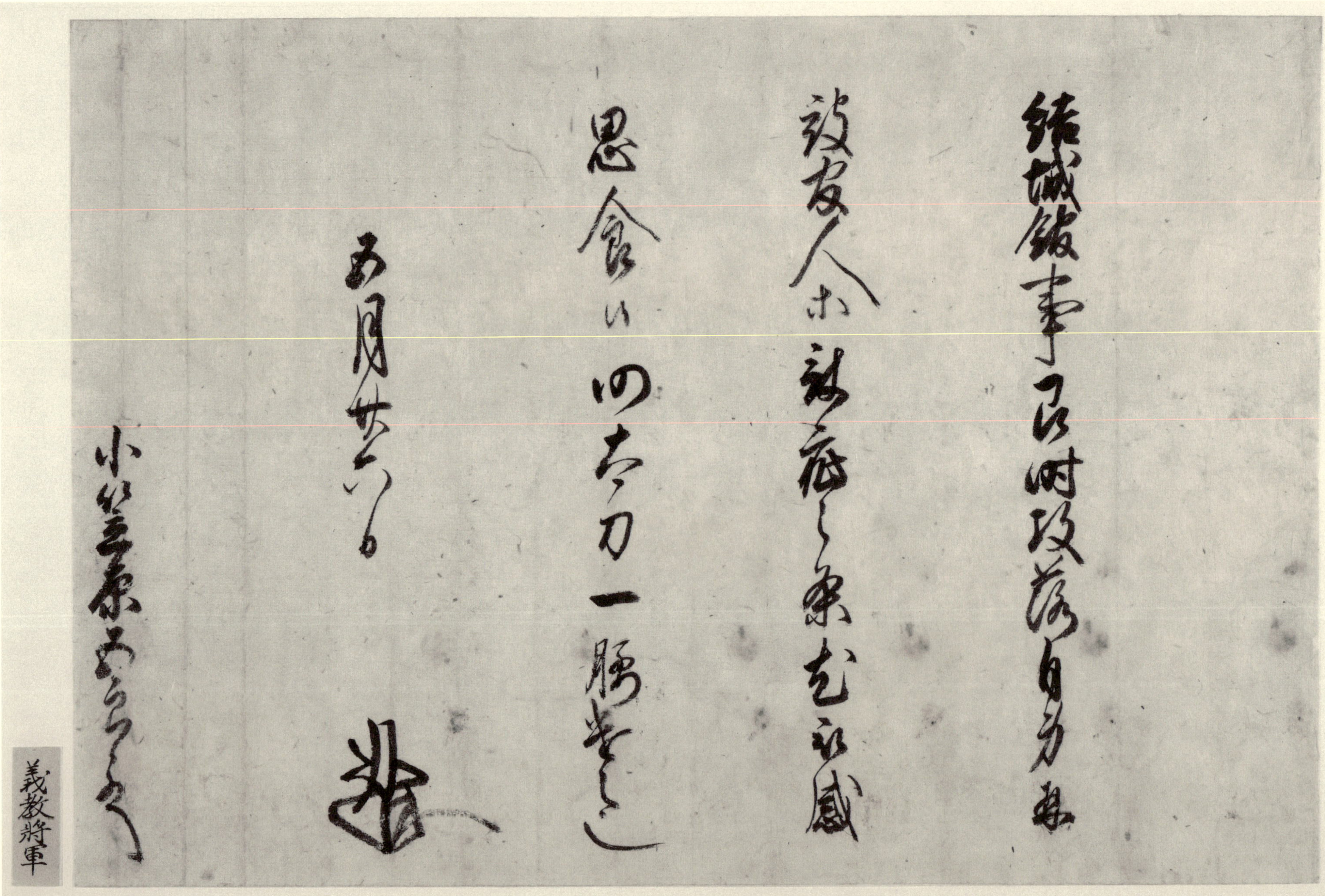
義教将軍

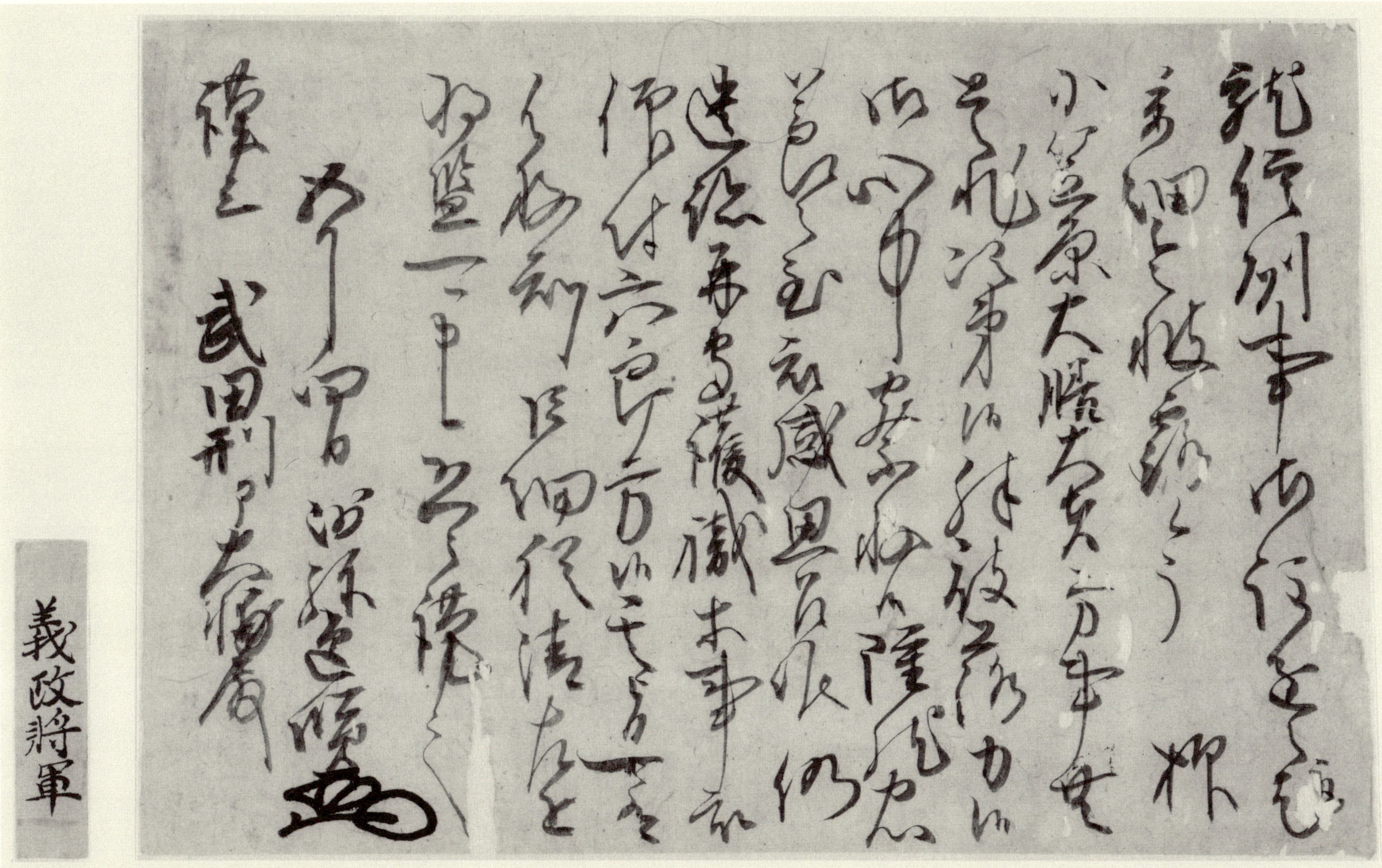
義政将軍
武田刑部大輔殿

＊紙背

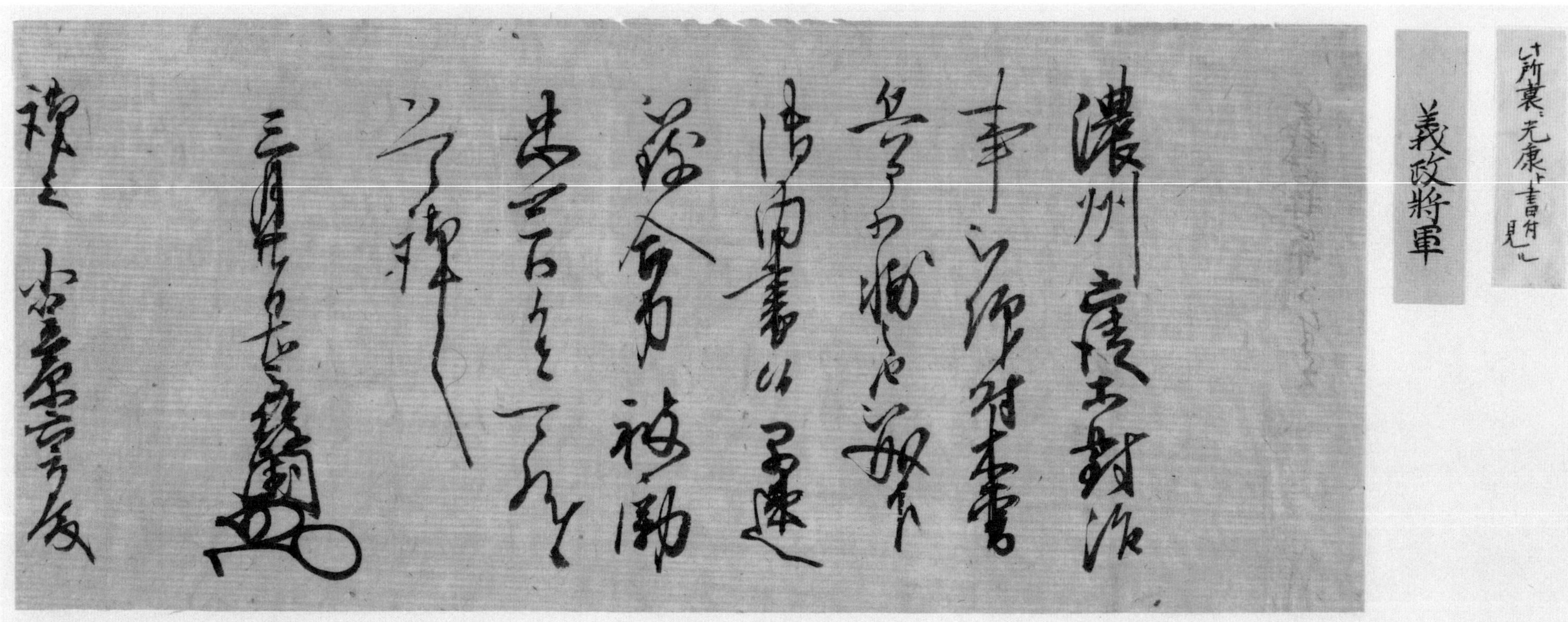

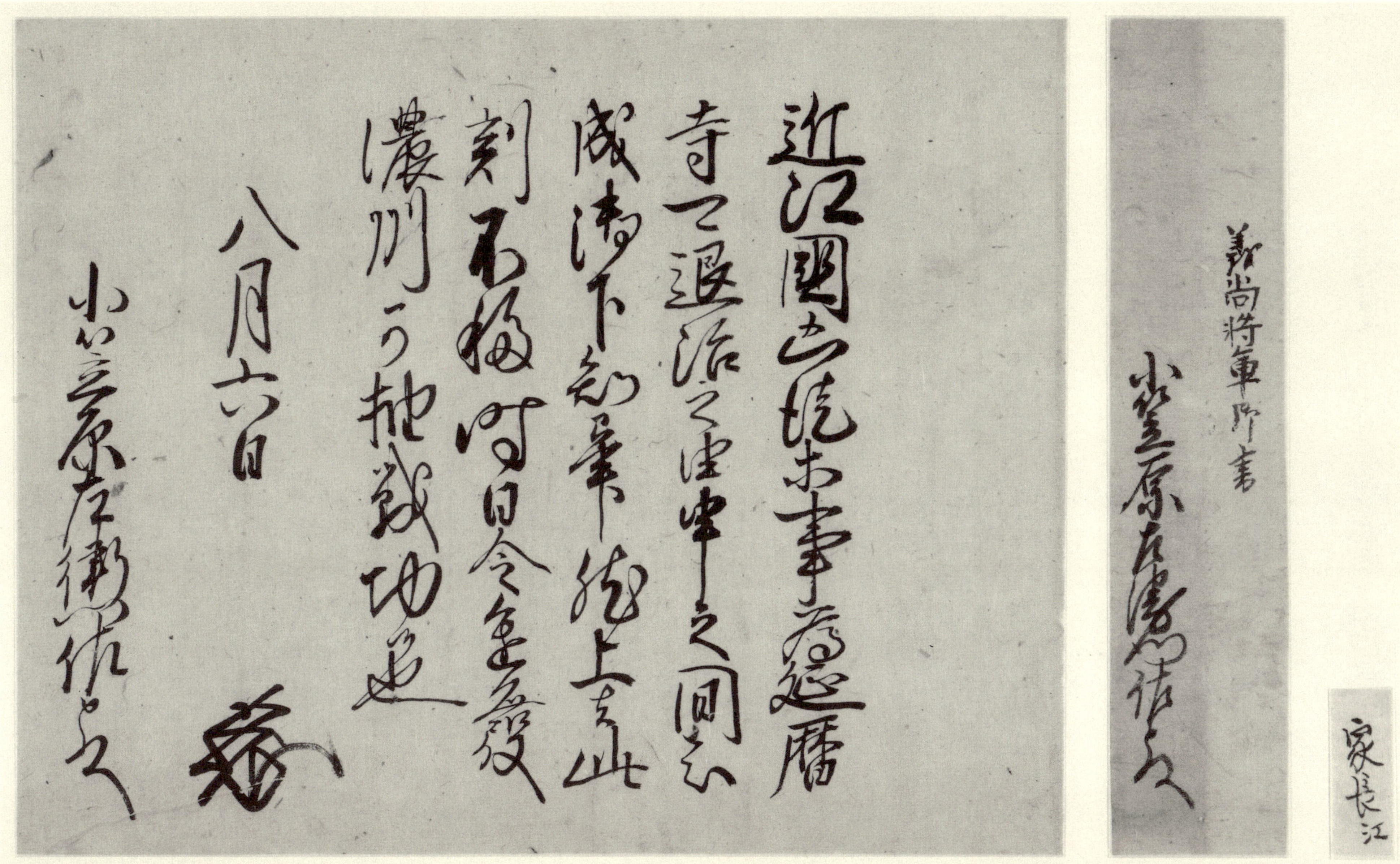

第四帖　4足利義政御内書　（文明七年）八月六日

5畠山道端〈満家〉書状　（応永三十年）十月十日

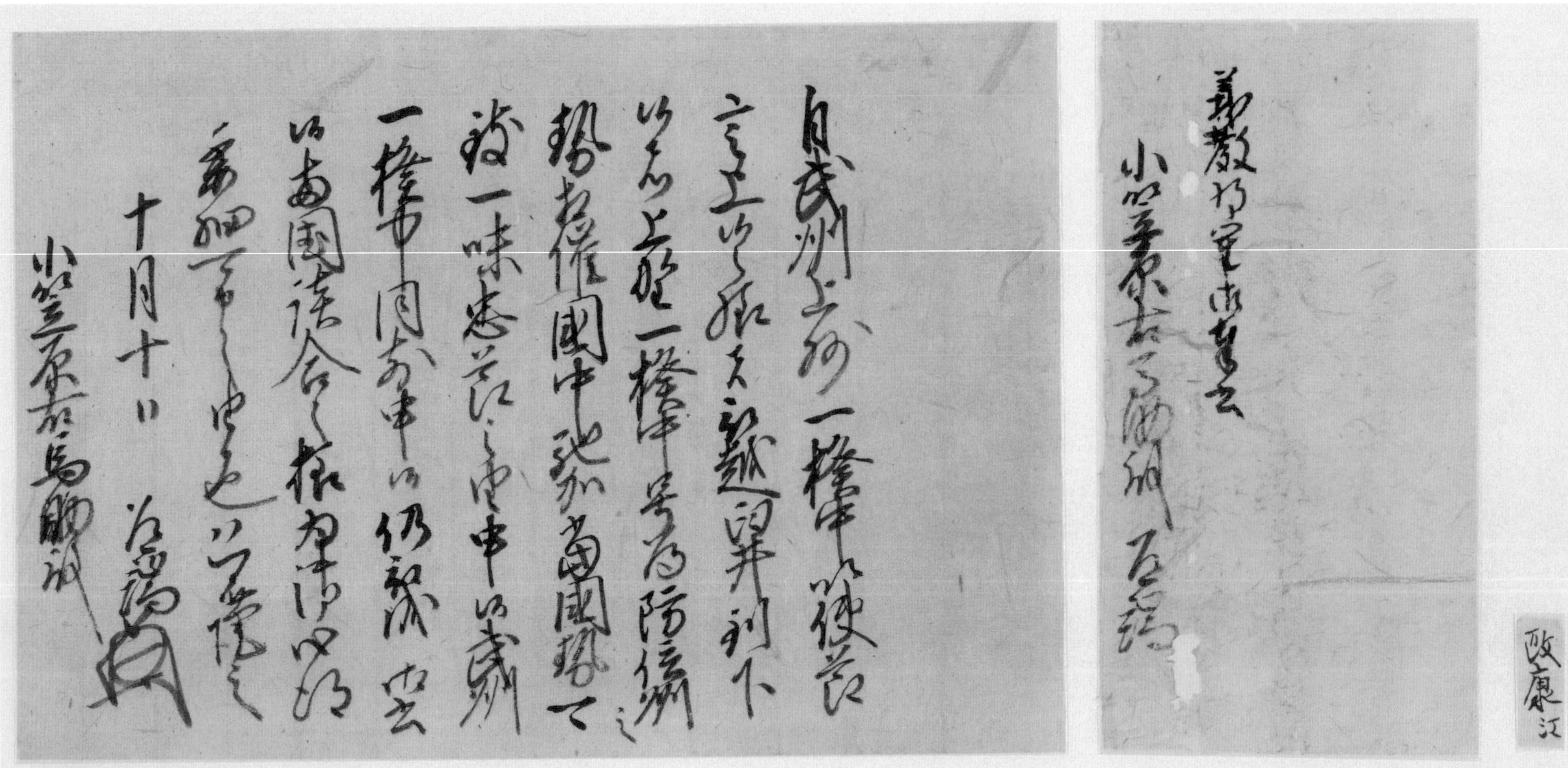

6細川持之書状　（永享十年）九月二十四日

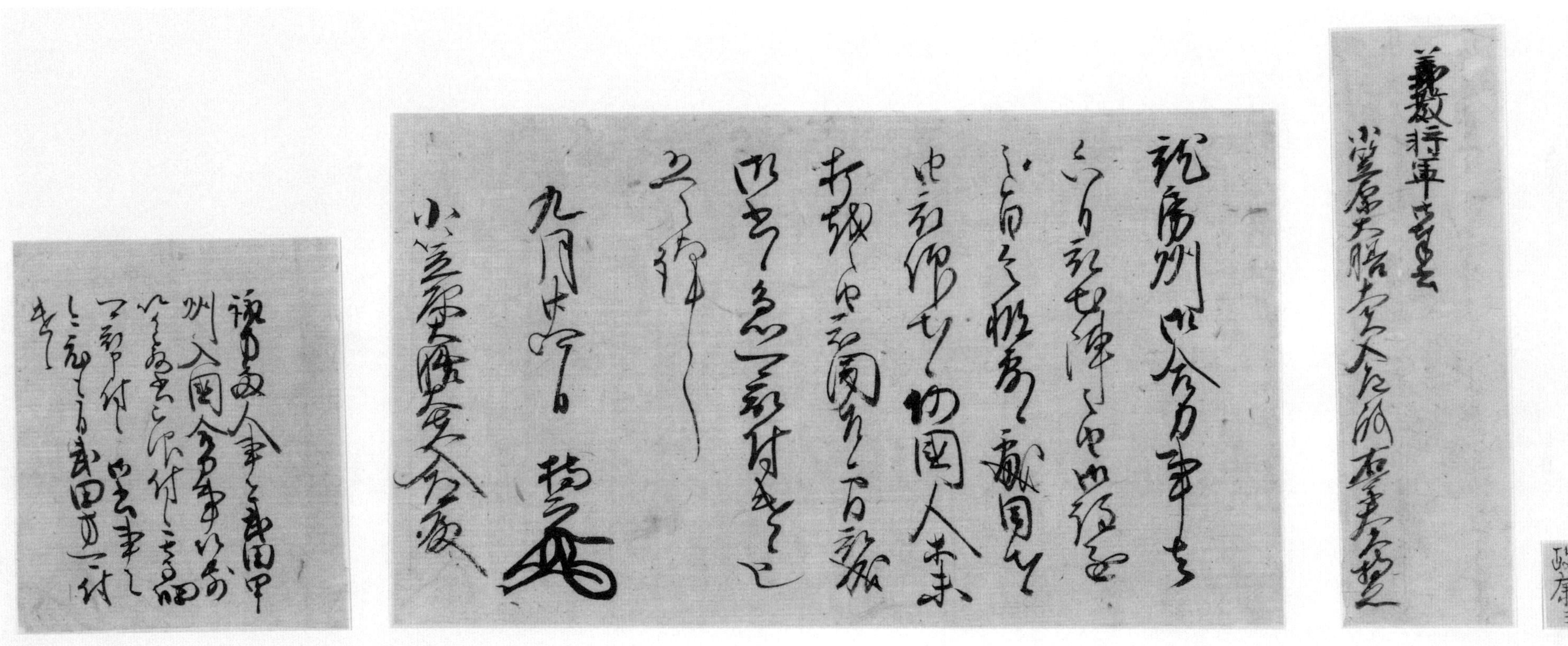

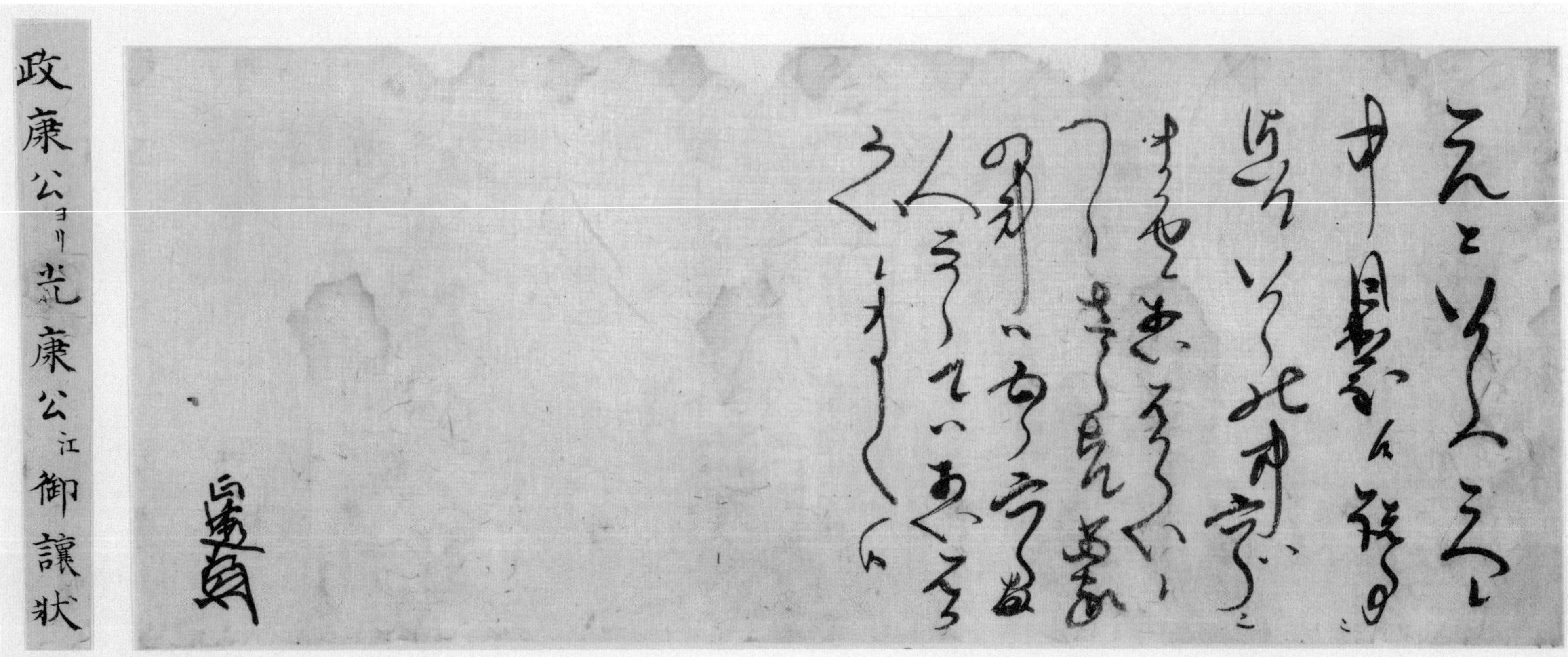
政康公ヨリ光康公江御譲状

＊紙背

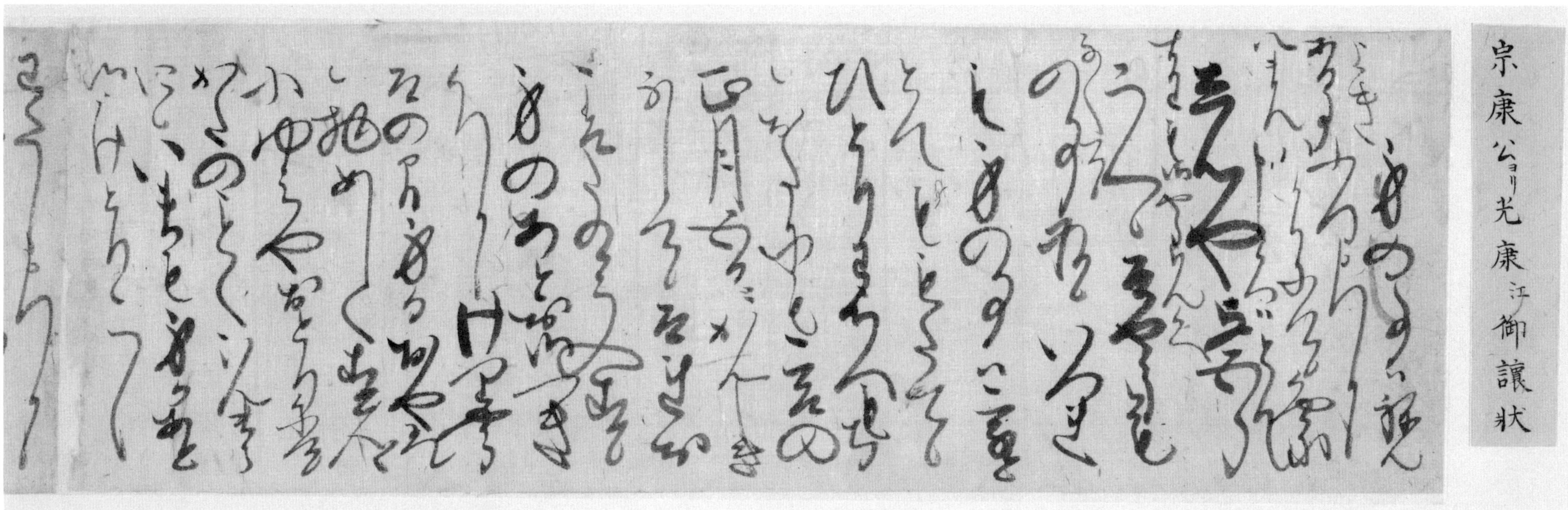

（1）

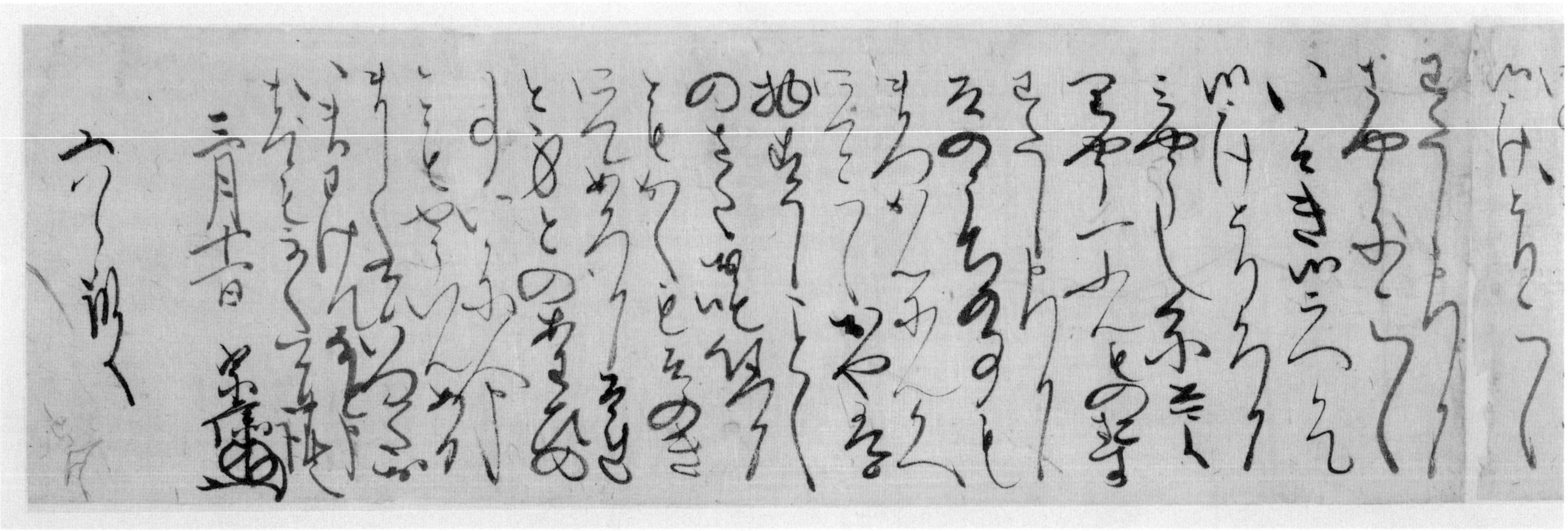

（2）

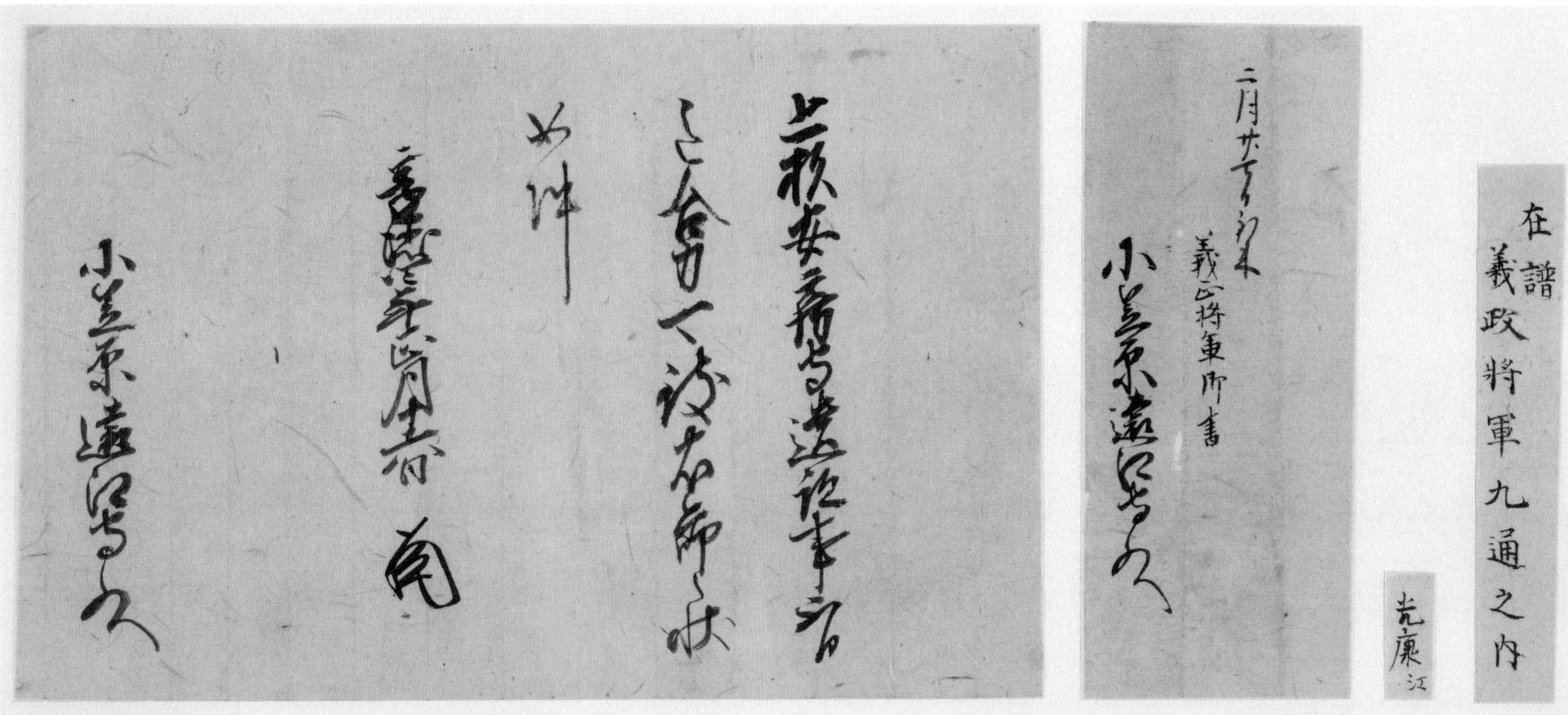
在譜
義政将軍九通之内

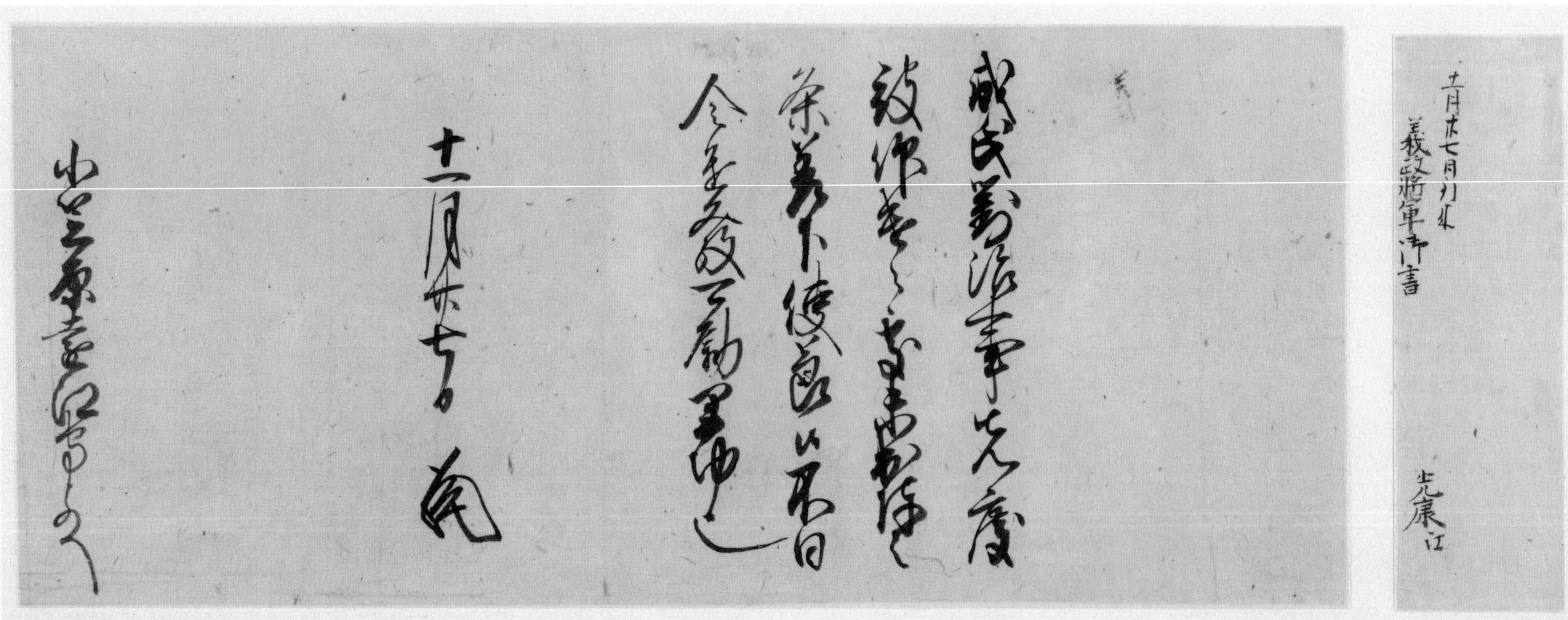
十一月廿七日
義政将軍御書
光康江

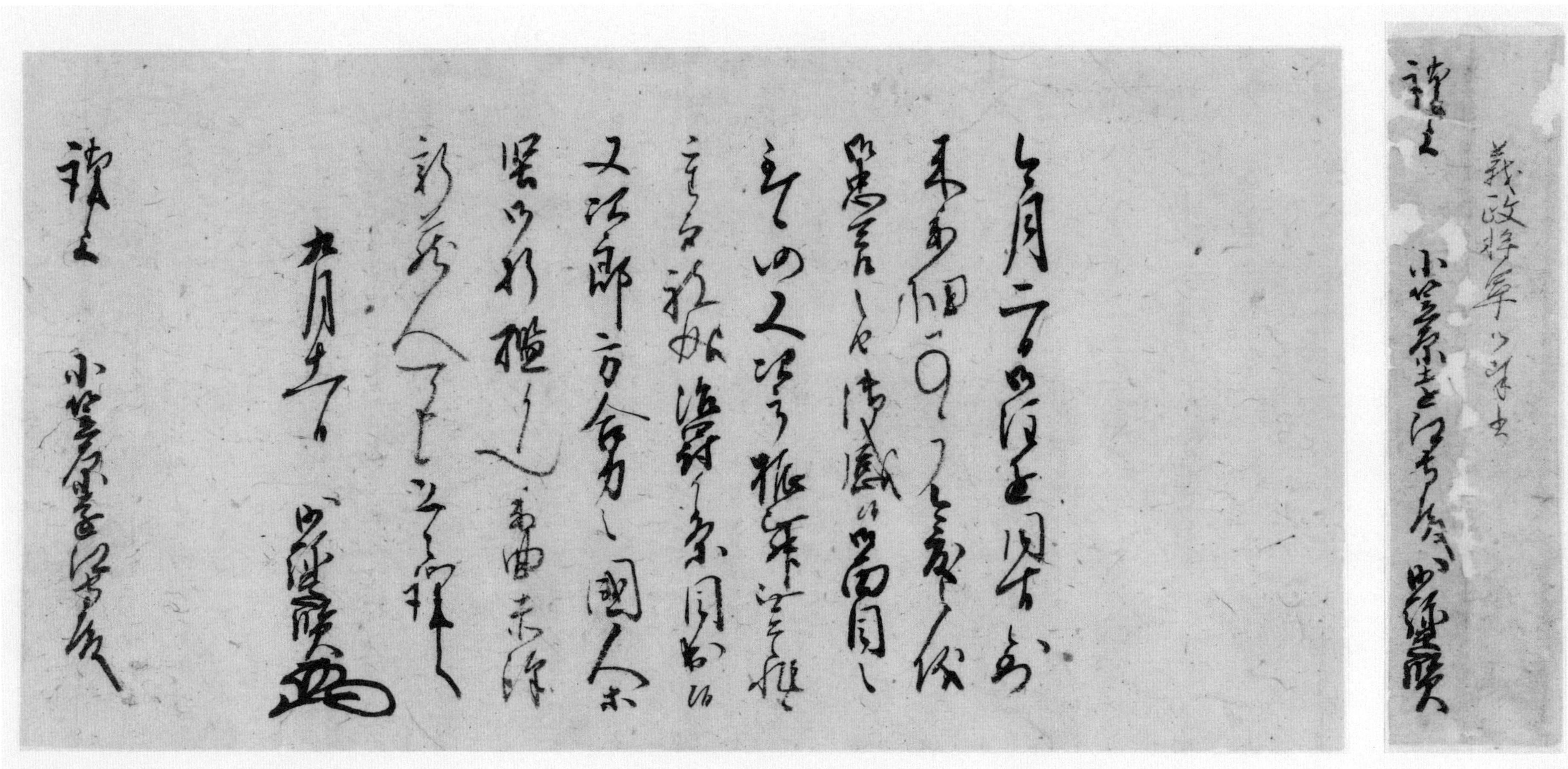

光康 江

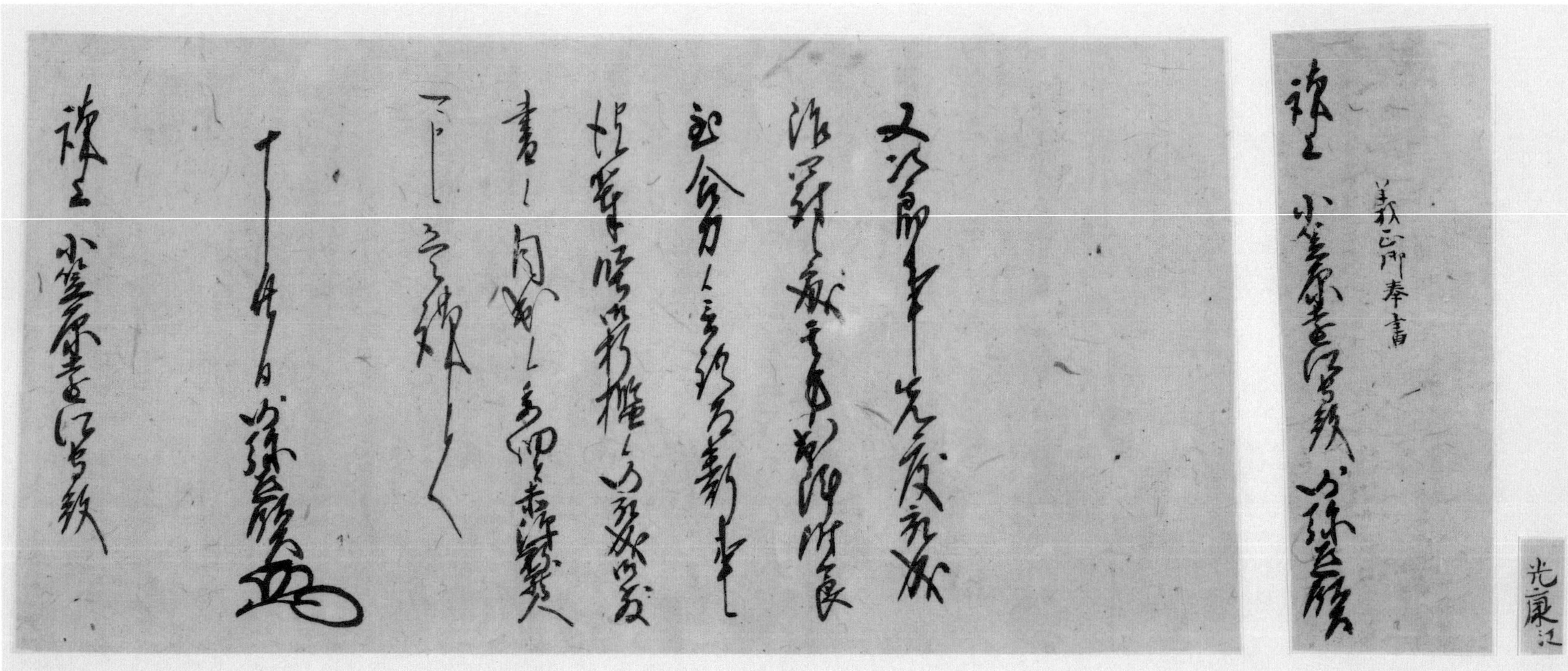

＊紙背

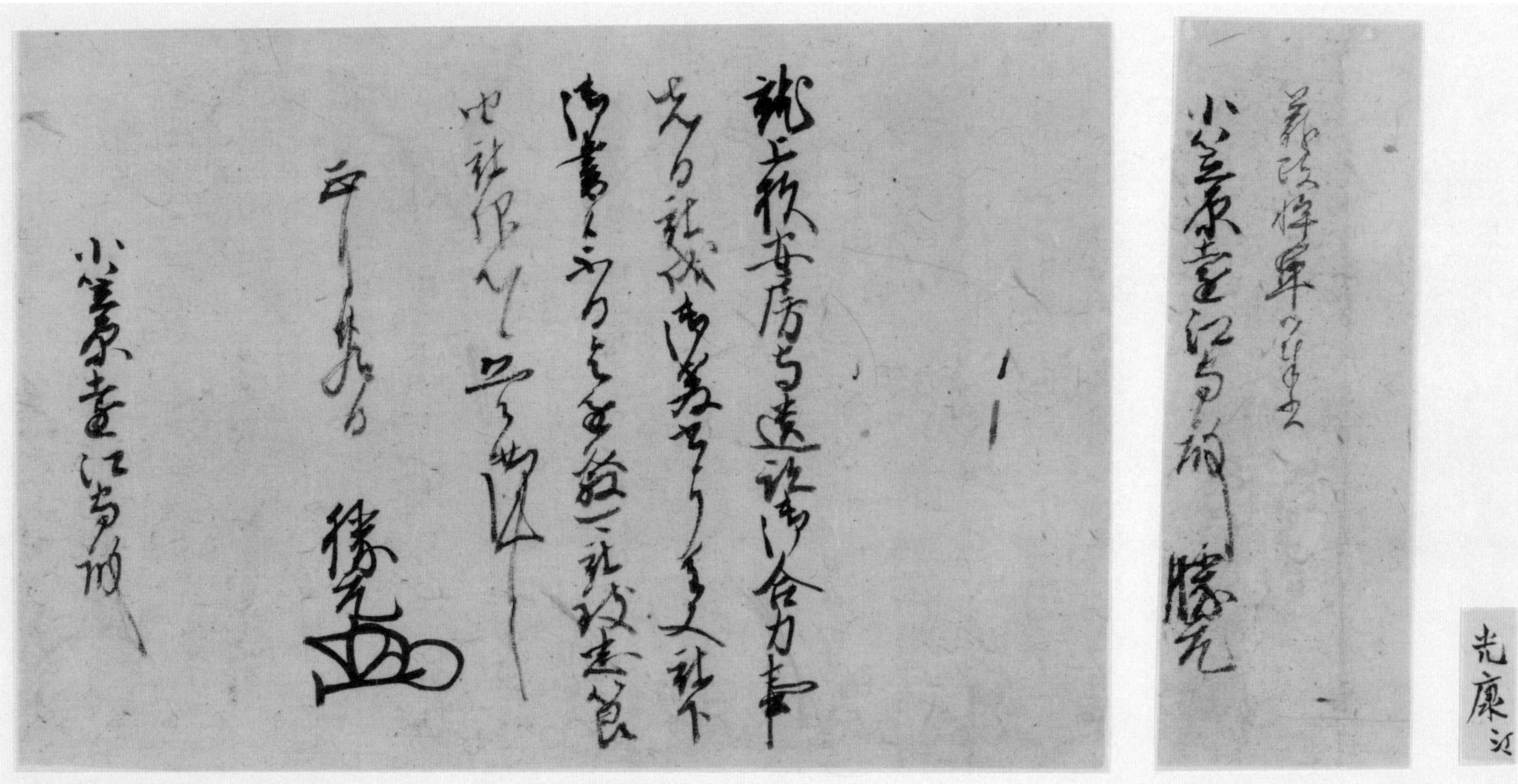

＊紙背

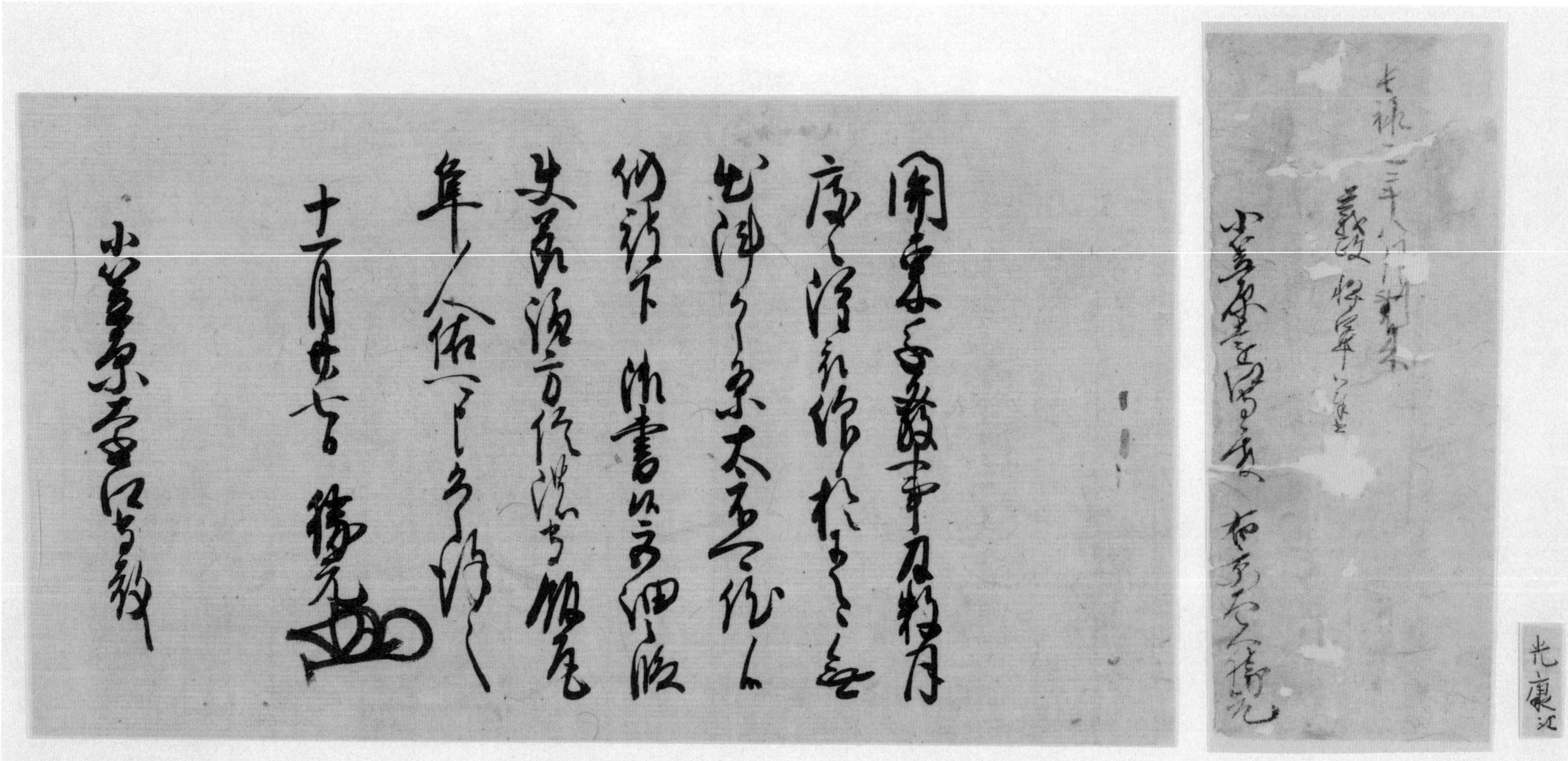

＊紙背

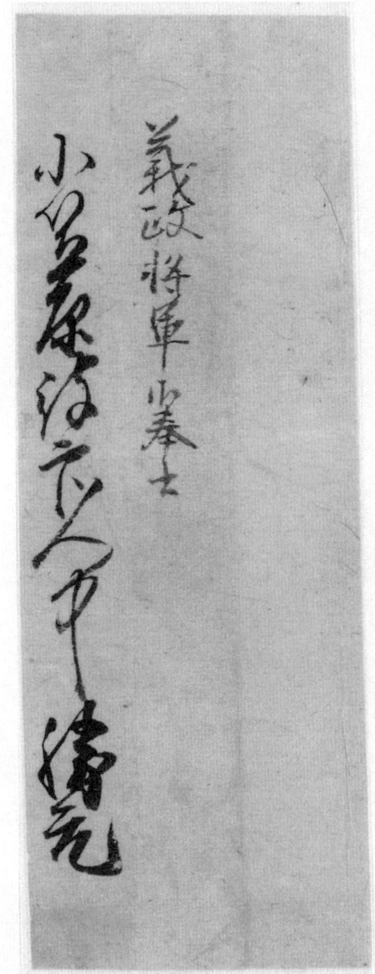

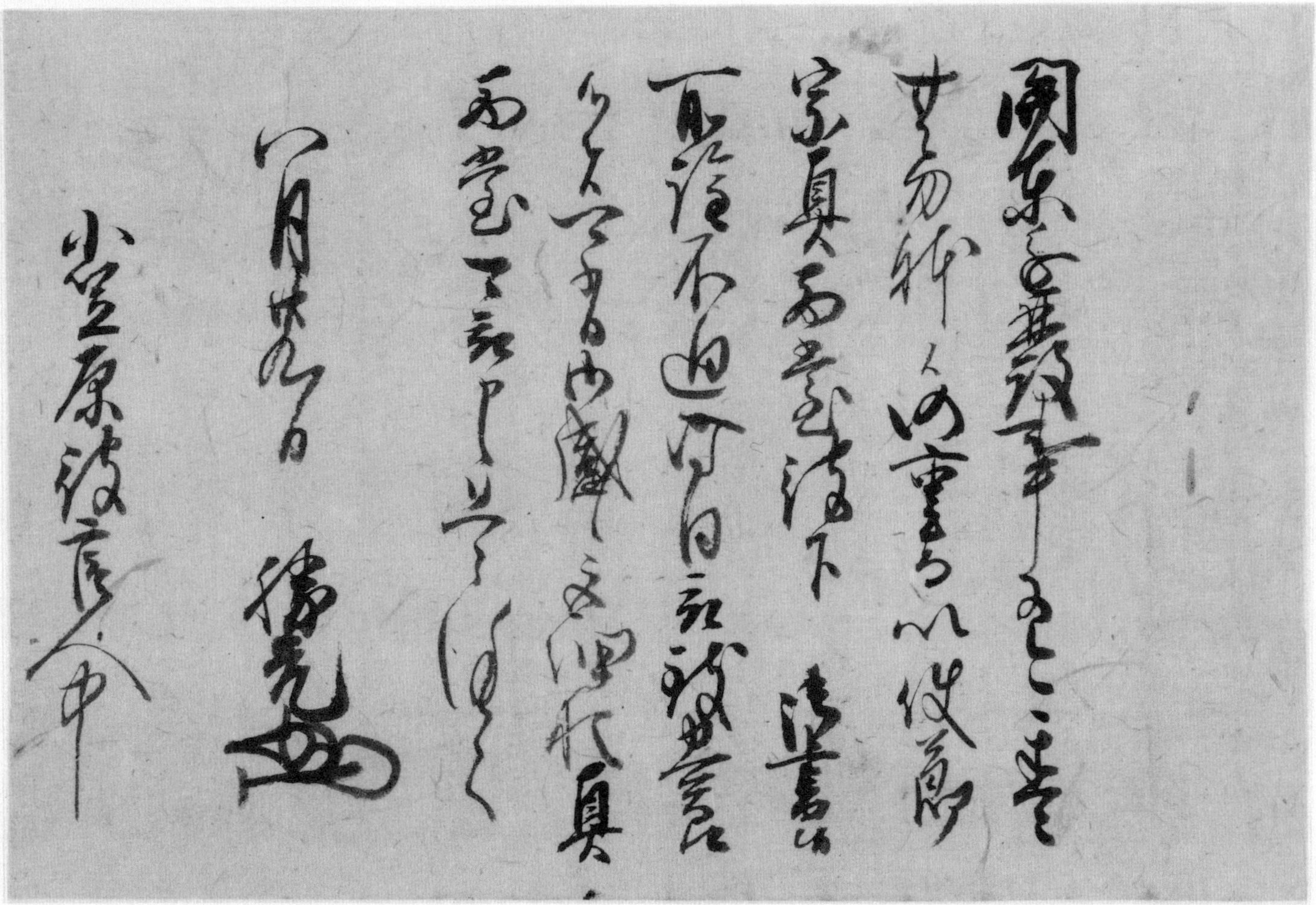

＊紙背

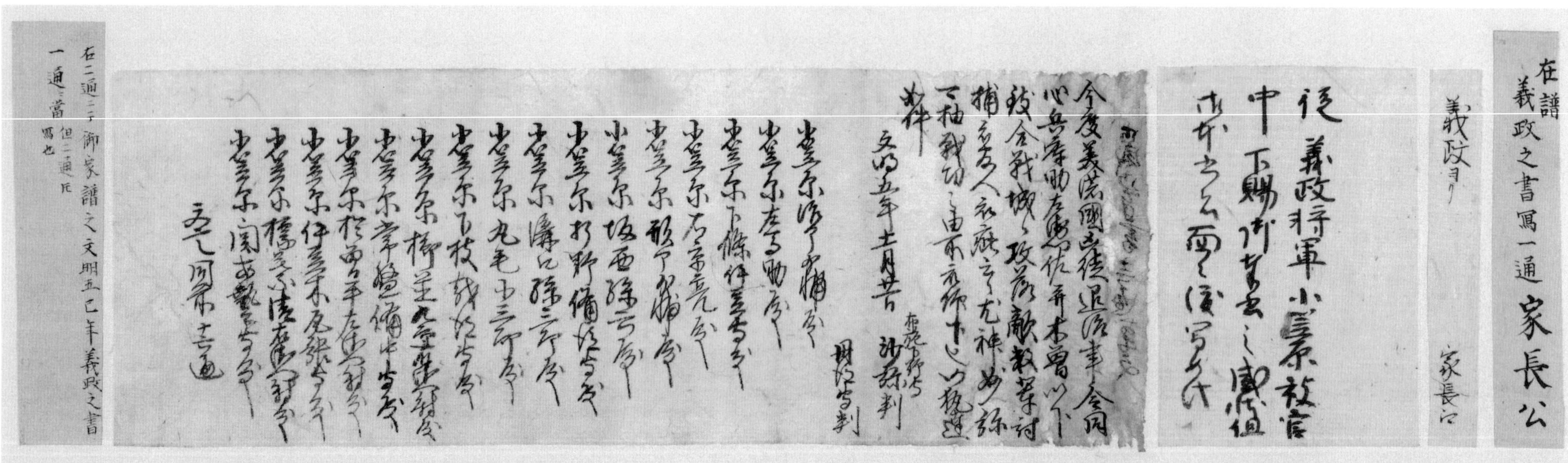

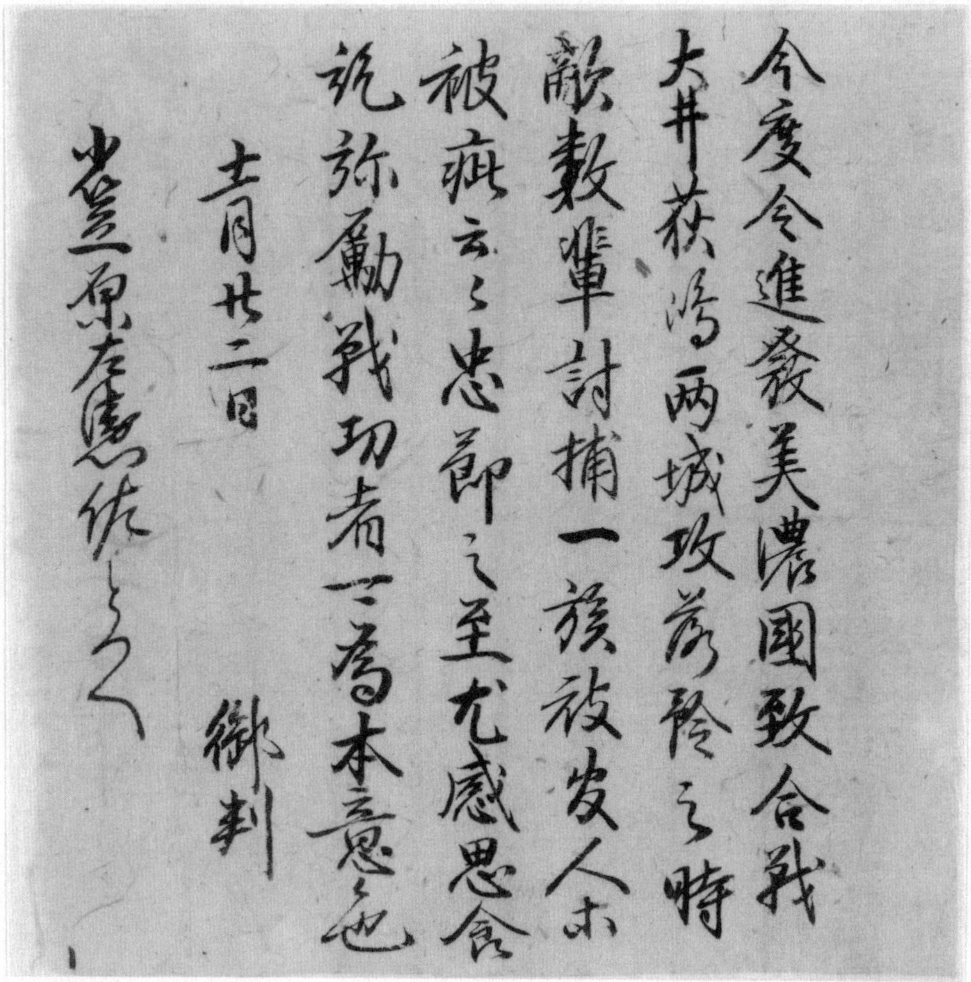

今度令進發美濃國致合戦
大井荻島両城攻落之時
敵數輩討捕一族被官人等
被疵云々忠節之至尤感思食
訖弥勵戦功者可為本意也
十一月廿二日　御判
小笠原左衛門佐とのへ

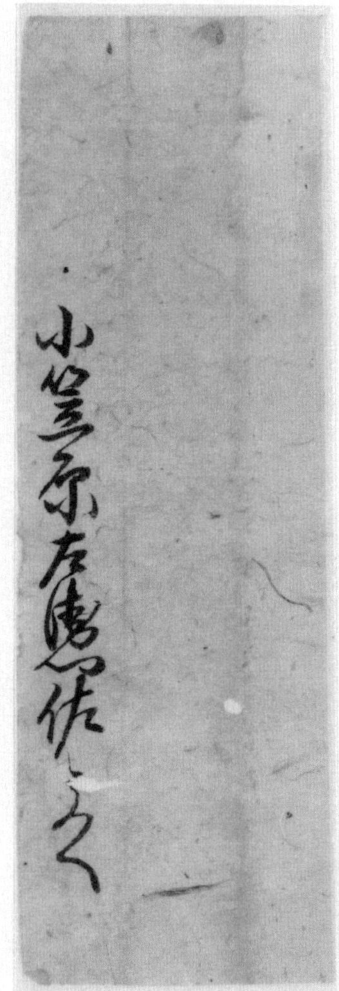

小笠原左衛門佐とのへ

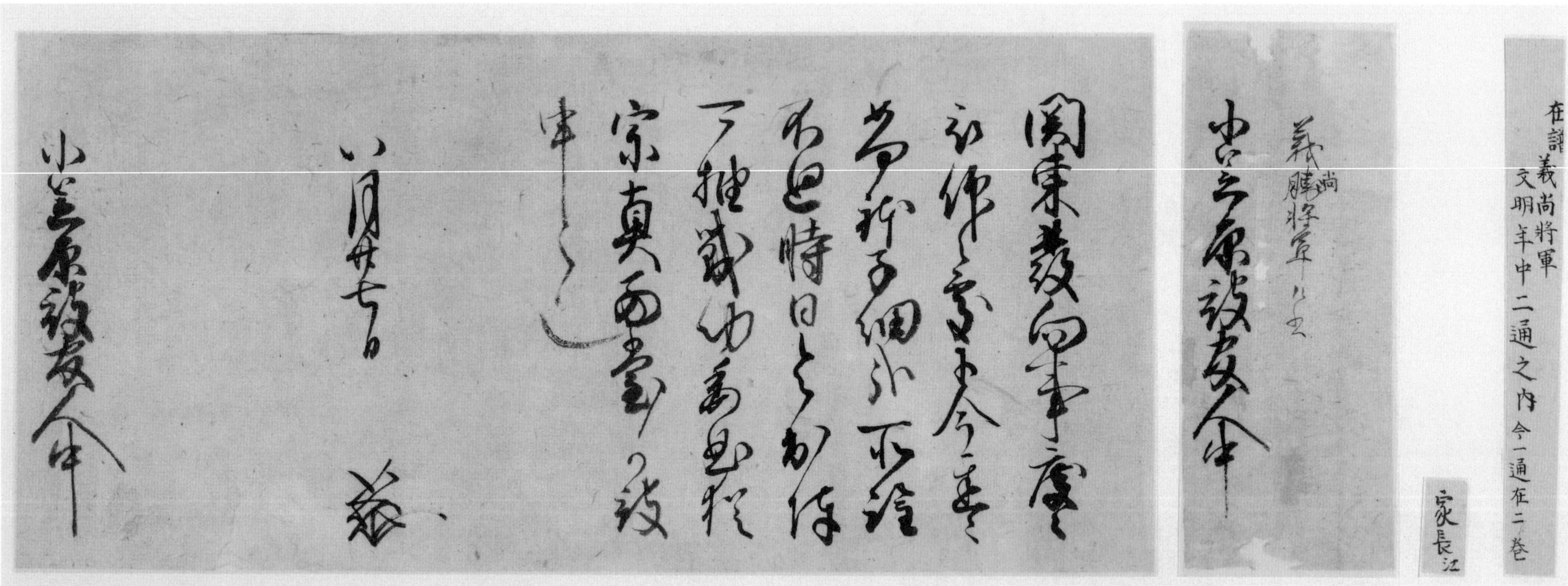
在譜
義尚将軍
文明年中二通之内
今一通在二巻
家長江

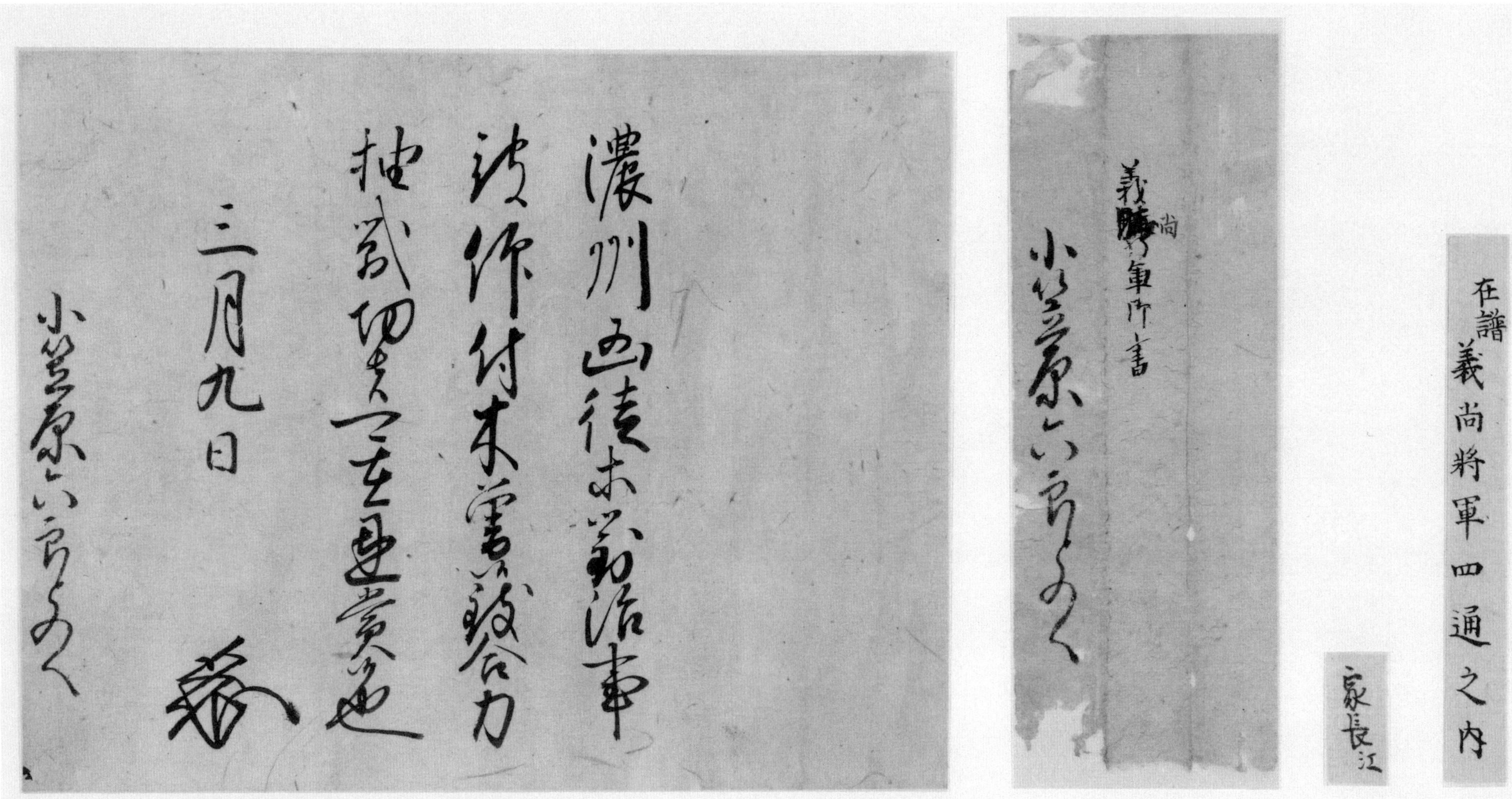
濃州凶徒等対治事
被仰付木曽致合力
抽戦功者可悦喜也
三月九日　（花押）
小笠原六郎とのへ

義尚将軍御書
小笠原六郎とのへ

在譜
義尚将軍四通之内

家長江

＊紙背

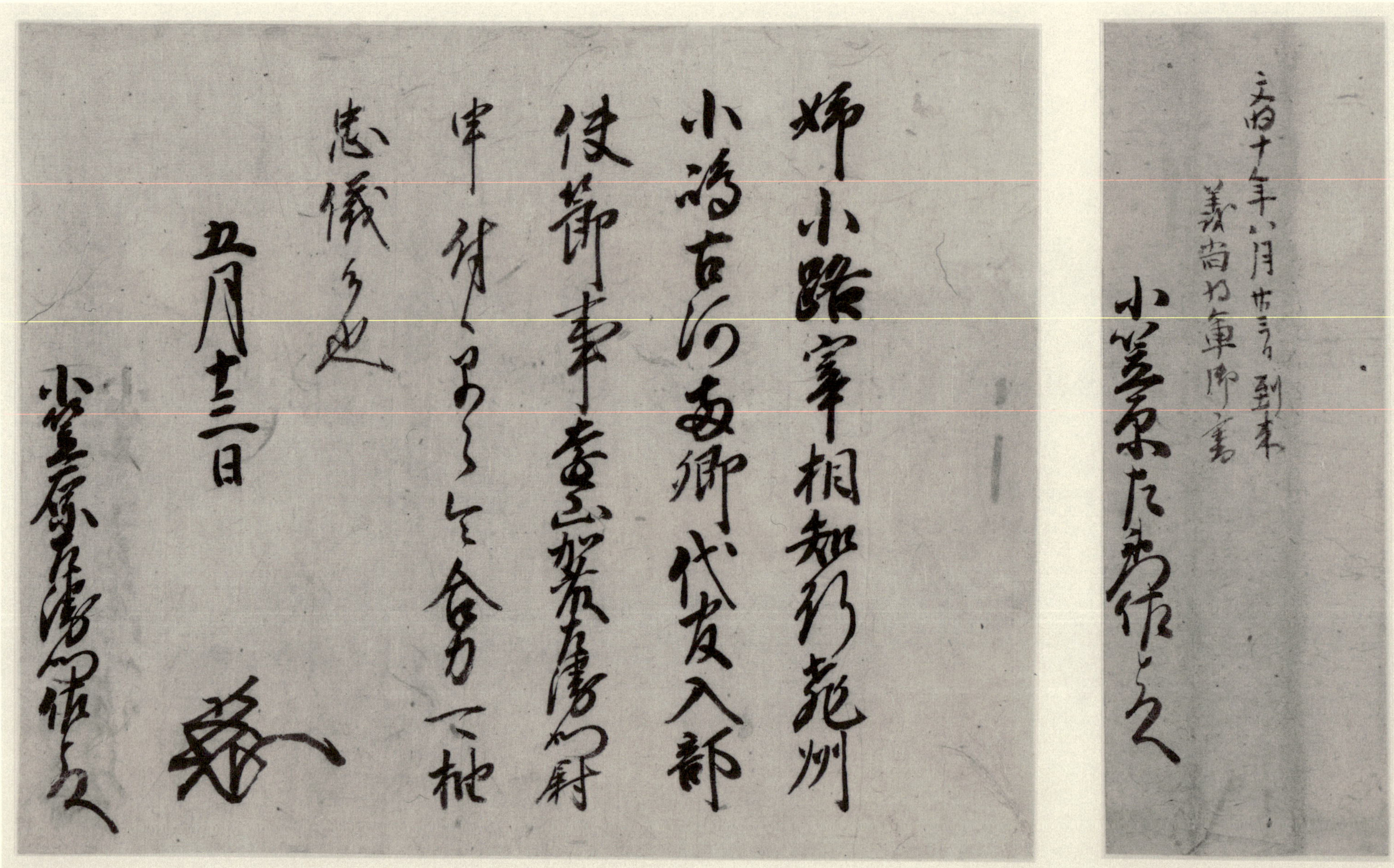

第四帖　20足利義政御内書（文明十八年）五月十三日

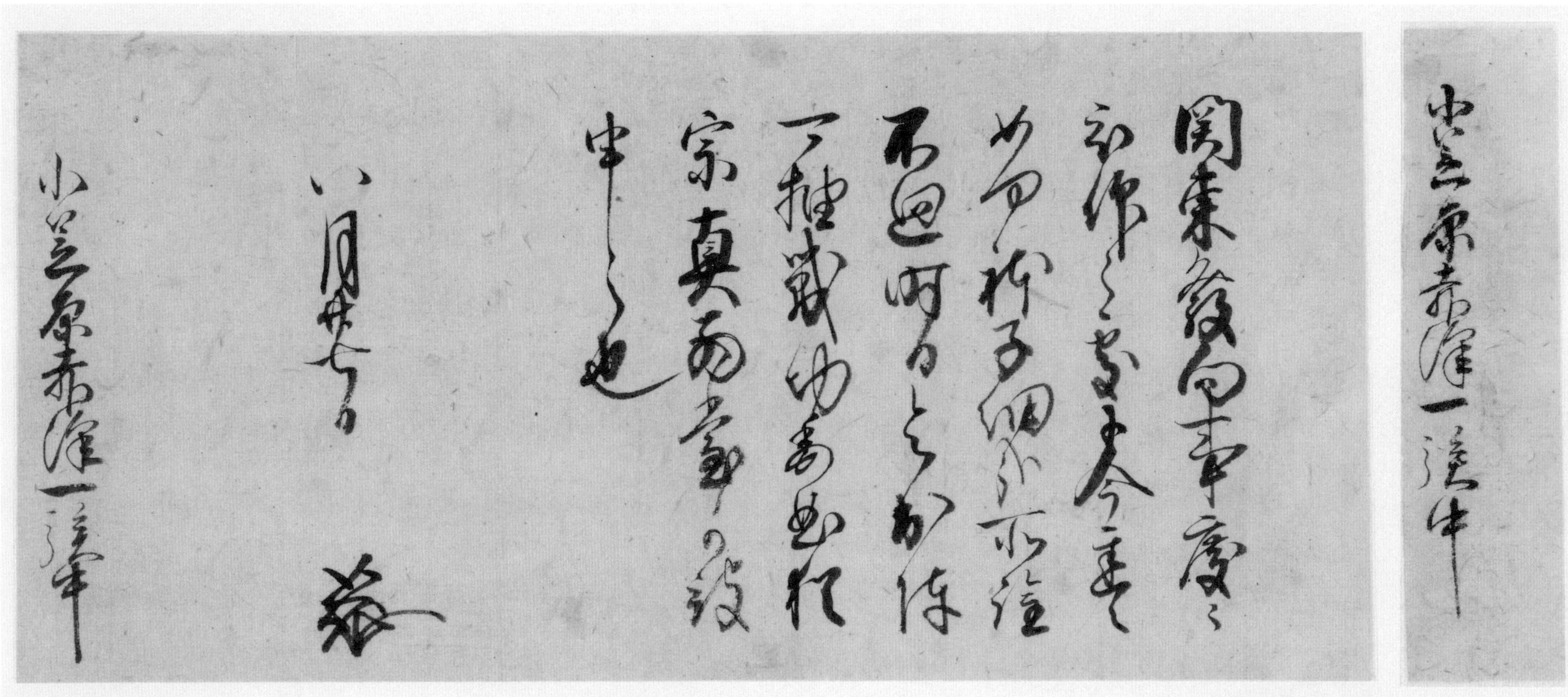

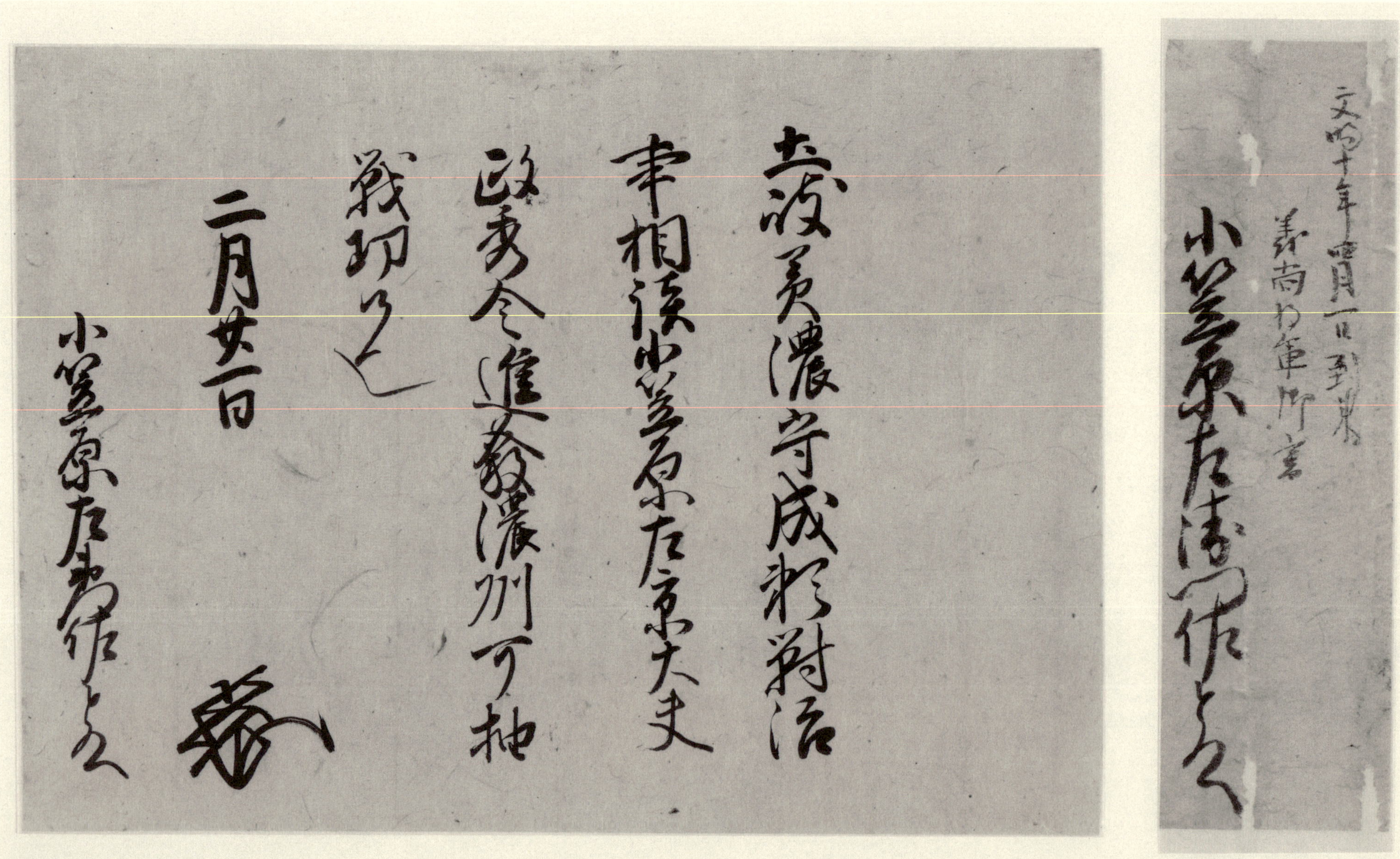
土岐美濃守成敗対治
事、相談小笠原左京大夫
政秀、令進発濃州、可抽
戦功候也
二月廿一日（花押）
小笠原左京大夫とのへ

文明十年霜月一日到来
小笠原左京大夫とのへ

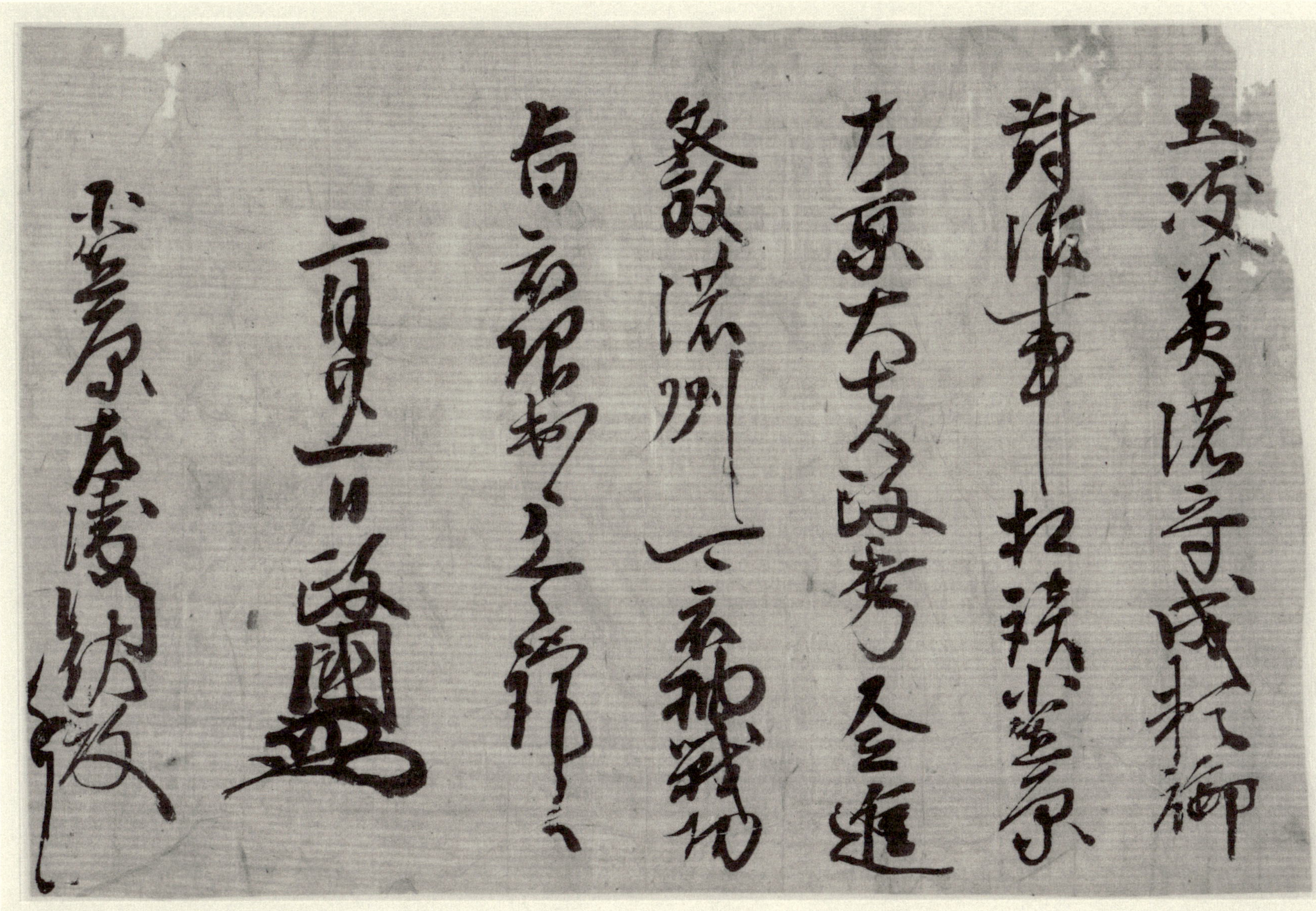

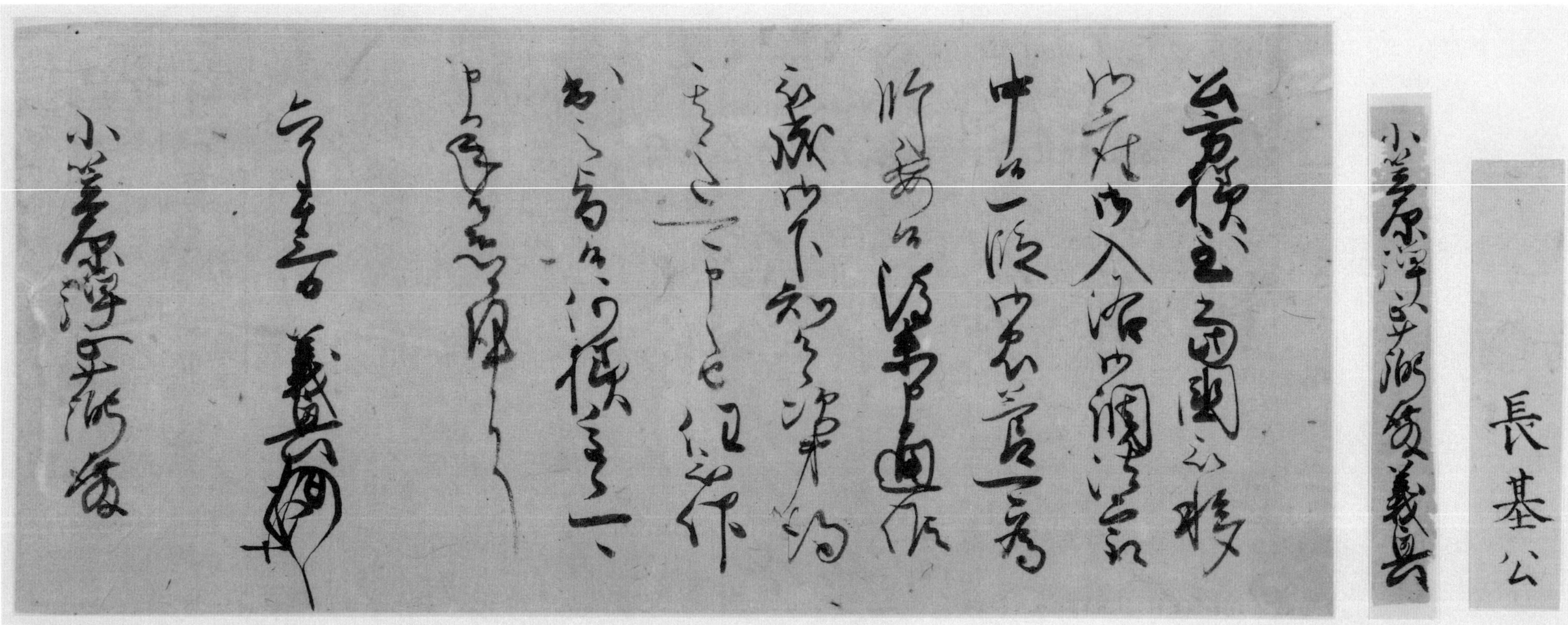
長基公

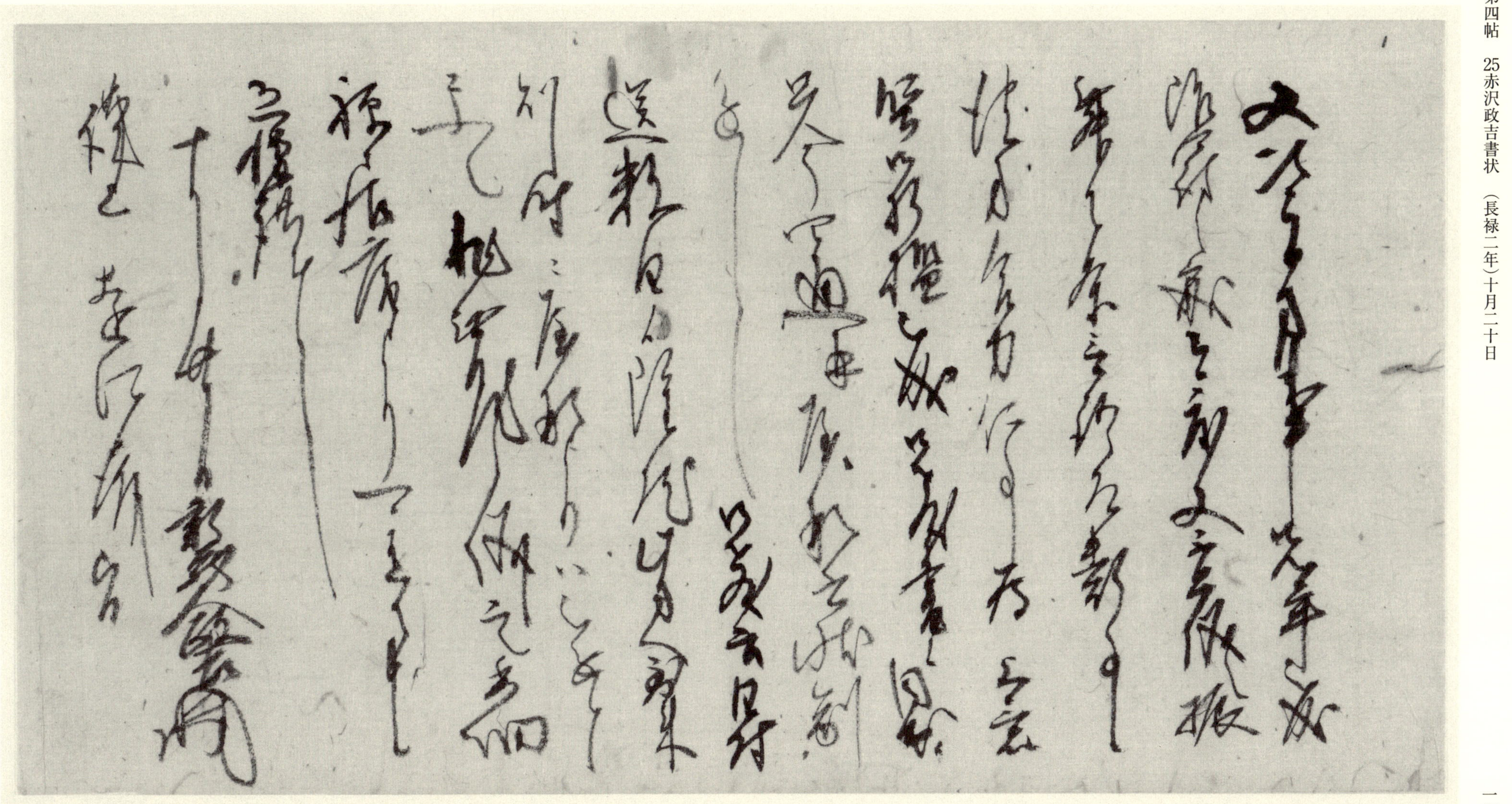

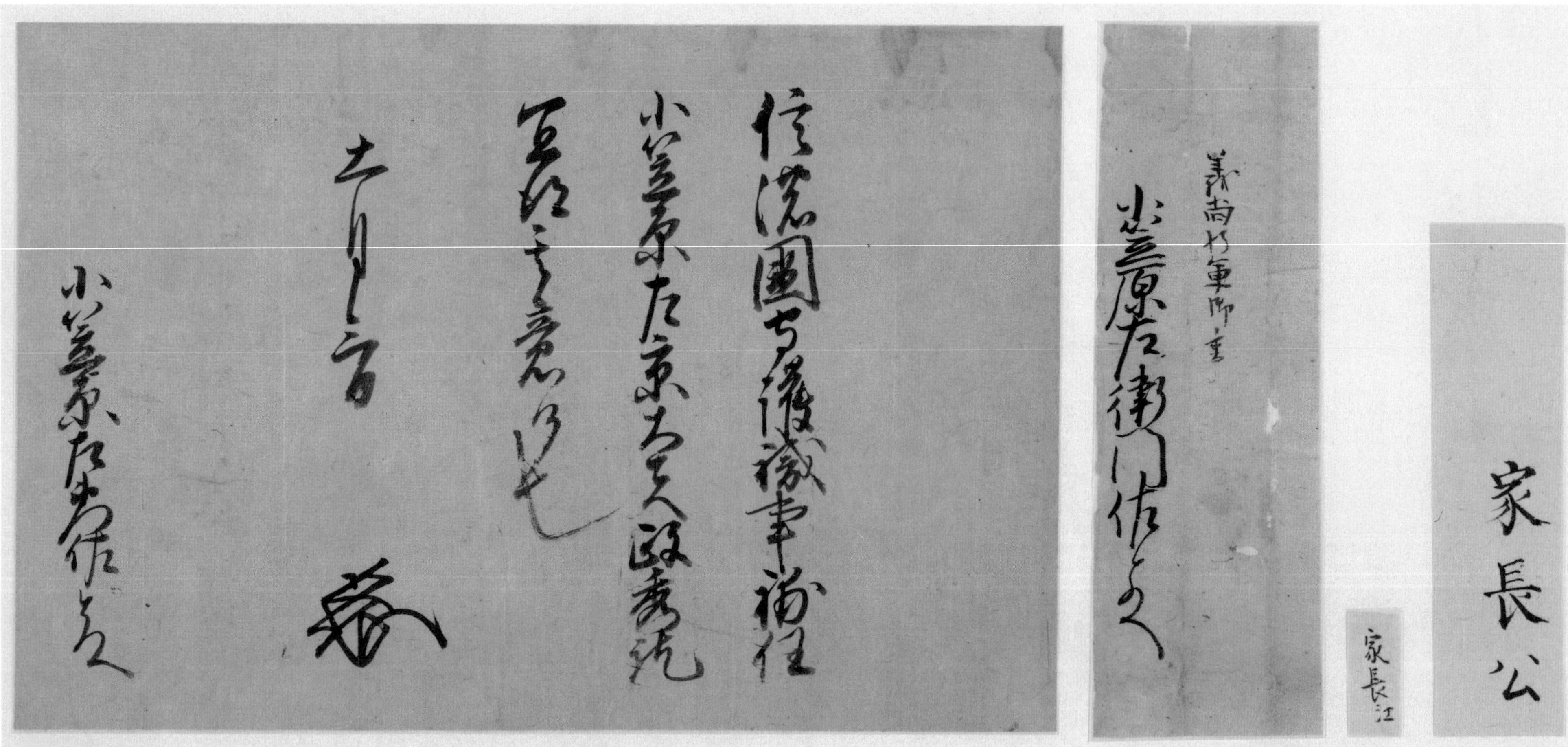
信濃国守護職事補任
小笠原左京大夫政秀
[illegible]
十一月三日
小笠原左京大夫とのへ

義尚将軍御書
小笠原左衛門佐とのへ

家長江

家長公

27細川道賢〈持賢〉書状　（康正二年）五月十日

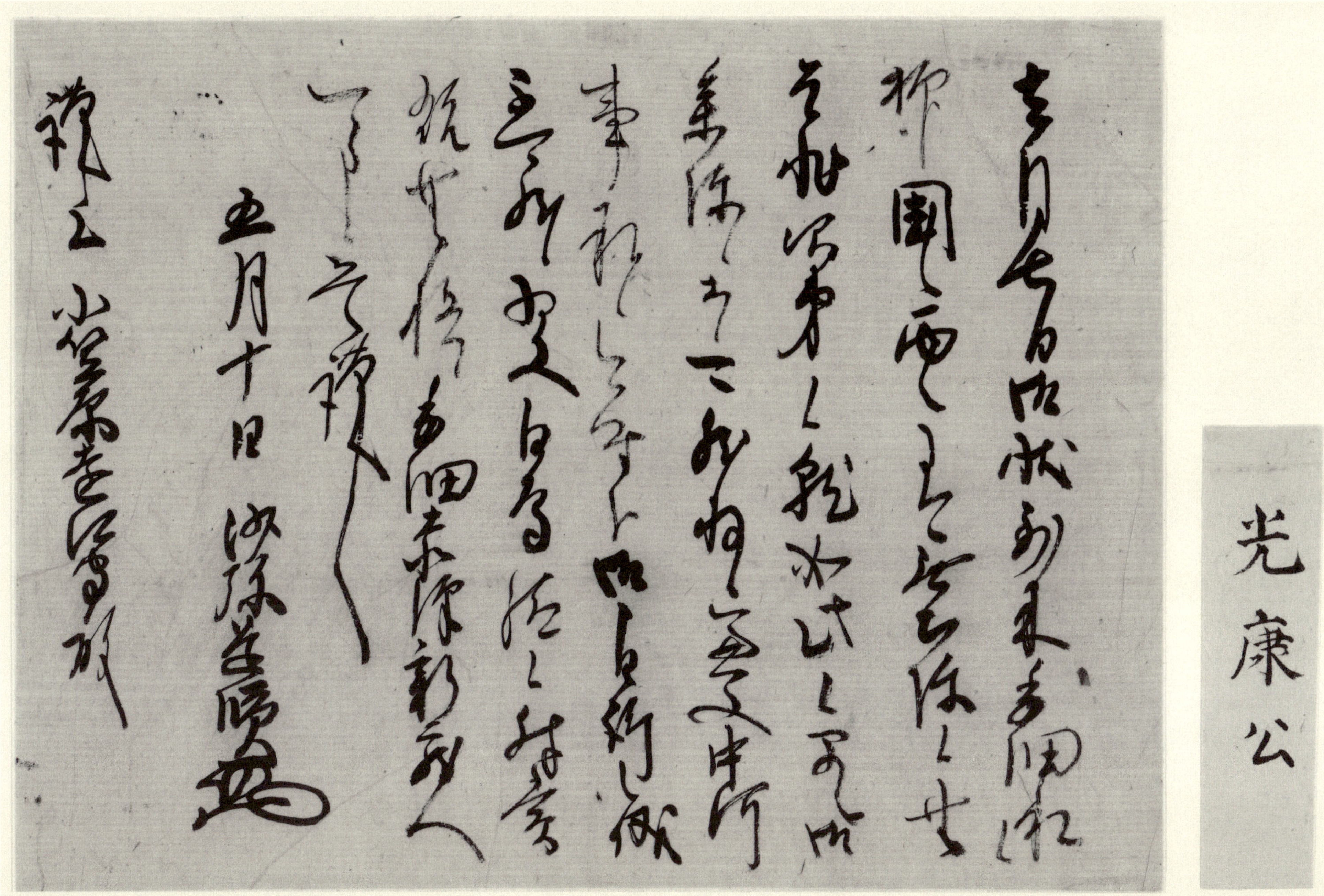

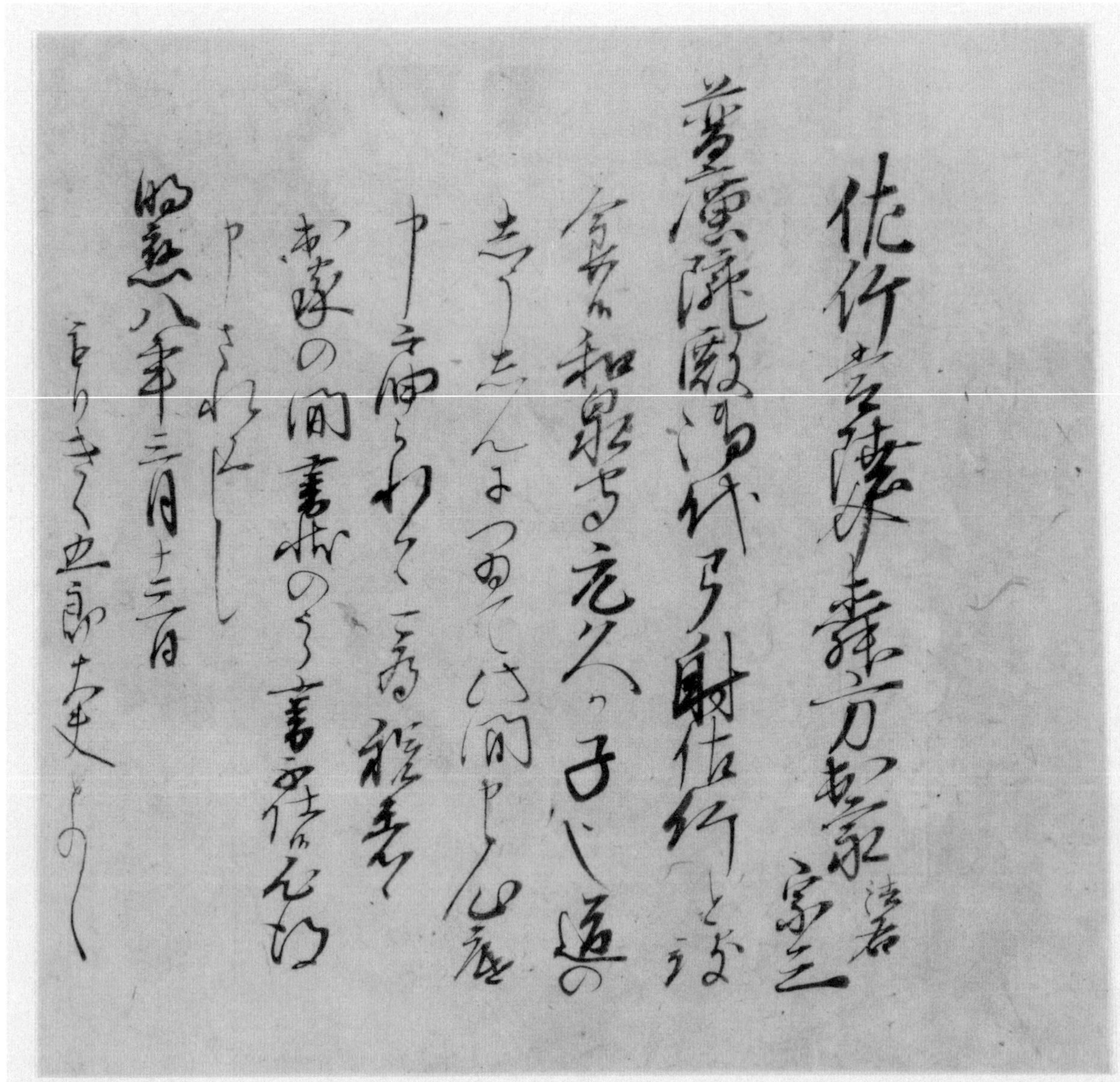

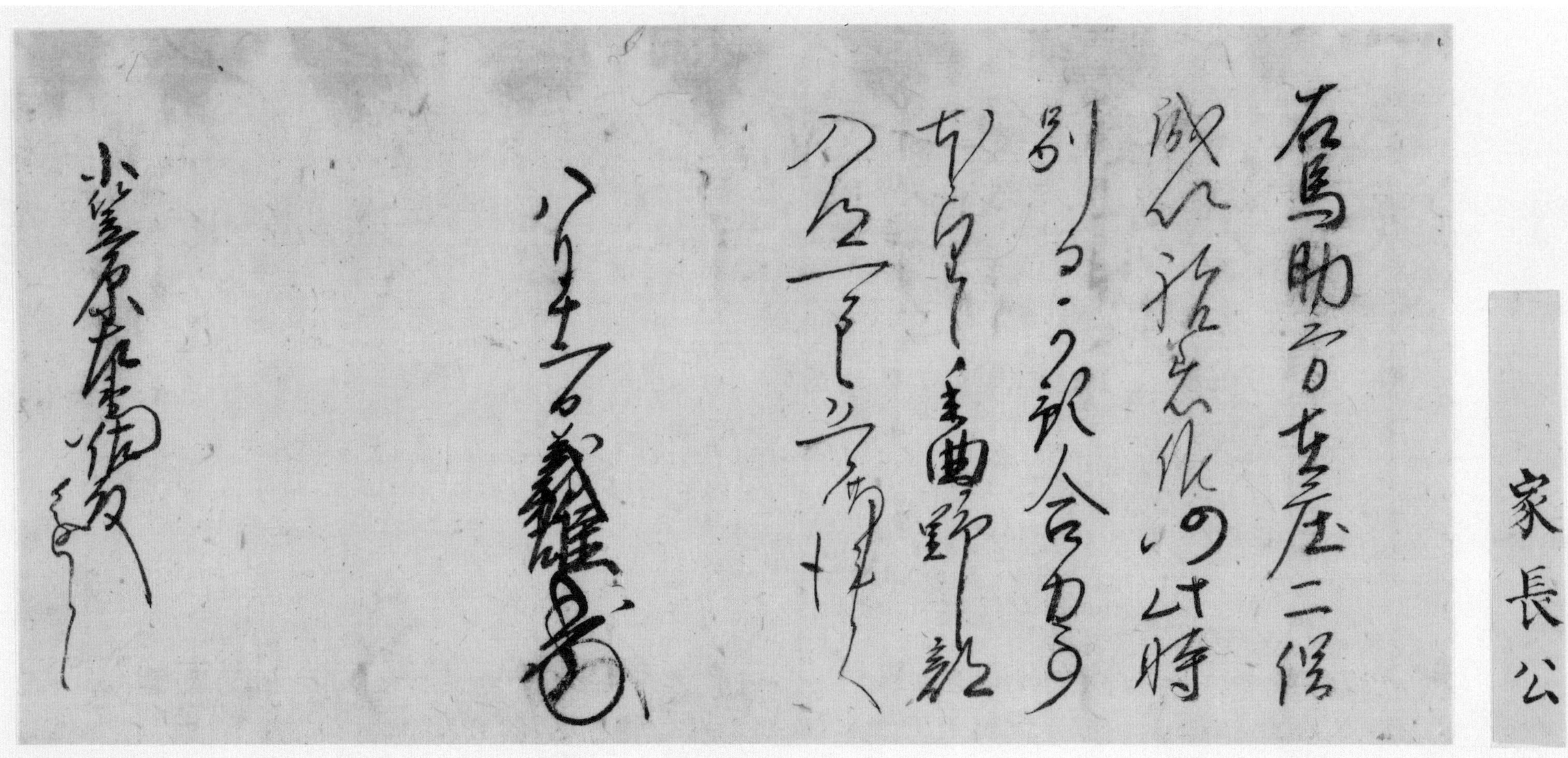
家長公

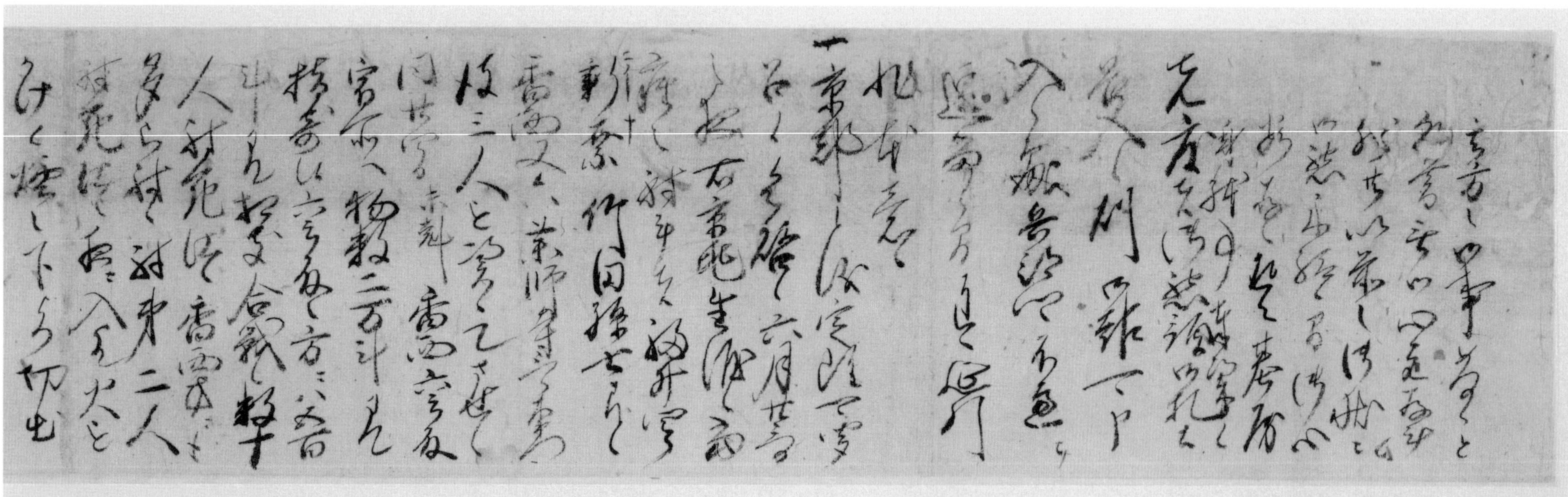

（1）

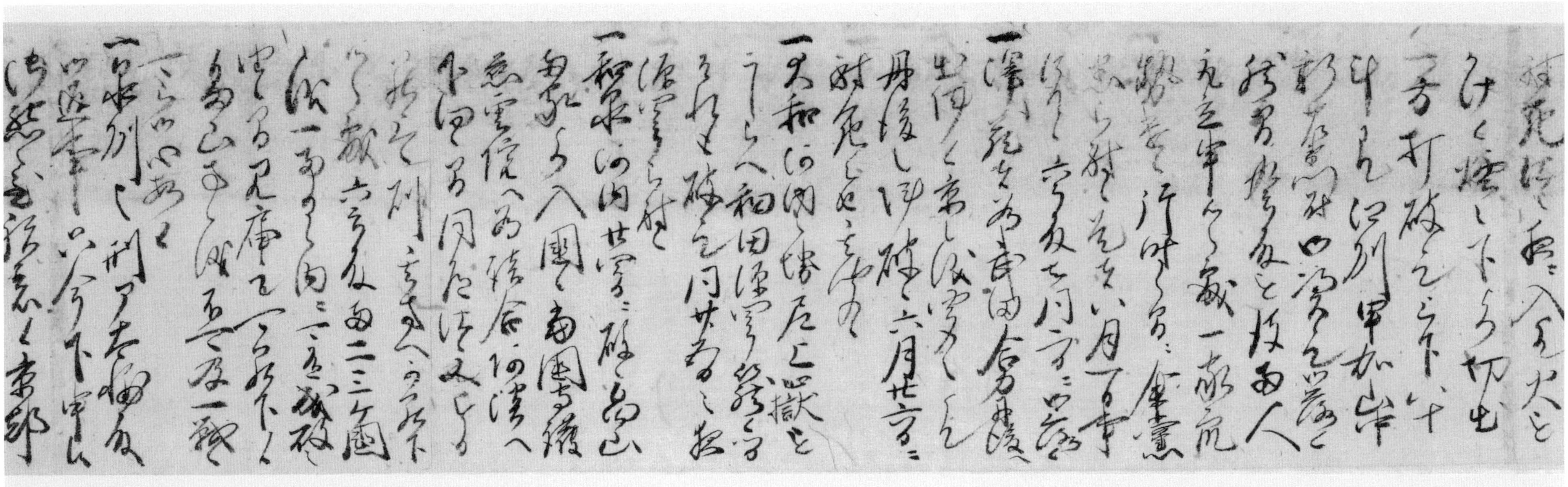

（2）

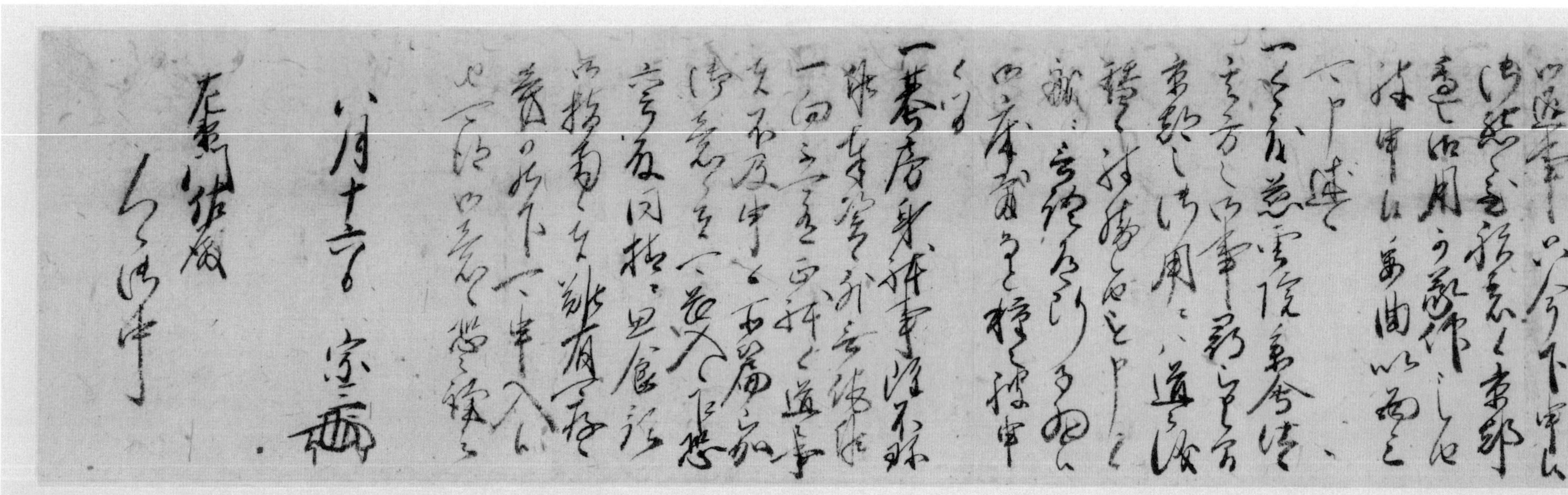

（3）

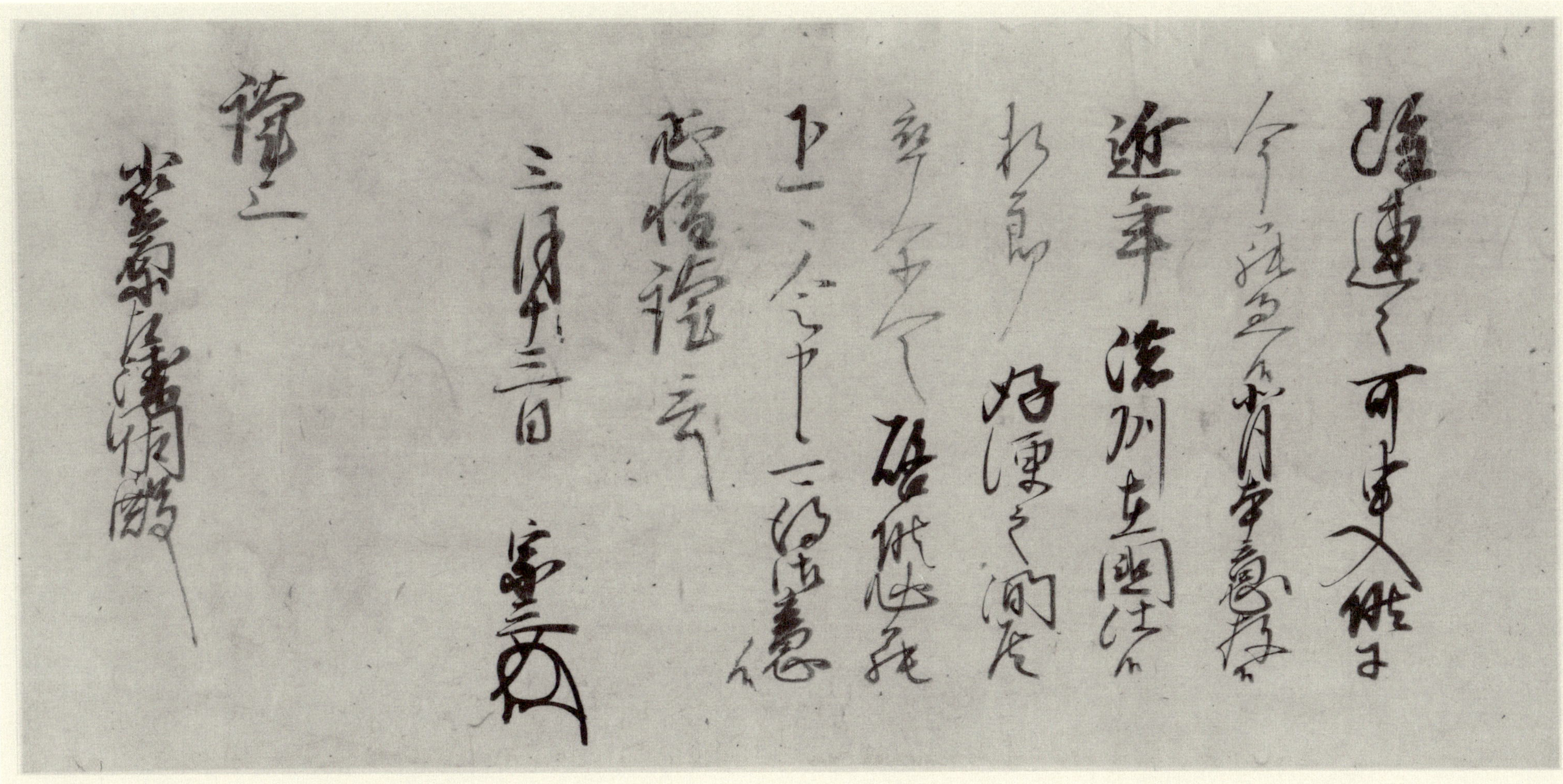

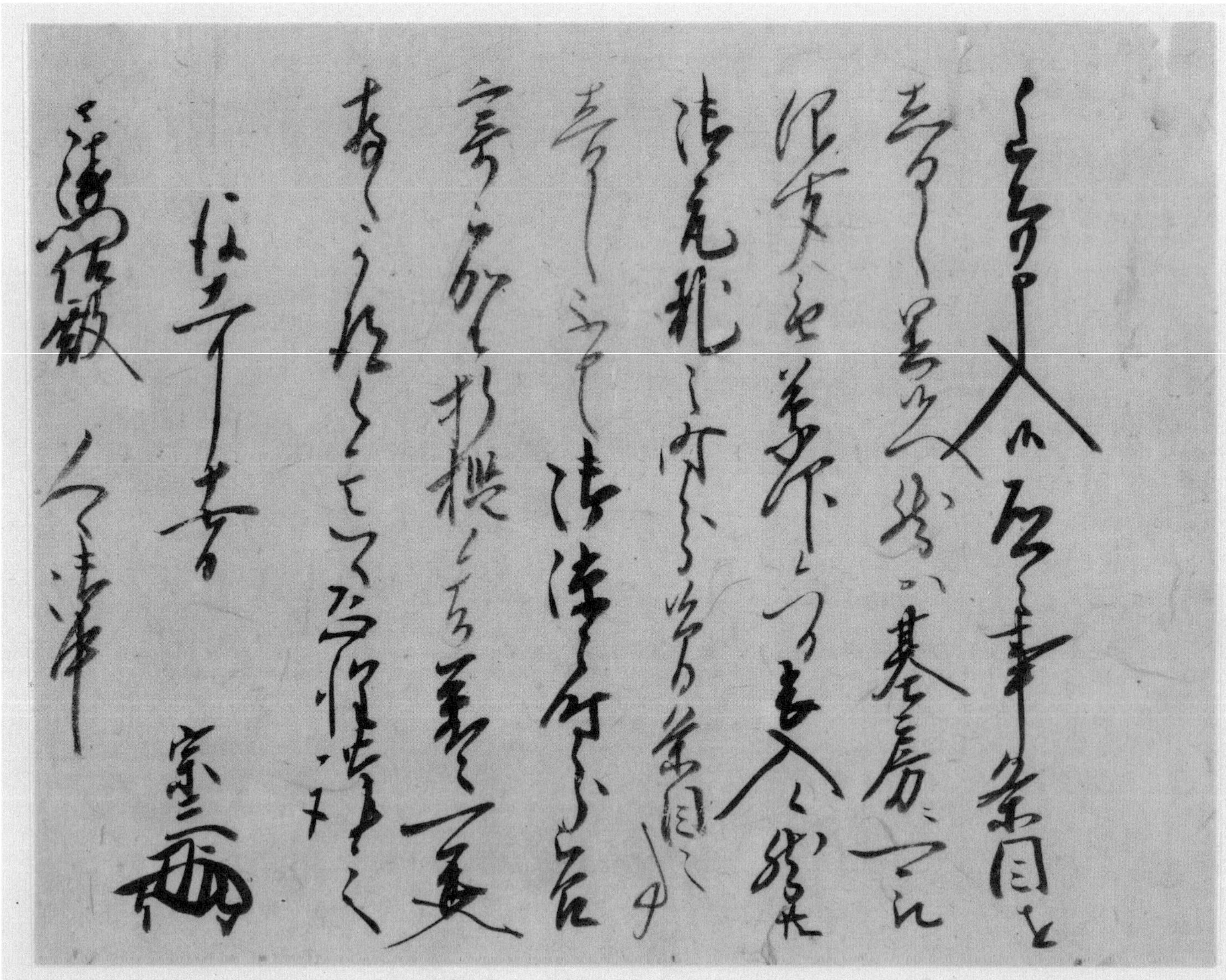

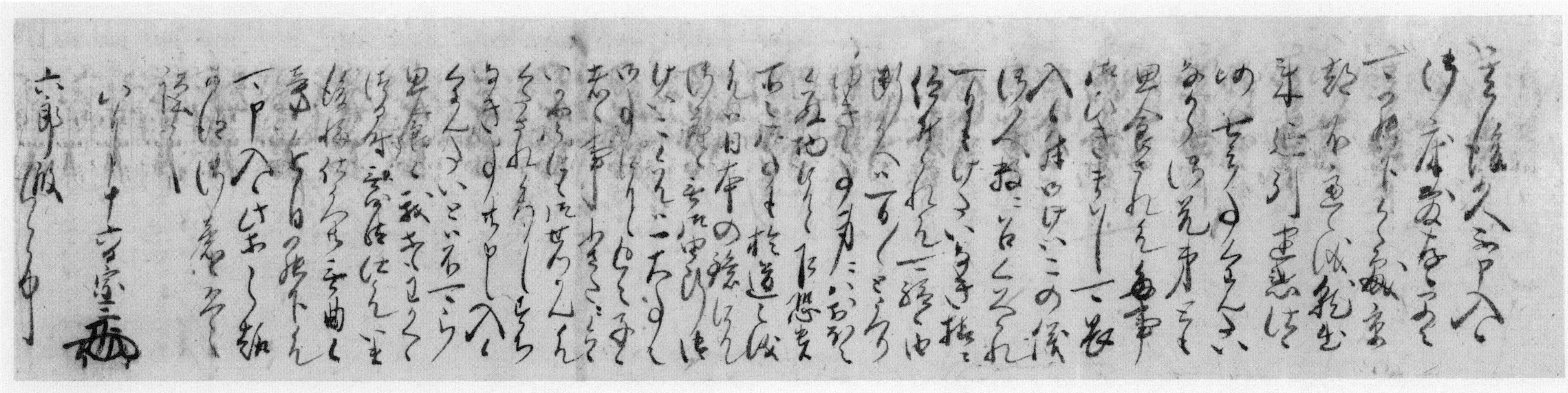

（2）　（1）

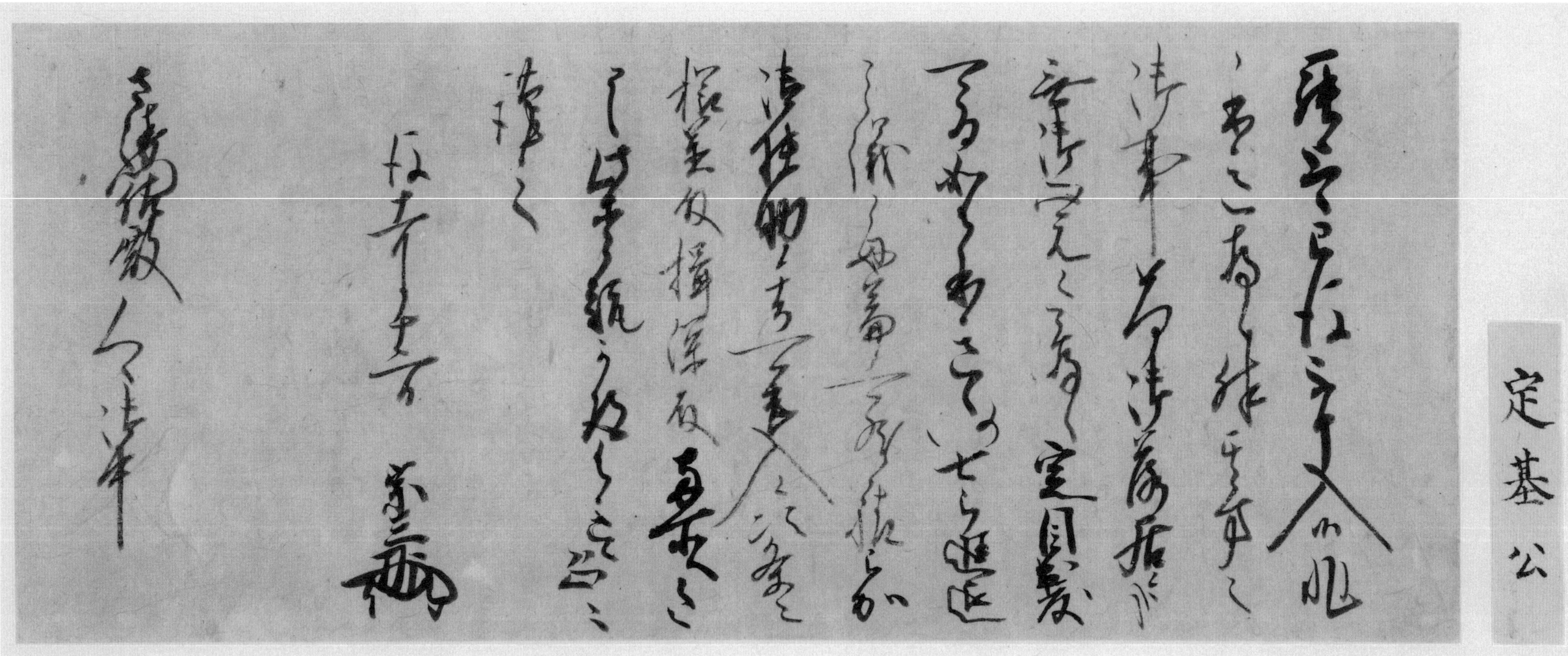
定基公

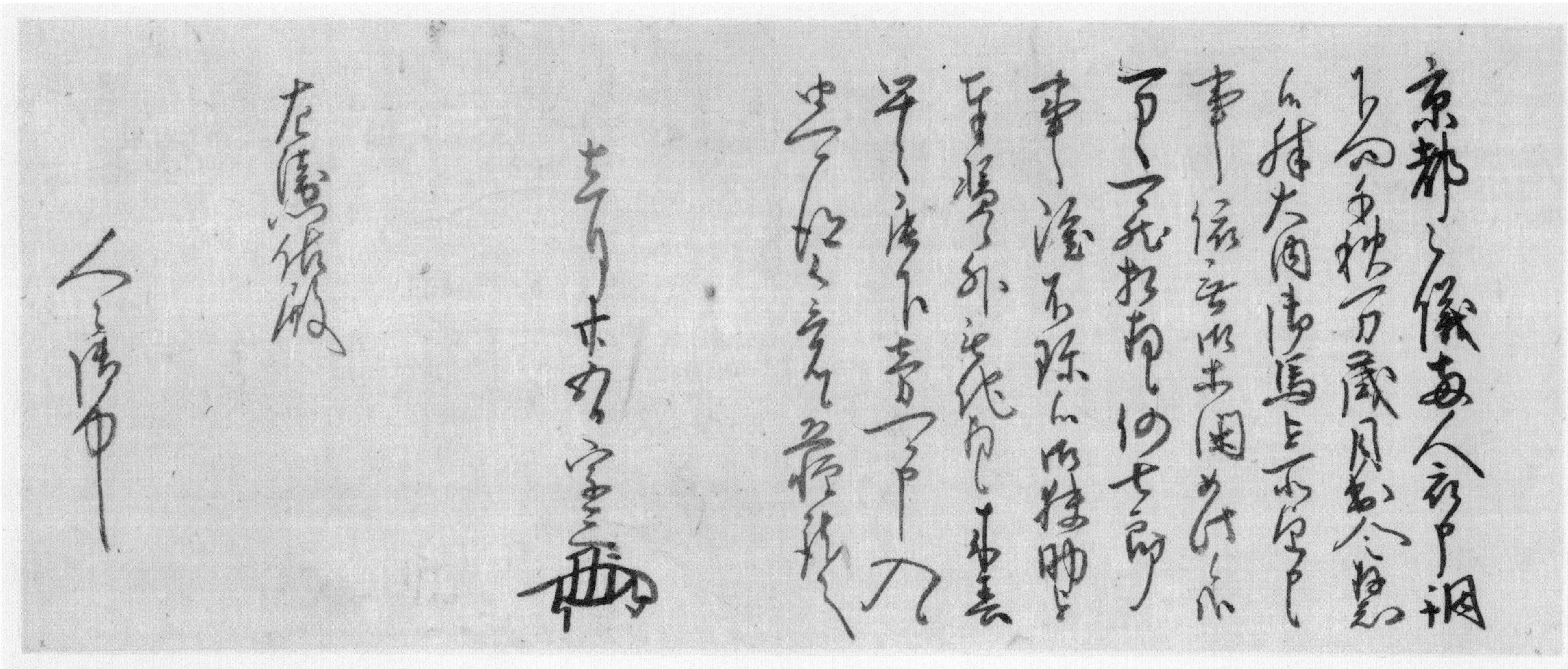

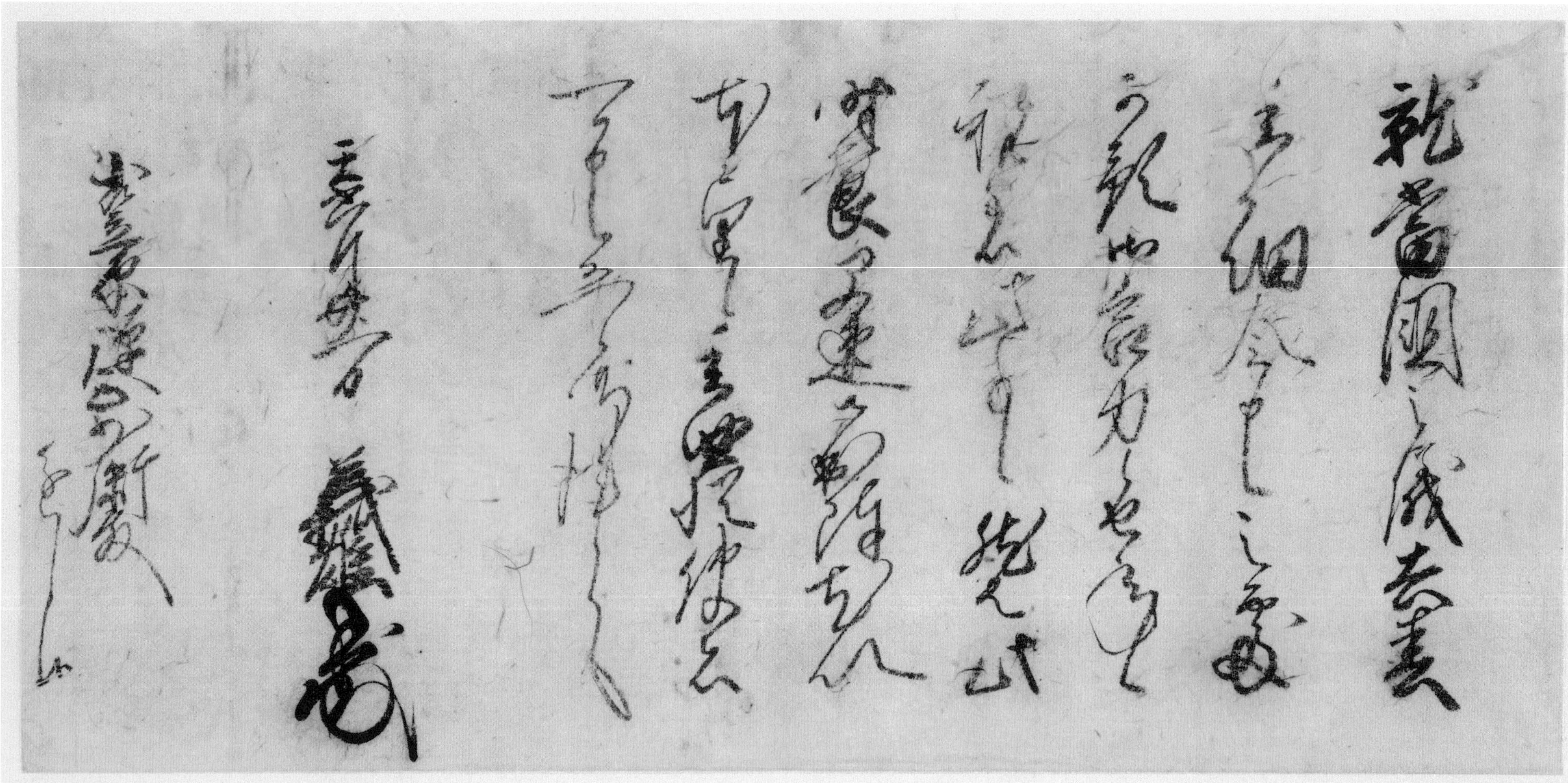

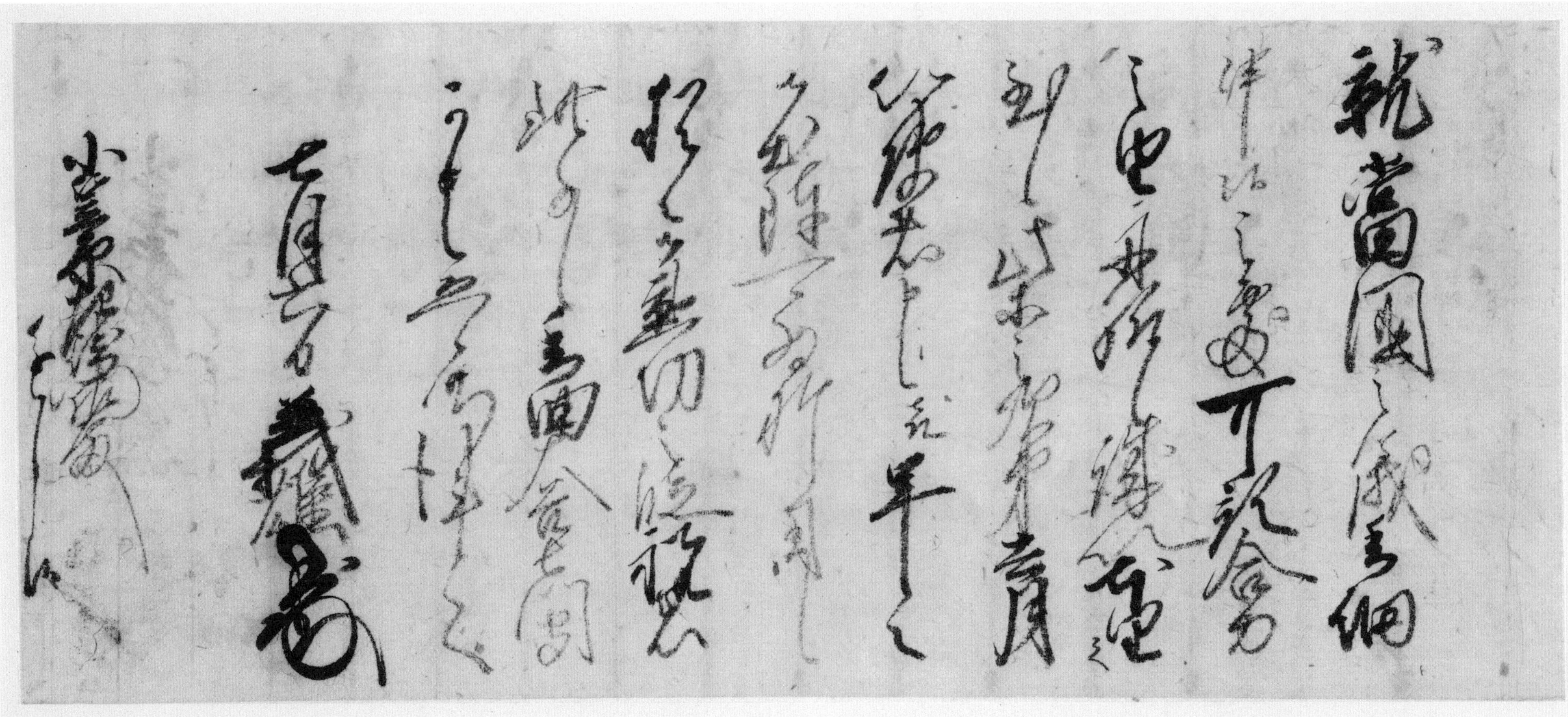

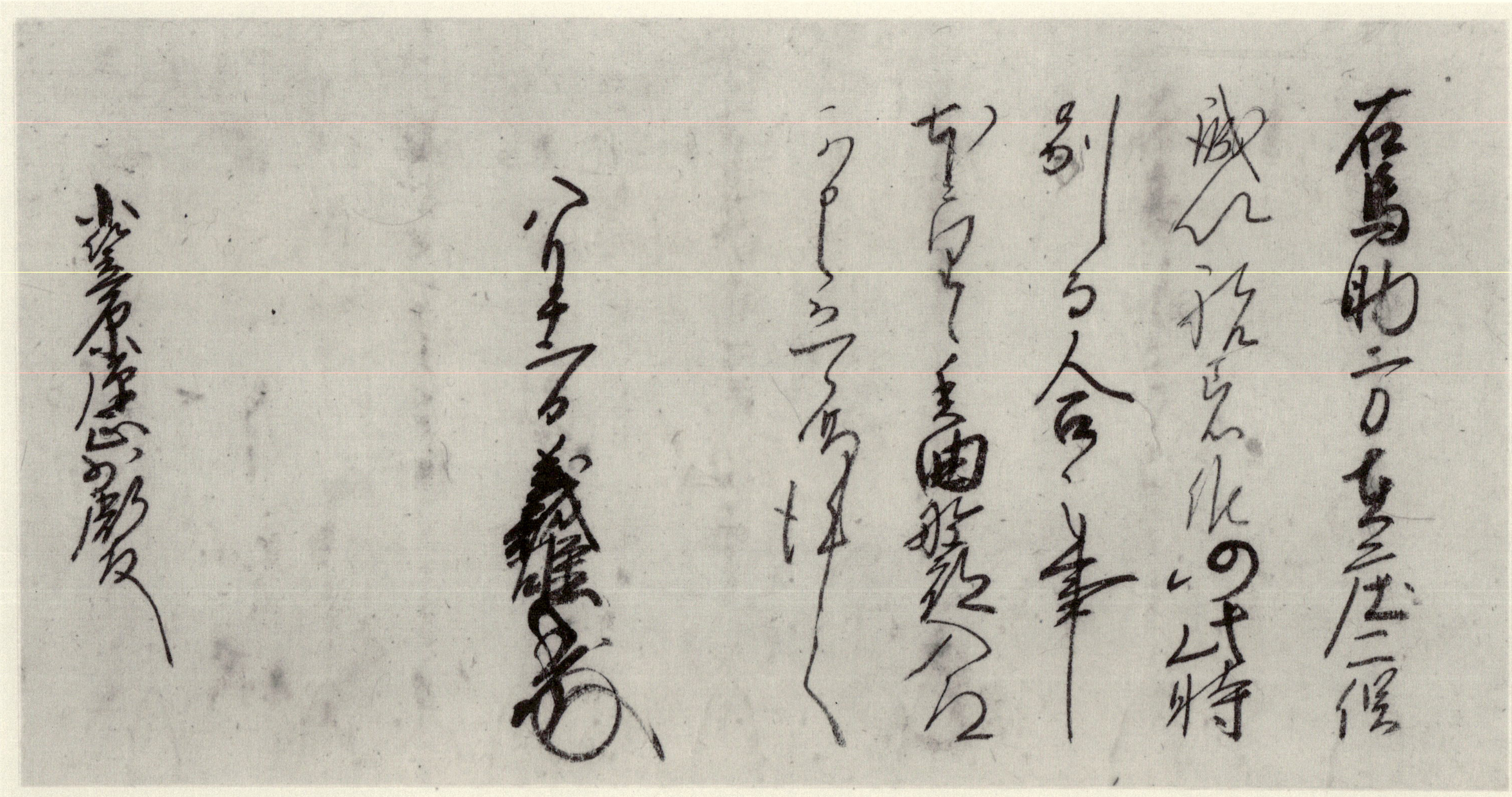

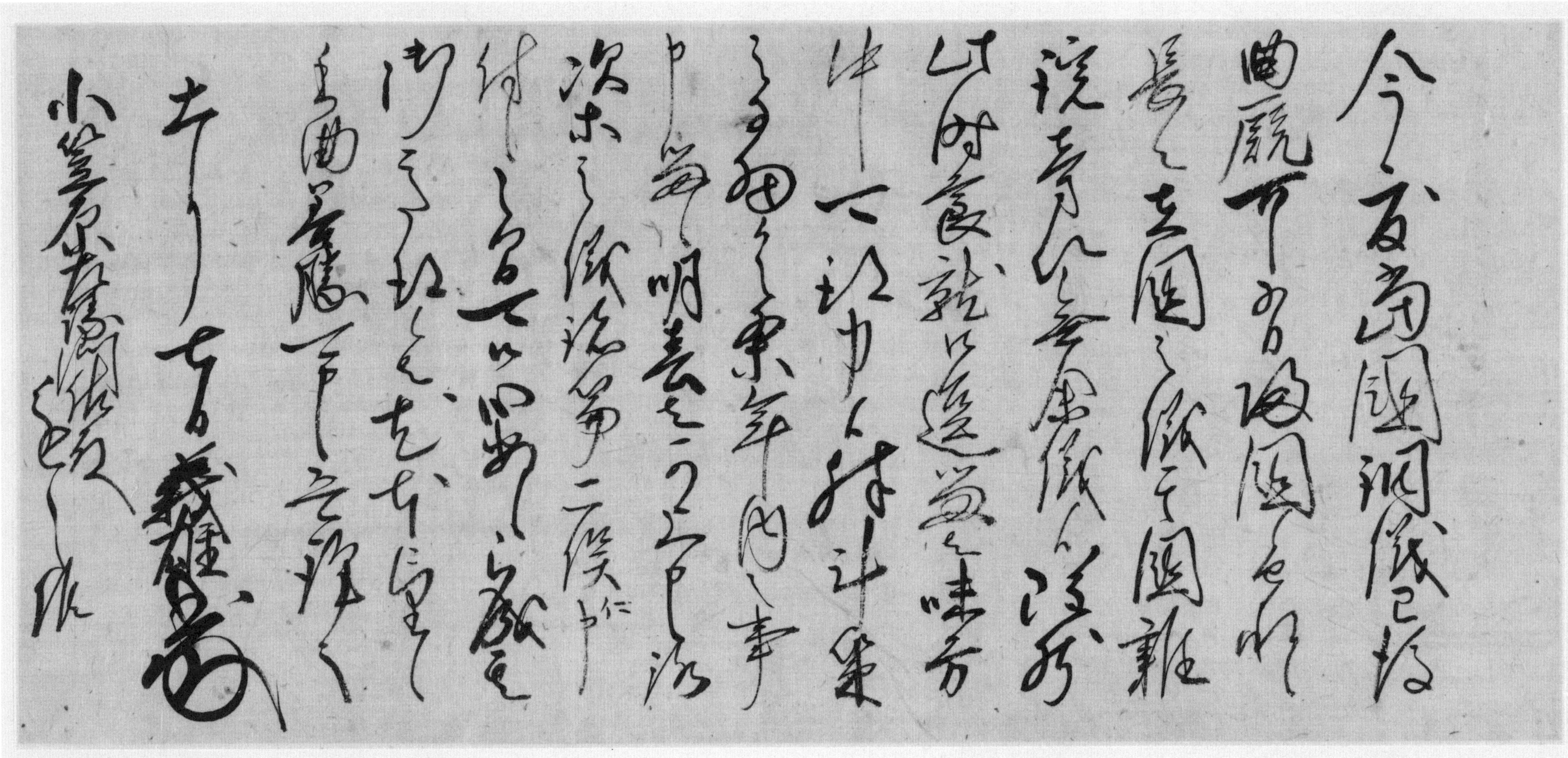

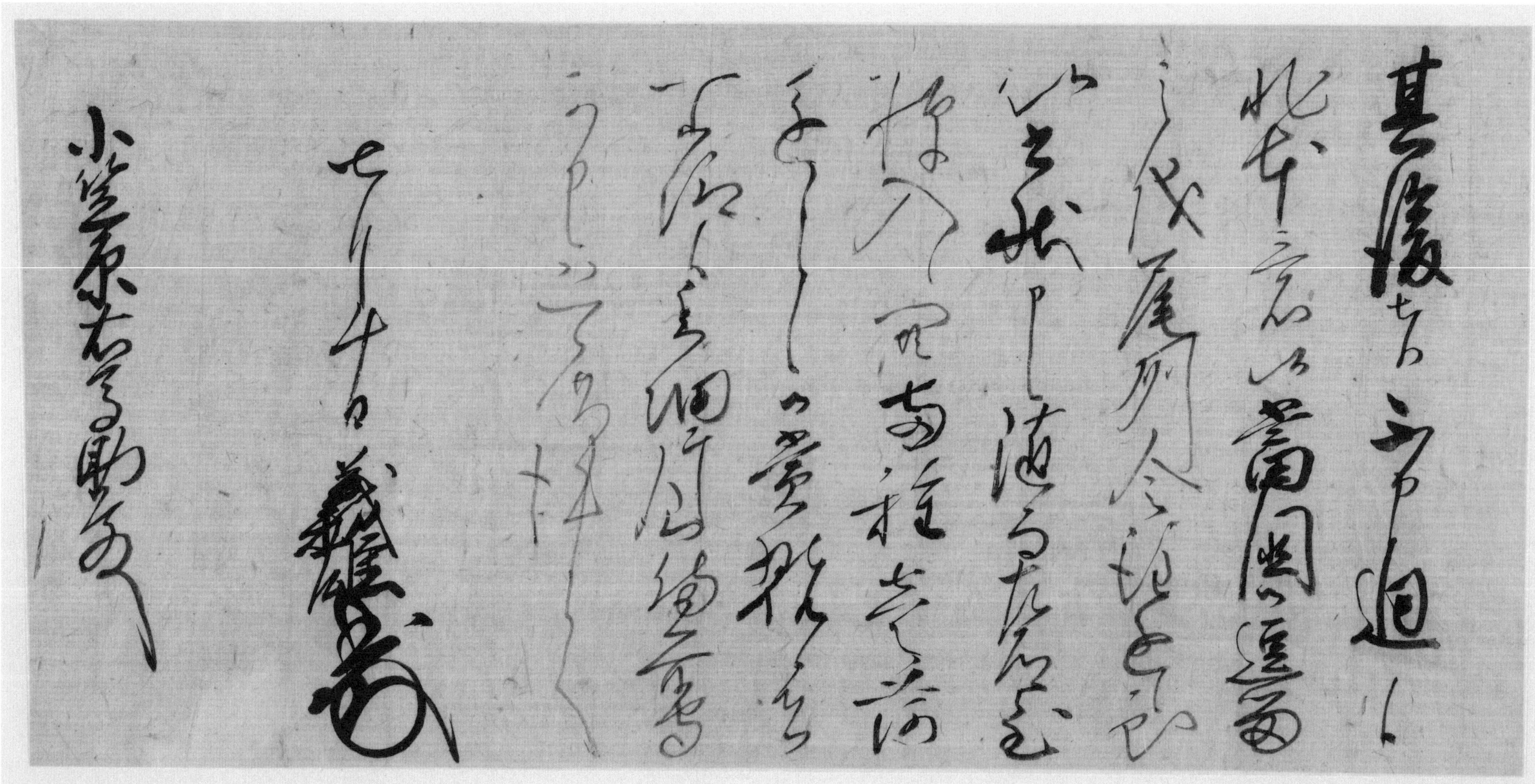
七月十日　義雄（花押）
小笠原右馬助殿

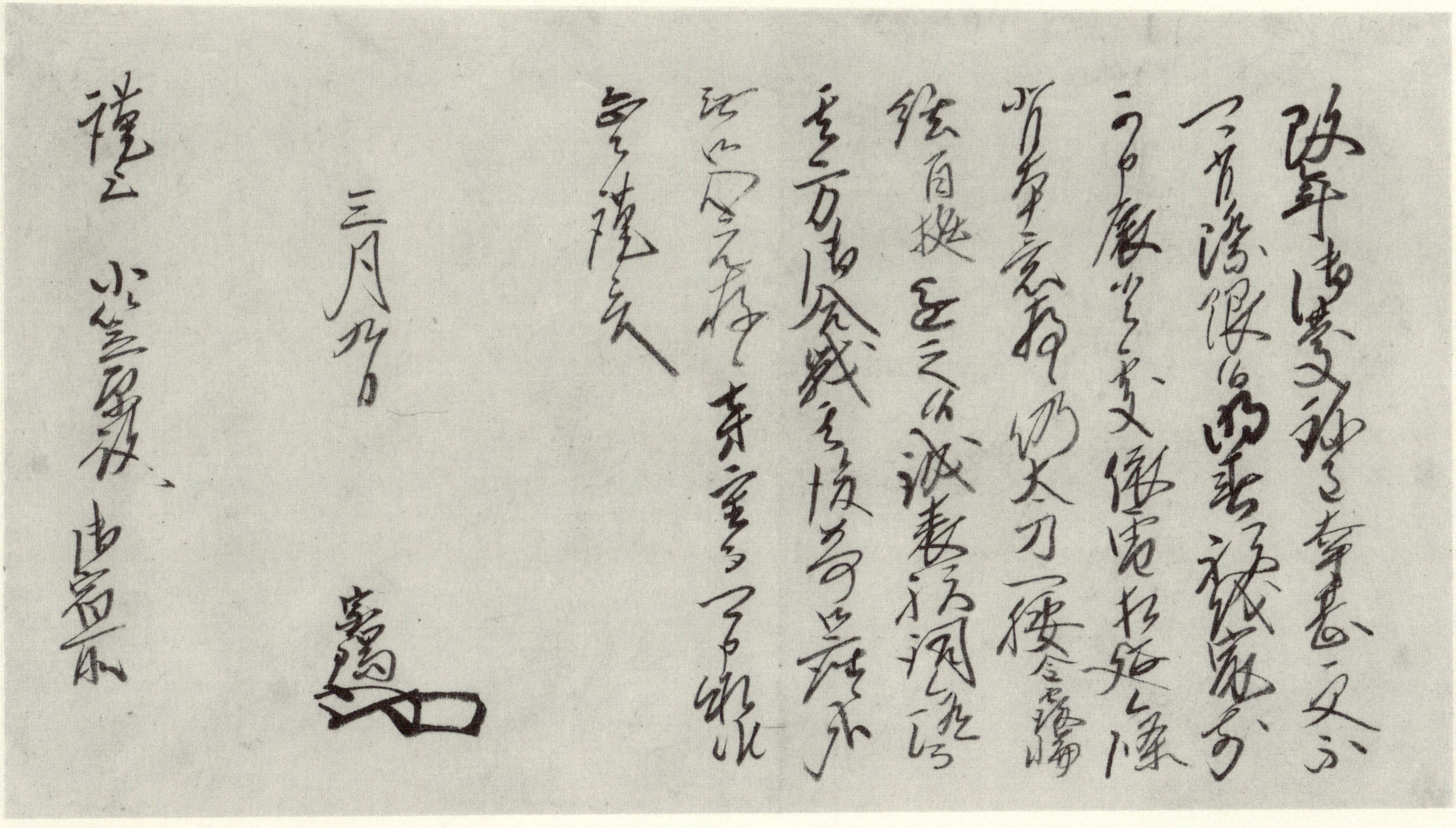

第四帖　41伊勢宗瑞〈盛時〉書状写　（年未詳）三月九日

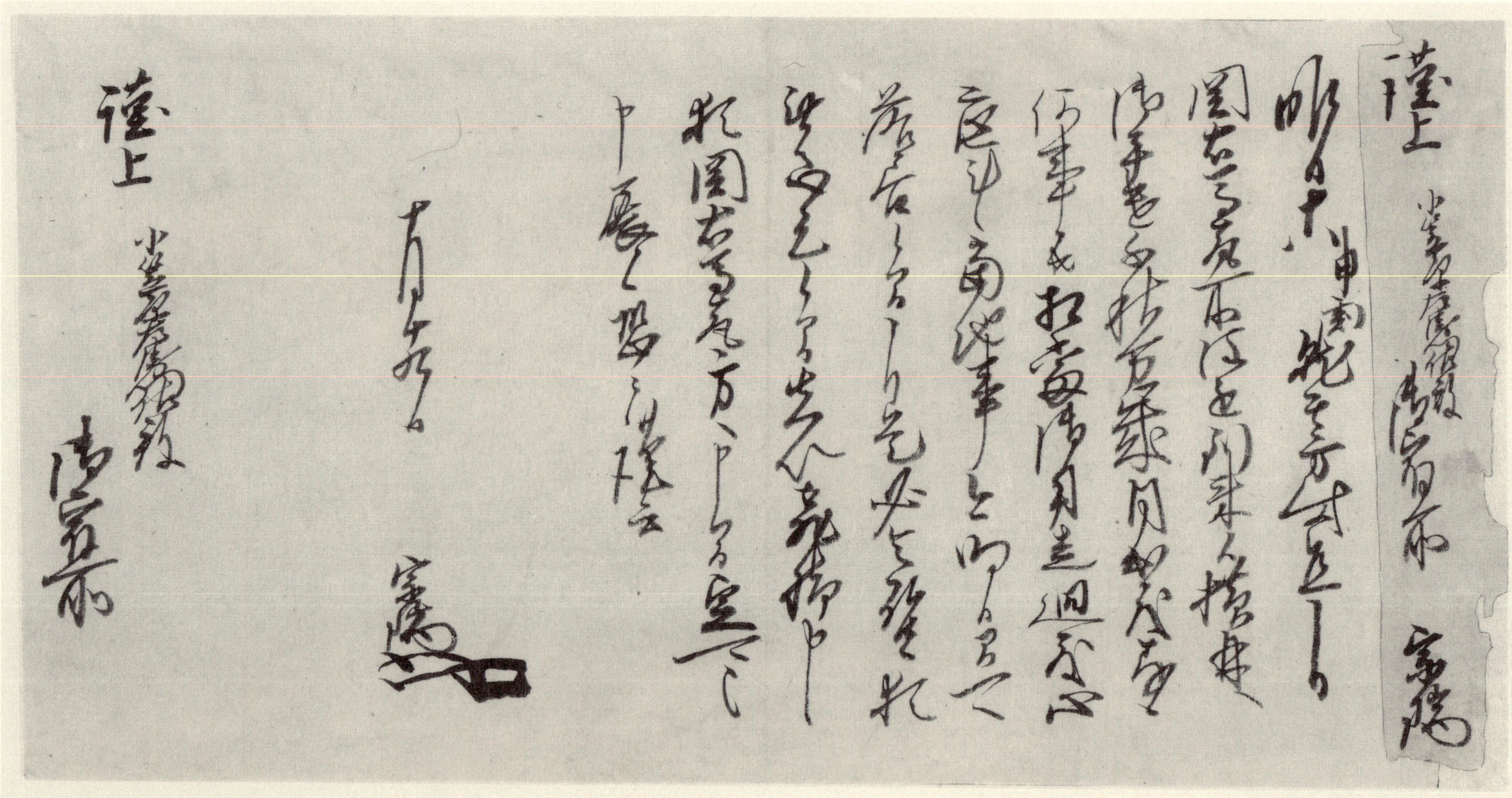

第四帖　42伊勢宗瑞〈盛時〉書状写　〈永正三年カ〉十月十九日

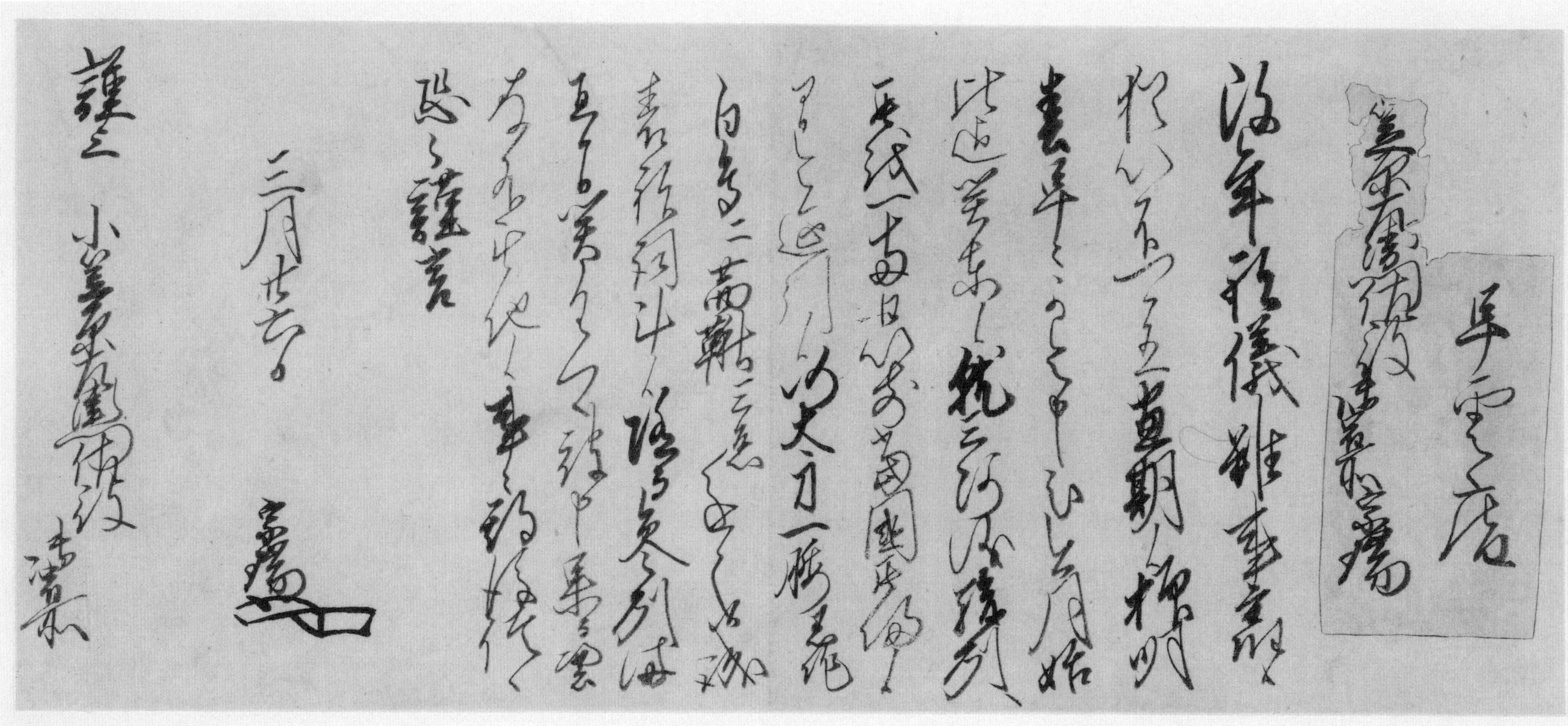

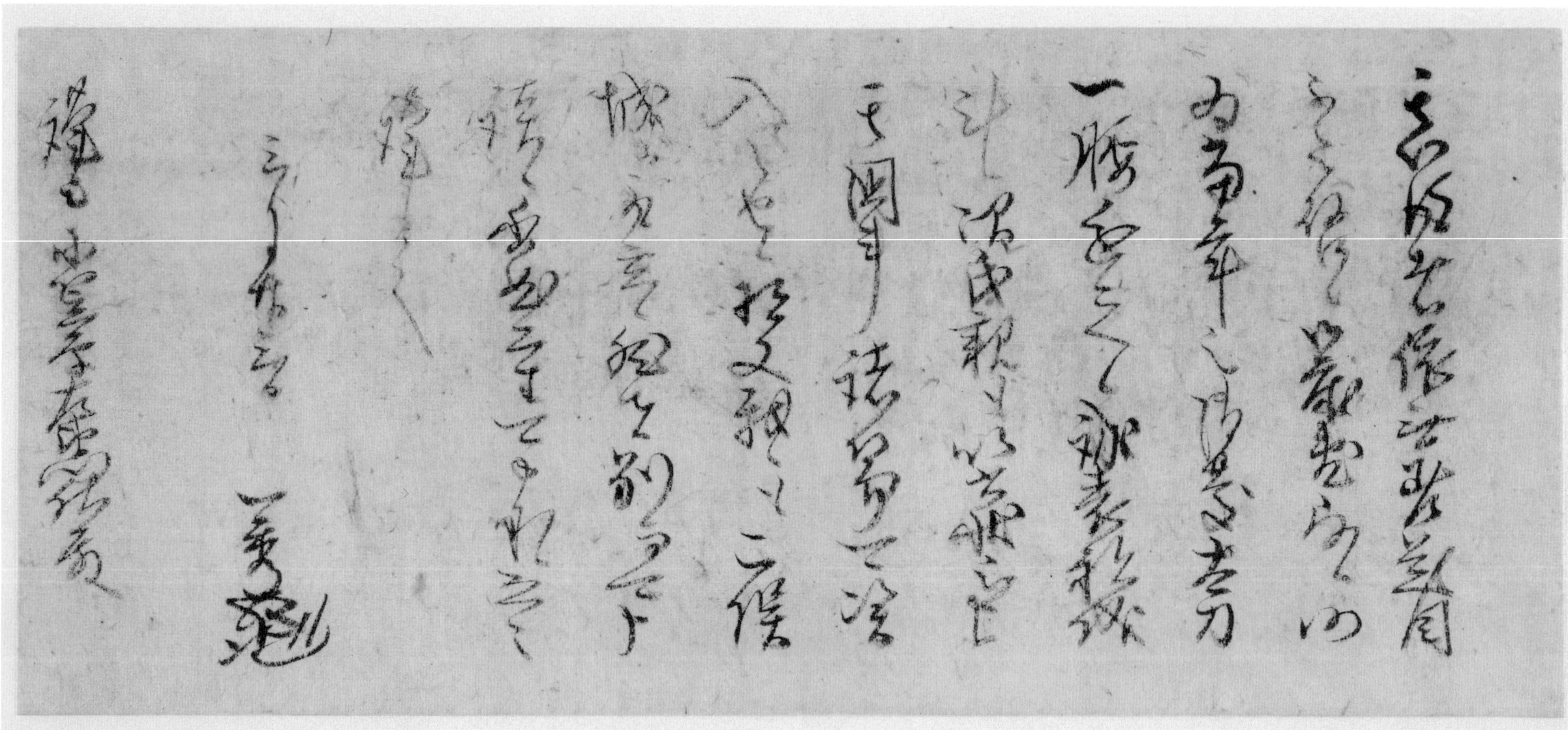

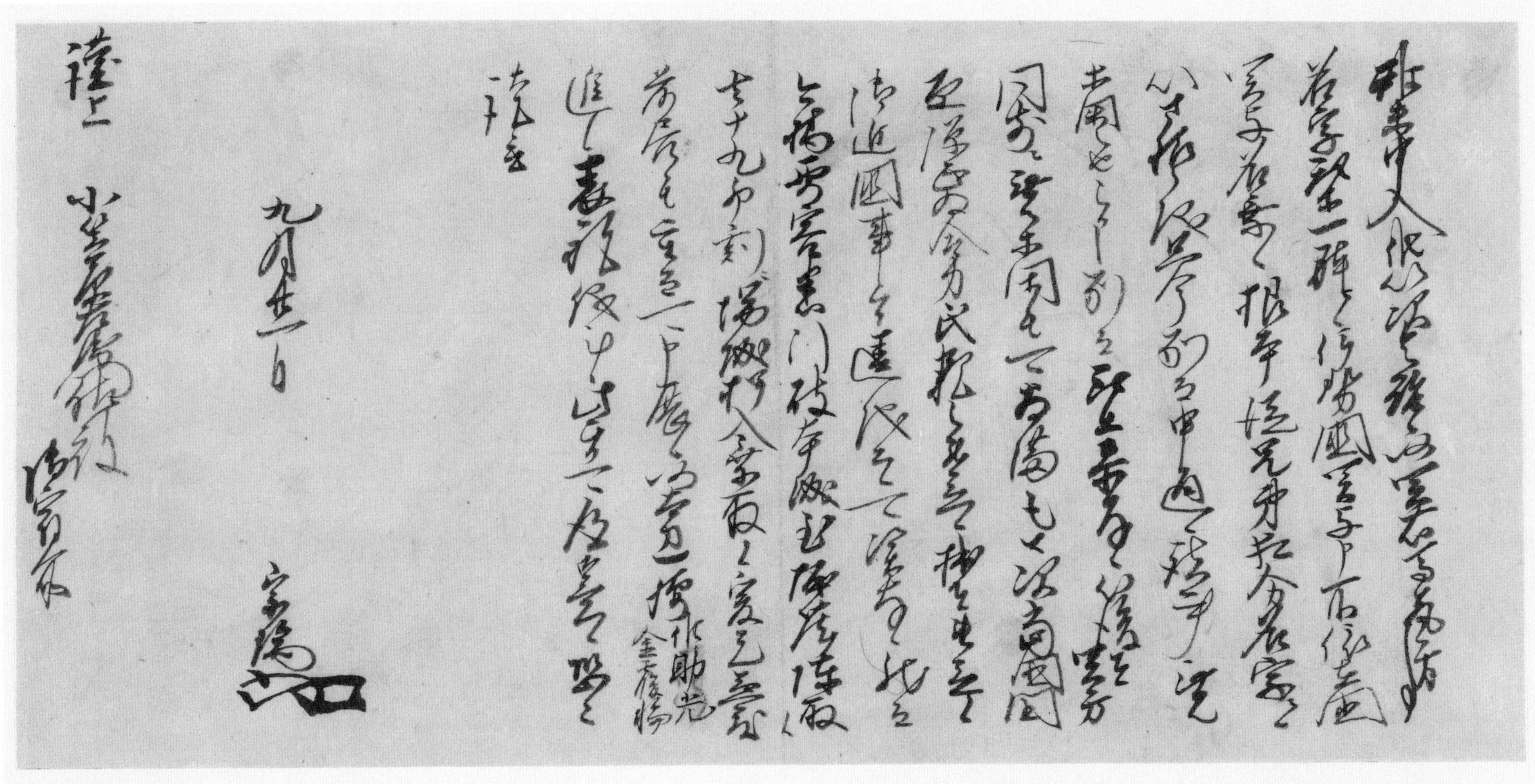

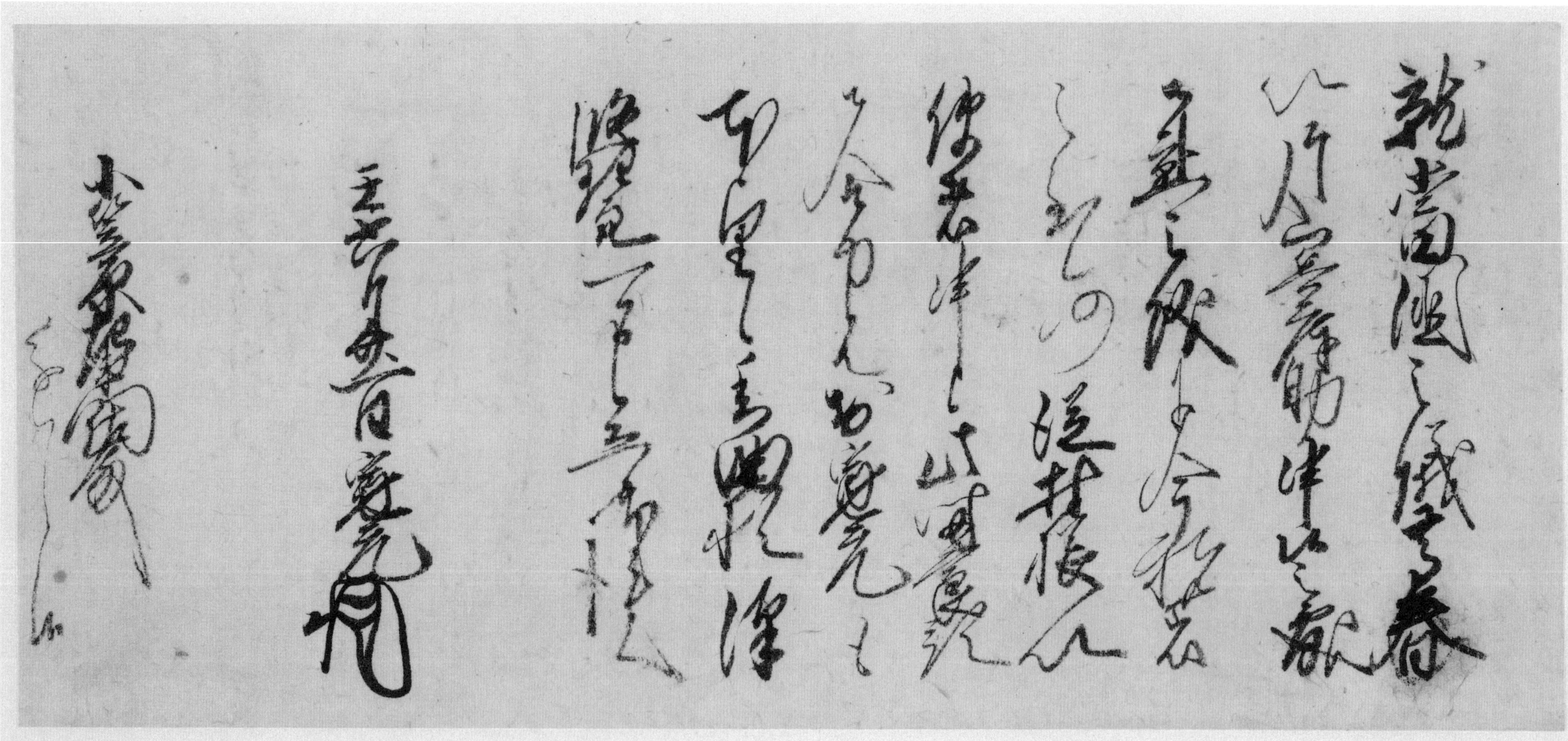

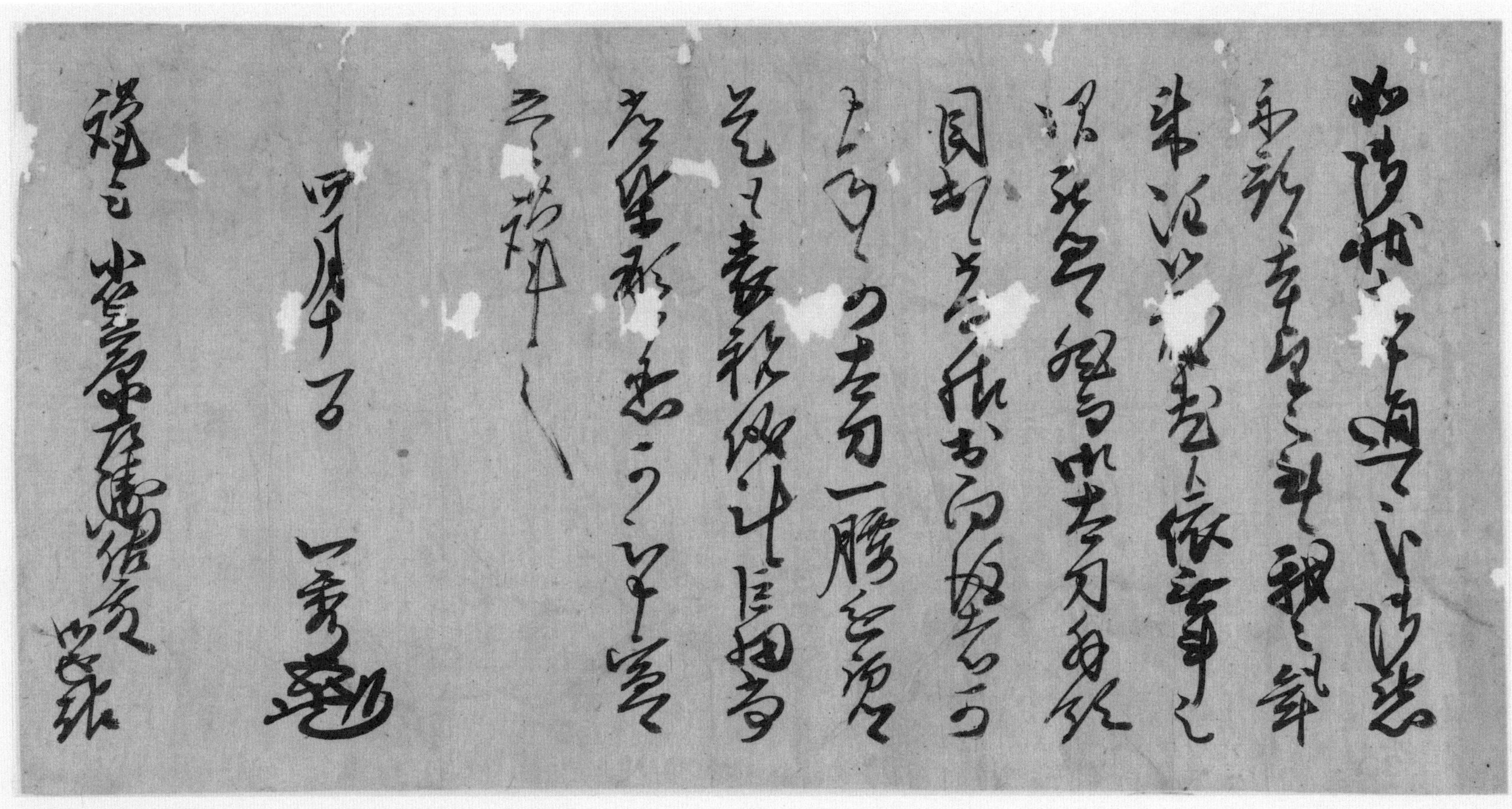

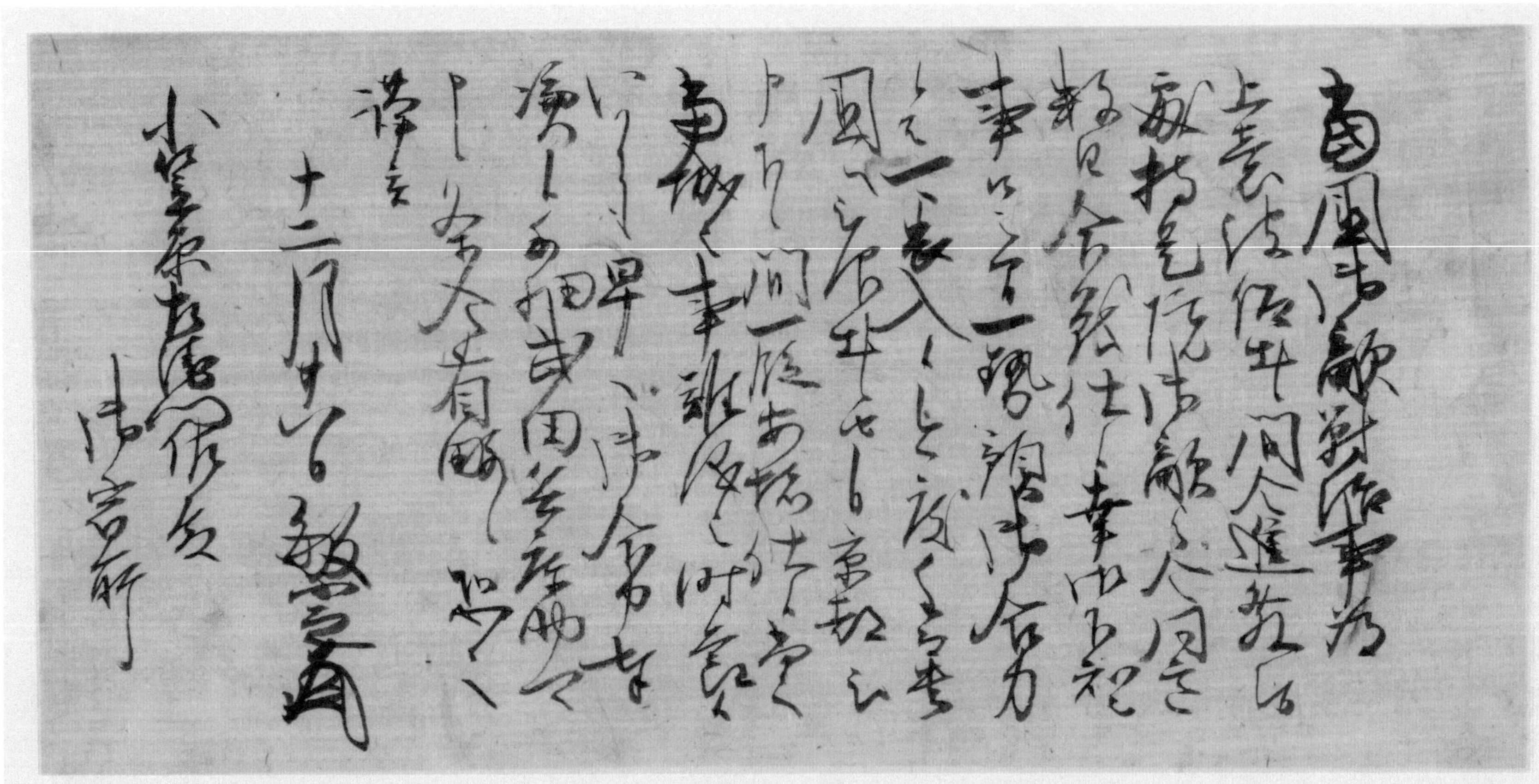

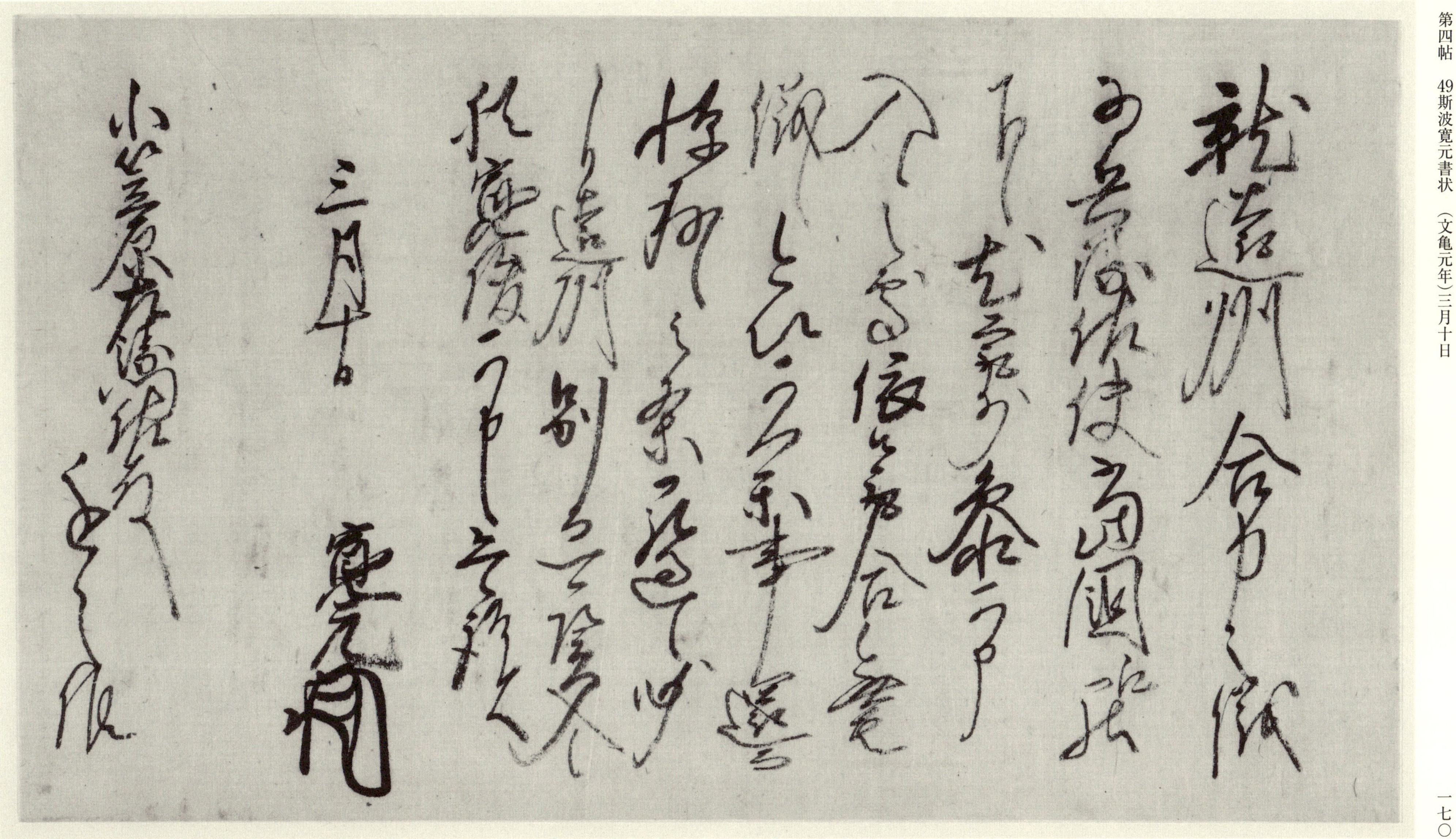

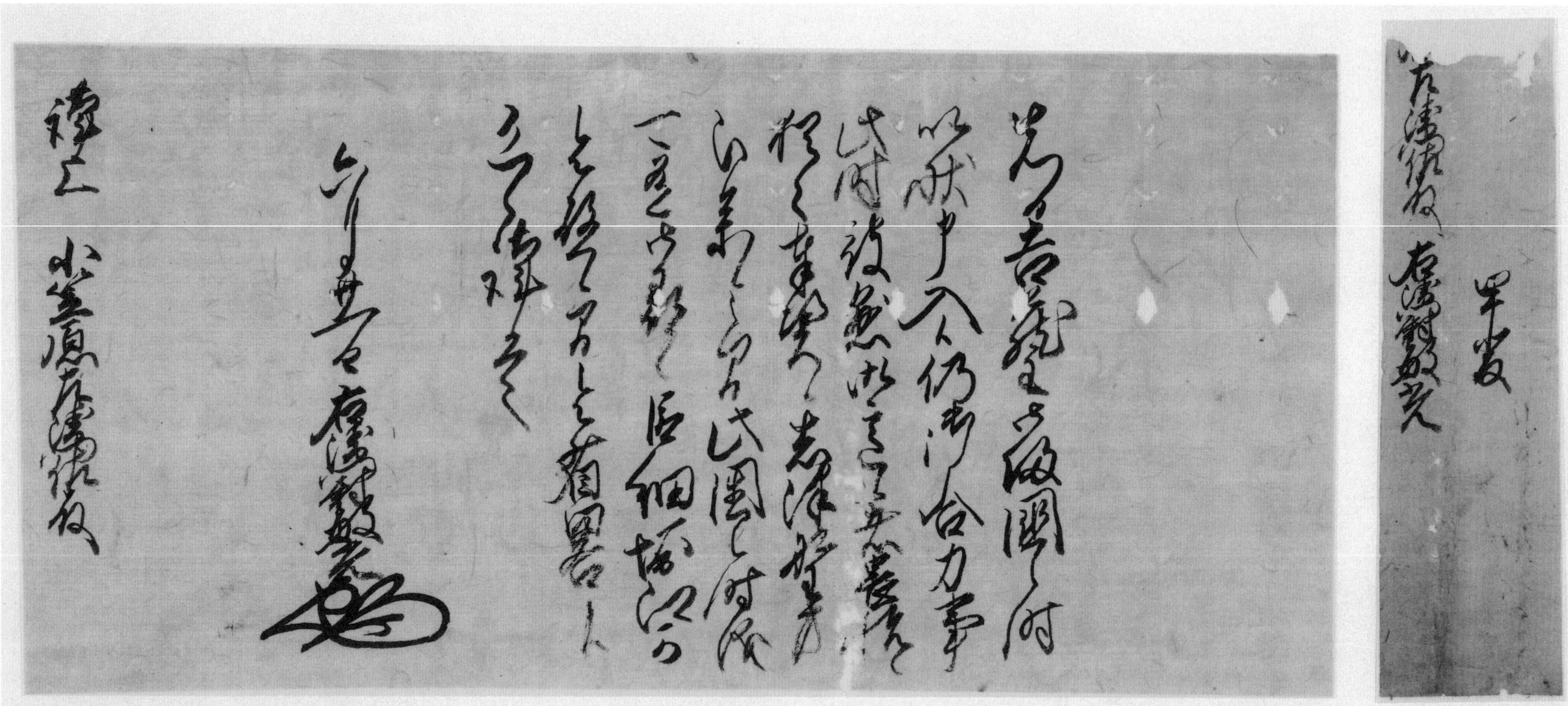

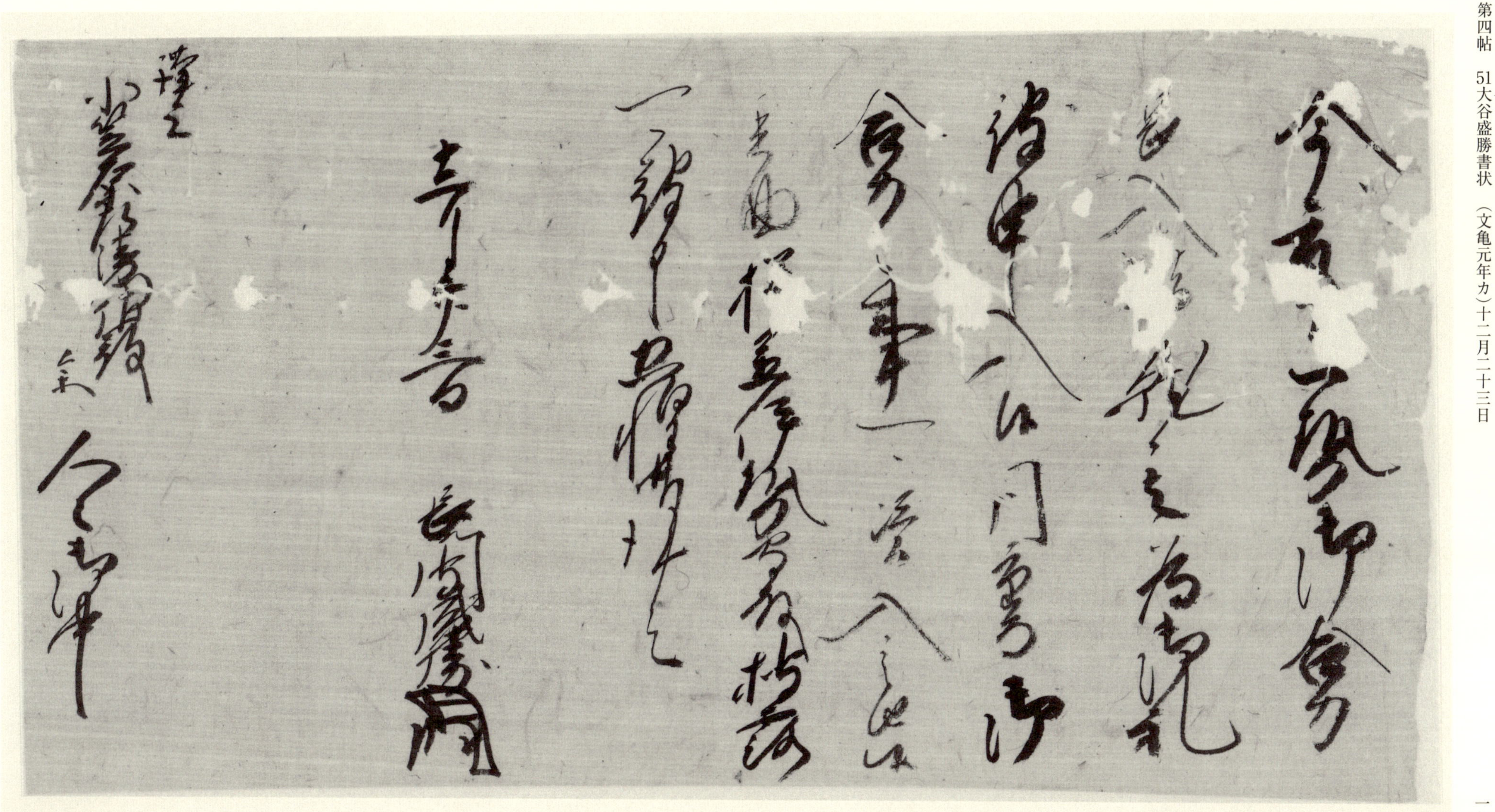

第四帖　51大谷盛勝書状　（文亀元年カ）十二月二十三日

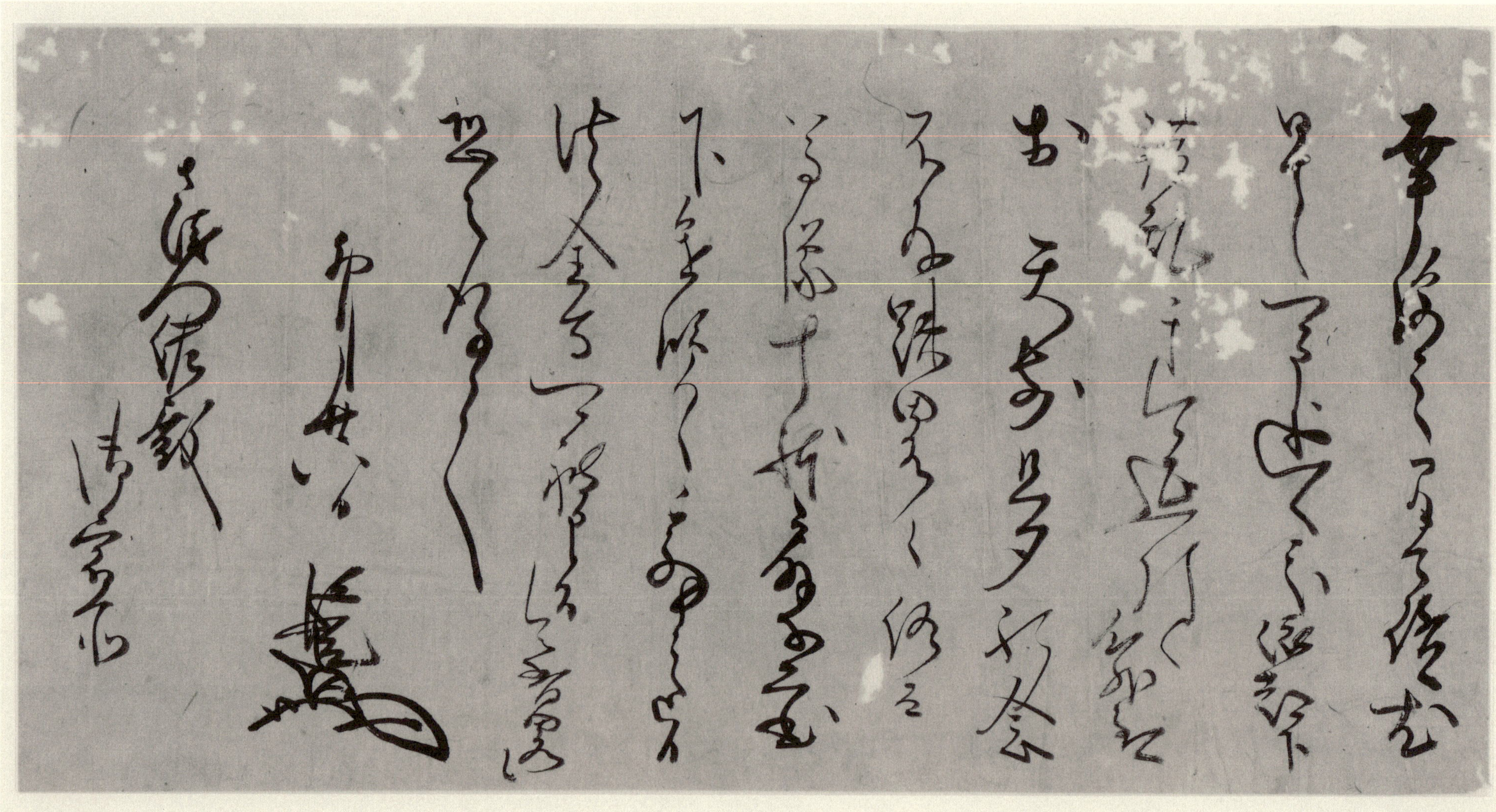

53富島為仲書状　（文明五年）三月十七日

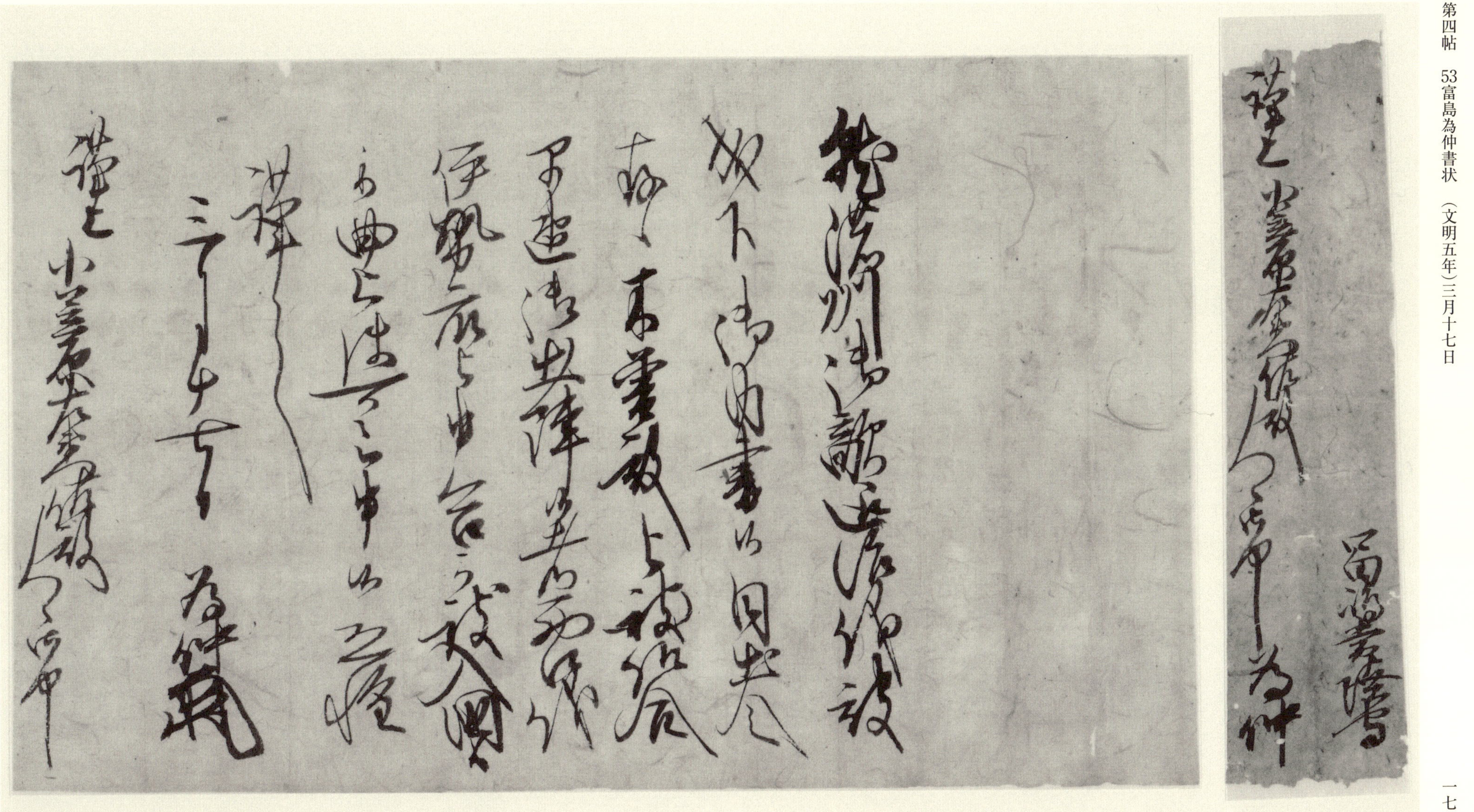

54細川〈上野〉元治書状　（年未詳）四月五日

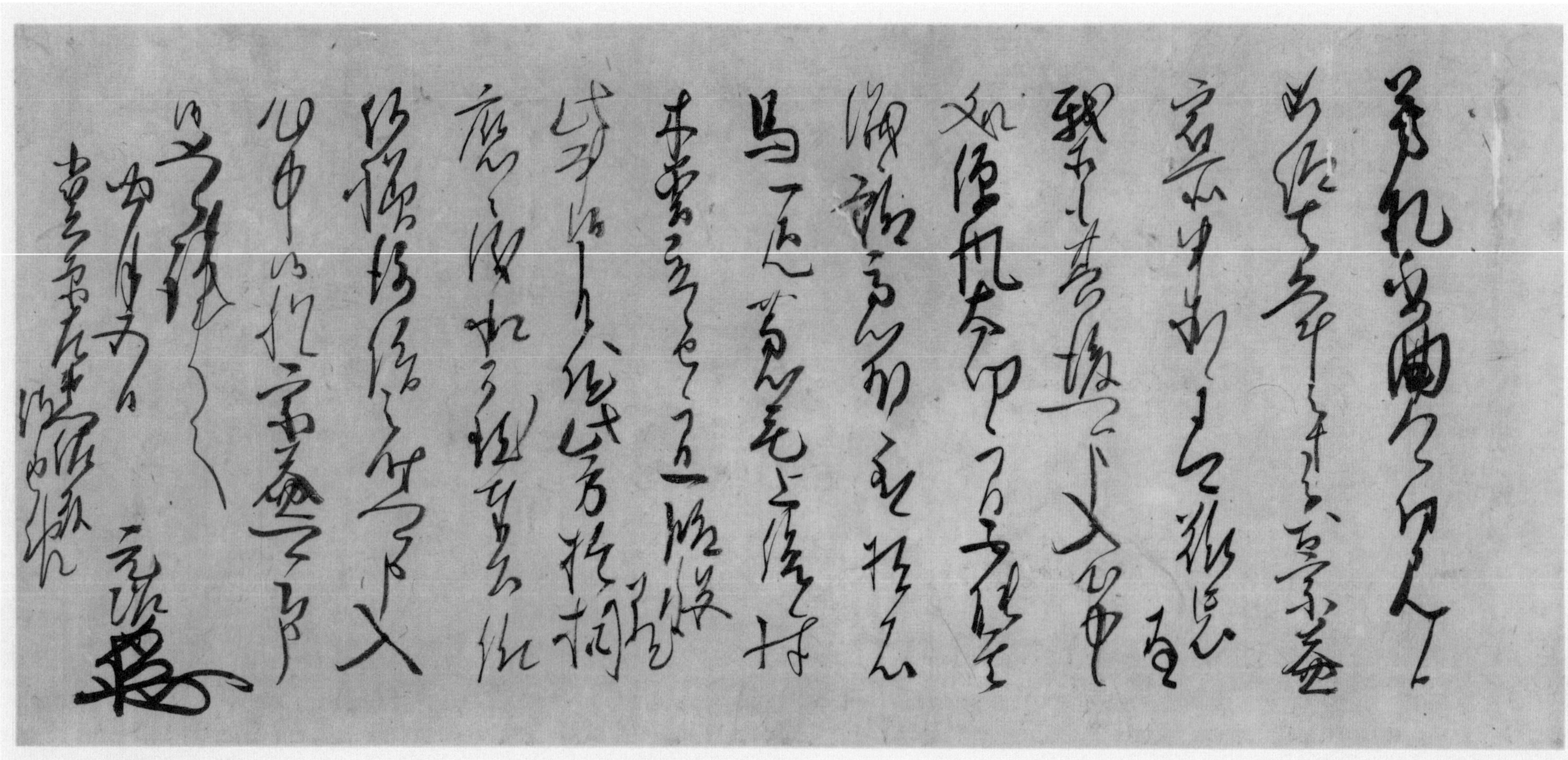

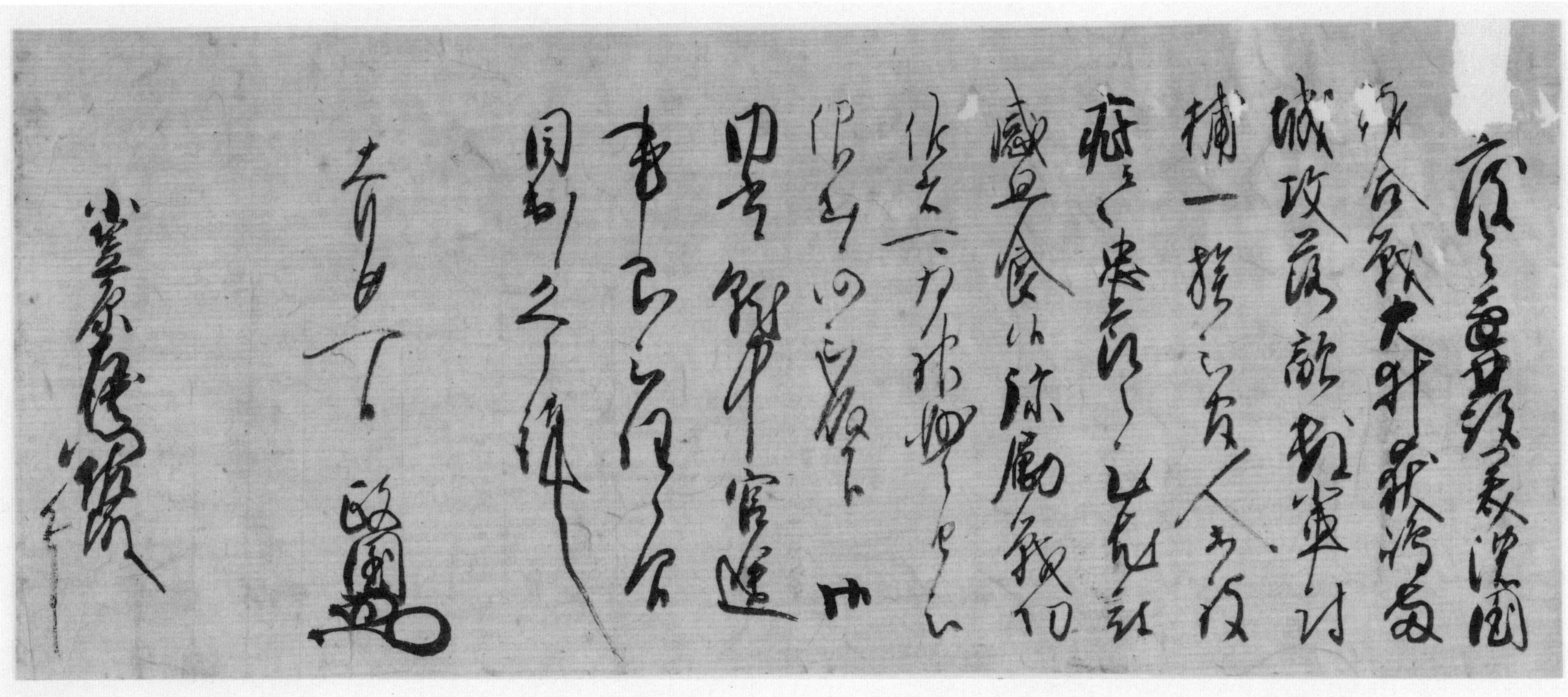

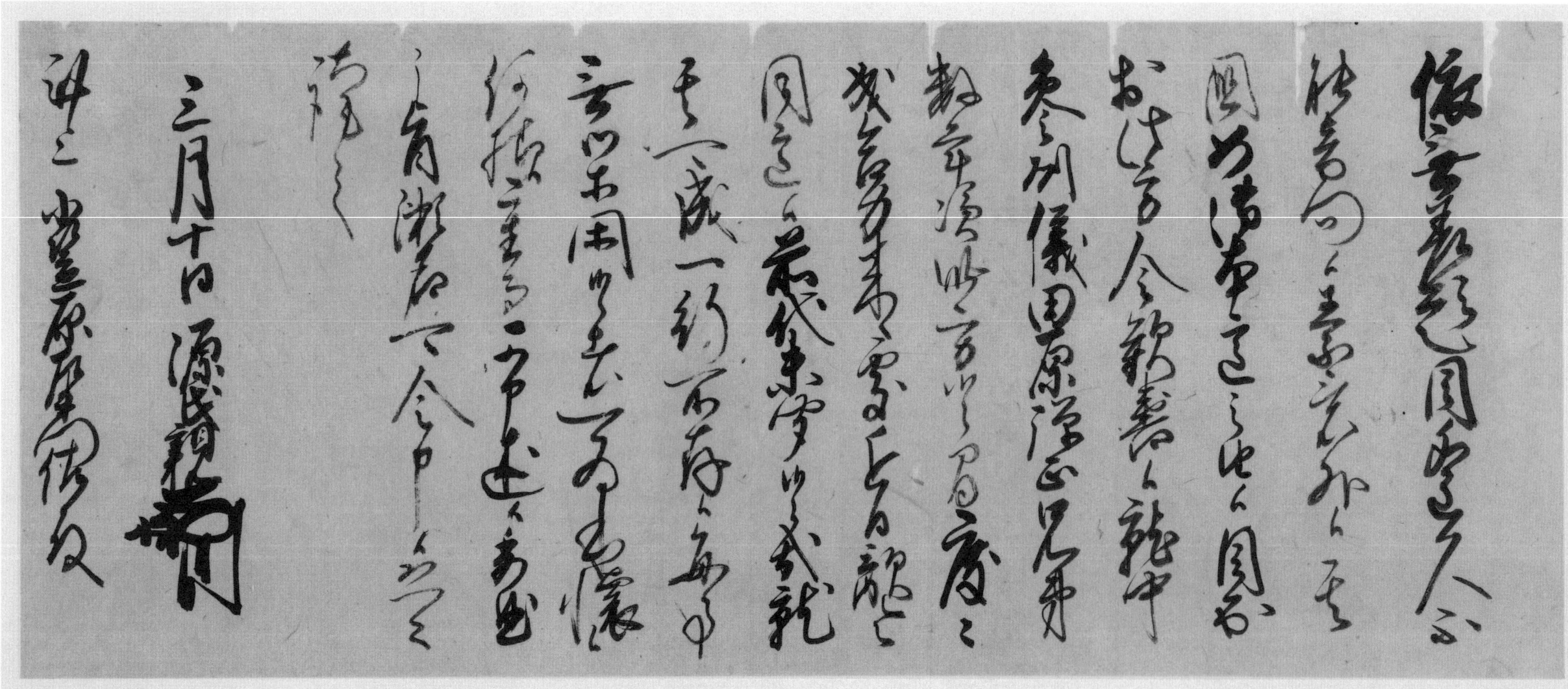

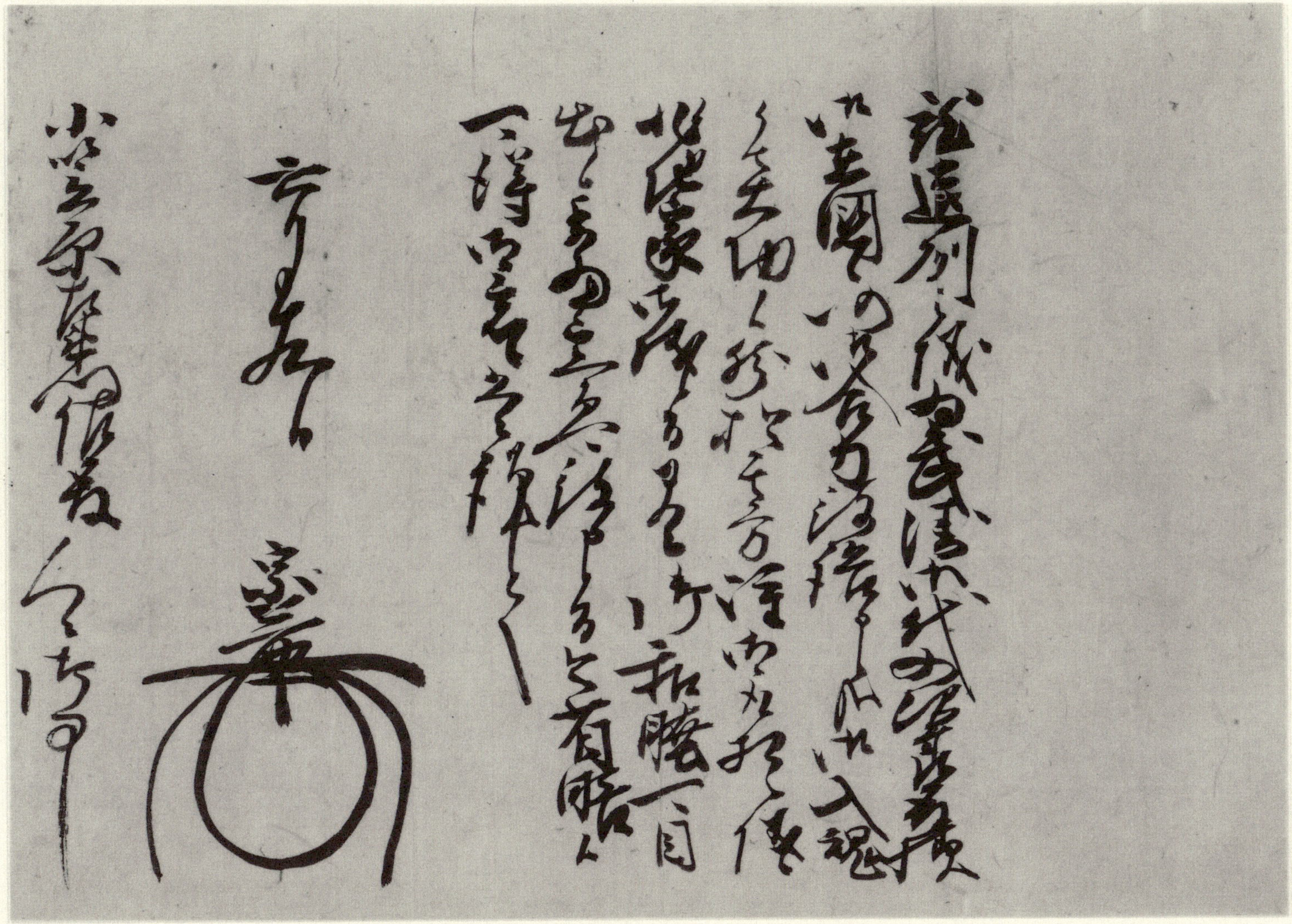

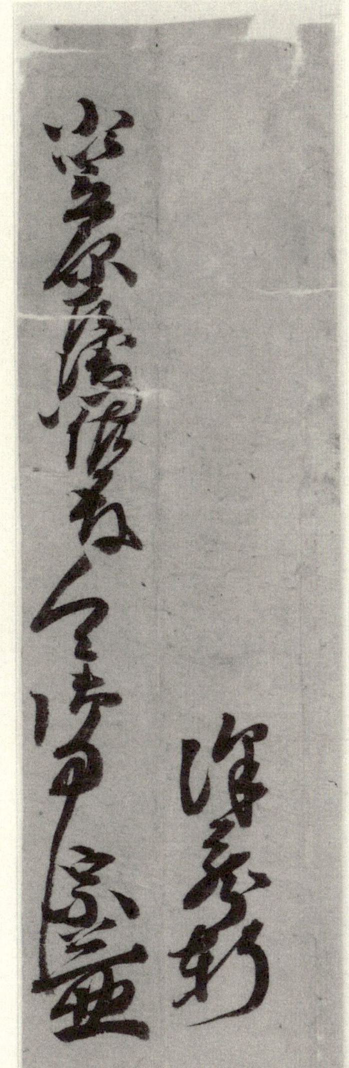

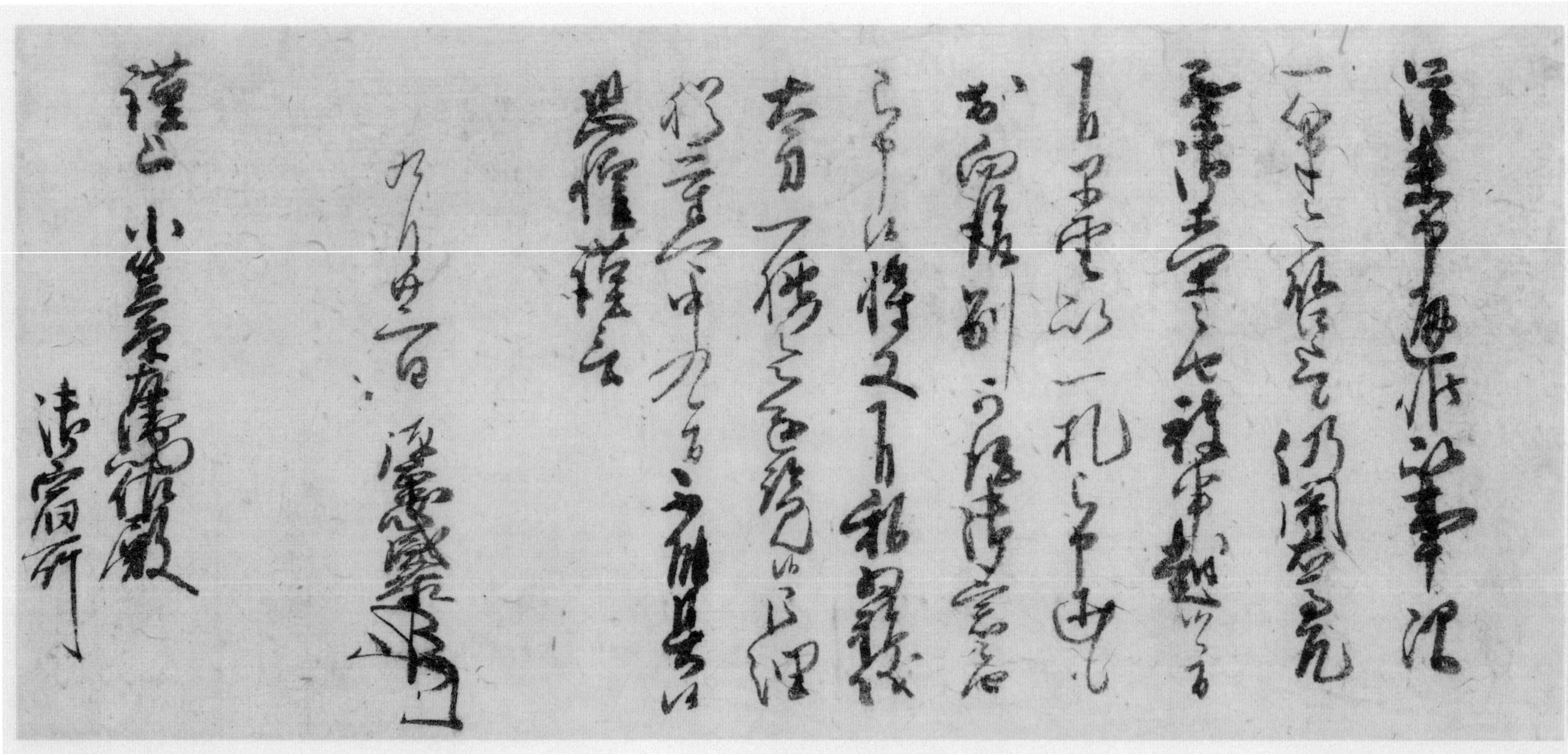

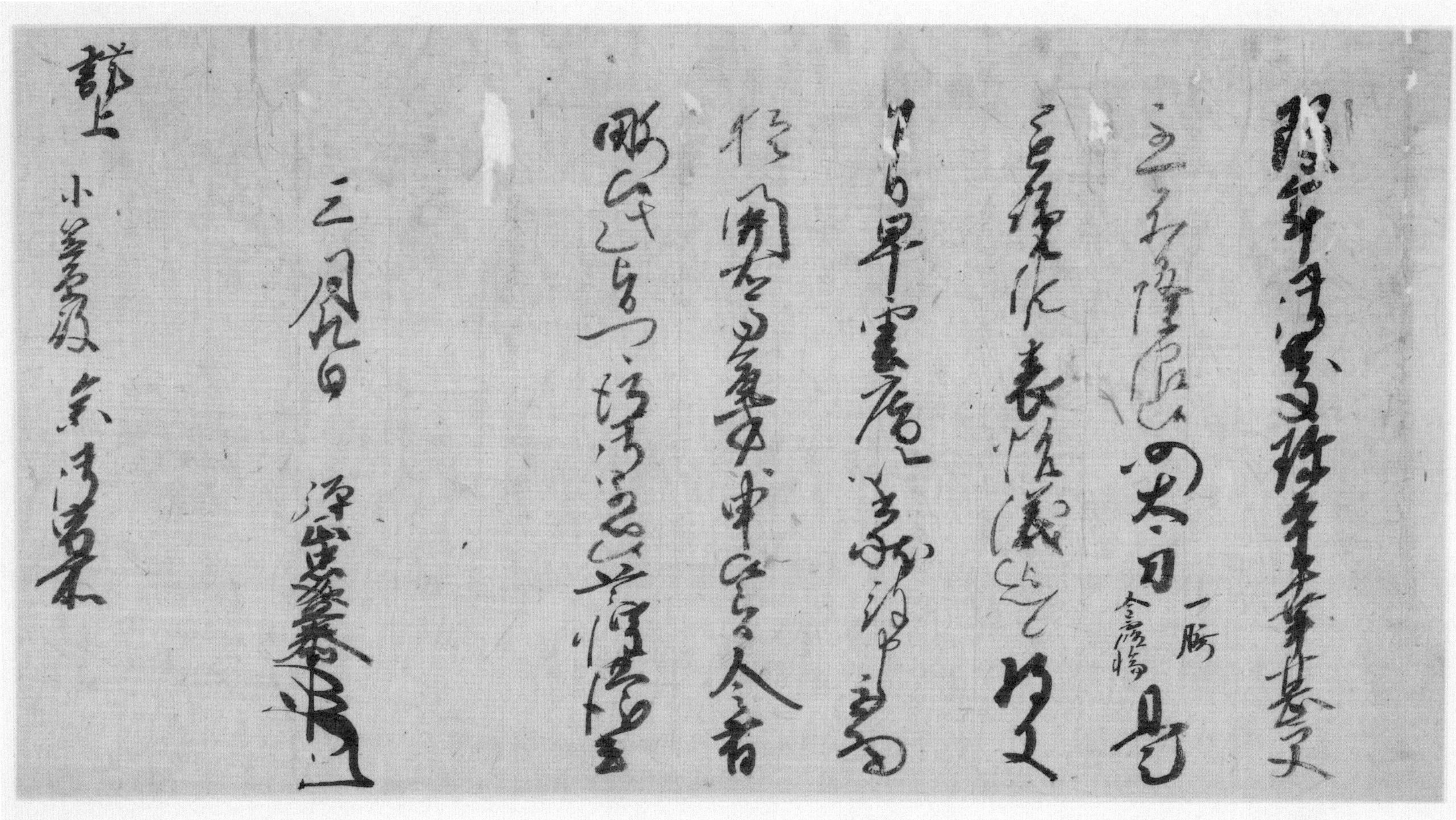

＊紙背

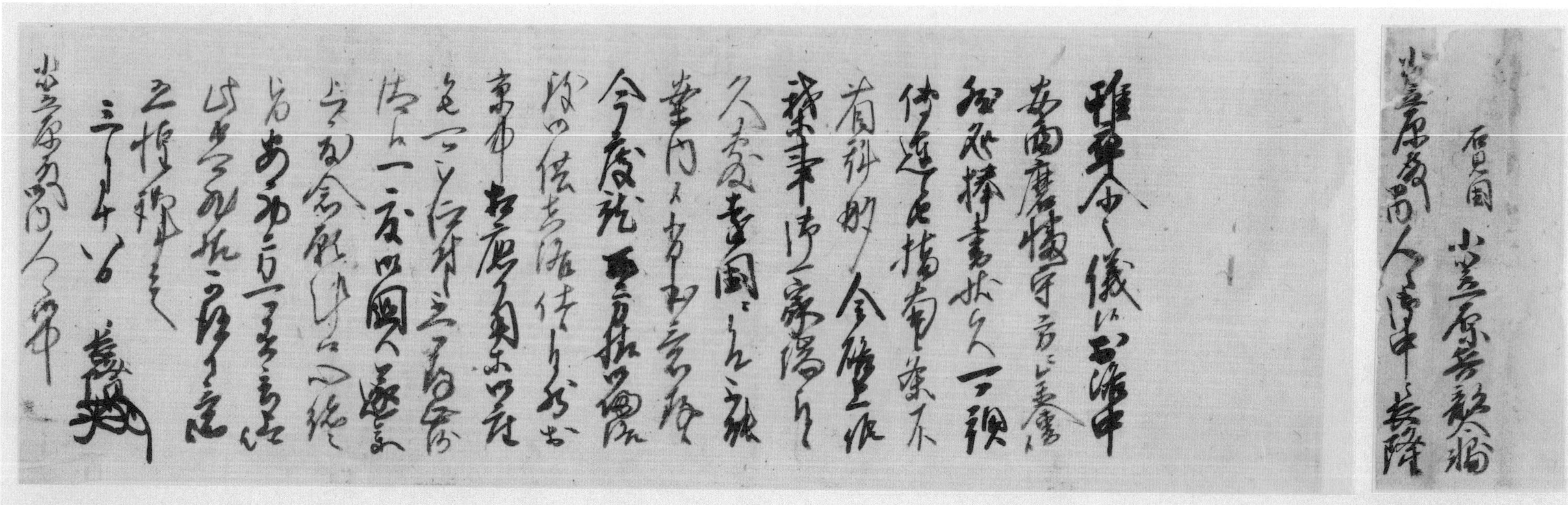

＊紙背

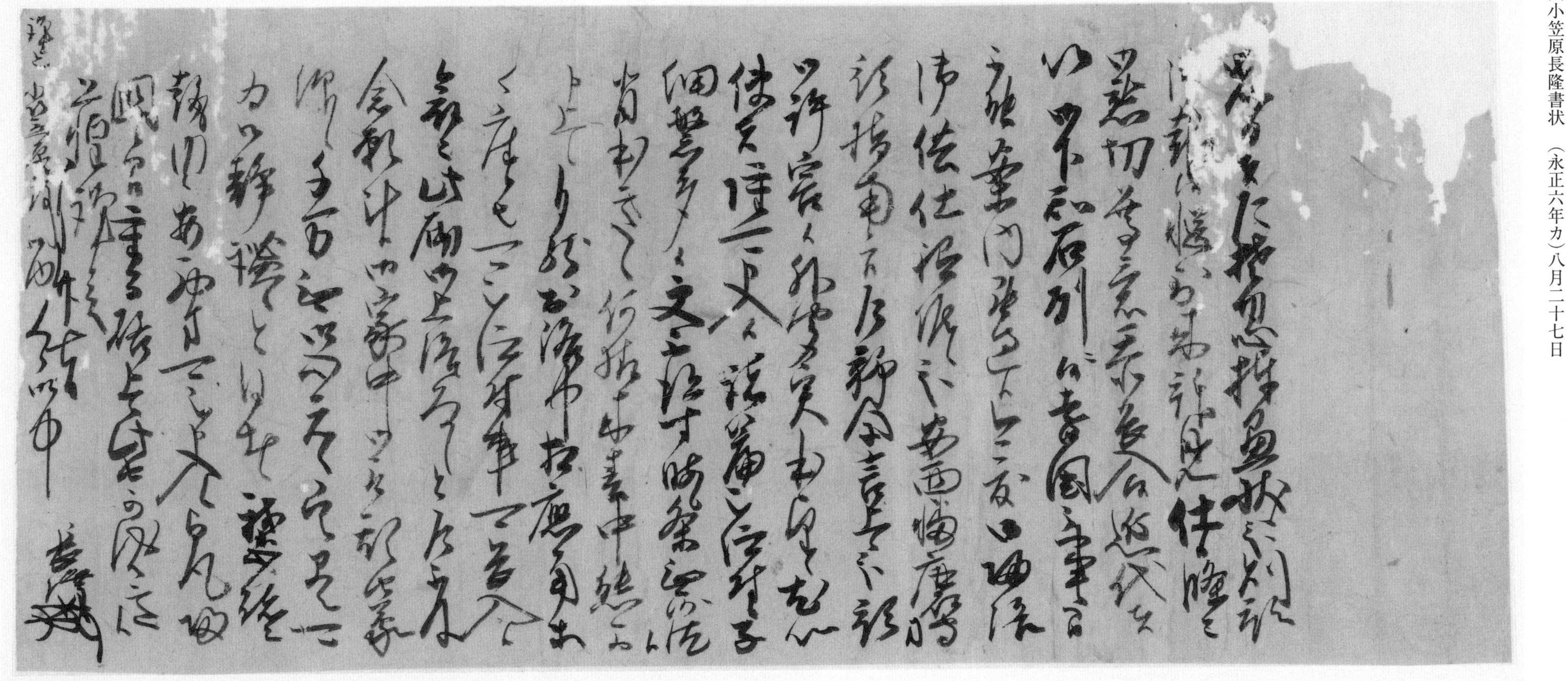

61(2)小笠原長隆書状　（永正六年カ）八月二十七日

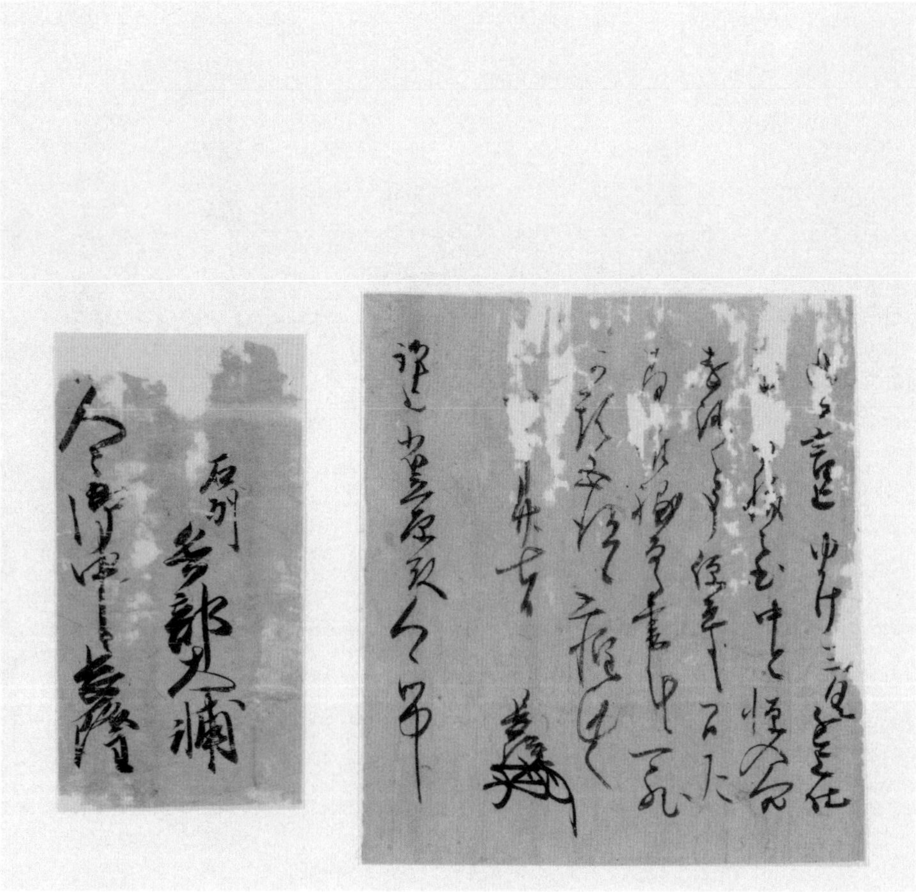

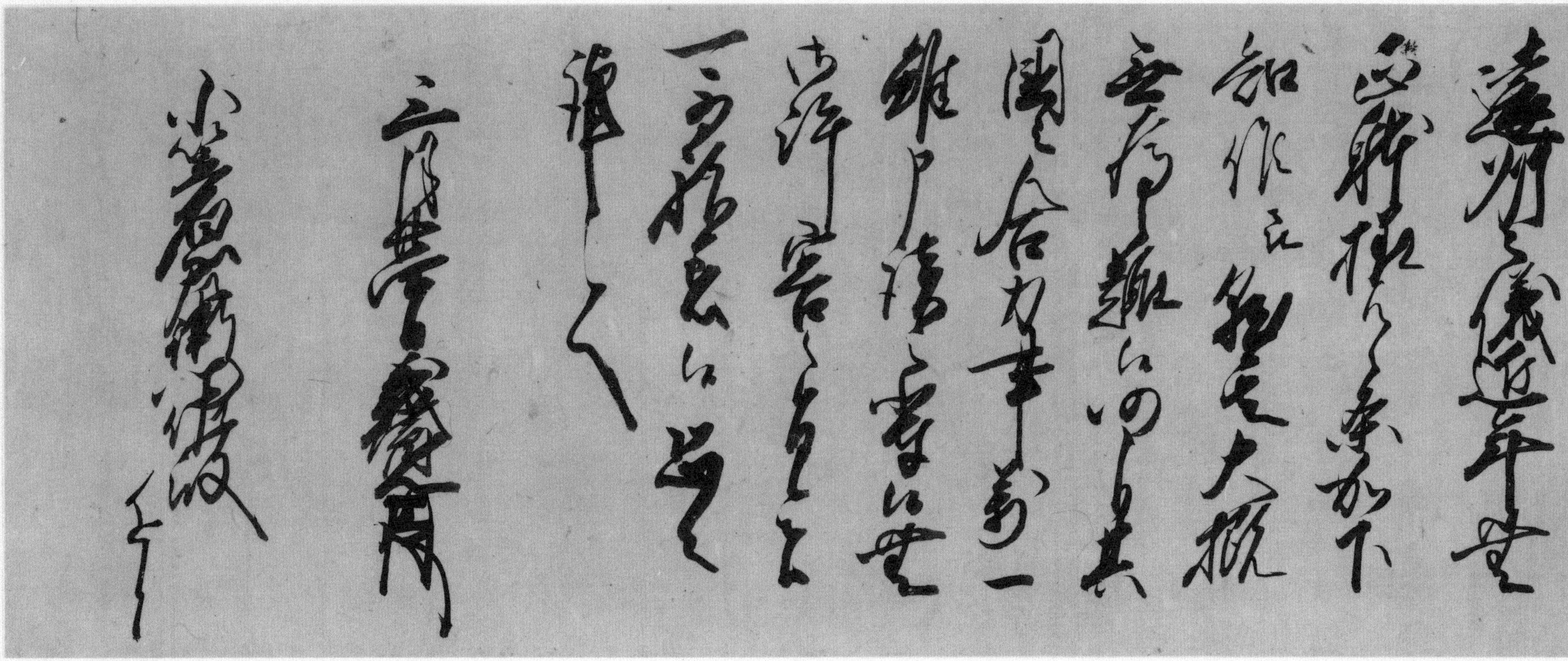

＊紙背

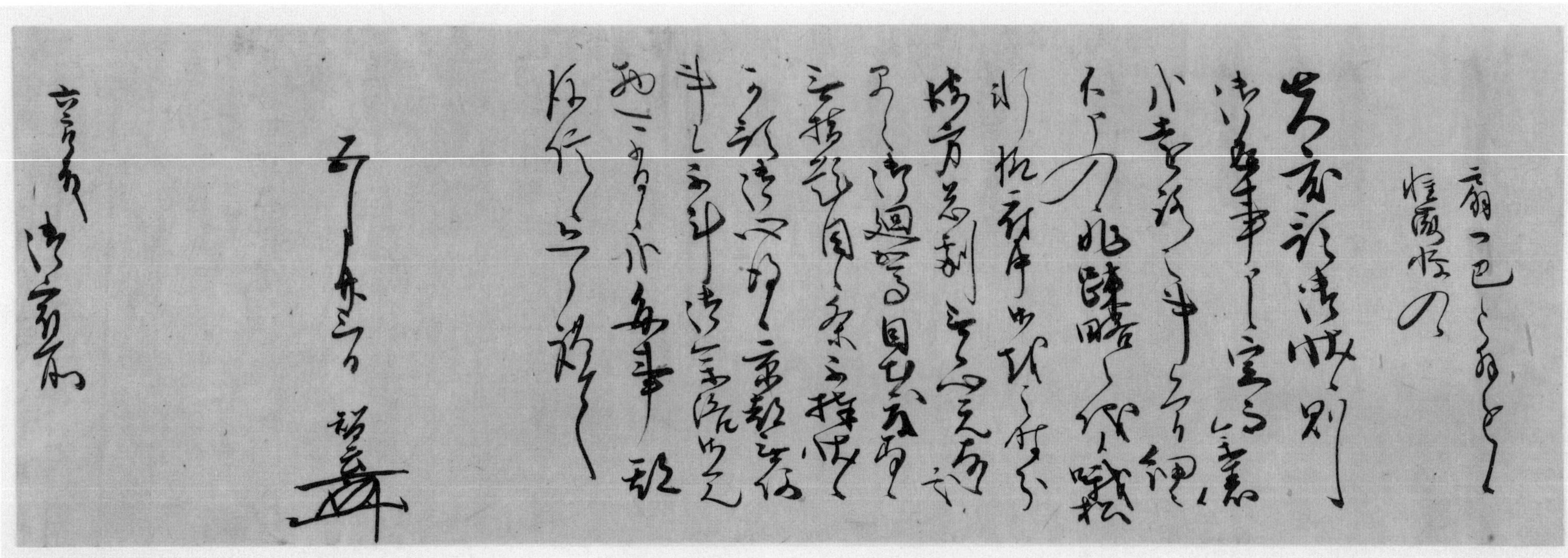

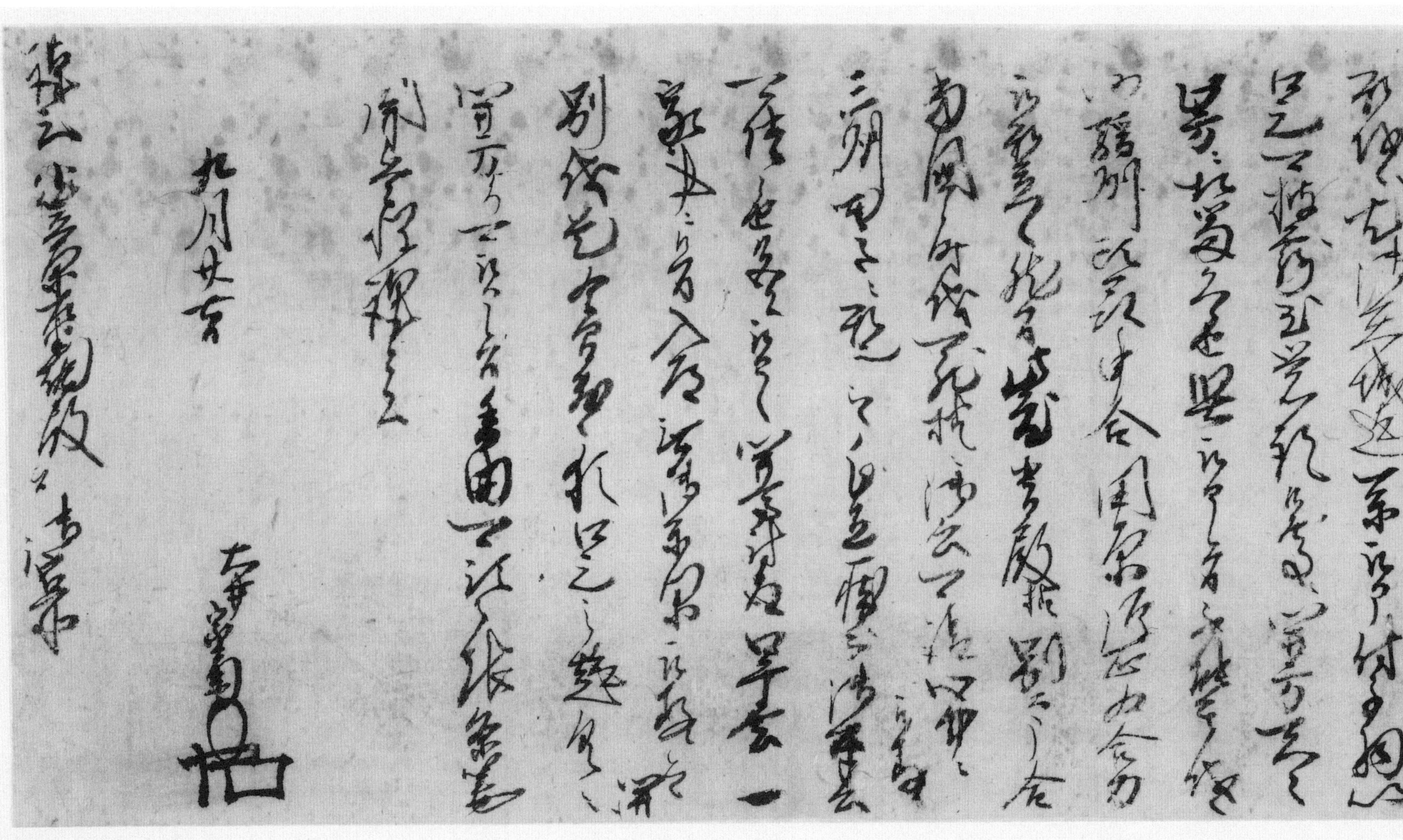
九月廿七日

大井宗菊

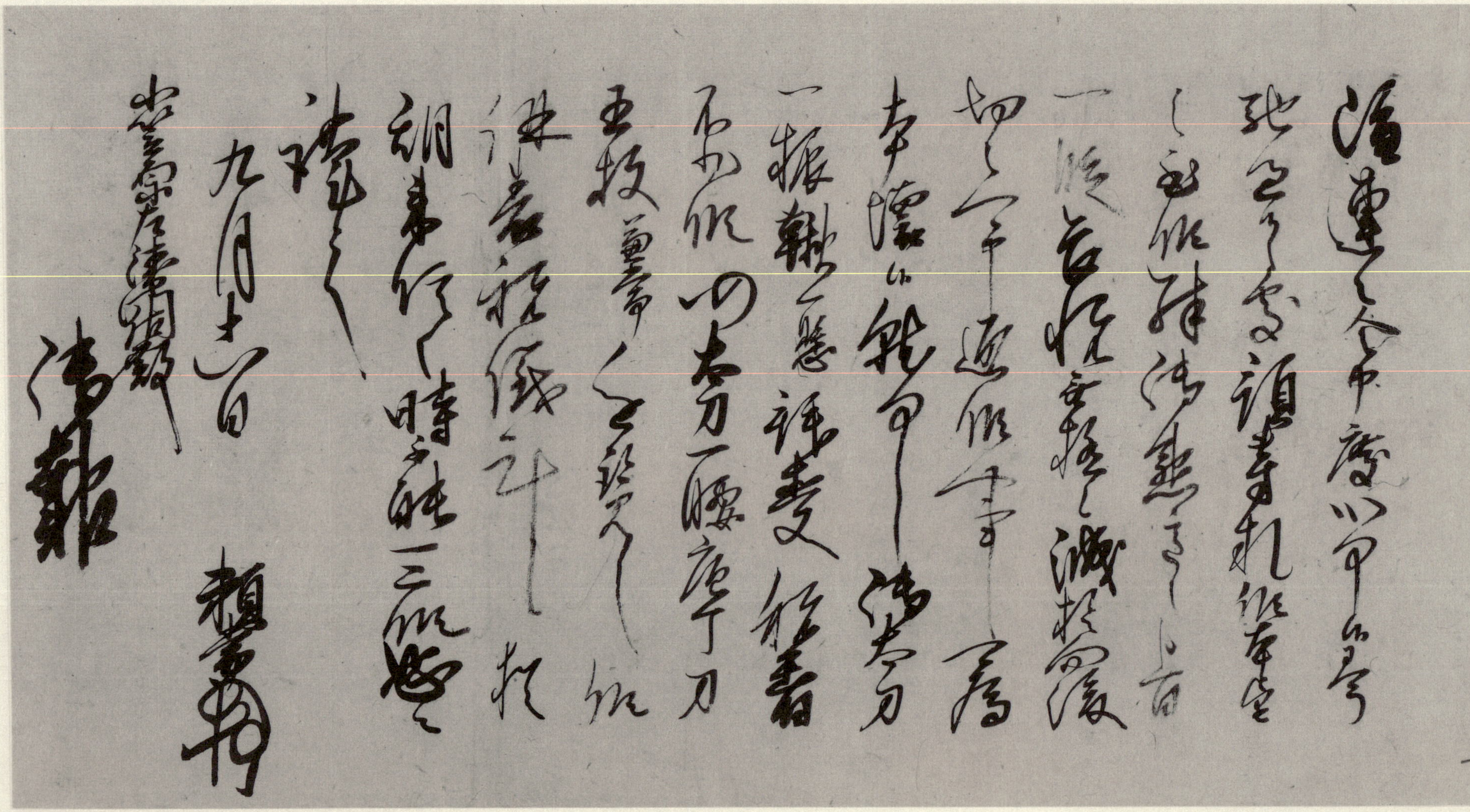
九月十八日
頼常

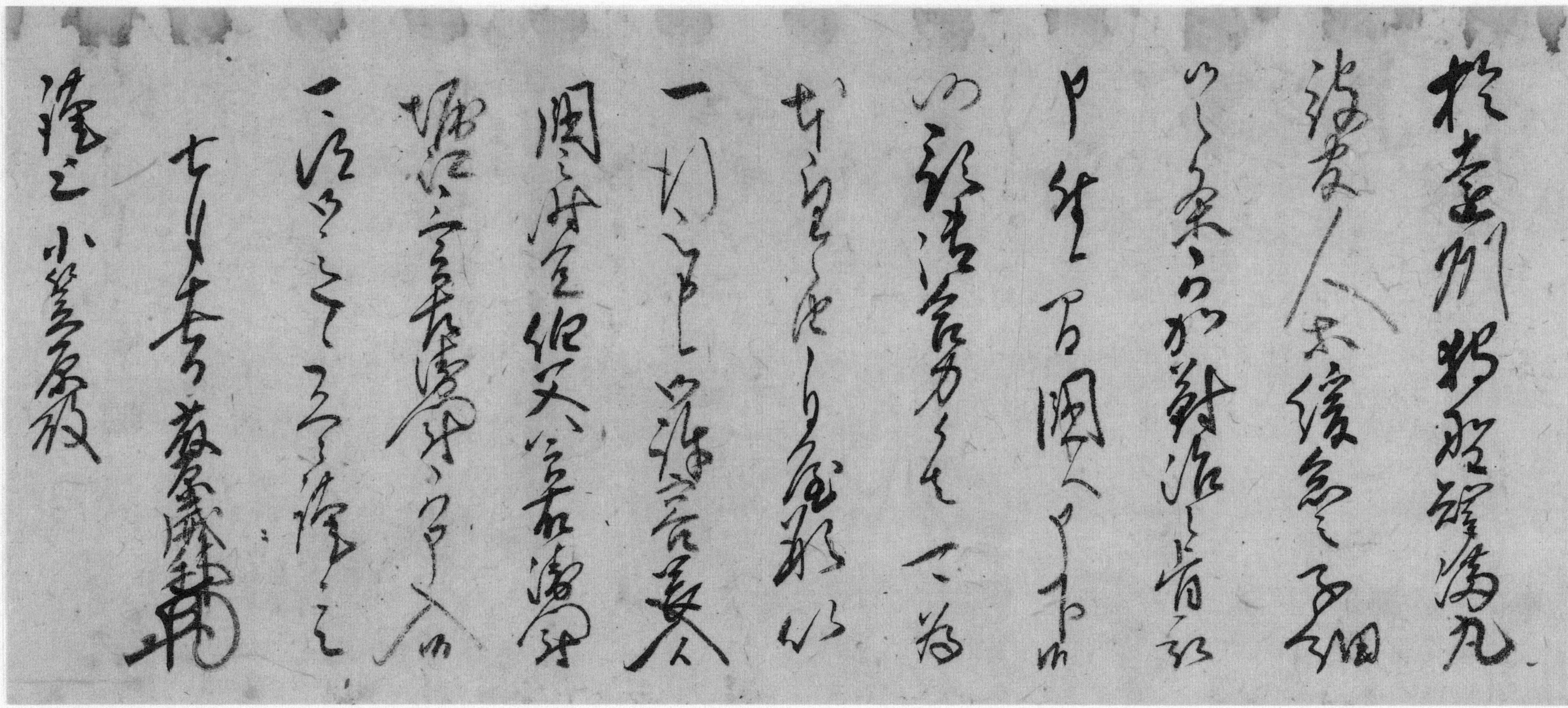

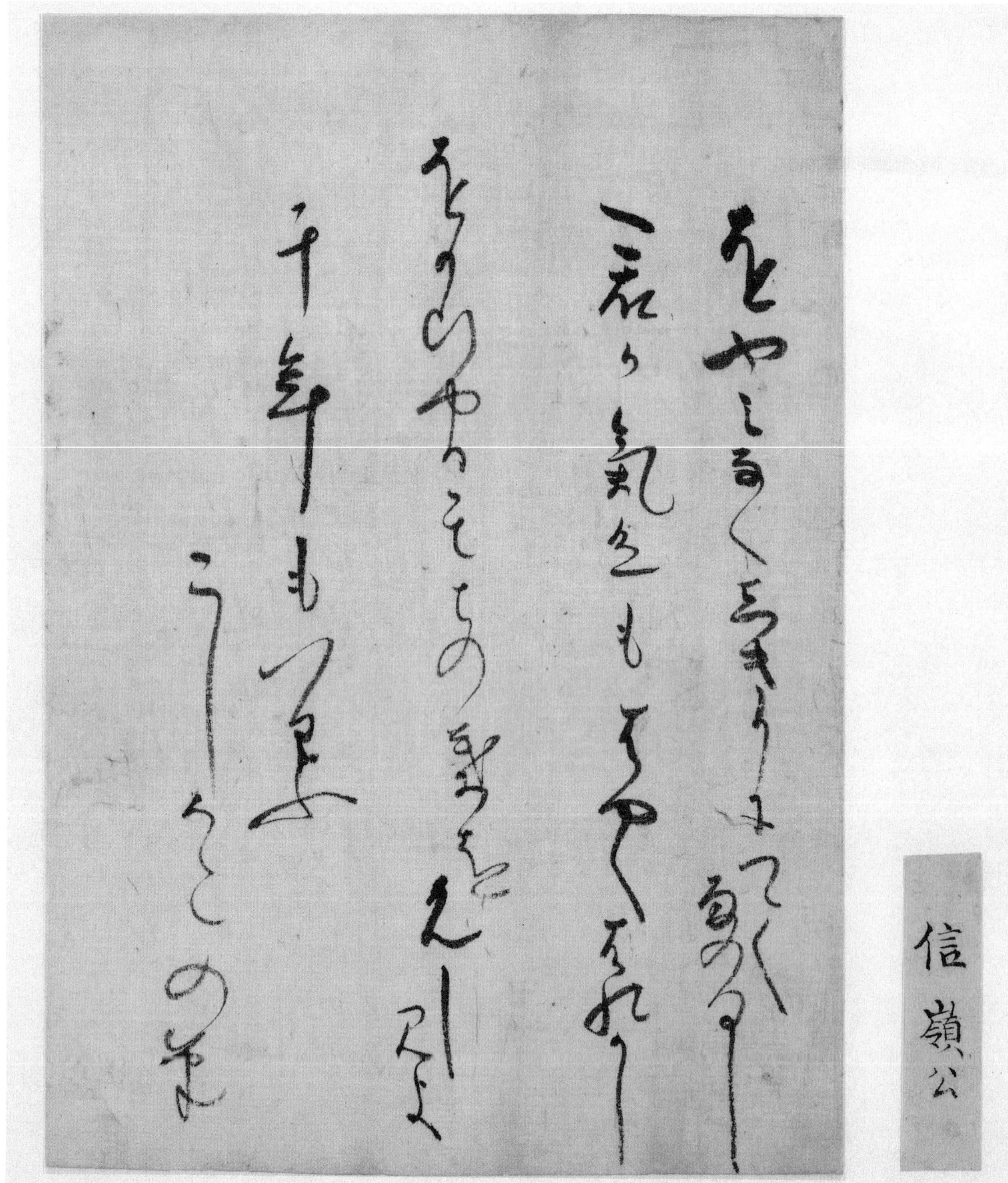
信嶺公

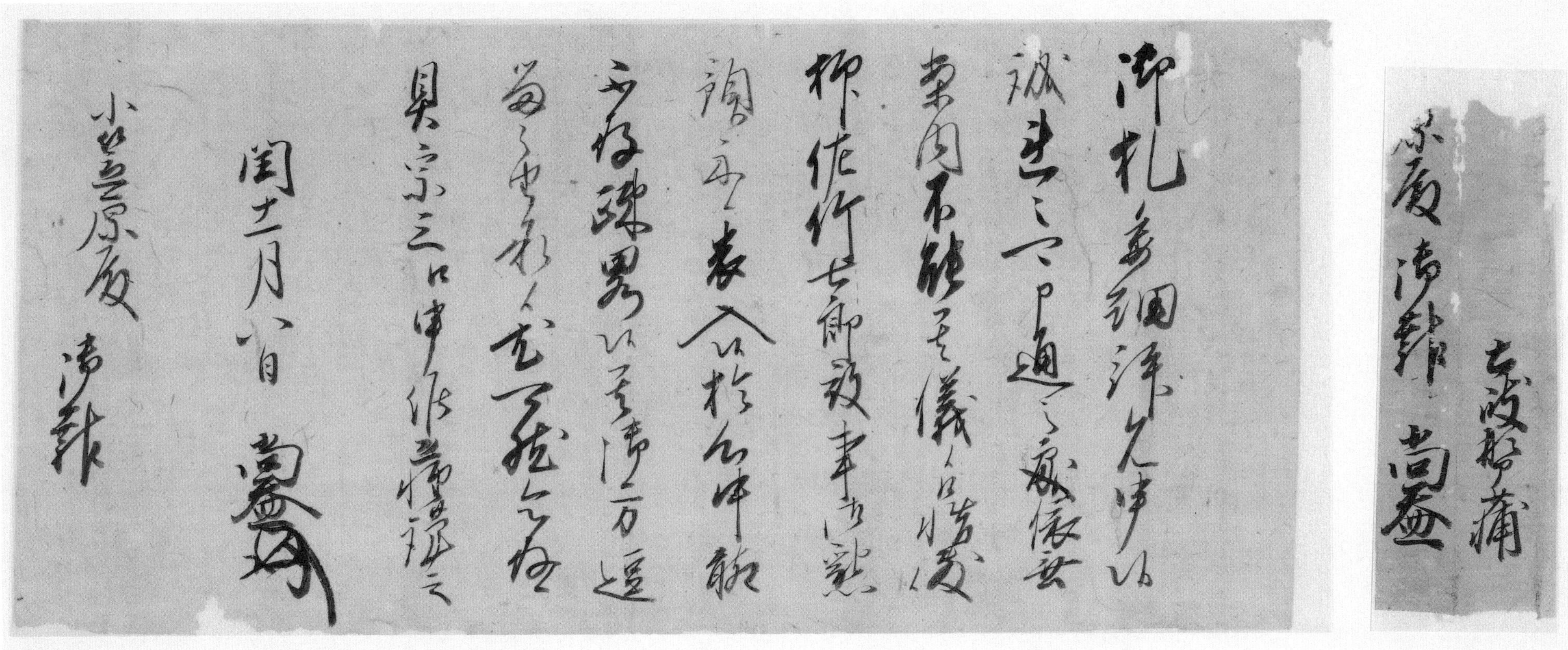

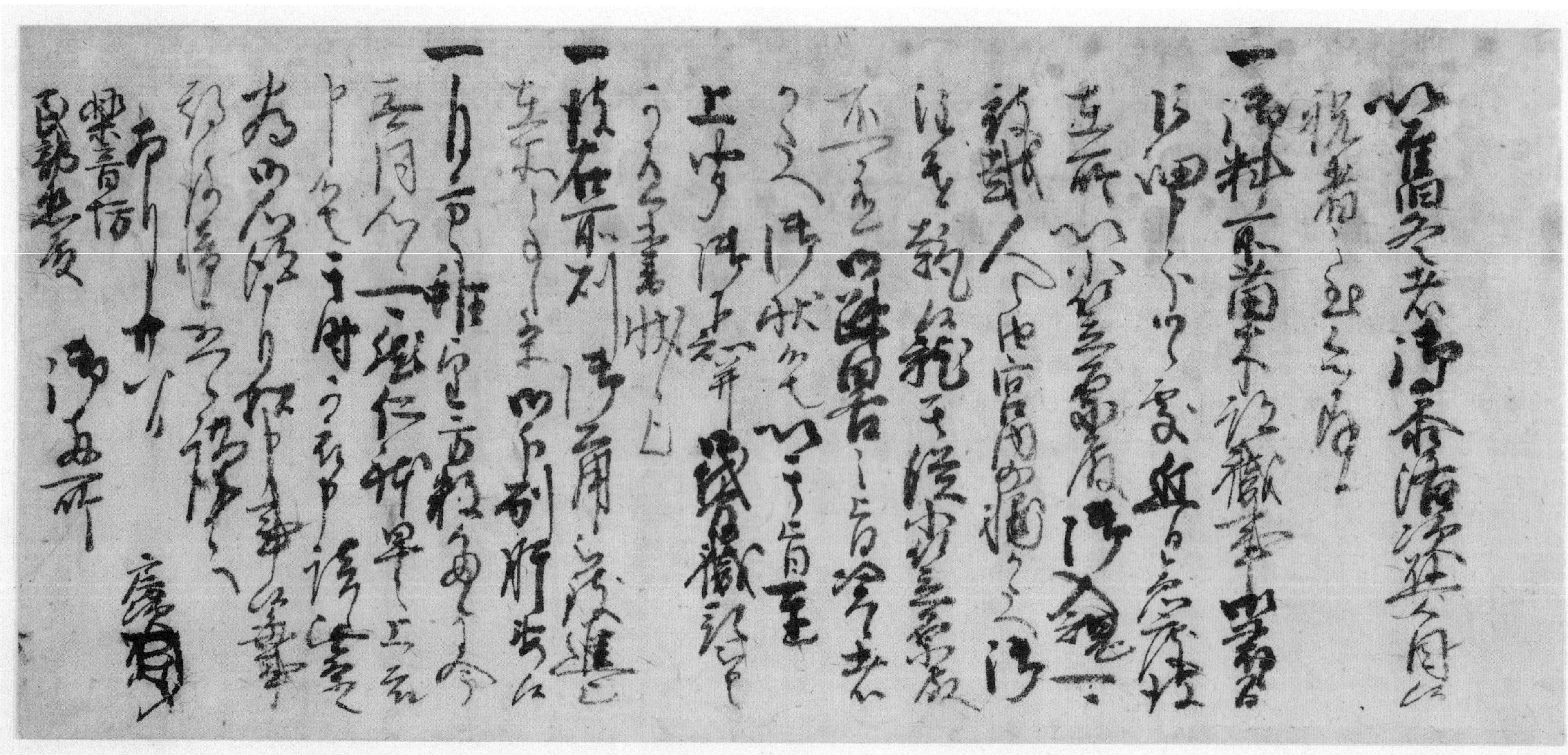

70細川道賢〈持賢〉書状　（長禄二年）九月六日

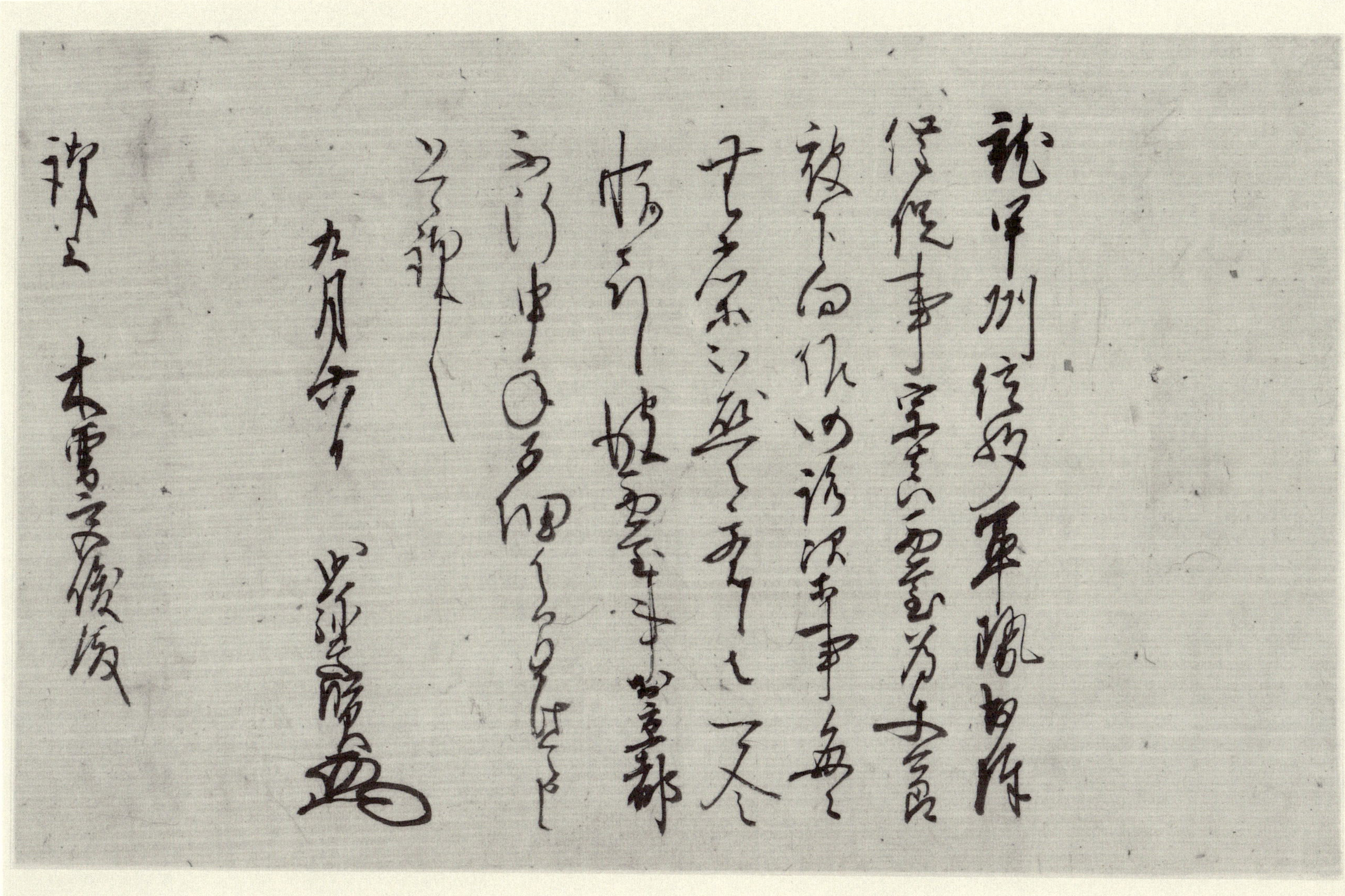

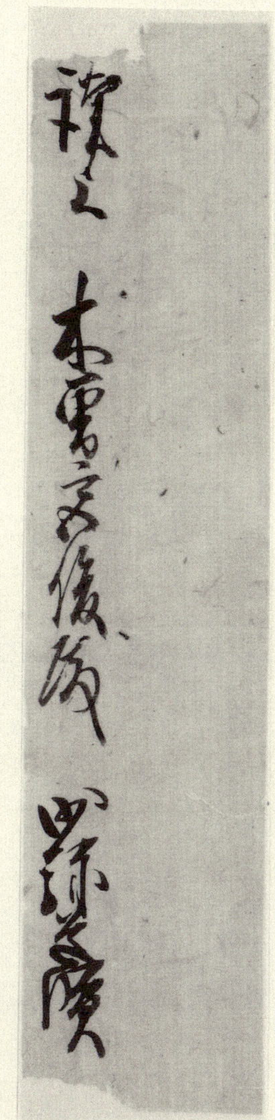

71遠山景房書状　（年未詳）十月十六日

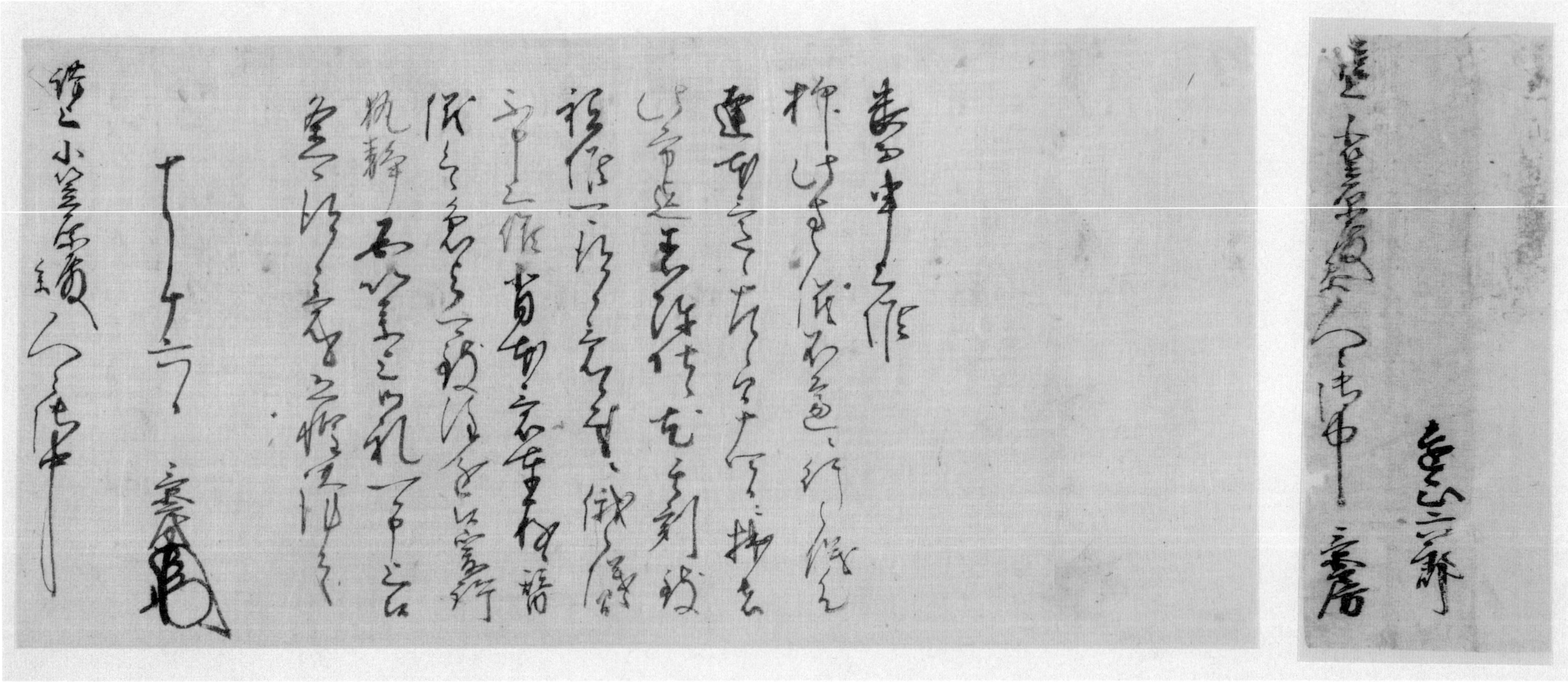

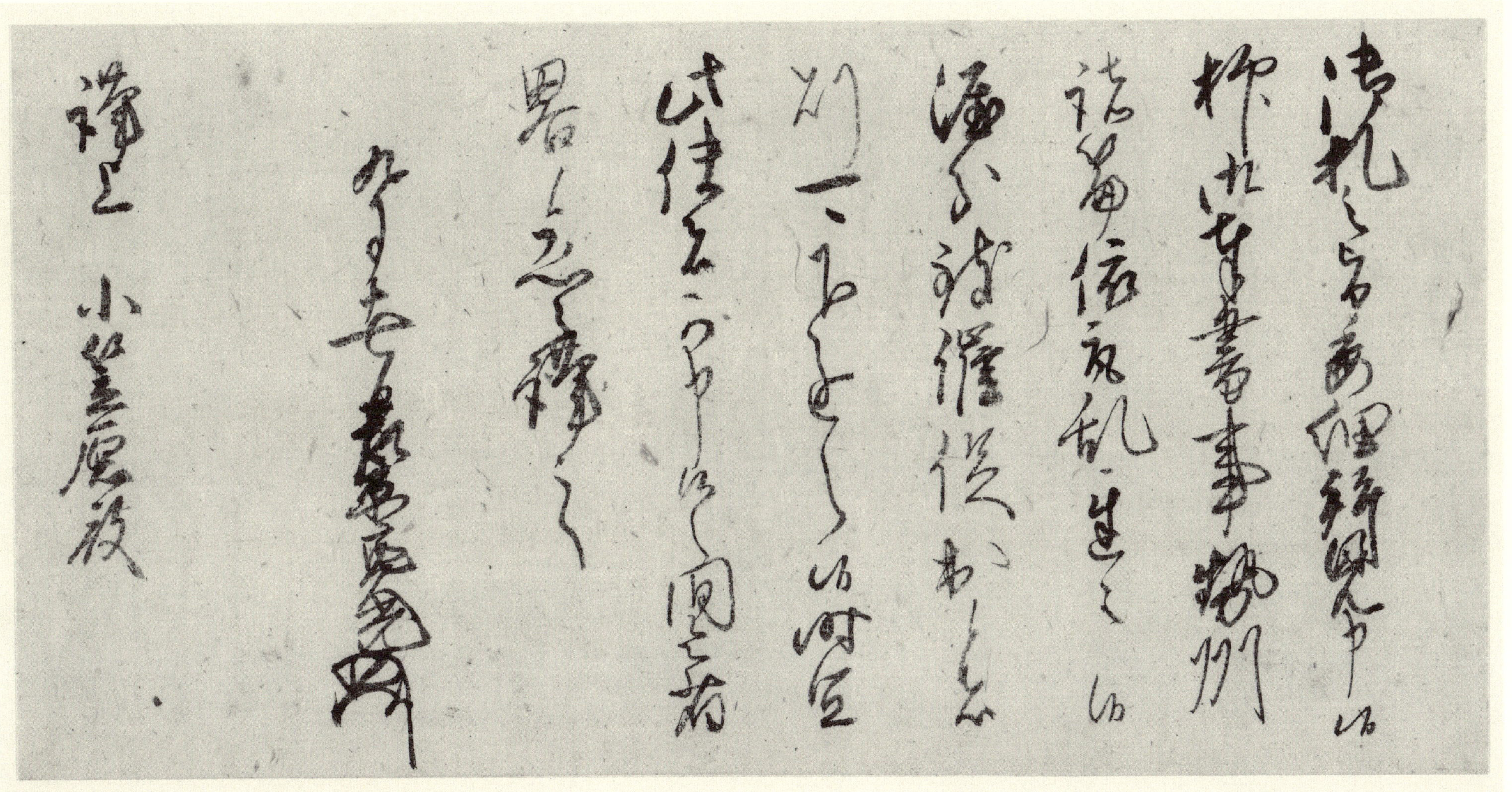

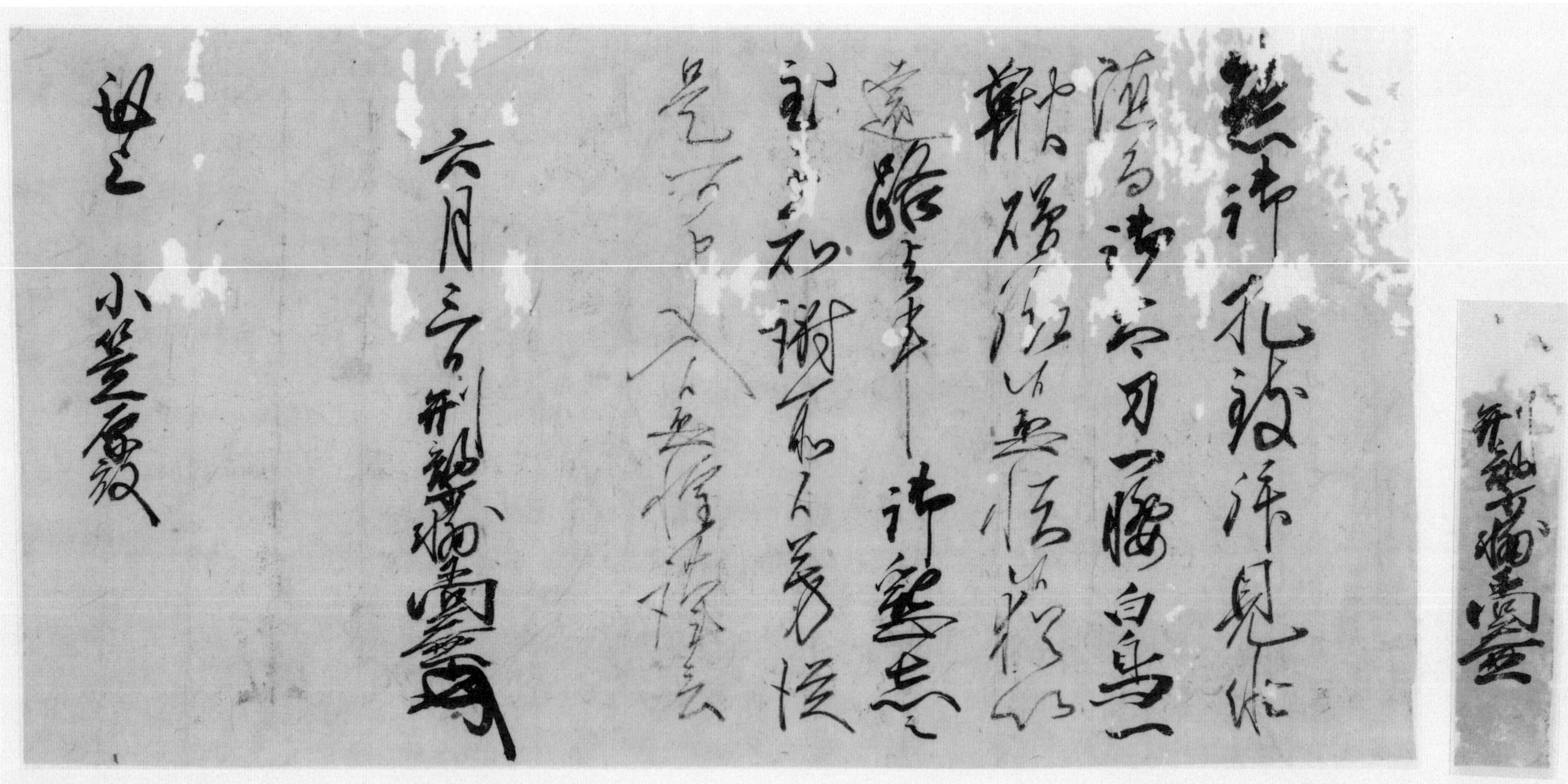

＊紙背

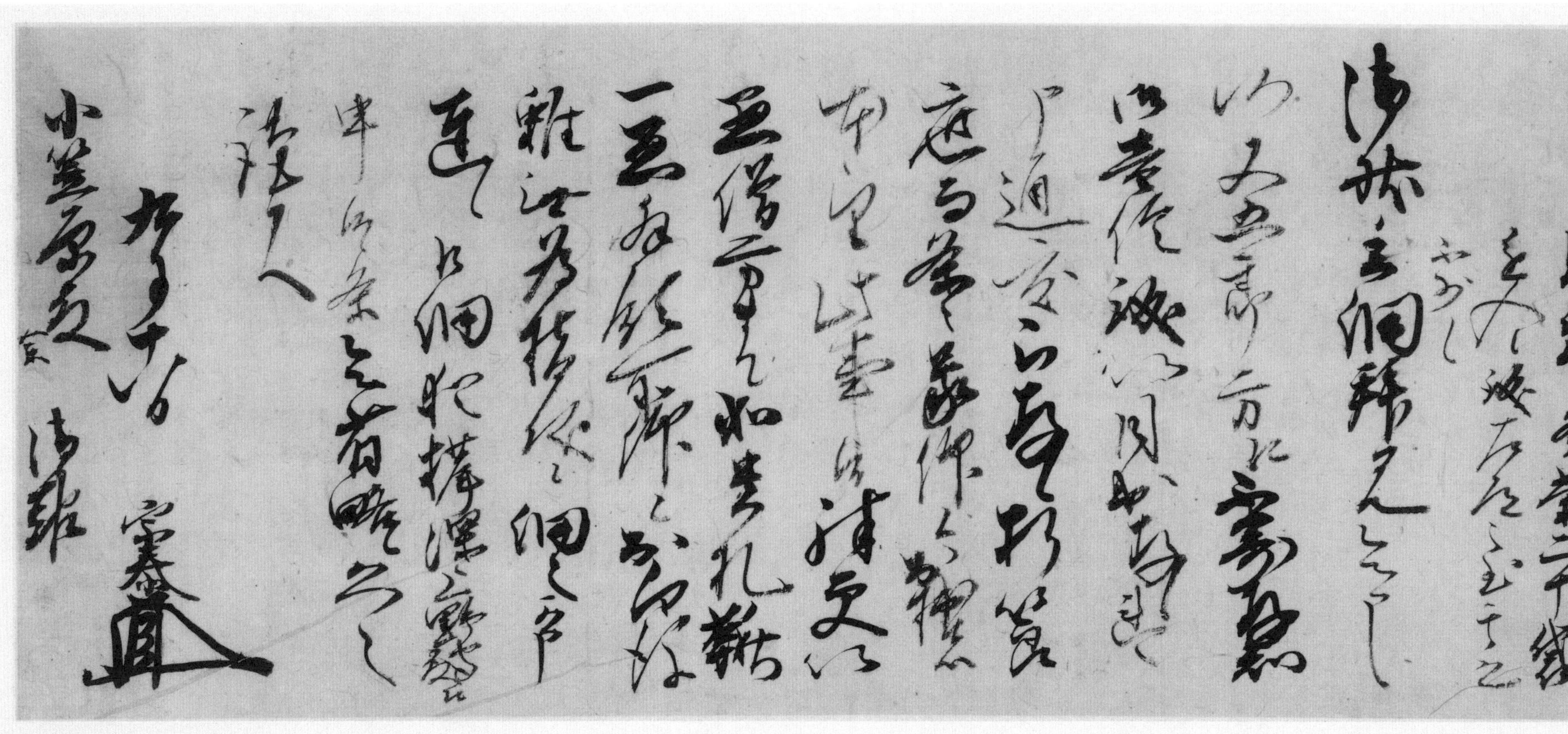

75　一色材延書状　（年未詳）卯月二十八日

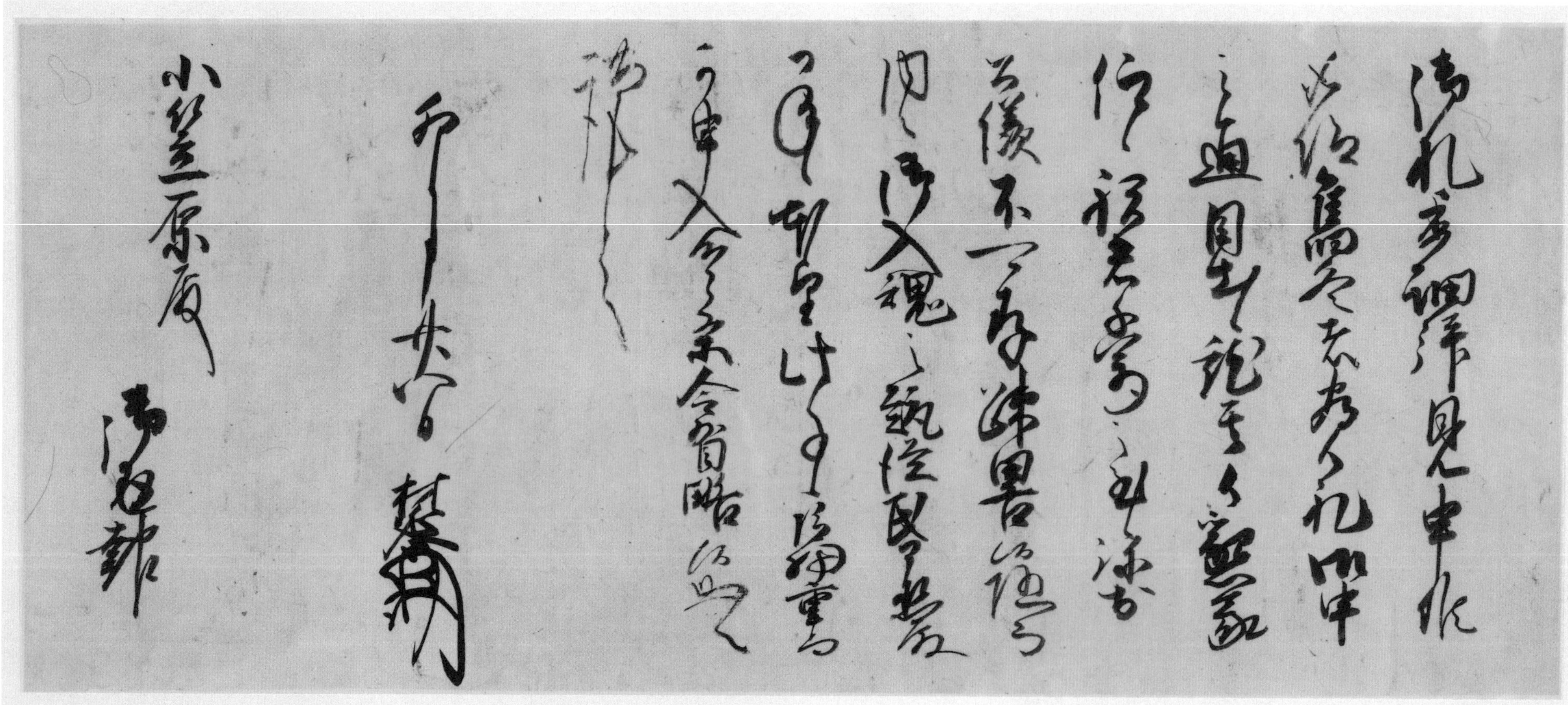

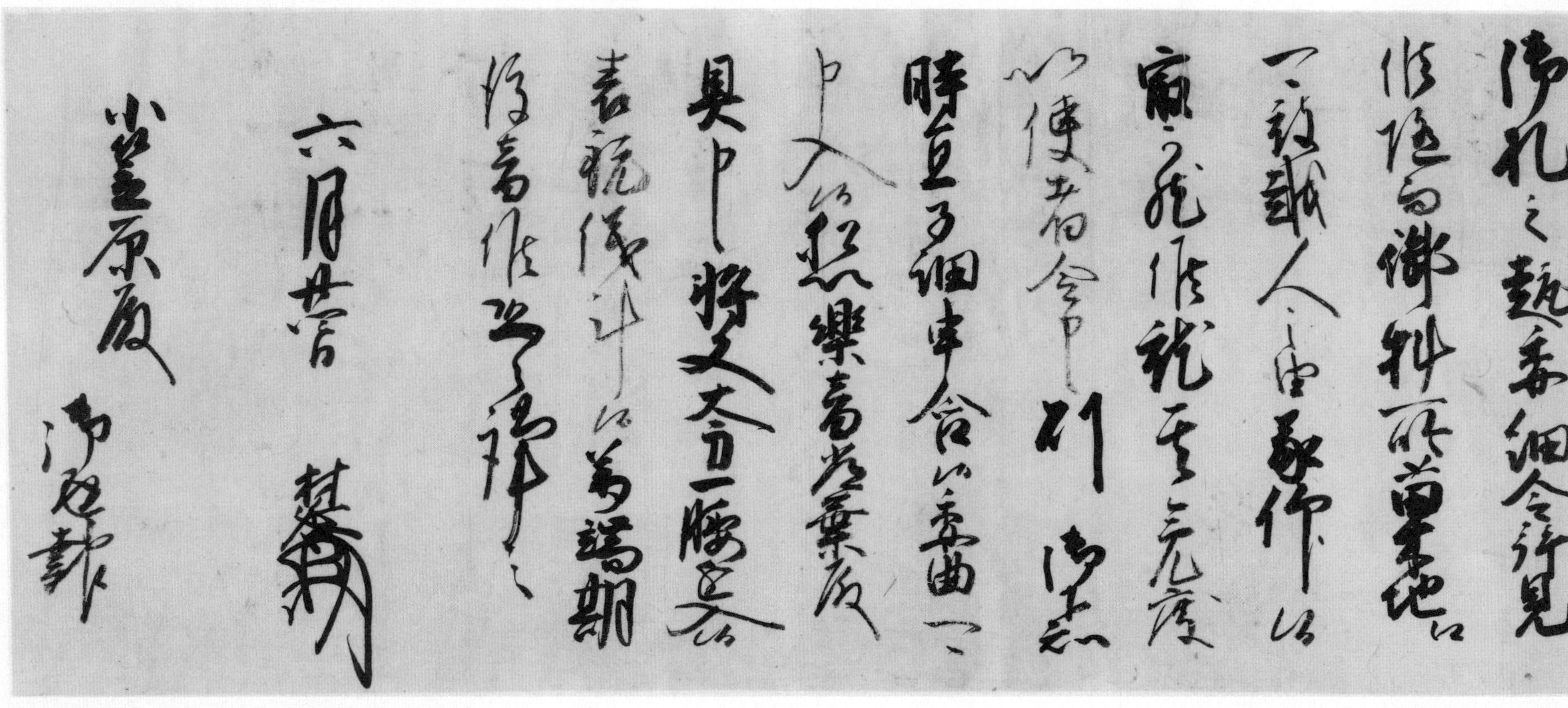

＊紙背

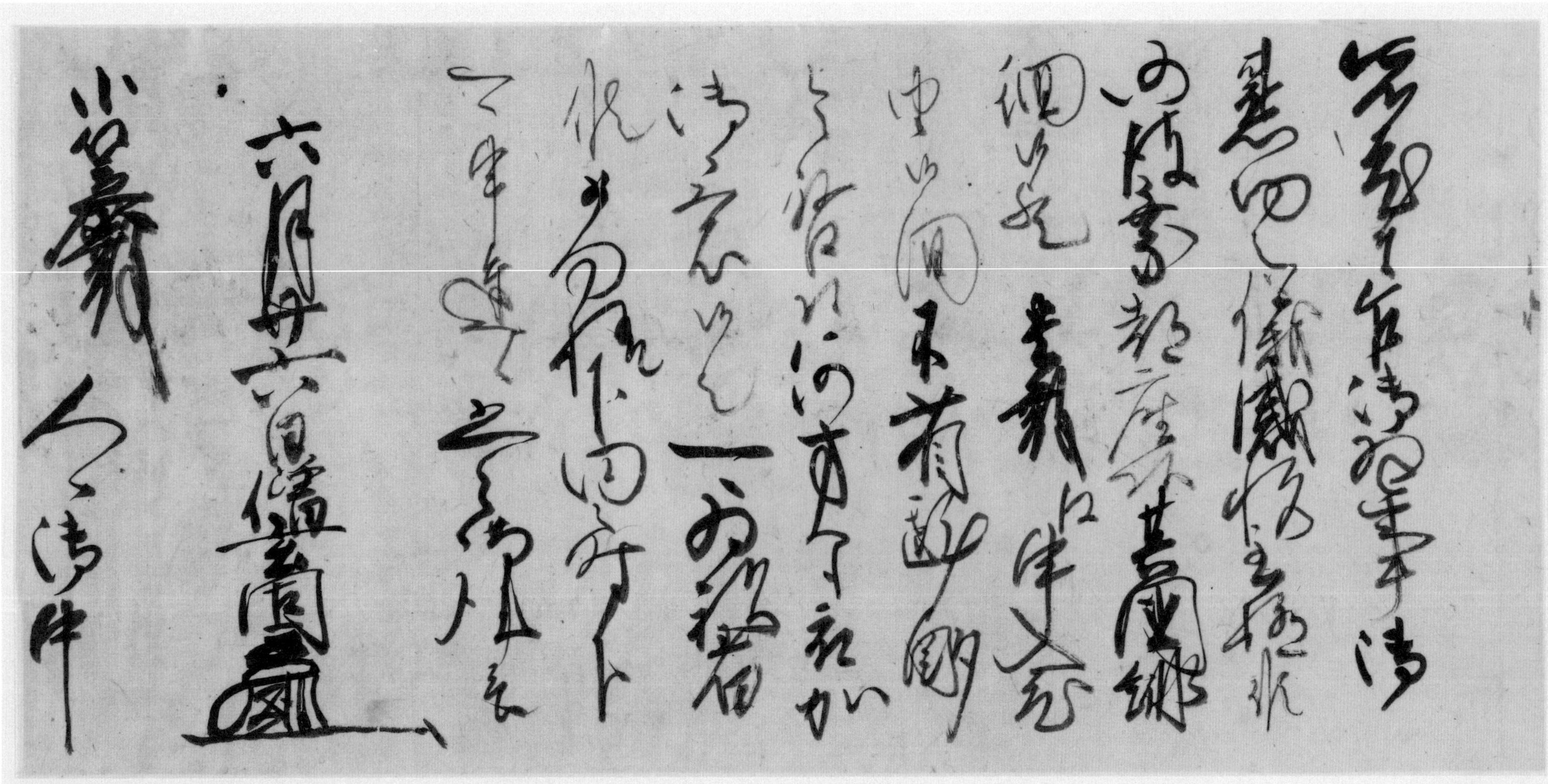

解説

はじめに

東京大学史料編纂所（以下、本研究所）の所蔵する『小笠原文書』（架番号S0671―17）は、足利尊氏をはじめとする室町幕府歴代将軍の自筆書状・自筆御内書や御判御教書、また小笠原氏歴代の自筆譲状など総数一八三点を数え、おおよそ中世における信濃守護に任じた小笠原氏に伝えられた文書群である。すなわち、元弘三年（一三三三）に宗長に宛てて軍勢を催促した足利高氏（尊氏）書状を嚆矢として、その多くは、貞宗、政長、長基、長秀と続く一流、そして長秀の弟政康を経て、その子宗康・政秀の鈴岡小笠原家、また宗康の弟である光康から家長・定基と続く松尾小笠原家、それぞれに宛てて発給されたものであり、なかでも、政康に宛てた文書が最も多く、次いで光康や孫の定基に宛てたものによって過半が占められている。深志（府中）小笠原家の長棟と戦った松尾小笠原家は伊那地方に割拠し、その子孫は、武蔵本庄、下総古河、同関宿、美濃高須を経て、元禄四年（一六九一）、貞信のときに越前勝山藩主となった。『小笠原文書』は、この一流に伝えられたため、『勝山小笠原文書』とも称せられる。

本書は、この『小笠原文書』を影印し、解説を付して、提供しようとするものである。

伝来と特徴について

本研究所は、大正十一年（一九二二）十二月に、子爵小笠原牧四郎氏が所蔵されていた史料を影写し、影写本『小笠原文書』全三冊として架蔵している（架番号3071.44―3、第一冊目に第一帖・第三帖、第二冊目に第四帖・第二帖の順に収録されている）。また大型カメラによる乾板フィルムで撮影した台紙付写真には、小笠原牧四郎氏原蔵一〇件、同長定氏原蔵一一件があり、昭和二年（一九二七）に刊行された『古文書時代鑑』下には、それらのうちの「大内義興自筆書状」（八四号）と「北条早雲自筆書状」（八五号）とが、子爵小笠原長定氏所蔵として収録されている。昭和二十六年（一九五一）七月に、早雲寺（神奈川県箱根町湯本）ご住職千代田純英氏より、本研究所員廣野三郎を代理人として譲渡され、本研究所の所蔵となった。廣野三郎は、大正九年（一九二〇）以来、昭和三十六年（一九六一）度まで、史料編纂官補などとして、主に『大日本史料』第十二編や『大日本古記録　梅津政景日記』の編纂を担当し（『東京大学史料編纂所史史料集』第三章「史料編纂所の教職員」第一節「職員録」など）、その他『八坂神社文書』や『浅間神社の歴史』などの編纂・研究で知られ、またアララギ派の歌人でもあった。本研究所所蔵『小笠原文書』の伊勢宗瑞（盛時）書状四通はいずれも影写であり、その原本は早雲寺の現蔵になり、平成二十年（二〇〇八）三月に、同寺を訪れて調査・撮影している（『東京大学史料編纂所報』第四三号、五五・六頁）。

『小笠原文書』に関する史料については、影写本のほか、天保二年（一八三一）書写本を写した謄写本『（勝山）小笠原古文書』乾・坤二冊（架番号2071.44―6、及び2071.44―7、小笠原長育氏原蔵）があり、以下の識語により、天保二年段階の様子が知られる。

（乾巻内題）「証状感状録／従五位小笠原長育」

（乾巻奥書）「従尊氏将軍至義澄将軍之間、世々先公所拝受感状、載系譜、曩以五十二通為五軸、今又以六十二通為一軸、凡六軸、然／先公暦（ママ）代之次第、有錯簡不与系譜合、於茲拠感状謄写之附、其次第至一百十四、因校系譜感状録及六軸、所載之次第、可知其実也、于時天保二歳次辛卯夏六月也、

安田八郎兵衛光命／宮川頼母董仲／伴木工兵衛家理／取調脇屋八兵衛嶺義／黒柳弥平次嫩枝
／取調栗田舎人重弘／福井榴之助貴礼／執筆大橋治八郎広海

明治十七年十月三日　御用掛前田利邕校（印）」

（坤巻巻頭識語）「従直義公至勝頼公之間、暦（ママ）代先公所拝受感状及譲状、諸家到来之古状、総七十通、不載系譜、不達官庁、因別集為一軸、然経年多矣、毎事不審、特拠／先公之時代集録也、于時天保二辛卯年六月也、

（連署、乾巻と同じにつき省略）」

（坤巻奥書）「右件之感状及古状、集備一軸、当今裱匠作之也、然秘／公之文庫不赦他見、因是使臣石原治作珍喜為之也、

明治十七年十月廿三日校　御用掛前田利邕（印）

一等繕写田中重遠模写（印）

華族小笠原長育蔵書ヲ以テ写ス、」

すなわち、天保二年においては、五二通を五軸に収めたもの、六二通を一軸に収めたもの、そして、七〇通を一軸に収めたもの、合わせて七軸一八四通であった。

また、謄写本『勝山小笠原古文書写』（架番号2071.44−2、伯爵小笠原長幹内平井淳麿蔵本、明治三十七年三月謄写）の識語には、「旧越前勝山小笠原家古ノ伊奈小笠原ナリ、所蔵古文書、明治三十一年春、故アリテ之ヲ見ルヲ得タリ、因テ其目録ト倶ニ数葉ヲ手写シ、参考ノ為之ヲ後世ニ遺ス、／平井淳磨記」とあり、その八丁目以降の「目録」には、

第壱帖　朝敵追討云々之巻／一足利高氏状　一通／（中略）／計参拾八通
第弐帖　太刀一腰云々之巻／一足利　直（ママ）義状　一通／（中略）／計参拾弐通
第参帖　美濃国中河云々之巻／一足利義満状　一通／（中略）／計参拾六通
第四帖　結城館事云々之巻／一足利義教状　一通／（中略）／計七拾七通
明治廿六年五月／小笠原長育／（朱書）「此目録ハ長育子爵ノ自筆本ニヨリテ写ス」

と記され、明治二十六年（一八九三）五月の時点で、台紙貼りの手鑑全四帖（一八三通）の形態に装丁されていたであろうことが想像される。それは、小笠原信嶺より数えて勝山小笠原家第十一代となる東宮（後の大正天皇）侍従小笠原長育氏の手になるものという。同氏は、明治十五年（一八八二）より同十八年まで、前田利邕氏などとともに、本研究所の前身である太政官修史館の御用掛を勤めていた。ちなみに平井淳麿氏は小倉藩士、小倉（豊津）藩主小笠原忠忱の家令である。福岡県みやこ町歴史民俗博物館寄託『小笠原文庫』の有職故実関係書籍奥書等に、その名が残る。なお、写真帳『小笠原文書』（架番号6171.44−1、昭和三十七年撮影、二冊）は、手鑑装であった時期に撮影されたものであり、その状態を窺うことができる。

次項において詳述するように、四帖に装丁されていた本文書群は、虫害による虫穴のほか、糊や湿気などの影響によって生じた皺、高い湿度の蒸れによって生じた表面の汚れと磨耗、蝶番のはずれ、など相当な傷みがあり、修補の必要性があった。そこで、第一・二帖については、平成四年（一九九二）度から同八年度にかけて、当時の図書部史料掛（現　図書部史料情報管理チーム）が主に担当して、国宝修理装潢師連盟会員の株式会社半田九清堂に修補作業を依頼した。第三・四帖に関しては、史料保存技術室修復が担当した。その間に、本影印叢書への収録が決まり、史料保存技術室写真が撮影することとなり、全ての帖に関して元来の装丁を解体した最上の状態で撮影することができた。第一・二帖と第三・四帖の修補を少し変えており、付箋等の処置が若干異なっているのは、このような経緯の反映である。

修補の結果、新しく判明した点も多いが、その詳細については、後掲の文書目録に譲ることとする。なお、『小笠原文書』のうち、謄写本『勝山小笠原古文書』に収録されているが、本研究所の所蔵には帰しておらず、現在、所在が不明のものは以下の通りである。

○「高倉院御宇院宣　遠光公江」
於紫震殿悪魔平、神妙、武勇似四天王、早如猛虎麒麟為弓馬、朝恩依望不動明王給之一字御免被成下、家紋可伝之旨／院宣／右、抽朝家之忠勤故也、并江州志賀郡出之可知行、執達仍如件、／承安元年正月廿六日　御璽／かゝみ二郎（乾巻三丁）○頭注「厂(贋)物也」

○「元暦二己巳年正月六日、賜頼朝書於範頼、別有書　重仔　長清公御代」
御下文一まい遣之候、国の衆共に見せさせ給へく候、わうはく法師の事、用させ給へからす、穴賢〱、甲斐の殿原の中には、いさわ殿・かゝミ殿、ことにいとをしくし申させ給へし、かゝミ太郎殿ハ二郎殿の兄にて御座候へとも、平家に付、又木曽に付て、心をふせんにつかいたりし人にて候へハ、所知なと奉へきには及ハぬ人にて候なり、たゝ二郎殿をいとをしくして、是をはこくみ候へき也、（乾巻四丁）○頭注「番外、本紙ナシ」

○「小別巻之内御太刀久国義教将軍ヨリ政康公へ」
越知隈河差寄袮津、追落芝生田・別府両城云々、尤以神妙、仍太刀一腰遣之候也、／三月六日　（花押）（足利義教）／小笠原治部大輔入道殿（乾巻七二丁）（『信濃史料』永享八年三月六日条に「小笠原文書」として収める。）

○「小別巻之内御太刀真長義教将軍ヨリ政康公へ」
葦田下野守事、令降参之由註進到来、尤神妙、仍太刀一腰遣之也、／八月三日　（花押）（足利義教）／小笠原治部大輔入道殿（乾巻七四丁）（『信濃史料』永享八年八月三日条に「小笠原文書」として収める。）

○「小別巻之内　義教将軍ヨリ政康公へ」
今度結城館事、即時攻落、凶徒等悉討捕、剰虜春王丸・安王丸畢、武略無比類、尤被感思食候、仍鶯太刀友成、一腰遣之候也、／（嘉吉元年）五月二十六日　（花押）（足利義教）／小笠原大膳大夫入道殿（乾巻七六丁）（『信濃史料』嘉吉元年五月二十六日条に「小笠原文書」として収める。）

ところで、後掲の文書目録には紙質について記しているが、紙質については、本叢書『島津家文書　歴代亀鑑・宝鑑』解説に以下のように記述されている。本冊は基本的に同じ立場に立つから、煩を厭わずに引用しておきたい。

料紙に関する確実な判定は、料紙繊維の極微量採取と試料とによる化学反応の結果に基づくべきとはいえ、それを行い得る条件は限られている。それに代わって通常採り得る方法は、透過光を用いた百倍顕微鏡による肉眼目視である。その場合、それぞれの繊維の特徴や米粉の有無が判断の基準となる。それらの基準については、なお研究者の間で統一をみていないのが現状であるが、おおよそ以下の分類が採用されているように思われる。

まず、大きく楮紙・斐紙・漉返紙に分け、この他には三椏紙や竹紙がある。楮紙系統は、引合、檀紙、強杉原、杉原に分類する。檀紙は、米粉を入れず、非繊維物質を排除しているものをいい、引合は檀紙のうちに含まれ、その最上級の紙の称である。強杉原は米粉を入れず、わざと非繊維物質を含めて漉いた紙をいう。杉原は米粉を入れた紙であるが、その範囲は広い。一方、斐紙系統は、鳥の子紙、雁皮紙、間似合紙に分類する。鳥の子紙は米粉を入れており、そのため、白っぽくゴワゴワした感じがない。一方、雁皮紙は米粉を入れず、そ

のため、濃い茶色で硬くバリバリした感じとなる。間似合紙は米粉・白土が入る。

　これらの分類基準については、例えば米粉の少し入った檀紙もあるなど、なお流動的で見解の分かれる部分があるが、当面の覚書として記しておく。

　料紙の判定は、上記の基準に加えて、透過光によってより明確に認識できる簀目の本数や太さ、糸目、触感や色目などの風合い、その他全体的・総合的な知見によって行われるのが一般である。しかし、『歴代亀鑑』『宝鑑』ともに厚い台紙貼りの手鑑仕立てであり、透過光を用いることが全く不可能であるため、顕微鏡を用いた目視と表面観察とによって判断したものが多い。したがって、その確実な判定は将来的な課題に属するといわねばならない。

　上述のように、『小笠原文書』については、台紙貼りの状態ではなく、『島津家文書　歴代亀鑑・宝鑑』の際よりも好条件の下で調査できたが、相当な傷みによる判定の困難さとともに、単純な分類では済まされない要素も確認できた。そこで、次に、紙質調査と本文書群の特徴について述べておく。

　まず楮紙についてであるが、近江国兵主社替地に関する死没直前の小笠原貞宗入道正宗の希望をかなえた(貞和三年)五月十七日足利尊氏書状（一ノ一一）と、その申請を認める旨を兄尊氏に伝えた(貞和三年)五月十七日足利直義書状（一ノ一二）とは、ともに自筆であり、その料紙は、檀紙のうちでも最上級の紙の称である引合と理解すべき紙質である。紙質としての引合については理解に幅があるが、上述のように定義すると、足利尊氏・直義が自筆で書記した文書は、楮紙・竪紙の場合、料紙は引合である、あるいは引合の場合が多いと一般化できるように思われる。逆に言えば、書札様文書において、料紙に引合を使用した場合は自筆である、もしくはその可能性を想定すべきであるように思われる。『小笠原文書』のうちでは、(永享七年)九月二十二日足利義教御内書（三ノ二二）を自筆として、その料紙を引合とし、また、(応永三十四年カ)十月二十六日足利義持御内書（二ノ一五）も自筆であり引合に近い料紙（檀紙）と判断した。さらに、筆跡を基本としながらも、紙質、本文と花押の墨色などを判断材料とすると、料紙は引合ではないが、自筆と考えるべきものに、(正平六年)十二月十五日足利尊氏書状（一ノ二〇）、(観応二年カ)五月二十日足利尊氏書状（一ノ二八）、(応永六年)十二月十日足利義満書状（二ノ五）、(永享十一年)閏正月二十五日足利義教御内書（三ノ三二）がある。

　先に、台紙付写真として架蔵しているものがあることに触れたが、本研究所の所蔵史料目録データベースによれば、牧四郎氏原蔵のうちでは、「十二月十日足利義満自筆御内書（架番号538–6714、二ノ五）」、「十月廿六日足利義持自筆御内書（538–6715、二ノ一五）」、「九月廿二日足利義教自筆御内書（653–6709、三ノ二二）」、「六月七日足利尊氏自筆書状（654–6706、一ノ一一）」、「正月十七日足利直義自筆書状（654–6707、一ノ一二）」を、長定氏原蔵のうちでは、「三月十一日小笠原宗康自筆書状（557–8128、四ノ八）」、「三月廿四日斯波義寛自筆書状（557–8132、四ノ六二）」、「小笠原信嶺自筆和歌(伝)（592–8131、四ノ六七）」、「小笠原正透(政康)自筆置文（620–8127、四ノ七）」、「六月十三日大内義興自筆書状（620–8130、四ノ二四）」、「九月廿一日北条早雲自筆書状（620–8142、四ノ四五）」、「十一月七日小笠原家長(義雄)自筆書状（653–8129、四ノ三九）」を、それぞれ自筆としている。必ずしも承認しがたいものも含まれているが（例えば一ノ二など）、このように歴代将軍発給文書に自筆と判断し得る文書が多いことは、この文書群を際立たせている。

　次に、御判御教書のうち袖判と日下判とでは使用した料紙が異なる事例に触れておく。応永三年五月六日（三ノ一）、同五年八月二十四日（三ノ二）、同六年五月十日（三ノ三）の足利義満御判（袖判）御教書、同二十二年十二月五日（三ノ八）、同二十三年十二月晦日（三ノ一〇）、同二十五

年九月九日（三ノ一一）、同三十年十一月十六日（三ノ一四）、同三十二年十二月二十九日（三ノ一七）の足利義持御判（袖判）御教書、および永享十一年六月二十日（三ノ二八）足利義教御判（袖判）御教書は、それぞれ料紙を強杉原とし、応永七年八月五日（三ノ六）足利義満御判（日下判）御教書、および永享七年二月二十一日（三ノ二二）足利義教御判（日下判）御教書は、それぞれ料紙を檀紙としている。永徳二年八月二十七日足利義満御判（袖判）御教書（一ノ三六）は強杉原か檀紙か判断に迷うが、足利義満・義持・義教の御判御教書は、袖判の場合は強杉原であり、日下判は檀紙を使用しているかのようである。

斐紙については、繊維が細かく簀の上に紗を引いて漉き上げるため、簀の目は見えず紗目が見えることが特徴とされ、米粉の有無やその厚薄が、分類の指標となっている。しかし、明らかに斐紙繊維をベースにしながらも、紗目ではなく簀の目が目視される場合があり、また、顕微鏡調査により、楮紙かと思われる比較的太い繊維が相当程度に混じている場合が往々にして見受けられた。このような場合は「斐紙（楮交）」と表記した。煩を厭わずに列挙すれば、建武三年六月二十六日（一ノ六）、同三年七月四日（一ノ七）の足利直義御判御教書、観応二年八月十日（一ノ一七）、同年十月五日（一ノ一八）、正平六年十二月十五日（一ノ一九）、同年十二月十七日（一ノ二一）の足利尊氏御判御教書、（正平六年）十二月十五日足利尊氏書状（一ノ二〇）、（観応三年）四月二十五日小笠原政長書状案（一ノ三〇）、（応永三十年）八月十九日（二ノ八）、（同年）十月十日（四ノ五）の畠山道端（満家）書状、（永享十年）九月二十四日足利義教御内書（二ノ三〇）、（年未詳）五月四日（四ノ二）、（同年）十月二十日（四ノ一二）の細川道賢（持賢）書状、（文明五年）三月二十日（四ノ三）、（同年）十一月二十一日（四ノ五五）の細川政国書状、（長禄二年）八月二十七日（四ノ二一）、（文明七年）八月六日（四ノ四）、（同十年カ）二月二十一日（四ノ二二）、（年未詳）十一月三日（四ノ二六）の足利義政御内書、（康正元年）十一月二十七日（四ノ一四）細川勝元書状、（文明五年）十一月二十二日足利義政御内書案（四ノ一七）、（永正三年）閏十一月十二日（四ノ三四）、（同年）閏十一月十七日（四ノ三二）の佐竹宗三（光家）書状、（文亀元年）七月十日（四ノ四〇）、（同年カ）十一月七日（四ノ三九）の斯波義雄書状、（年未詳）六月二十一日甲斐敏光書状（四ノ五〇）、（文亀元年カ）十二月二十三日大谷盛勝書状（四ノ五一）、（年未詳）卯月二十八日信光カ書状（四ノ五二）、（文明五年）三月十七日富島為仲書状（四ノ五三）、（年未詳）三月十日今川氏親書状（四ノ五六）、（文亀元年）六月十九日赤沢宗益（朝経）書状（四ノ五七）、（年未詳）三月九日伊奈盛泰書状（四ノ五九）、（永正六年カ）八月二十七日（四ノ六一ノ一、二）の小笠原長隆書状、（文亀元年カ）三月二十四日斯波義寛書状（四ノ六二）、（年未詳）五月二十三日古雲智云書状（四ノ六三）、（年未詳）九月十八日頼常書状（四ノ六五）、（永正三年）閏十一月八日土岐尚益書状（四ノ六八）、（年未詳）九月十八日宗泰書状（四ノ七四）、（年未詳）卯月二十八日（四ノ七五）、（同）六月二十四日（四ノ七六）の一色材延書状、（年未詳）六月二十六日雪江玄固書状（四ノ七七）が、それに相当する。

これらの料紙については、料紙の白い発色に効果があるという青い繊維（紺紙繊維）が単発的に見え、茶系統の短く太い繊維も見えることなどにより、生漉きではなく「漉返紙」である可能性もあるが、明らかに漉き返しと判断できる材料を目視できなかったため、このような表現とした。したがって、ここにいう「楮交」とは、従来の「楮交斐」もしくは「斐交楮」という表記が「楮紙（打紙）」に、ある程度置き換えが可能であるとする指摘とは別の概念である。その使用が広範囲にわたっていることから、必ずしも粗悪な料紙ともいえず、今後の検討課題になるように思われる。

さらに、斐紙を基本としながらも簀の目が目視でき、顕微鏡調査により、墨と思しき黒色が付着した太い繊維（楮紙）が、細い繊維（斐紙）の下部に視認される場合があった。（永享十年）九月二十四日細川持之書状（四ノ六）、（文明十年カ）二月二十一日細川政国書状（四ノ二三）、（文明十年）十二月二十八日織田敏定書状（四ノ四八）などが、相当する。このような場合は「斐紙（溌返紙）」と表記した。顕微鏡調査による墨付着繊維の確認は偶然に左右される場合も少なくないと思われるから、上記の「斐紙（楮交）」も「斐紙（溌返紙）」である可能性がある。楮紙に比べ斐紙に関する調査・研究は若干遅れているようにも思われるが、今後の料紙研究の深化にとって、『小笠原文書』は格好の材料となるものと思われる。

『小笠原文書』に関しては、『大日本史料』既刊分の該当箇所に収録され、また『信濃史料』及び『新編信濃史料叢書』にほぼ全点収録されており、紙幅との関係もあって新たに翻刻することはせず、今回の修補・編纂の過程において、新たに発見された成果や、それに基づく新知見などとともに、先行史料集の掲載されている巻第冊頁を、文書目録の備考欄に記述し、参考に供した。また、文書名については、基本的に先行史料集を尊重しつつ、様式にしたがって付与した。さらに年次の比定については、諸説あり今後の研究に俟つべきものがあるが、特に花押の形体変化に注目して年代比定を試みたものも多いことを付け加えておきたい。

（近藤成一・林譲・前川祐一郎）

保存修理について

『小笠原文書』は、現在、一文書は一点という形で、落とし込みの台紙に平らな状態で保存・管理され活用と公開に供されている。

修理前は、四帖からなる手鑑帖で（第1図）、第一帖に三十八紙、第二帖に三十二紙、第三帖に三十六紙、第四帖七十七紙が台紙に貼り込まれ、それぞれ茄子紺色の綿裂を包裂（第2図）とし、蓋板と手前の横板に『小笠原文書』と箱書がされた台座と被蓋で作られている保存箱（第3図）に納められ、保存・管理されてきた。

手鑑帖及び保存箱の寸法は次の通りである（単位糎）。

第一帖　三七・六×五七・二×九・八
第二帖　三七・六×五七・一×九・三
第三帖　三七・八×五七・二×九・五
第四帖　三七・七×五七・三×八・九

第一帖箱　四一・三×六一・八×一三・八
第二帖箱　四一・二×六一・八×一三・八
第三帖箱　四一・〇×六一・八×一五・一
第四帖箱　四〇・九×六二・〇×一四・一

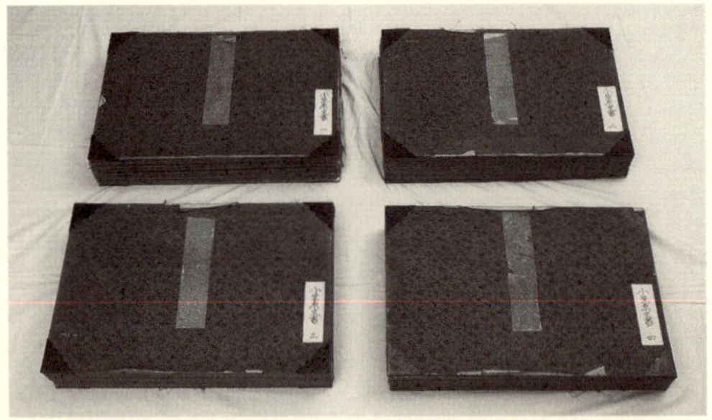

（第１図）

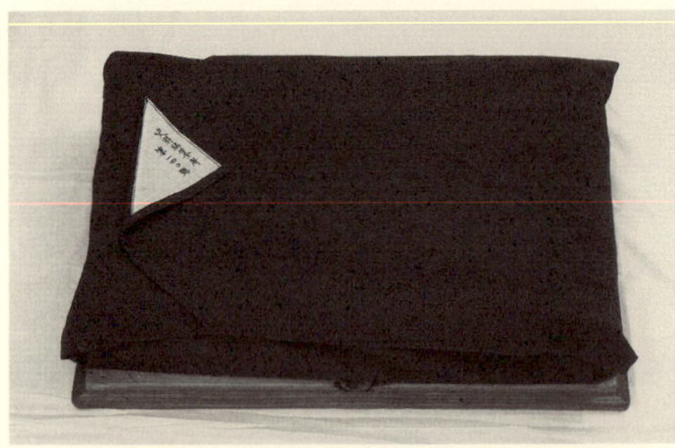

（第２図）

（第３図）

各々の帖は薄茶地の笹蔓文様の緞子を表紙裂とし、見返しには揉の切箔の金箔が箔押しされ、表紙の四隅に雲形の角金具を付けた仕立てである。

表紙中央には題箋が貼られているが何故か表題は記されていない。

台紙は唐紙を張った黄ボール紙を使い、文書が傷まないように天地袖奥の四周に裂地で三分幅の覆輪を施してある。

本文書は、歴史的経緯や形状（手鑑帖）的な短所に伴って料紙が褐色化、綿状化（第4図）してきていること、台紙に貼り込んだ文書が中浮き（第5図）していることで利用の度に擦れて磨耗が著しいことが確認され、活用と公開を控えてきた。

（第4図）
第1帖—36　足利義満御判御教書

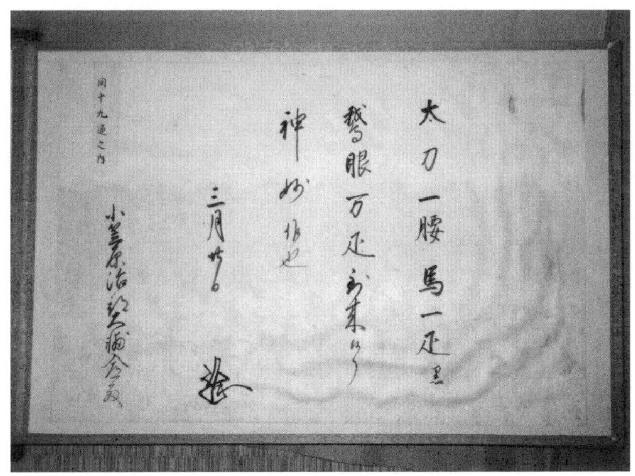

（第5図）
第2帖—25　足利義教御内書

しかし、百八十通余りの原文書の研究希望は多く、また、博物館等からの展示要望もあることから、「安全な研究」「安全な公開」に供するため、経年による損傷や劣化の進行を防ぐ保存修理を行い、活用と公開の促進を図ることにした。

保存修理については、料紙が脆弱であることから、一文書は一点という形で修理を行い（一枚の台紙に複数の文書が貼られている場合がある）、平らな状態で保存することで安全な保存措置を図ることにし、修理の原則である現状維持、手鑑帖仕立てに関する修復は今後の調査研究によることとした。

保存・管理については、図書部史料掛（現　図書部史料情報管理チーム）、史料保存技術室修復が、保存と活用を両立させるために、修理の都度協議を行い、一文書は一点という形の修理に相応しい方法を考えることにした。

当初（平成四年［一九九二］度）、文書紛失の恐れがあり得ることを危惧していたこともあり、文書が若干動いても皺が寄らないようにする方法で台紙に固定する方法を取った。

平成五年（一九九三）度からは、長期保存の安定性を重視して、文書は台紙に固定せず、台紙に落とし込むという方法に変更した。これは、史料の閲覧は写真帳を利用し、研究する文書を限定した後、原文書の利用をするという原則があることを再確認したためである。

平成六年（一九九四）度には、二つ折りにした中性紙を保護紙として、これに挟み、台紙に落とし込むという方法に変更した。その際、保護紙を取り出し易いように、台紙に和紙片の手掛かりをつけることにした。

落とし込みの台紙とそれを保護するための帙については、中性紙ボードで作製し（第6図）、一人で持ち運べる枚数として、概ね一〇点入り（第7図）とした。

（第６図）

（第７図）

なお、閲覧等での取り扱いの際、落とし込みの台紙及び帙は出来る限り水平に移動させること、一度に数点の出納があった場合は、入れ間違いに注意することを注意事項とした。

修理は、第一帖、第二帖を株式会社半田九清堂（国宝修理装潢師連盟）、第三帖、第四帖を史料保存技術室修復が行った。

修理概要

第一帖・第二帖

一．文書の処置

(1)台紙から外し、旧裏打ち紙を除去して文書の欠損部分を繕い、裏打ちを施した。

二．紙背に墨書きがある場合の処置

(1)墨書きが披見できる（窓あけも可）裏打ちを施した。

三．付箋の処置

(1)付箋が文書に貼ってあった場合は文書から外し、文書（保護紙をつける）の外、左下に貼付して文書と共に裏打ちを施した。

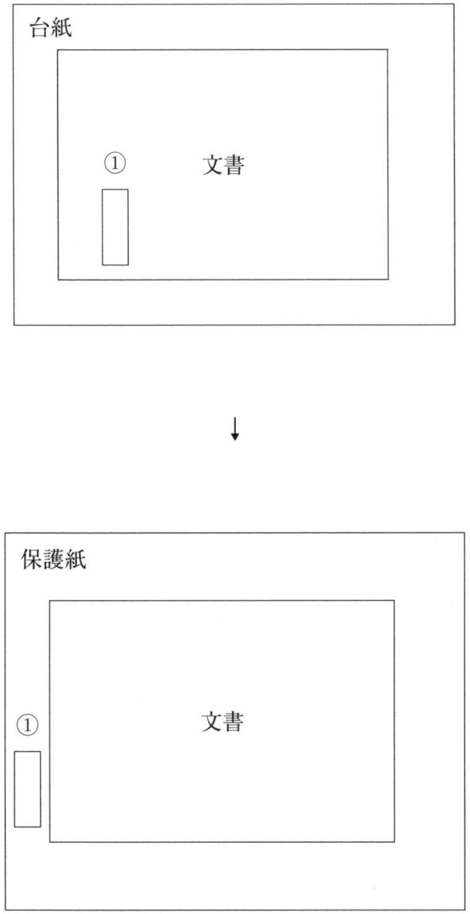

(2)付箋が文書・文書外（台紙）を含め複数貼ってあった場合は文書から外し、文書（保護紙をつける）の外、左下に右の方にあるものから順に貼付して文書と共に裏打ちを施した。

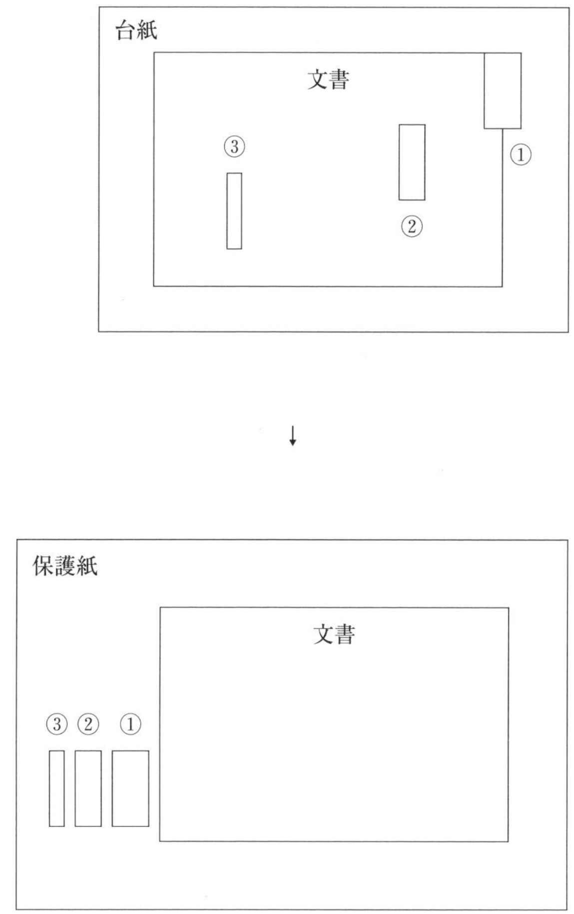

四．封紙の処置

(1)文書の袖側・奥側に封紙を継いだものは文書から外し、間を開けて裏打ちを施した。

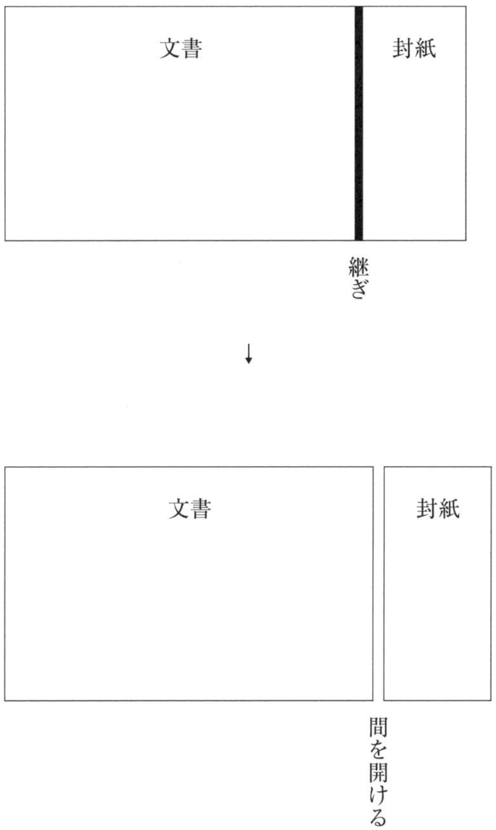

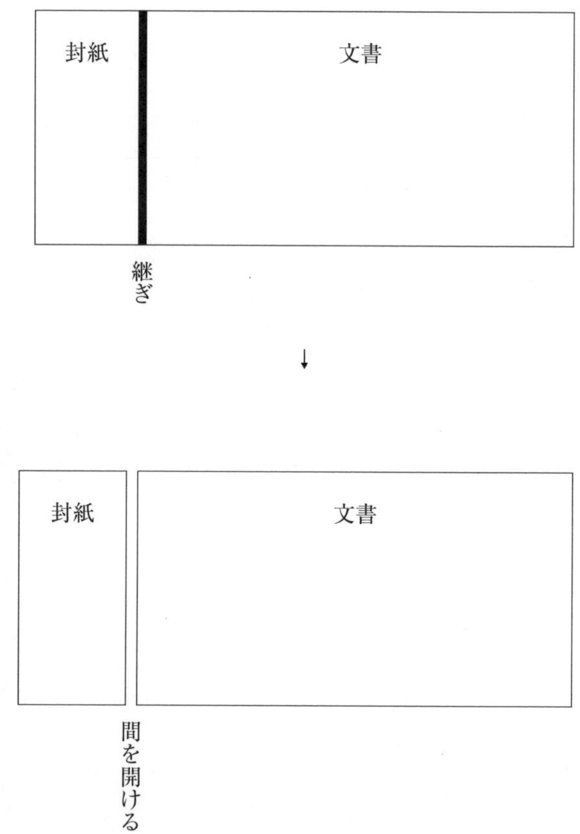

(2)文書の袖側・奥側に封紙を重ねたものは文書から外し、間を開けて裏打ちを施した。

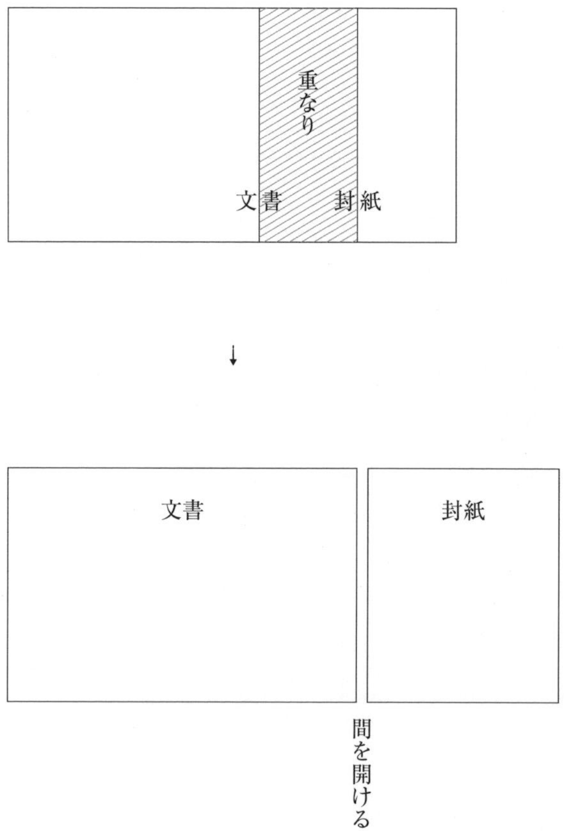

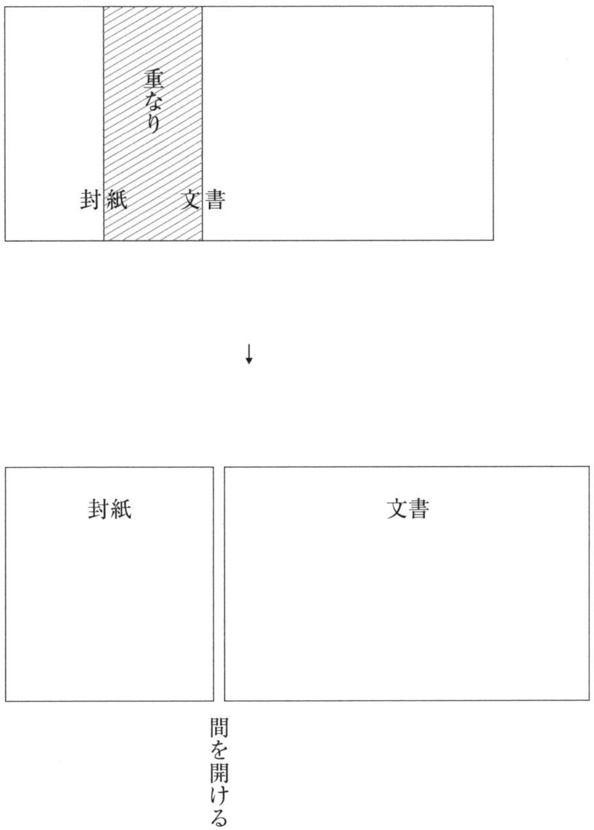

五．裏打ち紙（墨付き）の処置

(1)裏打ちを施した。文書より小さなものは本来の裏打ち位置が分かるようにした。

※五．は文書と共に落とし込み台紙に納めた。

※第一帖、第二帖の付箋の位置、文書・封紙の継ぎ、重なりは史料編纂所架蔵写真帳（6171.44–1–2–1）参照。

第三帖・第四帖

一．文書の処置

(1)台紙から外し、旧裏打ち紙を除去して文書の欠損部分を繕い、裏打ちを施した。

二．紙背に墨書きがある場合の処置

(1)墨書きが披見できる（窓あけも可）裏打ちを施した。

三．付箋の処置

(1)付箋が文書・封紙に貼ってあった場合は文書・封紙から外し、文書・封紙と同寸法の和紙に、貼付されていたのと同じ位置に貼った。

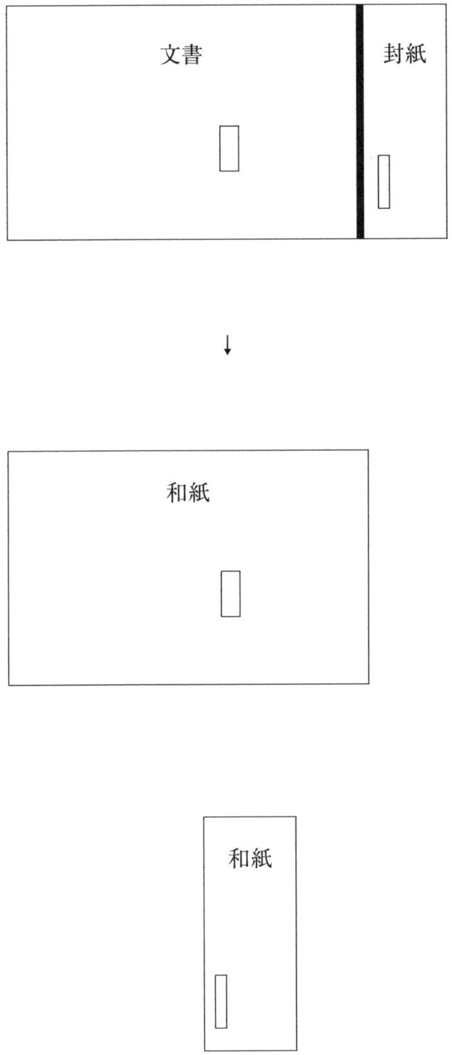

（2）付箋が文書外（台紙）に貼ってあった場合は台紙から外し、裏打ちを施し裏打ち紙に台紙袖側、台紙奥側と記した。

四．封紙の処置

（1）文書の袖・奥に封紙を継いだもの、重ねたものは文書から外し、裏打ちを施した。

五．裏打ち紙（墨付き）の処置

（1）裏打ちを施す。文書より小さなものは本来の裏打ち位置が分かるようにした。

六．裏打ち紙の付箋の処置

（1）裏打ち紙と同寸法の和紙に、貼付されていたのと同じ位置に貼った。

※三．～六．は文書と共に落とし込み台紙に納めた。

※第三帖、第四帖の付箋の位置、文書・封紙の継ぎ、重なりは史料編纂所架蔵写真帳（6171・44-1-2-2）参照。

手鑑帖仕立ての所見

一．文書の裏打ち仕様

（1）文書を裏打ち。

（2）文書の欠損部分を繕ってから裏打ち。（第8図）

（3）文書裏打ち後、間似合紙で大きく裏打ち。（第9図）

（4）封紙を文書の袖・奥に、継ぎ、重ねて裏打ち。（第10図）（第11図）

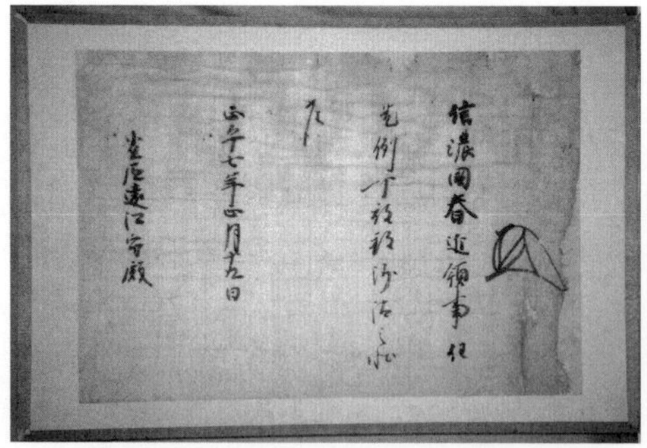

（第8図）
第一帖―23　足利尊氏御判御教書

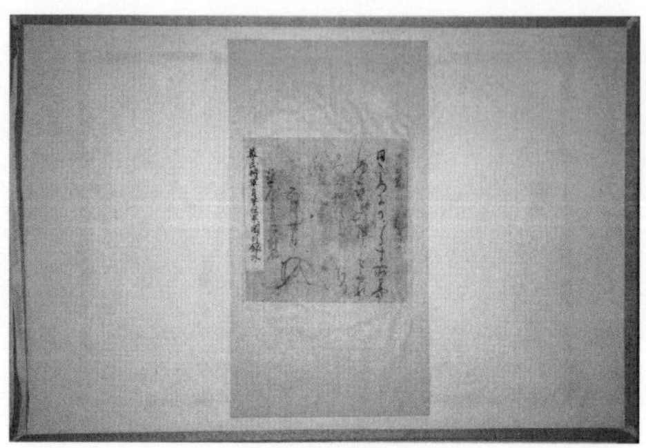

（第9図）
第一帖―28　足利尊氏書状

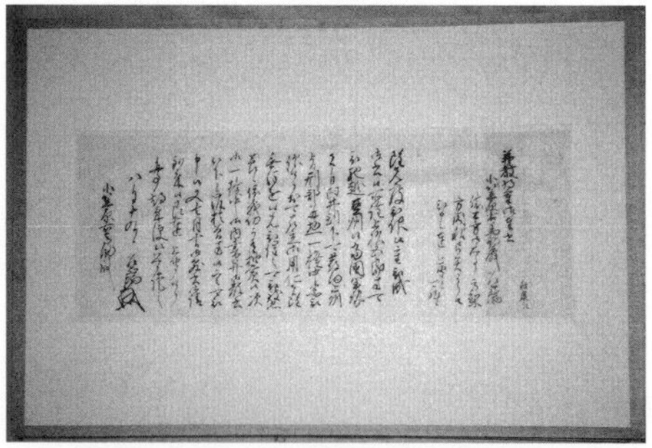

（第10図）
第二帖―8　畠山道端〈満家〉書状

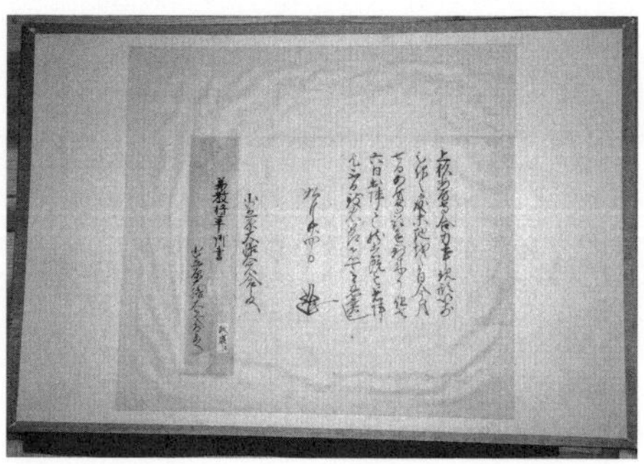

（第11図）
第二帖―30　足利義教御内書

二．貼り込みのための化粧裁ち

(1)大きな裁ち幅（端裏書が僅かに見えるほど）で裁断が行われているものがあった。（第12図）

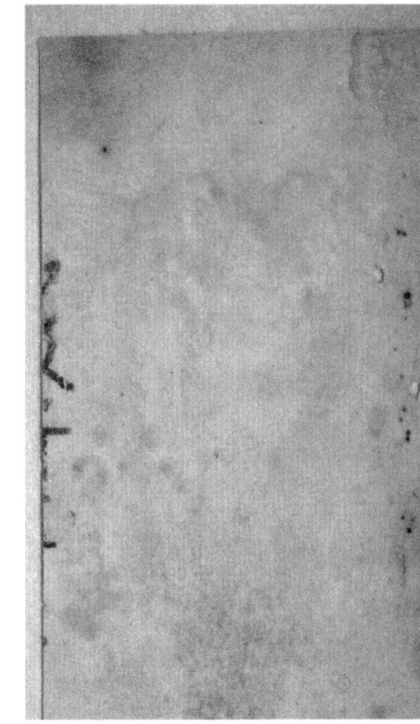

（第12図）
第二帖―29　足利義教御内書

三．台紙への貼り込み

(1)原則は編年順。

(2)大きさにより一枚の台紙に二紙、三紙を貼り込みしたものや（第13図）、二枚の台紙に架かっているものがあった。（第14図）

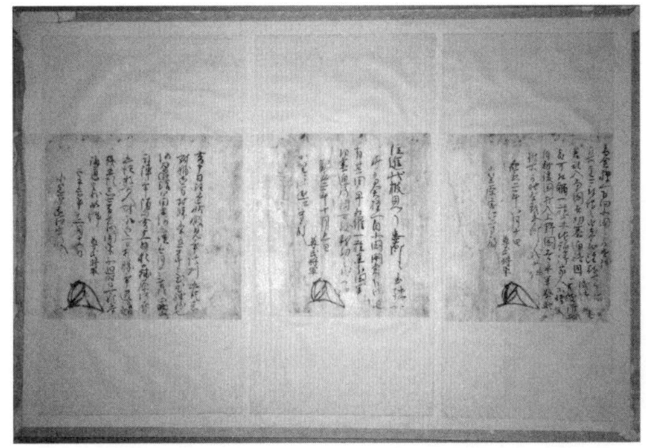

（第13図）
第一帖―17　足利尊氏御判御教書
第一帖―18　足利尊氏御判御教書
第一帖―19　足利尊氏御判御教書

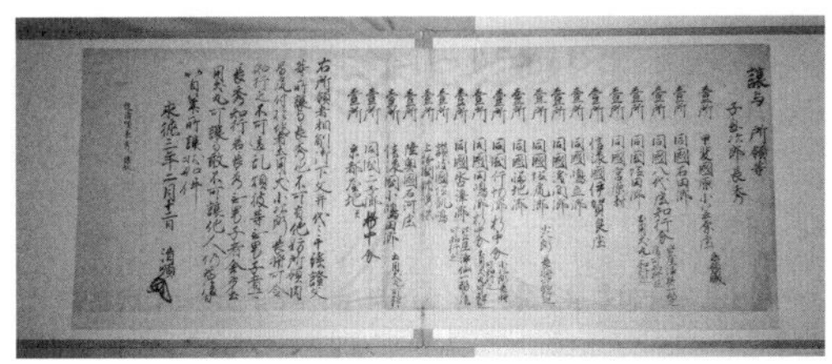

（第14図）
第一帖―37　小笠原清順〈長基〉譲状

四．文書貼り替えと影写貼り込み

(1)台紙には、貼り替えの痕跡（糊跡）があった。（第15図）

（第15図）
第一帖―25　足利尊氏御判御教書

糊跡のある台紙に貼り込まれている文書は以下の通りである。

第一帖―17	第三帖―2
第一帖―18	第三帖―6
第一帖―19	第三帖―7
第一帖―20	第三帖―9
第一帖―21	第三帖―10
第一帖―24	第三帖―14
第一帖―25	第三帖―31
第一帖―26	
第一帖―27	
第一帖―28	
第一帖―30	

(2)第四帖41～43・45には、斐紙系統の紙に影写された伊勢宗端（盛時、いわゆる北条早雲）書状が糊跡に貼り込まれていた。原本四通は神奈川県箱根町にある、北条早雲の菩提寺である早雲寺に所蔵されている。

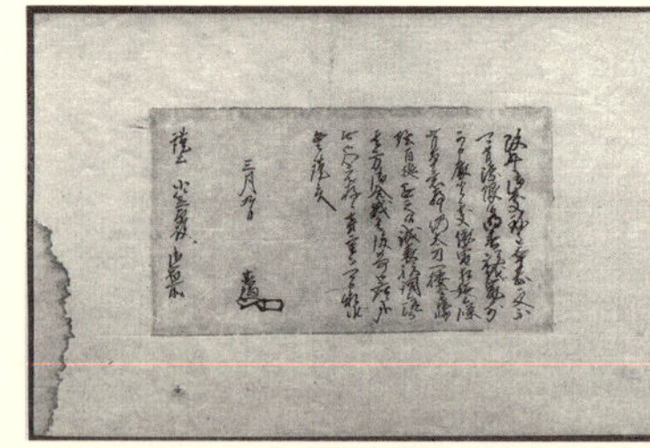

（第16図）
第四帖—41　伊勢宗端〈盛時〉書状写

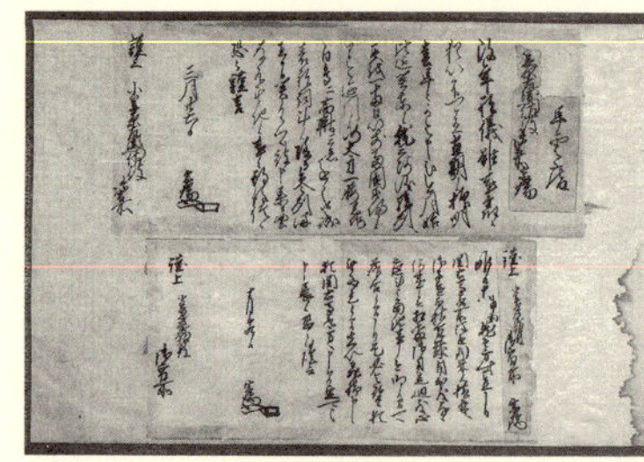

（第17図）
第四帖—42　伊勢宗端〈盛時〉書状写
第四帖—43　伊勢宗端〈盛時〉書状写

（第18図）
第四帖—45（上）　伊勢宗端〈盛時〉書状写

五．その他㈠

(1)第三帖4（第19図）には、足利義満御判御教書（第20図）の他に文書の固着断片（第21図）があった。

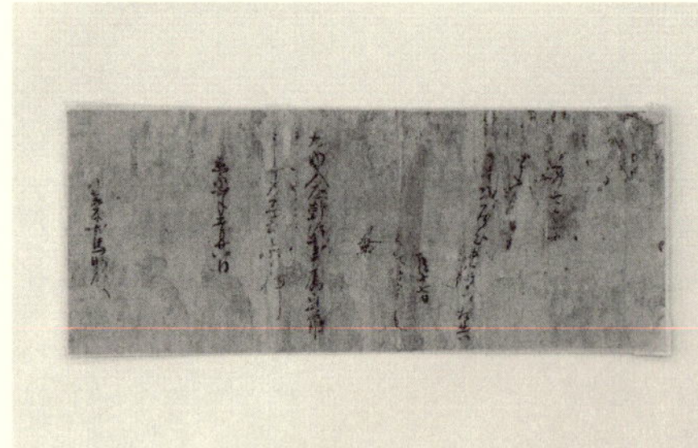

（第19図）
第三帖—4　足利義満御判御教書

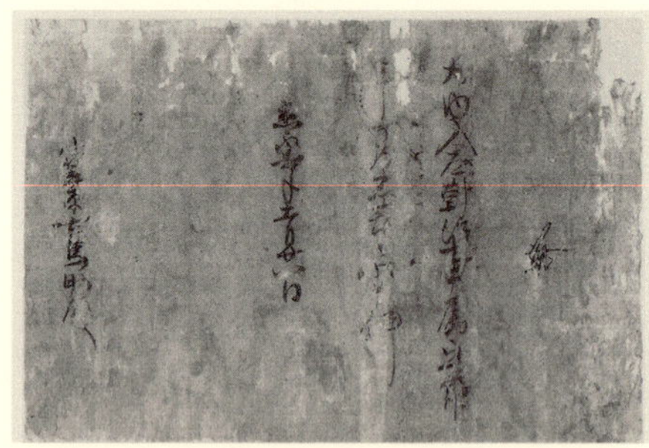

（第20図）

（第21図）

六．その他㈡

(1)第四帖61（第22図）には、小笠原長隆書状の他に封紙（第24図）が袖側裏に裏打ちされていた。

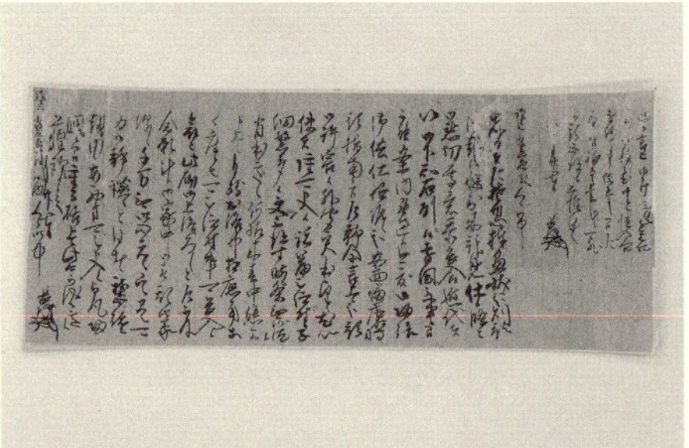

（第22図）
第四帖—61　小笠原長隆書状

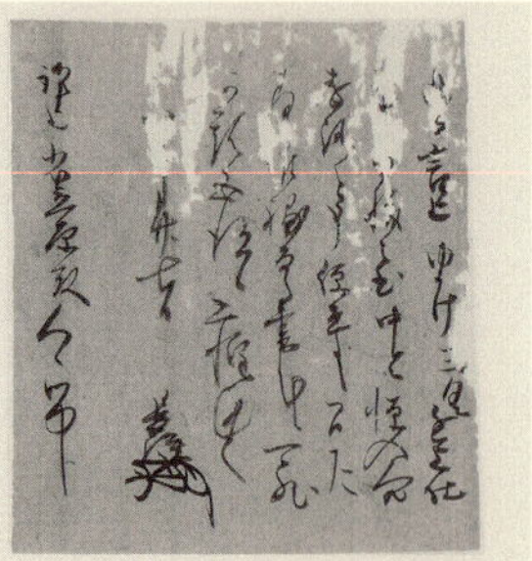

（第23図）

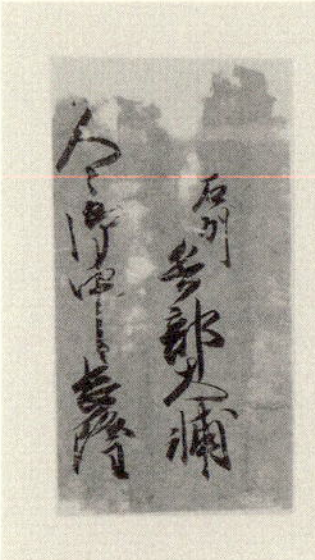

（第24図）

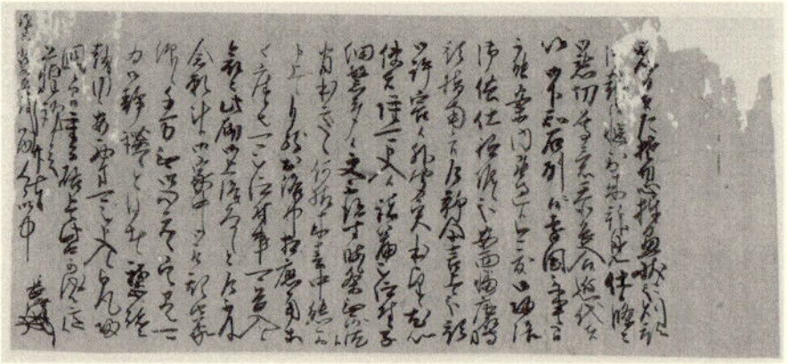

（第25図）

（中藤靖之）

文書目録

第一帖

1　足利高氏（尊氏）書状　（元弘三年）五月十六日　一通
〔帖別番号〕一ノ一
〔料紙〕竪紙　楮紙（檀紙）　三一・二×四一・六糎　一紙
〔差出〕高氏（花押）（足利尊氏）
〔宛所〕小笠原信濃入道殿（小笠原宗長）
〔備考〕墨映あり。『信史』元弘三年・正慶二年四月二十七日条（巻五、一九〇頁）、『信叢』三頁上段所収。

2　足利高氏（尊氏）書状　（元弘三年）六月七日　一通
〔帖別番号〕一ノ二
〔料紙〕竪紙　楮紙（檀紙）　三一・八×四九・六糎　一紙
〔差出〕高氏（花押）（足利尊氏）
〔宛所〕小笠原信濃入道殿（小笠原宗長）
〔備考〕『大史』元弘三年六月七日第三条（第六編之一、九四頁）、『信史』同年月日第二条（巻五、二〇六頁）、『信叢』三頁上段所収。

3　足利高氏（尊氏）書状　（元弘三年）六月八日　一通
〔帖別番号〕一ノ三
〔料紙〕竪紙　楮紙（檀紙）　三一・七×四五・一糎　一紙
〔差出〕高氏（花押）（足利尊氏）
〔宛所〕小笠原信濃入道殿（小笠原宗長）
〔備考〕墨映あり。『大史』元弘三年六月七日第三条（第六編之一、九四頁）、『信史』同年月日第二条（巻五、二〇七頁）、『信叢』三頁上段所収。

4　後醍醐天皇綸旨　元弘三年八月四日　一通
〔帖別番号〕一ノ四
〔料紙〕竪紙　宿紙（漉返紙）　三三・七×四四・六糎　一紙
〔差出〕権左少弁（花押）（高倉光守）
〔宛所〕小笠原彦五郎館（小笠原貞宗）
〔備考〕『大史』元弘三年八月四日条（第六編之一、一七〇頁）、『信史』同年月日条（巻五、二一六頁）、『信叢』三頁下段所収。

5　足利尊氏下文　建武二年九月二十七日　一通
〔帖別番号〕一ノ五
〔料紙〕竪紙　楮紙（檀紙）　三三・三×五一・九糎　一紙

〔差出〕（袖判）（足利尊氏）
〔宛所〕□□〔小笠〕原信濃守貞宗（小笠原貞宗）
〔備考〕『大史』建武二年九月二十七日条（第六編之二、六一〇頁）、『信史』同年月日条（巻五、二九五頁）、『信叢』三頁下段所収。

6
足利直義御判御教書　建武三年六月二十六日　一通
〔帖別番号〕一ノ六
〔料紙〕小切紙　斐紙（楮交）　一五・九×一九・九糎　一紙
〔差出〕（花押）（足利直義）
〔宛所〕自東国馳参人々中
〔備考〕もとは、一ノ七「建武三年七月四日足利直義御判御教書」とともに、台紙一紙に二通を貼り込む。付箋「直義御書弐　貞宗江」あり。『大史』延元元年六月九日条（第六編之三、五一五頁）、『信史』同年七月四日条（巻五、三三四頁）、『信叢』三頁下段所収。『信史』『信叢』の「建武三年六月二十五日」は誤植である。宛所「自東国馳参人々中」の奥に墨痕あり。謄写本『勝山小笠原古文書』乾二一丁には「此所一行切不知」と見える。

7
足利直義御判御教書　建武三年七月四日　一通
〔帖別番号〕一ノ七
〔料紙〕小切紙　斐紙（楮交）　一五・〇×一一・〇糎　一紙
〔差出〕（花押）（足利直義）
〔宛所〕□□□〔小笠原〕信濃前司殿（小笠原貞宗）
〔備考〕墨映あり。もとは、一ノ六「建武三年六月二十六日足利直義御判御教書」とともに、台紙一紙に二通を貼り込む。『大史』延元元年七月四日条（第六編之三、六〇五頁）、『信史』同年月日条（巻五、三三五頁）、『信叢』四頁上段所収。もと付箋「番外不載系譜、不達官庁、」あり。

8
足利尊氏御判御教書　建武三年七月五日　一通
〔帖別番号〕一ノ八
〔料紙〕小切紙　斐紙（楮交）　一五・八×三二・〇糎　一紙
〔差出〕（花押）（足利尊氏）
〔宛所〕小笠原信濃殿（マヽ）（小笠原貞宗）
〔備考〕端裏書一部残存するか。『大史』延元元年七月四日条（第六編之三、六〇六頁）、『信史』同年月日条（巻五、三三六頁）、『信叢』四頁上段所収。

9
足利直義御判御教書　建武三年七月十六日　一通
〔帖別番号〕一ノ九
〔料紙〕小切紙　斐紙（楮交）　一五・八×一七・一糎　一紙
〔差出〕（花押）（足利直義）
〔宛所〕小笠原信濃守殿（小笠原貞宗）
〔備考〕墨映あり。もとは、一ノ一〇「建武三年八月二十五日足利尊氏御判御教書」とともに、台紙一紙に二通を貼り込む。付箋「直義書　貞宗江」あり。『大史』延元元年七月四日条（第

六編之三、六〇六頁）、『信史』同年月日条（巻五、三三七頁）、『信叢』四頁下段所収。

10 足利尊氏御判御教書　建武三年八月二十五日　一通
〔帖別番号〕一ノ一〇
〔料紙〕小切紙　斐紙（楮交）　一六・二×一四・四糎　一紙
〔差出〕（花押）（足利尊氏）
〔宛所〕小笠原信乃守殿（小笠原貞宗）
〔備考〕もとは、一ノ九「建武三年七月十六日足利直義御判御教書」とともに、台紙一紙に二通を貼り込む。『大史』延元元年八月二十五日第一条（第六編之三、六九九頁）、『信史』同年月日条（巻五、三四三頁）、『信叢』五頁上段所収。

11 足利尊氏書状　（貞和三年）五月十七日　一通
〔帖別番号〕一ノ一一
〔料紙〕竪紙　楮紙（引合）　三一・八×四四・二糎　一紙
〔差出〕（花押）（足利尊氏）
〔宛所〕小笠原信乃入道殿（小笠原貞宗）
〔備考〕墨映あり。付箋「尊氏将軍自筆」あり。『信史』延元三年・暦応元年五月十七日条（巻五、三七六頁）、『信叢』五頁下段所収。本書は、次号の足利直義書状と一括して考えるべきであり、宛所「小笠原信乃入道」により貞和三年に限られる。尊氏の自筆である。

12 足利直義書状　（貞和三年）五月十七日　一通
〔帖別番号〕一ノ一二
〔料紙〕竪紙　楮紙（引合）　三三・二×四二・二糎　一紙
〔差出〕直義上（花押）（足利直義）
〔備考〕墨映あり。『信史』延元三年・暦応元年五月十七日条（巻五、三七七頁）、『信叢』五頁下段所収。前号の足利尊氏書状に記した理由のほか、直義の花押の形体からも貞和三年頃と推定される。本書に宛所は記されていないが、直義自筆であることや、極めて厚い書札礼を採用していることから、兄尊氏を措いて他には考え難い。直義の自筆である。

13 足利尊氏下文　建武四年八月十三日　一通
〔帖別番号〕一ノ一三
〔料紙〕竪紙　楮紙（檀紙）　三一・〇×五〇・〇糎　一紙
〔差出〕（袖判）（足利尊氏）
〔宛所〕小笠原兵庫助政長（小笠原政長）
〔備考〕付箋「尊氏将軍御書」、「政長□（江カ）」あり。『大史』延元二年・建武四年八月十三日条（第六編之四、三五七頁）、『信史』同年月日条（巻五、三六七頁）、『信叢』五頁上段所収。

14 室町幕府政所執事長井広秀奉書　建武四年十二月九日　一通
〔帖別番号〕一ノ一四
〔料紙〕竪紙　楮紙（檀紙）　三一・六×四五・五糎　一紙

〔差出〕散位（花押）（長井広秀）
〔宛所〕小笠原信濃守殿（小笠原貞宗）
〔備考〕『大史』延元二年・建武四年十二月九日条（第六編之四、四五二頁）、『信史』同年月日条（巻五、三六八頁）、『信叢』五頁上段所収。

15 小笠原貞宗譲状案　康永三年十一月十二日　一通
〔帖別番号〕一ノ一五
〔料紙〕竪紙　楮紙（檀紙）　二八・八×三七・六糎　一紙
〔差出〕貞宗在判（小笠原貞宗）
〔宛所〕嫡子兵庫助政長（小笠原政長）
〔備考〕『大史』興国五年・康永三年十一月十二日第二条（第六編之八、五〇六頁）、『信史』同年月日条（巻五、四八九頁）、『信叢』五頁下段所収。

16 足利尊氏下文　貞和三年四月二十六日　一通
〔帖別番号〕一ノ一六
〔料紙〕竪紙　楮紙（檀紙）　三四・三×五〇・二糎　一紙
〔差出〕（袖判）（足利尊氏）
〔宛所〕小笠原信濃守貞宗法師（法名正宗）（小笠原貞宗）
〔備考〕『大史』正平二年・貞和三年四月二十六日条（第六編之十、六三二頁）、『信史』同年月日条（巻五、五五四頁）、『信叢』六頁上段所収。

17 足利尊氏御判御教書　観応二年八月十日　一通
〔帖別番号〕一ノ一七
〔料紙〕小切紙　斐紙（楮交）　一六・四×一一・五糎　一紙
〔差出〕（花押）（足利尊氏）
〔宛所〕小笠原遠江守殿（小笠原政長）
〔備考〕もとは、一ノ一八「観応二年十月五日足利尊氏御判御教書」、一ノ一九「正平六年十二月十五日足利尊氏御判御教書」とともに、台紙一紙に三通を貼り込む。付箋「尊氏将軍」あり。『大史』正平六年・観応二年八月十日第二条（第六編之十五、一八八頁）、『信史』同年月日条（巻六、一〇〇頁）、『信叢』七頁上段所収。

18 足利尊氏御判御教書　観応二年十月五日　一通
〔帖別番号〕一ノ一八
〔料紙〕小切紙　斐紙（楮交）　一六・〇×一三・三糎　一紙
〔差出〕（花押）（足利尊氏）
〔宛所〕小笠原遠江守殿（小笠原政長）
〔備考〕もとは、一ノ一七「観応二年八月十日足利尊氏御判御教書」、一ノ一九「正平六年十二月十五日足利尊氏御判御教書」とともに、台紙一紙に三通を貼り込む。付箋「尊氏将軍」あり。『大史』正平六年・観応二年十月二日第三条（第六編之十五、四七四頁）、『信史』同年八月十日条（巻六、一〇一頁）、『信叢』七頁上段所収。

19　足利尊氏御判御教書　正平六年十二月十五日　一通
〔帖別番号〕一ノ一九
〔料紙〕小切紙　斐紙（楮交）　一六・四×一八・四糎　一紙
〔差出〕（花押）（足利尊氏）
〔宛所〕小笠原遠江守殿（小笠原政長）
〔備考〕もとは、一ノ一七「観応二年八月十日足利尊氏御判御教書」、一ノ一八「観応二年十月五日足利尊氏御判御教書」とともに、台紙一紙に三通を貼り込む。付箋「尊氏将軍」あり。『大史』正平六年十二月十一日第二条（第六編之十五、六五一頁）、『信史』同年月十五日条（巻六、一一三頁）、『信叢』七頁下段所収。

20　足利尊氏書状　（正平六年）十二月十五日　一通
〔帖別番号〕一ノ二〇
〔料紙〕切紙　斐紙（楮交）　一六・三×二九・三糎　一紙
〔差出〕（花押）（足利尊氏）
〔宛所〕小笠原遠江守殿（小笠原政長）
〔備考〕もとは、一ノ二一「正平六年十二月十七日足利尊氏御判御教書」とともに、台紙一紙に二通を貼り込む。付箋「尊氏将軍／御自筆」、「尊氏御自筆」あり。『大史』正平六年十二月十一日第二条（第六編之十五、六五一頁）、『信史』同年月十五日条（巻六、一一四頁）、『信叢』七頁下段所収。影写本一の三〇丁には付箋「政長江」がある。尊氏の自筆である。

21　足利尊氏御判御教書　正平六年十二月十七日　一通
〔帖別番号〕一ノ二一
〔料紙〕小切紙　斐紙（楮交）　一六・三×一一・六糎　一紙
〔差出〕（花押）（足利尊氏）
〔宛所〕小笠原遠江守殿（小笠原政長）
〔備考〕もとは、一ノ二〇「（正平六年）十二月十五日足利尊氏書状」とともに、台紙一紙に二通を貼り込む。付箋「尊氏将軍」あり。『大史』正平六年十二月十一日第二条（第六編之十五、六五二頁）、『信史』同年月十五日条（巻六、一一五頁）、『信叢』八頁上段所収。

22　足利義詮下文　正平六年十二月二十三日　一通
〔帖別番号〕一ノ二二
〔料紙〕竪紙　楮紙（檀紙）　三四・二×五三・二糎　一紙
〔差出〕（袖判）（足利義詮）
〔宛所〕小笠原遠江守政長（小笠原政長）
〔備考〕付箋「政長江」あり。『大史』正平六年十二月二十三日第七条（第六編之十五、七〇五頁）、『信史』同年月日条（巻六、一一五頁）、『信叢』八頁上段所収。

23　足利尊氏御判御教書　正平七年正月十九日　一通
〔帖別番号〕一ノ二三
〔料紙〕竪紙　楮紙（檀紙）　三一・五×四七・〇糎　一紙

〔差出〕（袖判）（足利尊氏）
〔宛所〕小笠原遠江守殿（小笠原政長）
〔備考〕『大史』正平七年正月十九日第一条（第六編之十六、四四頁）、『信史』同年月日条（巻六、一二六頁）、『信叢』八頁下段所収。

24
足利尊氏御判御教書　正平七年正月十九日　一通
〔帖別番号〕一ノ二四
〔料紙〕竪紙　楮紙（檀紙）　三一・六×四五・五糎　一紙
〔差出〕（花押）（足利尊氏）
〔宛所〕小笠原兵庫頭殿（小笠原長基）
〔備考〕『大史』正平七年正月十九日第一条（第六編之十六、四四頁）、『信史』同年月日条（巻六、一二七頁）、『信叢』八頁下段所収。

25
足利尊氏御判御教書　正平七年正月十九日　一通
〔帖別番号〕一ノ二五
〔料紙〕竪紙　楮紙（檀紙）　三一・一×四三・八糎　一紙
〔差出〕（花押）（足利尊氏）
〔宛所〕小笠原遠江守殿（小笠原政長）
〔備考〕付箋「政長江」あり。『大史』正平七年正月十九日第一条（第六編之十六、四五頁）、『信史』同年月日条（巻六、一二七頁）、『信叢』八頁下段所収。

26
足利尊氏御判御教書　観応元年十月二十一日　一通
〔帖別番号〕一ノ二六
〔料紙〕竪紙　楮紙（檀紙）　三一・五×四六・二糎　一紙
〔差出〕（花押）（足利尊氏）
〔宛所〕小笠原遠江守殿（小笠原政長）
〔備考〕墨映あり。付箋「尊氏将軍自筆」あり。『大史』正平五年・観応元年十月二十一日第二条（第六編之十三、九七七頁）、『信史』同年月日条（巻六、七一頁）、『信叢』六頁下段所収。

27
小笠原政長譲状　観応二年正月二十六日　一通
〔帖別番号〕一ノ二七
〔料紙〕竪紙　楮紙（檀紙）　二九・一×四二・八糎　一紙
〔差出〕政長（花押）（小笠原政長）
〔宛所〕いし王丸（小笠原清政）
〔備考〕『大史』正平六年・観応二年正月二十六日第二条（第六編之十四、六八〇頁）、『信史』同年月日条（巻六、八三頁）、『信叢』六頁下段所収。『信史』は「これわ政長かしひつ也」について「異筆端書」と注記するが、本文と同筆で政長自筆であろう。

28
足利尊氏書状　（観応二年カ）五月二十日　一通
〔帖別番号〕一ノ二八

〔料紙〕小切紙　楮紙（檀紙）　一四・六×一五・一糎　一紙
〔差出〕（花押）（足利尊氏）
〔宛所〕小笠原まこ二郎殿（小笠原政宗カ）
〔備考〕墨映（「御自筆　観応□」、他）あり。付箋「尊氏将軍自筆、但系図目録外」あり。『信史』正平二年・貞和三年五月二十日条（巻六、一頁）、『信叢』六頁下段所収。『信史』は、年次を貞和三年、名宛人「まこ二郎」を小笠原政長に比定するが、建武四年に「兵庫助」の官途を持つ政長を「孫二郎」に比定することは不審であり、尊氏の花押の形体も貞和三年よりも観応二年に近い。「御自筆　観応□」（付箋の墨映か）は信ずべきであろう。尊氏の自筆である。

29
足利尊氏下文　観応三年七月十七日　一通
〔帖別番号〕一ノ二九
〔料紙〕竪紙　楮紙（檀紙）　三一・八×四七・三糎　一紙
〔差出〕（袖判）（足利尊氏）
〔宛所〕小笠原孫次郎政宗（小笠原政宗）
〔備考〕付箋「尊氏将軍」あり。『大史』正平七年七月十七日第二条（第六編之十六、六七一頁）、『信史』同年月日条（巻六、一五二頁）、『信叢』一〇頁上段所収。

30
小笠原政長書状案　（観応三年）四月二十五日　一通
〔帖別番号〕一ノ三〇
〔料紙〕切続紙　斐紙（楮交）　（第一紙）一六・二×三九・一糎、（第二紙）一六・〇×三七・五糎、（継目幅）〇・四糎　二紙
〔差出〕まさなか上はん（小笠原政長）
〔宛所〕せうとの、御つほね申給へ
〔備考〕本文「ハ候へハ」を「は」に書き直す。『大史』正平七年四月二十五日第五条（第六編之十六、四八〇頁）、『信史』同年月日条（巻六、一四九頁）、『信叢』九頁上段所収。観応三年九月二十七日、文和元年に改元する。

31
足利尊氏御判御教書　文和二年七月五日　一通
〔帖別番号〕一ノ三一
〔料紙〕竪紙　楮紙（檀紙）　三三・五×四八・三糎　一紙
〔差出〕（花押）（足利尊氏）
〔宛所〕小笠原兵庫助殿（小笠原長基）
〔備考〕本文「之状如件」の「之」字は「状」字の旁の上に書き直すか。付箋「尊氏将軍」あり。『大史』正平八年・文和二年七月五日第一条（第六編之十八、一八九頁）、『信史』同年月日条（巻六、一六六頁）、『信叢』一〇頁上段所収。

32
足利尊氏御判御教書　文和二年七月五日　一通
〔帖別番号〕一ノ三二
〔料紙〕竪紙　楮紙（檀紙）　三三・四×四七・九糎　一紙

〔差出〕（花押）（足利尊氏）
〔宛所〕小笠原兵庫助殿（小笠原長基）
〔備考〕年月日「七」字は「十」字を書き直すか。『大史』正平八年・文和二年七月五日第一条（第六編之十八、一八八頁）、『信史』同年月日条（巻六、一六五頁）、『信叢』一〇頁上段所収。

33
足利義詮御判御教書　文和四年五月二十六日　一通
〔帖別番号〕一ノ三三
〔料紙〕竪紙　楮紙（檀紙）　三一・六×四二・四糎　一紙
〔差出〕（花押）（足利義詮）
〔宛所〕小笠原兵庫助殿（小笠原長基）
〔備考〕墨映あり。付箋「義詮将軍」あり。『大史』正平十年・文和四年五月二十六日条（第六編之十九、八二五頁）、『信史』同年月日条（巻六、一八〇頁）、『信叢』一〇頁下段所収。

34
足利義詮御判御教書　延文元年十月九日　一通
〔帖別番号〕一ノ三四
〔料紙〕竪紙　楮紙（檀紙）　三一・一×四一・四糎　一紙
〔差出〕（花押）（足利義詮）
〔宛所〕小笠原兵庫頭跡（小笠原長基）
〔備考〕付箋「義詮御書　長基へ」（楮紙、三一・〇×二・八、本紙と同一紙質か、右端に糊痕あり）あり。『大史』正平十一年・延文元年十月九日第三条（第六編之二十、八七五頁）、『信史』同年月日条（巻六、二〇五頁）、『信叢』一〇頁下段所収。

35
小笠原長基書下　貞治四年七月二十六日　一通
〔帖別番号〕一ノ三五
〔料紙〕竪紙　楮紙（檀紙）　三一・七×三八・八糎　一紙
〔差出〕信濃守（花押）（小笠原長基）
〔宛所〕小笠原遠江次郎殿（小笠原清政）
〔備考〕『大史』正平二十年・貞治四年七月二十六日第二条（第六編之二十六、九七四頁）、『信史』同年月日条（巻六、四四三頁）、『信叢』一一頁上段所収。

36
足利義満御判御教書　永徳二年八月二十七日　一通
〔帖別番号〕一ノ三六
〔料紙〕竪紙　楮紙（檀紙）　三五・〇×三七・九糎　一紙
〔差出〕（袖判）（足利義満）
〔宛所〕小笠原次郎清政（小笠原清政）
〔備考〕墨映あり。『信史』弘和二年・永徳二年八月二十七日条（巻七、一一〇頁）、『信叢』一一頁上段所収。

37
小笠原清順（長基）譲状　永徳三年二月十二日　一通
〔帖別番号〕一ノ三七

〔料紙〕続紙　楮紙（檀紙）　（第一紙）三一・五×四七・四糎、（第二紙）三一・五×三八・五
糎（継目幅〇・五糎）　二紙
〔差出〕清順（花押）（小笠原長基）
〔宛所〕子息次郎長秀（小笠原長秀）
〔備考〕本文「折中分」の「折」字は「中」字に重ね書きする。付箋「従清順長秀江譲状」あり。
『信史』弘和三年・永徳三年二月十二日条（巻七、一一三頁）、『信叢』一一頁下段所収。長基
の自筆である。

38　小笠原清政譲状　永徳三年四月十三日　一通
〔帖別番号〕一ノ三八
〔料紙〕竪紙　楮紙（檀紙）　二八・一×三七・八糎　一紙
〔差出〕清政（花押）（小笠原清政）
〔宛所〕とよ犬丸（小笠原政康）
〔備考〕『信史』弘和三年・永徳三年四月十三日条（巻七、一一六頁）、『信叢』一二頁上段所収。

第二帖

1　足利義教御内書　（永享二年カ）二月十九日　一通
〔帖別番号〕二ノ一
〔料紙〕竪紙　楮紙（檀紙）　三二・九×四七・三糎　一紙
〔差出〕（花押）（足利義教）
〔宛所〕小笠原治部大輔入道殿（小笠原政康）
〔備考〕『信史』永享二年二月二十三日条（巻八、二一頁）、『信叢』一八頁下段所収。義教の花押
の形体から永享二年かと考えられる。

2　足利義教御内書　（正長二年カ）六月一日　一通
〔帖別番号〕二ノ二
〔料紙〕竪紙　楮紙（檀紙）　三一・八×四九・五糎　一紙
〔差出〕（花押）（足利義教）
〔宛所〕小笠原治部大輔入道殿（小笠原政康）
〔備考〕墨映あり。付箋「従直義宗長江」あり。『信史』永享二年二月二十三日条（巻八、二三頁）、
『信叢』二〇頁上段所収。謄写本『勝山小笠原古文書』乾五丁は日付を一日とし、『信史』『信
叢』は八日とする。義教の花押の形体から正長二年かと考えられる。

3　足利義教御内書　（永享三年）二月二十三日　一通
〔帖別番号〕二ノ三
〔料紙〕竪紙　楮紙（檀紙）　二九・七×三八・六糎　一紙
〔差出〕（花押）（足利義教）
〔宛所〕小笠原治部大輔入道殿（小笠原政康）
〔備考〕『信史』永享二年二月二十三日条（巻八、二一頁）。『信叢』一九頁上段所収。義教の花押

の形体および『大館記』所収「昔御内書符案」に収める本書案文により、永享三年と推定される。

4 足利義教御内書 （永享三年カ）三月十四日 一通

〔帖別番号〕二ノ四
〔料紙〕竪紙 楮紙（檀紙） 三三・八×四六・一糎 一紙
〔差出〕（花押）（足利義教）
〔宛所〕小笠原治部大輔入道殿（小笠原政康）
〔備考〕墨映あり。『信史』永享二年二月二十三日条（巻八、二二頁）、『信叢』一九頁上段所収。義教の花押の形体から永享三年かと考えられる。

5 足利義満書状 （応永六年）十二月十日 一通

〔帖別番号〕二ノ五
〔料紙〕竪紙 楮紙（檀紙） 三一・七×三九・六糎 一紙
〔差出〕（花押）（足利義満）
〔宛所〕小笠原信乃守殿（小笠原長秀）
〔備考〕墨映（本書、一ノ一「（元弘三年）五月十六日足利高氏（尊氏）書状」、他）あり。付箋「義満将軍自筆」あり。本文最終行「くわんれい」の「く」字に「わ」字を重ね書きする。月日の「日」字を脱するか。『大史』応永六年十月二十八日第一条（第七編之四、一七一頁）、『信史』同年十二月十日条（巻七、三四九頁）、『信叢』一三頁上段所収。義満の自筆であろう。

6 足利義教御内書 （永享二年カ）十二月二十七日 一通

〔帖別番号〕二ノ六
〔料紙〕竪紙 楮紙（檀紙） 三四・四×五〇・四糎 一紙
〔差出〕（花押）（足利義教）
〔宛所〕小笠原治部大輔入道殿（小笠原政康）
〔備考〕『信史』永享二年二月二十三日条（巻八、二五頁）、『信叢』二一頁上段所収。義教の花押の形体から永享二年かと考えられる。

7 足利義持御内書 （応永二十五年）二月二十一日 一通

〔帖別番号〕二ノ七
〔料紙〕竪紙 楮紙（檀紙） 三三・一×四七・一糎 一紙
〔差出〕（花押）（足利義持）
〔宛所〕小笠原右馬助殿（小笠原政康）
〔備考〕端に糊痕かと思われる痕跡あり。付箋「義持将軍」あり。『信史』応永二十五年二月二十一日条（巻七、五二五頁）、『信叢』一四頁下段所収。

8 畠山道端（満家）書状 （応永三十年）八月十九日 一通

〔帖別番号〕二ノ八
〔料紙〕切紙 斐紙（楮交） （本紙）一六・七×三八・〇糎、（封紙）一六・八×七・八糎 一

紙

〔差出〕道端（花押）（畠山満家）

〔宛所〕小笠原右馬助殿（小笠原政康）

〔備考〕封紙ウハ書「（異筆）『義教将軍御奉書』／小笠原右馬助殿　道端」あり（ただし、本紙の筆跡と異なり、四ノ五「（応永三十年）十月十日畠山道端（満家）書状」のものであろう）。『信史』応永三十年八月十九日条（巻七、五五二頁）、『信叢』一五頁下段所収。もと付箋「同十九通之内」あり。

9　足利義持御内書　（年未詳）三月三日　一通

〔帖別番号〕二ノ九

〔料紙〕竪紙　楮紙（檀紙）　三三・四×四二・五糎　一紙

〔差出〕（花押）（足利義持）

〔宛所〕小笠原右馬助殿（小笠原政康）

〔備考〕付箋「政康公」あり。『信史』応永三十二年二月三日条（巻七、五六三頁）、『信叢』一七頁上段所収。

10　足利義持御内書　（応永二十五年カ）十二月二十日　一通

〔帖別番号〕二ノ一〇

〔料紙〕竪紙　楮紙（檀紙）　三三・四×五〇・六糎　一紙

〔差出〕（花押）（足利義持）

〔宛所〕小笠原右馬助殿（小笠原政康）

〔備考〕端裏書「義持将軍御書」あり。墨映あり。『信史』応永二十六年三月十四日条（巻七、五三〇頁）。『信叢』一五頁下段所収。

11　足利義持御内書　（年未詳）三月十四日　一通

〔帖別番号〕二ノ一一

〔料紙〕竪紙　楮紙（檀紙）　三二・四×五〇・六糎　一紙

〔差出〕（花押）（足利義持）

〔宛所〕小笠原右馬助殿（小笠原政康）

〔備考〕端裏書「義持将軍御書」あり。『信史』応永二十六年三月十四日条（巻七、五三〇頁）、『信叢』一五頁上段所収。

12　足利義持御内書　（年未詳）二月十八日　一通

〔帖別番号〕二ノ一二

〔料紙〕竪紙　楮紙（檀紙）　三二・六×四八・六糎　一紙

〔差出〕（花押）（足利義持）
〔宛所〕小笠原右馬助殿（小笠原政康）
〔備考〕『信史』応永三十二年二月三日条（巻七、五六三頁）、『信叢』一六頁下段所収。

13
足利義教御内書　（永享八年）五月十八日　一通
〔帖別番号〕二ノ一三
〔料紙〕竪紙　楮紙（檀紙）　三三・六×五一・二糎　一紙
〔差出〕（花押）（足利義教）
〔宛所〕小笠原治部大輔入道殿（小笠原政康）
〔備考〕付箋「義教将軍」あり。『信史』永享八年五月十八日条（巻八、七二頁）、『信叢』二一頁下段所収。

14
足利義教御内書　（永享七年カ）十二月二十日　一通
〔帖別番号〕二ノ一四
〔料紙〕竪紙　楮紙（檀紙）　三三・六×五一・〇糎　一紙
〔差出〕（花押）（足利義教）
〔宛所〕小笠原治部大輔入道殿（小笠原政康）
〔備考〕墨映あり。付箋「義教将軍」あり。『信史』永享八年十二月二十日条（巻八、七七頁）、『信叢』二二頁上段所収。『信史』『信叢』は永享八年に比定するが、義教の花押の形体から、同七年かと考えられる。

15
足利義持御内書　（応永三十四年カ）十月二十六日　一通
〔帖別番号〕二ノ一五
〔料紙〕竪紙　楮紙（檀紙）　三三・六×四五・〇糎　一紙
〔差出〕（花押）（足利義持）
〔宛所〕小笠原治部大輔入道殿（小笠原政康）
〔備考〕墨映あり。付箋「義持将軍」、「同十五通之内」あり。『信史』応永三十四年十月二十六日条（巻七、五九四頁）、『信叢』一八頁上段所収。義持の自筆であろう。

16
足利義持御内書　（応永三十三年カ）十二月十一日　一通
〔帖別番号〕二ノ一六
〔料紙〕竪紙　楮紙（檀紙）　三三・五×四九・二糎　一紙
〔差出〕（花押）（足利義持）
〔宛所〕小笠原治部大輔入道殿（小笠原政康）
〔備考〕端裏書「義持将軍御書」あり。墨映あり。『信史』応永三十四年二月十八日条（巻七、五八五頁）、『信叢』一七頁下段所収。

17　足利義持御内書　（応永三十三年）八月二十七日　一通

〔帖別番号〕二ノ一七

〔料紙〕竪紙　楮紙（檀紙）　三三・七×五一・二糎　一紙

〔差出〕（花押）（足利義持）

〔宛所〕小笠原治部大輔入道殿（小笠原政康）

〔備考〕墨映あり。付箋「応□□（永卅）三年」あり『信史』応永三十三年八月二十七日条（巻七、五八〇頁）、『信叢』一七頁上段所収。

18　足利義持御内書　（年未詳）二月十八日　一通

〔帖別番号〕二ノ一八

〔料紙〕竪紙　楮紙（檀紙）　三三・五×五一・〇糎　一紙

〔差出〕（花押）（足利義持）

〔宛所〕小笠原治部大輔入道殿（小笠原政康）

〔備考〕端裏書「義持将軍御書」あり。墨映あり。『信史』応永三十四年二月十八日条（巻七、五八六頁）、『信叢』一七頁下段所収。

19　足利義教御内書　（永享八年カ）三月二十日　一通

〔帖別番号〕二ノ一九

〔料紙〕竪紙　楮紙（檀紙）　三四・五×五一・七糎　一紙

〔差出〕（花押）（足利義教）

〔宛所〕小笠原治部大輔入道殿（小笠原政康）

〔備考〕端裏書「義教将軍御書」あり。『信史』永享二年二月二十三日条（巻八、一三三頁）、『信叢』一九頁下段所収。義教の花押の形体から永享八年かと考えられる。

20　足利義教御内書　（永享九年カ）七月十一日　一通

〔帖別番号〕二ノ二〇

〔料紙〕竪紙　楮紙（檀紙）　三四・二×五一・二糎　一紙

〔差出〕（花押）（足利義教）

〔宛所〕小笠原治部大輔入道殿（小笠原政康）

〔備考〕付箋「同十九通之内」あり。『信史』永享二年二月二十三日条（巻八、一二四頁）、『信叢』二〇頁上段所収。義教の花押の形体から永享九年かと考えられる。

21　足利義教御内書　（永享九年カ）三月三日　一通

〔帖別番号〕二ノ二一

（料紙）竪紙　楮紙（檀紙）　三四・二×五一・一糎　一紙
（差出）（花押）（足利義教）
（宛所）小笠原治部大輔入道殿（小笠原政康）
（備考）墨映あり。付箋「同十九通之内」あり。『信史』永享二年二月二十三日条（巻八、二二頁）、『信叢』一九頁上段所収。義教の花押の形体から永享九年かと考えられる。

22
足利義教御内書　（永享九年カ）十一月十五日　一通
（帖別番号）二ノ二二
（料紙）竪紙　楮紙（檀紙）　三四・三×五一・五糎　一紙
（差出）（花押）（足利義教）
（宛所）小笠原治部大輔入道殿（小笠原政康）
（備考）端裏書「義教将軍御書」あり。付箋「同十九通之内」あり。『信史』永享二年二月二十三日条（巻八、二五頁）、『信叢』二〇頁下段所収。義教の花押の形体から永享九年かと考えられる。

23
足利義教御内書　（永享十年カ）二月七日　一通
（帖別番号）二ノ二三
（料紙）竪紙　楮紙（檀紙）　三四・一×五一・四糎　一紙
（差出）（花押）（足利義教）
（宛所）小笠原治部大輔入道殿（小笠原政康）
（備考）端裏書「義教将軍御書」あり。付箋「同十九通之内」あり。『信史』永享二年二月二十三日条（巻八、二〇頁）、『信叢』一八頁下段所収。義教の花押の形体から永享十年かと考えられる。

24
足利義教御内書　（永享五年カ）二月十五日　一通
（帖別番号）二ノ二四
（料紙）竪紙　楮紙（檀紙）　三三・九×四九・九糎　一紙
（差出）（花押）（足利義教）
（宛所）小笠原治部大輔入道殿（小笠原政康）
（備考）墨映あり。『信史』永享二年二月二十三日条（巻八、二一頁）、『信叢』一八頁下段所収。義教の花押の形体から永享五年かと考えられる。

25
足利義教御内書　（永享八年カ）三月二十日　一通
（帖別番号）二ノ二五

〔料紙〕竪紙　楮紙（檀紙）　三四・一×五〇・九糎　一紙
〔差出〕（花押）（足利義教）
〔宛所〕小笠原治部大輔入道殿（小笠原政康）
〔備考〕付箋「同十九通之内」あり。『信史』永享二年二月二十三日条（巻八、二二二頁）。『信叢』一九頁下段所収。義教の花押の形体から永享八年かと考えられる。

26　足利義教御内書　（永享七年カ）四月二十二日　一通
〔帖別番号〕二ノ二六
〔料紙〕竪紙　楮紙（檀紙）　三四・二×五一・七糎　一紙
〔差出〕（花押）（足利義教）
〔宛所〕小笠原治部大輔入道殿（小笠原政康）
〔備考〕端裏書「義教将軍御書」あり。『信史』永享二年二月二十三日条（巻八、二二三頁）、『信叢』二〇頁上段所収。義教の花押の形体から永享七年かと考えられる。

27　足利義教御内書　（永享七年カ）十一月七日　一通
〔帖別番号〕二ノ二七
〔料紙〕竪紙　楮紙（檀紙）　三三・七×四九・六糎　一紙
〔差出〕（花押）（足利義教）
〔宛所〕小笠原治部大輔入道殿（小笠原政康）
〔備考〕付箋「同十九通之内」あり。『信史』永享二年二月二十三日条（巻八、二二四頁）、『信叢』二〇頁下段所収。義教の花押の形体から永享七年かと考えられる。

28　足利義教御内書　（永享七年カ）十一月十三日　一通
〔帖別番号〕二ノ二八
〔料紙〕竪紙　楮紙（檀紙）　三四・〇×五〇・五糎　一紙
〔差出〕（花押）（足利義教）
〔宛所〕小笠原治部大輔入道殿（小笠原政康）
〔備考〕『信史』永享二年二月二十三日条（巻八、二二五頁）、『信叢』二〇頁下段所収。義教の花押の形体から永享七年かと考えられる。

29　足利義教御内書　（永享七年カ）九月十六日　一通
〔帖別番号〕二ノ二九
〔料紙〕竪紙　楮紙（檀紙）　三四・〇×五二・一糎　一紙
〔差出〕（花押）（足利義教）
〔宛所〕小笠原治部大輔入道殿（小笠原政康）
〔備考〕端裏書残画あり（「義教将軍御□」か）。『信史』永享二年二月二十三日条（巻八、二二四頁）、『信叢』二〇頁下段所収。義教の花押の形体から永享七年かと考えられる。

30 足利義教御内書　（永享十年）九月二十四日　一通
〔帖別番号〕二ノ三〇
〔料紙〕小切紙　斐紙（楮交）　（本紙）一七・〇×二五・六糎、（封紙）二一・八×四・六糎
一紙
〔差出〕（花押）（足利義教）
〔宛所〕小笠原大膳大夫入道殿（小笠原政康）
〔備考〕封紙ウハ書「（異筆）『義教将軍御書』／小笠原大膳大夫入道殿」あり（ただし、本紙と筆跡・料紙ともに異なるか）。付箋「政康江」あり。『信史』永享十年九月六日条（巻八、一一一頁）。『信叢』一二二頁下段所収。

31 足利義教御内書　（永享十二年カ）三月十四日　一通
〔帖別番号〕二ノ三一
〔料紙〕竪紙　楮紙（檀紙）　三四・七×五一・四糎　一紙
〔差出〕（花押）（足利義教）
〔宛所〕小笠原大膳大夫入道殿（小笠原政康）
〔備考〕墨映あり。付箋「在譜／義教将軍／十九通之内」あり。『信史』永享二年二月二十三日条（巻八、二六頁）、『信叢』一九頁下段所収。義教の花押の形体から永享十二年かと考えられる。

32 足利義教御内書　（永享十一年）閏正月二十五日　一通
〔帖別番号〕二ノ三二
〔料紙〕竪紙　楮紙（檀紙）　三三・六×五〇・六糎　一紙
〔差出〕（花押）（足利義教）
〔宛所〕小笠原大膳大夫入道とのへ（小笠原政康）
〔備考〕付箋「義教将軍」あり。『信史』永享十一年閏正月二十四日条（巻八、一二五頁）、『信叢』二四頁上段所収。義教の自筆であろう。

第三帖

1 足利義満御判御教書　応永三年五月六日　一通
〔帖別番号〕三ノ一
〔料紙〕竪紙　楮紙（強杉原）　三三・五×四四・七糎　一紙
〔差出〕（袖判）（足利義満）
〔宛所〕小笠原兵庫助長秀（小笠原長秀）
〔備考〕付箋「義満将軍」あり。『大史』応永三年五月六日条（第七編之二、四三四頁）、『信史』同年月日条（第七巻、三〇三頁）、『信叢』一二頁下段所収。

2　足利義満御判御教書　応永五年八月二十四日　一通
〔帖別番号〕三ノ二
〔料紙〕竪紙　楮紙（強杉原）　三三・七×三四・七糎　一紙
〔差出〕（袖判）（足利義満）
〔宛所〕小笠原信濃守長秀（小笠原長秀）
〔備考〕墨映あり。付箋「義満将軍」あり。『大史』応永五年八月二十四日条（第七編之三、五三六頁）、『信史』同年月日条（巻七、三三九頁）、『信叢』一二頁下段所収。

3　足利義満御判御教書　応永六年五月十日　一通
〔帖別番号〕三ノ三
〔料紙〕竪紙　楮紙（強杉原）　三三・八×三三・一糎　一紙
〔差出〕（袖判）（足利義満）
〔宛所〕小笠原信濃守長秀（小笠原長秀）
〔備考〕『大史』応永五年八月二十四日条（第七編之三、五三六頁）、『信史』応永六年五月十日条（巻七、三四三頁）、『信叢』一二頁下段所収。

4(1)　足利義満御判御教書　応永六年十一月二十八日　一通
〔帖別番号〕三ノ四ノ一
〔料紙〕切紙　楮紙（檀紙）　一四・五×二二・〇糎　一紙
〔差出〕（袖判）（足利義満）
〔宛所〕小笠原右馬助殿（小笠原政康）
〔備考〕『大史』応永六年十月二十八日第一条（第七編之四、一七一頁）、『信史』同年十一月二十八日条（巻七、三四八頁）、『信叢』一三頁上段所収。

4(2)　某状断簡　（年月未詳）十七日　一通
〔帖別番号〕三ノ四ノ二
〔料紙〕もと切紙か　楮紙（檀紙）　一紙
〔備考〕『大史』応永六年十月二十八日第一条の按文（第七編之四、一七二頁）は、本書を「十一月十七日附、小笠原長秀宛、義満ノ御教書」とする。

5　後小松天皇口宣案　応永六年十月十日　一通
〔帖別番号〕三ノ五
〔料紙〕竪紙　宿紙（漉返紙）　三〇・二×四二・一糎　一紙
〔差出〕蔵人頭左大弁藤原兼宣奉（広橋兼宣）
〔宛所〕源政康（小笠原政康）
〔備考〕『大史』応永六年十月十日第一条（第七編之四、一二六頁）、『信史』同年月日条（巻七、三四四頁）、『信叢』一三頁上段所収。

6　足利義満御判御教書　応永七年八月五日　一通
〔帖別番号〕三ノ六

〔料紙〕竪紙　楮紙（檀紙）　二九・五×四四・四糎　一紙
〔差出〕（花押）（足利義満）
〔宛所〕土岐美濃入道殿（土岐頼益）
〔備考〕墨映あり。裏打紙端裏書「義持将軍御書　長秀江」あり。『大史』応永七年八月五日第二条（第七編之四、六一九頁）、『信史』同年月日条（巻七、三六六頁）、『信叢』一三頁下段所収。

7
小笠原長秀譲状　応永十二年十一月九日　一通
〔帖別番号〕三ノ七
〔料紙〕竪紙　楮紙（檀紙）　二八・八×三八・五糎　一紙
〔差出〕信濃前司（花押）（小笠原長秀）
〔宛所〕舎弟右馬助政康所（小笠原政康）
〔備考〕本文の「嫡」字、擦り消しの上に書き直す。付箋「従長秀政康江譲状」あり。『大史』応永十二年十一月九日第二条（第七編之七、五二八頁）、『信史』同年月日条（巻七、四四一頁）、『信叢』一三頁下段所収。

8
足利義持御判御教書　応永二十二年十二月五日　一通
〔帖別番号〕三ノ八
〔料紙〕竪紙　楮紙（強杉原）　三三・六×五二・〇糎　一紙
〔差出〕（袖判）（足利義持）
〔宛所〕小笠原修理大夫入道正捷（小笠原長秀）
〔備考〕墨映あり。付箋「義持御書」（もと封紙か）、「義持将軍」あり。『大史』応永二十二年十二月五日第二条（第七編之二十三、一六二頁）、『信史』同年月日条（巻七、五〇六頁）、『信叢』一四頁上段所収。

9
足利義持御内書　（応永二十四年）正月二十三日　一通
〔帖別番号〕三ノ九
〔料紙〕竪紙　楮紙（檀紙）　三三・三×四三・四糎　一紙
〔差出〕（花押）（足利義持）
〔宛所〕小笠原右馬助殿（小笠原政康）
〔備考〕墨映あり。付箋「義持将軍」、「応永廿五年」あり。『大史』応永二十四年正月十日第二条（第七編之二十六、四七七頁）、『信史』同年月二十三日条（巻七、五二二頁）、『信叢』一四頁上段所収。

10
足利義持御判御教書　応永二十三年十二月晦日　一通
〔帖別番号〕三ノ一〇
〔料紙〕竪紙　楮紙（強杉原）　三三・八×三三・五糎　一紙
〔差出〕（袖判）（足利義持）
〔宛所〕小笠原右馬助政康（小笠原政康）
〔備考〕墨映あり。『大史』応永二十三年十二月三十日第一条（第七編之二十五、四四二頁）、『信史』同年月日条（巻七、五二〇頁）、『信叢』一四頁上段所収。

11　足利義持御判御教書　応永二十五年九月九日　一通
〔帖別番号〕三ノ一一
〔料紙〕竪紙　楮紙（強杉原）　三四・〇×三四・一糎　一紙
〔差出〕（袖判）（足利義持）
〔宛所〕□（小）笠原右馬助政康（小笠原政康）
〔備考〕墨映あり。『大史』応永二十五年九月九日第四条（第七編之三十一、一〇七頁）、『信史』同年月日条（巻七、五二六頁）、『信叢』一四頁下段所収。

12　足利義持御内書　応永二十五年十月二十八日　一通
〔帖別番号〕三ノ一二
〔料紙〕竪紙　楮紙（檀紙）　三三・一×四八・七糎　一紙
〔差出〕（花押）（足利義持）
〔宛所〕小笠原右馬助殿（小笠原政康）
〔備考〕墨映（付箋「応永廿五年」、他）あり。付箋「義持将軍」あり。『大史』応永二十五年十月二十八日条（第七編之三十一、二四八頁）、『信史』同年月日条（巻七、五二七頁）、『信叢』一五頁上段所収。

13　足利義持御内書　（応永二十六年）三月十四日　一通
〔帖別番号〕三ノ一三
〔料紙〕竪紙　楮紙（檀紙）　三二・七×五〇・七糎　一紙
〔差出〕（花押）（足利義持）
〔宛所〕小笠原右馬助殿（小笠原政康）
〔備考〕端裏書「義持将□（軍カ）御書」あり。付箋「応永廿六年」あり。『大史』応永二十五年十月二十八日条（第七編之三十一、二四八頁）、『信史』応永二十六年三月十四日条（巻七、五二九頁）、『信叢』一五頁上段所収。

14　足利義持御判御教書　応永三十年十一月十六日　一通
〔帖別番号〕三ノ一四
〔料紙〕竪紙　楮紙（強杉原）　三三・六×三四・八糎　一紙
〔差出〕（袖判）（足利義持）
〔宛所〕小笠原右馬助政康（小笠原政康）
〔備考〕墨映あり。付箋「義持将軍」あり。『信史』応永三十年十一月十六日条（巻七、五五四頁）、『信叢』一六頁上段所収。

15　足利義持御内書　（応永三十一年）六月二十六日　一通
〔帖別番号〕三ノ一五

〔料紙〕竪紙　楮紙（檀紙）　三三・五×五〇・三糎　一紙
〔差出〕（花押）（足利義持）
〔宛所〕小笠原右馬助殿（小笠原政康）
〔備考〕付箋「義持将軍」、「応永卅一年」あり。裏打紙に端裏書「義持将軍御感状」、付箋「政康江」あり。『信史』応永三十年十二月十九日条（巻七、五五六頁）、『信叢』一六頁下段所収。

16　称光天皇口宣案　応永三十二年二月三日　一通
〔帖別番号〕三ノ一六
〔料紙〕竪紙　宿紙（漉返紙）　三一・八×四二・〇糎　一紙
〔差出〕蔵人右少弁藤原経直奉（勧修寺経直）
〔宛所〕源政康（小笠原政康）
〔備考〕墨映あり。『信史』応永三十二年二月三日条（巻七、五六二頁）、『信叢』一六頁下段所収。

17　足利義持御判御教書　応永三十二年十二月二十九日　一通
〔帖別番号〕三ノ一七
〔料紙〕竪紙　楮紙（強杉原）　三三・五×五三・八糎　一紙
〔差出〕（袖判）（足利義持）
〔宛所〕小笠原治部大輔入道正透（小笠原政康）
〔備考〕墨映あり。裏打紙端裏書「義持将軍御書」あり。『信史』応永三十二年十二月二十九日条（巻七、五七九頁）、『信叢』一七頁上段所収。

18　足利義持御内書　（応永三十四年）二月十八日　一通
〔帖別番号〕三ノ一八
〔料紙〕竪紙　楮紙（檀紙）　三三・六×五〇・三糎　一紙
〔差出〕（花押）（足利義持）
〔宛所〕小笠原治部大輔入道殿（小笠原政康）
〔備考〕墨映あり。付箋「義持将軍」、「応永卅四年」あり。『信史』応永三十四年二月十八日条（巻七、五八六頁）、『信叢』一七頁下段所収。

19　足利義持御内書　（応永三十四年）六月二十九日　一通
〔帖別番号〕三ノ一九
〔料紙〕竪紙　楮紙（檀紙）　三三・五×四二・六糎　一紙
〔差出〕（花押）（足利義持）
〔宛所〕小笠原治部大輔入道殿（小笠原政康）
〔備考〕付箋「義持将軍」、「応永卅四年」あり。裏打紙に端裏書「義持将軍御書（黒印）」、付箋「政康江」あり。『信史』応永三十四年六月二十九日条（巻七、五八八頁）、『信叢』一八頁上段所収。

20　室町幕府管領畠山道端（満家）奉書　正長元年八月二十八日　一通
〔帖別番号〕三ノ二〇

〔料紙〕竪紙　楮紙（杉原）　二九・二×三九・〇糎　一紙
〔差出〕沙弥（花押）（畠山満家）
〔宛所〕小笠原治部大輔入道殿（小笠原政康）
〔備考〕『信史』正長元年八月二十八日条（巻八、七頁）、『信叢』一八頁上段所収。

21
足利義教御判御教書　永享七年二月二十一日　一通
〔帖別番号〕三ノ二一
〔料紙〕竪紙　楮紙（檀紙）　三〇・三×四〇・二糎　一紙
〔差出〕（花押）（足利義教）
〔宛所〕小笠原治部大輔入道殿（小笠原政康）
〔備考〕宛所「輔入」部分、擦り消しの上に書き直すか。『信史』永享七年二月二十一日条（巻八、五二頁）、『信叢』二一頁上段所収。

22
足利義教御内書　（永享七年）九月二十二日　一通
〔帖別番号〕三ノ二二
〔料紙〕竪紙　楮紙（引合）　（第一紙）三三・五×四二・七糎、（第二紙）三三・七×一二・二糎　二紙（貼継）
〔差出〕（花押）（足利義教）
〔宛所〕小笠原治部大輔入道殿（小笠原政康）
〔備考〕本文「佐竹□□（対治カ）」部分に擦り消し痕あり。付箋「御自筆　永享七年十月七日□（府）中へ下着」、「義教将軍」あり。『信史』永享七年九月二十二日条（巻八、五八頁）、『信叢』二一頁上段所収。義教の自筆であろう。

23
室町幕府管領細川持之奉書　永享十年八月十七日　一通
〔帖別番号〕三ノ二三
〔料紙〕小切紙　漉返紙　（本紙）一五・七×二四・一糎、（封紙）一六・〇×七・七糎　一紙
〔差出〕右京大夫（花押）（細川持之）
〔宛所〕小笠原大膳大夫入道殿（小笠原政康）
〔備考〕封紙ウハ書「『義教将軍御奉書』（異筆）／小笠原大膳大夫入道殿　右京大夫持之」あり（ただし、本紙と筆跡異なる。三ノ二五「永享十年十月一日室町幕府管領細川持之奉書」のものであろう）。付箋「永享十年十月十日板鼻へ下着」、「政康江」あり。『信史』永享十年八月十七日条（巻八、一〇四頁）、『信叢』二二頁上段所収。

24
室町幕府管領細川持之奉書　永享十年九月六日　一通
〔帖別番号〕三ノ二四
〔料紙〕小切紙　漉返紙　（本紙）一六・〇×二〇・四糎、（封紙）一五・八×六・五糎　一紙
〔差出〕右京大夫（花押）（細川持之）
〔宛所〕小笠原大膳大夫入道殿（小笠原政康）
〔備考〕封紙ウハ書「『義教御奉書』（異筆）／小笠原大膳大夫入道殿　右京大夫持之」あり（ただし、本紙と筆跡異なる。三ノ二三「永享十年八月十七日室町幕府管領細川持之奉書」のものであろう）。付

箋「政康江」あり。『信史』永享十年八月二十九日条（巻八、一〇七頁）、『信叢』二二頁下段所收。

25
室町幕府管領細川持之奉書　永享十年十月一日　一通
〔帖別番号〕三ノ二五
〔料紙〕小切紙　漉返紙　（本紙）一五・六×二三・一糎、（封紙）一六・〇×七・九糎　一紙
〔差出〕右京大夫（花押）（細川持之）
〔宛所〕小笠原大膳大夫入道殿（小笠原政康）
〔備考〕封紙ウハ書「（異筆）『義教将軍御奉書』／小笠原大膳大夫入道殿　持之」あり（ただし、本紙と筆跡異なる。四ノ六「（永享十年）九月二十四日細川持之書状」のものであろう）。付箋「永享十年十月十日板鼻へ下着」、「政康江」あり。『信史』永享十年十月一日条（巻八、一一四頁）、『信叢』二三頁上段所收。

26
足利義教御内書　（永享十年）十二月二十三日　一通
〔帖別番号〕三ノ二六
〔料紙〕小切紙　漉返紙　（本紙）一六・九×二三・二糎、（封紙）一六・九×二・九糎　一紙
〔差出〕（花押）（足利義教）
〔宛所〕小笠原大膳大夫入道殿（小笠原政康）
〔備考〕付箋「永享十年十二月二十三日下着」あり。『信史』永享十年十二月二十三日条（巻八、一一五頁）、『信叢』二三頁下段所收。

27
足利義教御内書　（永享十一年）閏正月二十四日　一通
〔帖別番号〕三ノ二七
〔料紙〕小切紙　漉返紙　（本紙）一六・八×二六・四糎、（封紙）一六・八×六・四糎　一紙
〔差出〕（花押）（足利義教）
〔宛所〕小笠原大膳大夫入道殿（小笠原政康）
〔備考〕封紙ウハ書「（異筆）『義教御書』／小笠原大膳大夫入道殿」あり（ただし、本紙と筆跡異なるか）。付箋「政康江」、「永享十一年二月十三日到来」あり。『信史』永享十一年閏正月二十四日条（巻八、一二四頁）、『信叢』二三頁下段所收。

28
足利義教御判御教書　永享十一年六月二十日　一通
〔帖別番号〕三ノ二八
〔料紙〕竪紙　楮紙（強杉原）　三三・六×四一・八糎　一紙
〔差出〕（袖判）（足利義教）
〔宛所〕小笠原大膳大夫入道正透（小笠原政康）
〔備考〕墨映あり。付箋「義教将軍」あり。『信史』永享十一年六月二十日条（巻八、一三〇頁）、『信叢』二四頁上段所收。

29
室町幕府評定衆連署意見状　文安二年十一月二十四日　一通
〔帖別番号〕三ノ二九

〔料紙〕竪紙　楮紙（杉原）　二九・一×四〇・五糎　一紙
〔差出〕淳康（花押）（町野淳康）、永祥（花押）（飯尾為種）、通定（花押）（波多野通定）、行充（花押）（二階堂之忠）、常承（花押）（摂津満親）
〔備考〕墨映あり。付箋「証文状」、「問註所加賀守」、「波多野出雲守」、「二階堂中務少輔入道」、「摂津掃部頭入道」あり。『信史』文安二年十一月二十四日条（巻八、二〇五頁）、『信叢』二五頁上段所収。謄写本『勝山小笠原古文書』乾九七丁によれば、連署の冒頭部分に付箋「官名附札」が、「通定」に付箋「官受領不知」が、それぞれ存在していた。

30　後花園天皇口宣案　宝徳二年六月十九日　一通
〔帖別番号〕三ノ三〇
〔料紙〕竪紙　宿紙（漉返紙）　三一・五×四四・六糎　一紙
〔差出〕蔵人権右中弁藤原綱光奉（広橋綱光）
〔宛所〕源光康（小笠原光康）
〔備考〕端裏銘「口　宣案」あり。付箋「永享三年四月十七日□□〔到来カ〕」あり（もと別文書のもの）。紙背に付箋「口宣案■　光康江」あり。『信史』宝徳二年六月十九日条（巻八、二六六頁）、『信叢』二六頁上段所収。

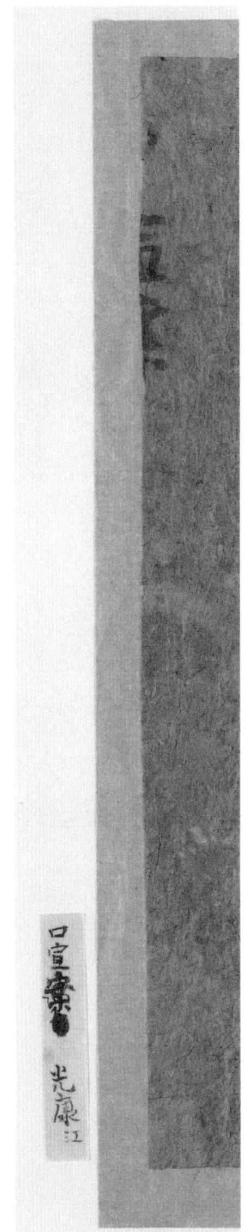

31　細川勝元書状　（年未詳）九月十一日　一通
〔帖別番号〕三ノ三一
〔料紙〕小切紙　漉返紙　（本紙）一六・三×二五・四糎、（封紙）一六・四×三・七糎　一紙
〔差出〕勝元（花押）（細川勝元）
〔宛所〕小笠原遠江守殿（小笠原光康）
〔備考〕封紙ウハ書「『康正二年五月廿七日到来』〔異筆〕／『義正〔ママ〕将軍御感奉書』〔又異筆〕／小笠原遠江守殿　勝元」あり（ただし、本紙と筆跡異なる）。付箋「義政将軍」あり。『信史』康正二年九月十一日条（巻八、三六五頁）、『信叢』二七頁下段所収。『信史』『信叢』は康正二年とするが、勝元の花押形体は長禄から寛正年間のものである。

32　室町幕府管領細川勝元奉書　長禄二年七月二十九日　一通
〔帖別番号〕三ノ三二
〔料紙〕小切紙　漉返紙　一六・一×二二・三糎　一紙
〔差出〕右京大夫（花押）（細川勝元）
〔宛所〕小笠原遠江守殿（小笠原光康）
〔備考〕付箋「義政将軍」あり。『信史』長禄二年七月二十九日条（巻八、三九七頁）、『信叢』二七頁下段所収。謄写本『勝山小笠原古文書』乾一〇五丁によれば、「右之状礼紙／追啓、巨細斎藤次郎右衛門方ゟ可申候、／態此一筆令申別紙候也、重而恐々／謹言」とあり、付箋「此本

紙ナシ」が存在していた。

33
室町幕府管領畠山政長奉書　寛正六年六月九日　一通
〔帖別番号〕三ノ三三
〔料紙〕小切紙　漉返紙　（本紙）一五・八×二〇・三糎、（封紙）一五・八×三・八糎　一紙
〔差出〕尾張守（花押）（畠山政長）
〔宛所〕小笠原六郎殿（小笠原家長カ）
〔備考〕封紙ウハ書「（異筆）『義政将軍御奉書』（又異筆）『光康江』／小笠原六郎殿　尾張守政長」あり。『信史』寛正六年六月九日条（巻八、五二五頁）、『信叢』二九頁下段所収。

34
足利義尹（義植）奉行人連署奉書　文亀元年六月十三日　一通
〔帖別番号〕三ノ三四
〔料紙〕竪紙　楮紙（杉原）　二七・八×四七・三糎　一紙
〔差出〕沙弥（花押）（諏方長直）、近江守（花押）（飯尾貞運）
〔宛所〕小笠原弾正少弼殿（小笠原貞忠）
〔備考〕端裏書「義澄将軍御奉書」あり。付箋「義澄将軍」あり。紙背に付箋「定基江」あり。『信史』文亀元年六月十三日条（巻十、一二二頁）、『信叢』三三頁下段所収。

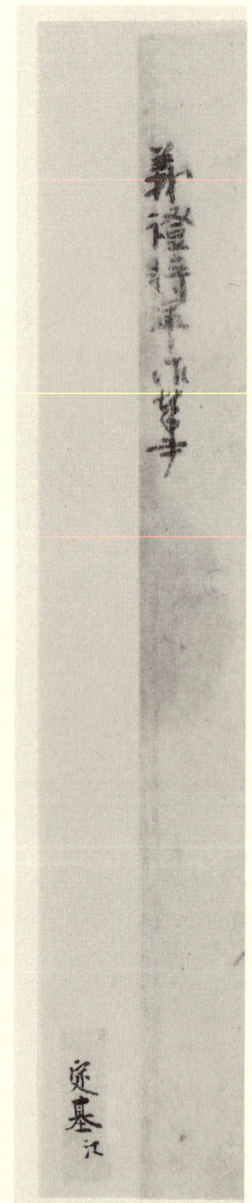

35
武田勝頼判物　元亀四年（癸酉）七月六日　一通
〔帖別番号〕三ノ三五
〔料紙〕竪紙　斐紙（雁皮）　三二・六×四五・三糎　一紙
〔差出〕勝頼（花押）（武田勝頼）
〔宛所〕小笠原掃部大夫殿（小笠原信嶺）
〔備考〕本文「在城料」の「城」字、擦り消して書き直す。『大史』天正元年七月六日条（第十編之十六、三〇五頁）、『信史』同年月日条（巻十三、五九三頁）、『信叢』四六頁下段所収。

36
武田勝頼判物　天正三年（乙亥）七月十九日　一通
〔帖別番号〕三ノ三六
〔料紙〕竪紙　斐紙（雁皮）　三四・七×四六・九糎　一紙
〔差出〕勝頼（花押）（武田勝頼）
〔宛所〕小笠原掃部大夫殿（小笠原信嶺）
〔備考〕『信史』天正三年七月十九日条（巻十四、一一一頁）、『信叢』四七頁上段所収。

第四帖

1
足利義教御内書　（嘉吉元年）五月二十六日　一通
〔帖別番号〕四ノ一
〔料紙〕竪紙　楮紙（引合）　三三・六×四九・八糎　一紙
〔差出〕（花押）（足利義教）
〔宛所〕小笠原五郎殿（小笠原宗康）
〔備考〕付箋「義教将軍」あり。『信史』嘉吉元年五月二十六日条（巻八、一五三頁）、『信叢』二四頁下段所収。折り目の痕跡から、まず奥から八・五糎程度に折り、次いで一・六糎程度の間隔で折り込んだかと考えられる。

2
細川道賢（持賢）書状　（年未詳）五月四日　一通
〔帖別番号〕四ノ二
〔料紙〕小切紙　斐紙（楮交）　一五・七×一三・七糎　一紙
〔差出〕沙弥道賢（花押）（細川持賢）
〔宛所〕武田刑部大輔殿（武田信重）
〔備考〕付箋「義政将軍」あり。『信史』文安三年五月四日条（巻八、二一九頁）、『信叢』二六頁上段所収。持賢の花押は、文安三年より後の形体を示していると考えられる。

3
細川政国書状　（文明五年）三月二十日　一通
〔帖別番号〕四ノ三
〔料紙〕切紙　斐紙（楮交）　一三・六×三二・三糎　一紙
〔差出〕右馬頭政国（花押）（細川政国）
〔宛所〕謹上　小笠原六郎殿（小笠原定基カ）
〔備考〕端裏書「義政将軍御奉書」あり。付箋「義政将軍」、「此所裏ニ光康ト書付見ル」あり。紙背に付箋「光康江」あり。『大史』文明五年二月二十一日第二条（第八編之六、四一九頁）、『信史』同年三月九日条（巻九、九一頁）、『信叢』三〇頁下段所収。四ノ一九「（文明五年）三月九日足利義政御内書」参照。

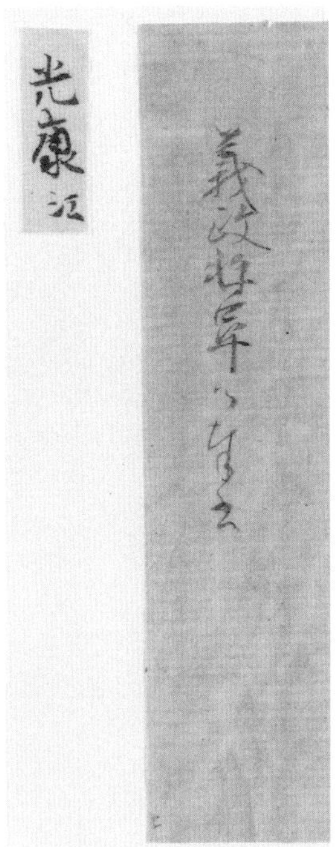

4
足利義政御内書　（文明七年）八月六日　一通
〔帖別番号〕四ノ四
〔料紙〕小切紙　斐紙（楮交）　（本紙）一七・五×二二・六糎、（封紙）一七・五×三・八糎
一紙
〔差出〕（花押）（足利義政）

〔宛所〕小笠原左衛門佐殿（小笠原家長）
〔備考〕封紙ウハ書「（異筆）『義尚将軍御書』／小笠原左衛門佐殿」あり（ただし、本紙の筆跡と異なる）。付箋「家長江」あり。『大史』文明七年八月六日第二条（第八編之八、二九〇頁）、『信史』同年月日条（巻九、一三八頁）、『信叢』三二頁上段所収。

5
畠山道端（満家）書状（応永三十年）十月十日　一通
〔料紙〕小切紙　斐紙（楮交）（本紙）一六・八×二四・七糎、（封紙）一六・八×九・〇糎
一紙
〔帖別番号〕四ノ五
〔差出〕道端（花押）（畠山満家）
〔宛所〕小笠原右馬助殿（小笠原政康）
〔備考〕封紙ウハ書「（異筆）『義教将軍御奉書』／小笠原右馬助殿　道端」あり（ただし、本紙の筆跡と異なり、二ノ八「（応永三十年）八月十九日畠山道端（満家）書状」のものであろう）。付箋「政康江」あり。『信史』応永三十年十月十日条（巻七、五五三頁）、『信叢』一六頁上段所収。

6
細川持之書状（永享十年）九月二十四日　一通
〔料紙〕小切紙　斐紙（漉返紙）（本紙）一四・六×二五・九糎、（封紙）一七・〇×四・九糎、
（礼紙）一一・〇×九・五糎　一紙
〔帖別番号〕四ノ六
〔差出〕持之（花押）（細川持之）
〔宛所〕小笠原大膳大夫入道殿（小笠原政康）
〔備考〕封紙ウハ書「（異筆）『義教将軍御奉書』／小笠原大膳大夫入道殿　右京大夫持之」あり（ただし、本紙と筆跡・料紙ともに異なり、三ノ二四「永享十年九月六日室町幕府管領細川持之奉書」のものであろう）。付箋「政康江」あり。『信史』永享十年九月六日条（巻八、一一二頁）所収。『信叢』二三頁上段所収。二ノ三〇「（永享十年）九月二十四日足利義教御内書」参照。礼紙に関して『信史』『信叢』は、三ノ二三「永享十年八月十七日室町幕府管領細川持之奉書」と併せて収録する。

7
小笠原正透（政康）置文（年月日未詳）　一通
〔帖別番号〕四ノ七
〔料紙〕切紙　楮紙（杉原）　一四・七×三六・二糎　一紙
〔差出〕正透（花押）（小笠原政康）
〔備考〕付箋「政康公ヨリ光康公江御譲状」あり。『信史』嘉吉二年八月九日条（巻八、一七〇頁）、『信叢』二四頁下段所収。政康の自筆か。

8
小笠原宗康書状（文安三年カ）三月十一日　一通
〔帖別番号〕四ノ八
〔料紙〕続紙　楮紙（杉原）（第一紙）一五・〇×四五・四糎、（第二紙）一四・九×四六・四糎
二紙
〔差出〕宗康（花押）（小笠原宗康）

〔宛所〕六郎殿へ（小笠原光康）
〔備考〕端裏に墨引あり。付箋「宗康公ヨリ光康江御譲状」あり。『信史』文安三年三月十一日条（巻八、二〇九頁）、『信叢』二五頁下段所収。宗康の自筆か。

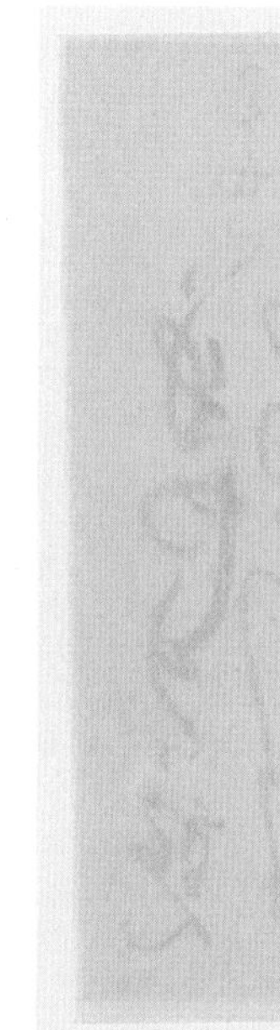

9　足利義政御判御教書　享徳四年正月十六日　一紙
〔帖別番号〕四ノ九
〔料紙〕小切紙　斐紙（雁皮）　（本紙）一六・八×二六・〇糎、（封紙）一六・五×七・〇糎　一紙
〔差出〕（花押）（足利義政）
〔宛所〕小笠原遠江守殿（小笠原光康）
〔備考〕封紙ウハ書「『二月廿七日到来』（異筆）『義正（ママ）将軍御書』（又異筆）／小笠原遠江守殿」あり。付箋「光康江」、「在譜／義政将軍九通之内」あり。『信史』康正元年正月十六日条（巻八、三三二頁）、『信叢』二六頁下段所収。

10　足利義政御内書　（康正元年）十一月二十七日　一通
〔帖別番号〕四ノ一〇
〔料紙〕切紙　斐紙（雁皮）　（本紙）一六・七×三九・四糎、（封紙）一六・六×四・九糎　一紙
〔差出〕（花押）（足利義政）
〔宛所〕小笠原遠江守とのへ（小笠原光康）
〔備考〕墨映あり。もと封紙かと思われる紙片に「『十一月廿七日到来』（異筆）／義政将軍御書　光康江」とあり。『信史』康正元年十一月二十七日条（巻八、三五五頁）、『信叢』二六頁下段所収。

11　細川道賢（持賢）書状　（年未詳）九月十一日　一通
〔帖別番号〕四ノ一一
〔料紙〕切紙　斐紙（楮交）　（本紙）一六・七×三二・三糎、（封紙）一六・八×四・二糎　一紙
〔差出〕沙弥道賢（花押）（細川持賢）
〔宛所〕謹上　小笠原遠江守殿（小笠原光康）
〔備考〕封紙ウハ書「『義政将軍御奉書』（異筆）／謹上　小笠原遠江守殿　沙弥道賢」あり。付箋「光康江」あり。『信史』康正二年九月十一日条（巻八、三六六頁）、『信叢』二七頁下段所収。持賢の花押の形体から、長禄から寛正年間にかけてのものと考えられる。

12　細川道賢（持賢）書状　（長禄二年）十月二十日　一通
〔帖別番号〕四ノ一二
〔料紙〕切紙　斐紙（楮交）　（本紙）一六・八×三四・三糎、（封紙）一六・九×六・一糎　一紙

〔差出〕沙弥道賢（花押）（細川持賢）
〔宛所〕謹上　小笠原遠江守殿（小笠原光康）
〔備考〕封紙ウハ書「（異筆）『義正御奉書』／謹上　小笠原遠江守殿　沙弥道賢」あり。付箋「光康江」あり。『信史』長禄二年十月二（ママ）十日条（巻八、四〇六頁）、『信叢』二九頁上段所収。四ノ二五「（長禄二年）十月二十日赤沢政吉書状」と同筆である

13
細川勝元書状（享徳四年）正月二十九日　一通
〔帖別番号〕四ノ一三
〔料紙〕小切紙　斐紙（雁皮）（本紙）一五・五×二三・四糎、（封紙）一五・四×五・四糎　一紙
〔差出〕勝元（花押）（細川勝元）
〔宛所〕小笠原遠江守殿（小笠原光康）
〔備考〕端裏に切封墨引あり。封紙ウハ書「（異筆）『義政将軍御奉書』／小笠原遠江守殿　勝元」あり。付箋「光康江」あり。『信史』康正元年正月十六日条（巻八、三三二頁）、『信叢』二六頁下段所収。

14
細川勝元書状（康正元年）十一月二十七日　一通
〔帖別番号〕四ノ一四
〔料紙〕切紙　斐紙（楮交）（本紙）一六・四×三〇・二糎、（封紙）一七・九×七・四糎　一紙
〔差出〕勝元（花押）（細川勝元）
〔宛所〕小笠原遠江守殿（小笠原光康）
〔備考〕端裏に切封墨引あり。封紙ウハ書「（異筆）『長禄二年八月到来』／（又異筆）『義政将軍御奉書』／小笠原遠江守殿　右京大夫勝元」あり（ただし、本紙と筆跡・料紙異なる。別文書のものであろう）あり。付箋「光康江」あり。『信史』康正元年十一月二十七日条（巻八、三五五頁）、『信叢』二七頁上段所収。四ノ一〇「（康正元年）十一月二十七日足利義政御内書」参照。

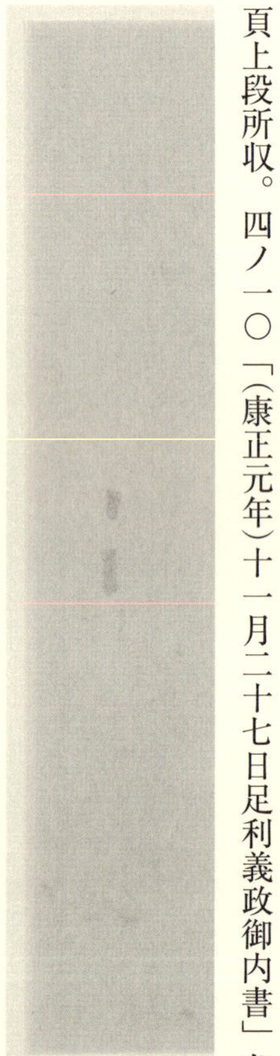

15
細川勝元書状（長禄二年）八月二十九日　一通
〔帖別番号〕四ノ一五
〔料紙〕小切紙　斐紙（雁皮）（本紙）一六・四×二四・八糎、（封紙）一六・五×六・一糎　一紙

〔差出〕勝元（花押）（細川勝元）
〔宛所〕小笠原被官人中
〔備考〕端裏に切封墨引あり。封紙ウハ書「（異筆）『義政将軍御奉書』／小笠原被官人中　勝元」あり。付箋「光康江」あり。『信史』長禄二年八月二十七日条（巻八、四〇〇頁）、『信叢』二八頁下段所収。四ノ一八「（長禄二年）八月二十七日足利義政御内書」参照。

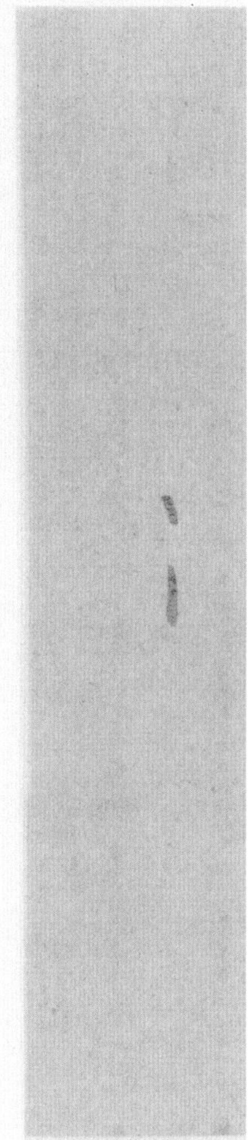

16　室町幕府奉行人連署奉書案　文明五年十一月二十一日　一通
〔帖別番号〕四ノ一六
〔料紙〕切紙　楮紙（杉原）（本紙）一三・四×三七・六糎　一紙
〔差出〕布施下野守沙弥判（布施貞基）、丹後守判（松田秀興）
〔宛所〕小笠原治部少輔殿／小笠原下条伊豆守殿／小笠原右京亮殿／小笠原形（刑）部少輔殿／小笠原坂西孫六殿／小笠原折野備後守殿／小笠原溝口孫三郎殿／小笠原丸毛小三郎殿／小笠原下枝越後守殿／小笠原櫛置九郎右衛門尉殿／小笠原常盤備中守殿／小笠原於曽平左衛門尉殿／小笠原伊豆木尾張守殿／小笠原標葉清右衛門尉殿／小笠原関安芸守殿／文言同前十六通、
〔備考〕端裏書「御感御奉書十六通案文」あり。付箋「在譜／義政之書写一通　家長公」、「義政ヨリ　家長江」、「従　義政将軍小笠原被官／中下賜御奉書之感状、但／御本書者面々渡、写如此」、「右二通ニテ御家譜之文明五巳年義政之書／一通ニ当、但二通共写也、」あり。『大史』文明五年十一月二十二日条（第八編之七、四九頁）、『信史』同年月二十一日条（巻九、一〇八頁）、『信叢』三一頁上段所収。

17　足利義政御内書案　（文明五年）十一月二十二日　一通
〔帖別番号〕四ノ一七
〔料紙〕小切紙　斐紙（楮交）（本紙）一二・八×一二・八糎、（封紙）一二・九×四・二糎　一紙
〔差出〕御判（足利義政）
〔宛所〕小笠原左衛門佐とのへ（小笠原家長）
〔備考〕封紙ウハ書「小笠原左衛門佐とのへ」あり。『大史』文明五年十一月二十二日条（第八編之七、四九頁）、『信史』同年月二十一日条（巻九、一一〇頁）、『信叢』三一頁下段所収。

18　足利義政御内書　（長禄二年）八月二十七日　一通

〔帖別番号〕四ノ一八
〔料紙〕切紙　斐紙（雁皮）　（本紙）一六・六×三六・二糎、（封紙）一六・七×六・六糎　一紙
〔差出〕（花押）（足利義政）
〔宛所〕小笠原被官人中
〔備考〕封紙ウハ書「（異筆）『義勝（尚）将軍御書』／小笠原被官人中」あり。付箋「在譜／義尚将軍／文明年中二通之内、今一通在二ノ巻」、「家長江」あり。『信史』長禄二年八月二十七日条（巻八、三九九頁）、『信叢』二八頁上段所収。

19　足利義政御内書　（文明五年）三月九日　一通
〔帖別番号〕四ノ一九
〔料紙〕小切紙　漉返紙　（本紙）一七・四×二二・四糎、（封紙）一七・二×六・四糎、一紙
〔差出〕（花押）（足利義政）
〔宛所〕小笠原六郎とのへ（小笠原定基カ）
〔備考〕封紙ウハ書「（異筆）『義勝（尚）将軍御書』／小笠原六郎とのへ」あり。付箋「在譜／義尚将軍四通之内」、「家長江」あり。『大史』文明五年二月二十一日第二条（第八編之六、四一八頁）、『信史』同年三月九日条（巻九、九一頁）、『信叢』三〇頁上段所収。

20　足利義政御内書　（文明十八年）五月十三日　一通
〔帖別番号〕四ノ二〇
〔料紙〕小切紙　斐紙（雁皮）　（本紙）一六・九×二一・四糎、（封紙）一六・九×五・九糎　一紙
〔差出〕（花押）（足利義政）
〔宛所〕小笠原左衛門佐殿（小笠原家長）
〔備考〕端裏に切封墨引あり。墨映あり。封紙ウハ書「（異筆）『文明十年八月廿三日到来／義尚将軍御書』／小笠原左衛門佐殿」（ただし、本紙と筆跡異なる。四ノ二二「（文明十年カ）二月廿一日足利義政御内書」、もしくは四ノ二六「（年未詳）十一月三日足利義政御内書」のものであろう）あり。『大史』文明十年五月十三日第一条（第八編之十、四五〇頁）、『信史』同年月日条（巻九、二一九頁）、『信叢』三三頁下段所収。『大館記』所収「昔御内書符案」は、本書案文を文明十八年の御内書案文の中に収める。

21　足利義政御内書　（長禄二年）八月二十七日　一通
〔帖別番号〕四ノ二一
〔料紙〕切紙　斐紙（楮交）　（本紙）一六・四×三五・四糎、（封紙）一六・六×四・一糎　一紙
〔差出〕（花押）（足利義政）
〔宛所〕小笠原赤沢一族中

〔備考〕封紙ウハ書「小笠原赤沢一族中」あり。『信史』長禄二年八月二十七日条（巻八、四〇一頁）、『信叢』二八頁上段所収。謄写本『勝山小笠原古文書』乾一二二丁には、「天保二辛卯年六月改／義尚将軍ヨリ家長公ヘ感状二通、同四通、合六通之内、写五通、亨和三／亥年差出ス、四通之内一通不相見段、書上候、其後得与相改候処、八月／廿七日、義尚ヨリ小笠原赤沢一族中ト有之感状、加候得者、都合六通ニ／相成候、是ニテ御家譜ト致全備候、後年御改等有之候者、其段可申上歟、又亨和三亥年申上候通、一通不相見段、可申上歟、評儀（ママ）之事」と記されている。

22

足利義政御内書　（文明十年カ）二月二十一日　一通

〔料紙〕小切紙　斐紙（楮交）　（本紙）一六・〇×二二・八糎、（封紙）一六・一×四・八糎　一紙

〔帖別番号〕四ノ二二

〔差出〕（花押）（足利義政）

〔宛所〕小笠原左衛門佐とのへ（小笠原家長）

〔備考〕封紙ウハ書「（異筆）『文明十年四月一日到来／義尚将軍御書』／小笠原左衛門佐とのへ」あり（ただし、本紙と筆跡異なる）。『大史』文明五年二月二十一日条（第八編之六、四一七頁）、『信史』同年月日条（巻九、八八頁）。『信叢』二九頁下段所収。本文中の「土岐美濃守成頼対治事」は、文明九年十一月に成頼が足利義視を伴い美濃に下国し、翌年七月に義視・成頼らが赦免されているから、文明十年とみるべきか。次号の備考も参照。

23

細川政国書状　（文明十年カ）二月二十一日　一通

〔料紙〕小切紙　斐紙（漉返紙）　（本紙）一五・三×二三・二糎、（封紙）一〇・四×二・二糎　一紙

〔帖別番号〕四ノ二三

〔差出〕政国（花押）（細川政国）

〔宛所〕小笠原左衛門佐殿／進之候（小笠原家長）

〔備考〕封紙ウハ書「□郎殿　右馬頭政国」あり（ただし、本紙と筆跡・料紙ともに異なり、四ノ三「（文明五年）三月二十日細川政国書状」のものであろう）。『大史』文明五年二月二十一日条（第八編之六、四一八頁）、『信史』同年月日条（巻九、八九頁）、『信叢』三〇頁上段所収。政国の花押の形体は、文明五年頃とは異なり、同九年以降のものに近い。前号の備考を参照。

24

大内義興書状　（文亀元年）六月十三日　一通

〔料紙〕切紙　斐紙（雁皮）　（本紙）一六・四×三七・五糎、（封紙）一三・六×一・九糎　一紙

〔帖別番号〕四ノ二四

〔差出〕義興（花押）（大内義興）

〔宛所〕小笠原弾正少弼殿（小笠原貞忠）

〔備考〕封紙ウハ書「小笠原弾正少弼殿　義興」あり。付箋「長基公」あり。『信史』文亀元年六月十三日条（巻十、一二三頁）、『信叢』三三頁下段所収。三ノ三四「文亀元年六月十三日足利義尹（義稙）奉行人奉書」参照。『古文書時代鑑』下八四号は、義興の自筆とし、小笠原定基宛と

する。

25　赤沢政吉書状　（長禄二年）十月二十日　一通
〔帖別番号〕四ノ二五
〔料紙〕切紙　楮紙（杉原）　一六・八×三二・〇糎　一紙
〔差出〕新蔵人政吉（花押）（赤沢政吉）
〔宛所〕謹上　遠江殿まいる（小笠原光康）
〔備考〕『信史』長禄二年十月二十日条（巻八、四〇七頁）、『信叢』二九頁上段所収。四ノ一二「（長禄二年）十月二十日細川道賢（持賢）書状」参照。同書と同筆である。

26　足利義政御内書　（年未詳）十一月三日　一通
〔帖別番号〕四ノ二六
〔料紙〕切紙　斐紙（楮交）　（本紙）一七・八×二七・三糎、（封紙）一七・九×五・八糎　一紙
〔差出〕（花押）（足利義政）
〔宛所〕小笠原左衛門佐とのへ（小笠原家長）
〔備考〕封紙ウハ書「『義尚将軍御書』（異筆）／小笠原左衛門佐とのへ」（ただし、本紙と筆跡・料紙ともに異なる）あり。付箋「家長公」、「家長江」あり。『信史』文明五年十一月二十一日条（巻九、一一一頁）、『信叢』三二頁上段所収。

27　細川道賢（持賢）書状　（康正二年）五月十日　一通
〔帖別番号〕四ノ二七
〔料紙〕小切紙　斐紙（楮交）　一八・五×二四・九糎　一紙
〔差出〕沙弥道賢（花押）（細川持賢）
〔宛所〕謹上　小笠原遠江守殿（小笠原光康）
〔備考〕付箋「光康公」あり。『信史』康正二年五月十日条（巻八、三六二頁）、『信叢』二七頁上段所収。

28　某書状案　明応八年三月十三日　一通
〔帖別番号〕四ノ二八
〔料紙〕小切紙　斐紙（雁皮）　一四・七×一五・五糎　一紙
〔宛所〕もりきく五郎大夫とのへ
〔備考〕『信史』『信叢』収録せず。本文中「佐竹常陸介舜方出家法名宗三」とは、『美乃佐竹系図』に「光家常陸介、改義方、又更舜方、号則一、法名宗参」とみえる幕府奉公衆の佐竹光家であろう。

29　斯波義雄書状　（文亀元年カ）八月十二日　一通
〔帖別番号〕四ノ二九
〔料紙〕切紙　楮紙（杉原）　一七・〇×三四・九糎　一紙
〔差出〕義雄（花押）（斯波義雄）
〔宛所〕小笠原左衛門佐殿／進之候（小笠原定基）

〔備考〕墨映あり。付箋「家長公」あり。『信史』文亀元年閏六月二十一日条（巻十、一三〇頁）、『信叢』三五頁下段所収。

30
佐竹宗三（光家）書状　（永正四年）八月十六日　一通
〔帖別番号〕四ノ三〇
〔料紙〕切続紙　楮紙（杉原）　（第一紙）一二・五×四二・七糎、（第二紙）一二・六×四二・二糎、（第三紙）一二・七×四二・二糎　三紙
〔差出〕宗三（花押）（佐竹光家）
〔宛所〕左衛門佐殿／人々御中（小笠原定基）
〔備考〕墨映あり。第二紙右より約三一・〇糎、第三紙右より一五・七糎で切断されている。『信史』永正四年八月十六日条（巻十、二四八頁）、『信叢』四一頁上段所収。

31
佐竹宗三（光家）書状　（年未詳）三月十三日　一通
〔帖別番号〕四ノ三一
〔料紙〕切紙　斐紙（雁皮）　一四・五×三〇・七糎　一紙
〔差出〕宗三（花押）（佐竹光家）
〔宛所〕謹上／小笠原左衛門佐殿（小笠原定基）
〔備考〕『信史』『信叢』収録せず。

32
佐竹宗三（光家）書状　（永正三年）閏十一月十七日　一通
〔帖別番号〕四ノ三二
〔料紙〕小切紙　斐紙（楮交）　一四・五×一八・七糎　一紙
〔差出〕宗三（花押）（佐竹光家）
〔宛所〕さ衛門佐殿人々御中（小笠原定基）
〔備考〕『信史』永正三年閏十一月八日条（巻十、二三三頁）、『信叢』四〇頁下段所収。

33
佐竹宗三（光家）書状　（永正四年）八月十六日　一通
〔帖別番号〕四ノ三三
〔料紙〕切続紙　楮紙（杉原）　（第一紙）一二・三×三六・〇糎、（第二紙）一二・四×二〇・七糎（継目幅〇・四糎）　二紙
〔差出〕宗三（花押）（佐竹光家）
〔宛所〕六郎殿／人々御中（小笠原貞忠カ）
〔備考〕墨映あり。『信史』永正四年八月十六日条（巻十、二五一頁）、『信叢』四二頁下段所収。

34
佐竹宗三（光家）書状　（永正三年）閏十一月十二日　一通
〔帖別番号〕四ノ三四
〔料紙〕切紙　斐紙（楮交）　一五・九×三八・〇糎　一紙
〔差出〕宗三（花押）（佐竹光家）
〔宛所〕さ衛門佐殿　人々御中（小笠原定基）
〔備考〕付箋「定基公」あり。『信史』永正三年閏十一月八日条（巻十、二三二頁）、『信叢』四〇

頁上段所収。

35 佐竹宗三(光家)書状 (永正五年カ)十二月二十五日 一通
〔帖別番号〕四ノ三五
〔料紙〕切紙 楮紙 (檀紙) 一三・八×三五・二糎 一紙
〔差出〕宗三 (花押) (佐竹光家)
〔宛所〕左衛門佐殿/人々御中 (小笠原定基)
〔備考〕『信史』永正五年十二月二十五日条 (巻十、二六〇頁)、『信叢』四二頁下段所収。

36 斯波義雄書状 (文亀元年)閏六月二十一日 一通
〔帖別番号〕四ノ三六
〔料紙〕切紙 楮紙 (杉原) 一七・九×三七・八糎 一紙
〔差出〕義雄 (花押) (斯波義雄)
〔宛所〕小笠原弾正少弼殿/進之候 (小笠原貞忠)
〔備考〕『信史』文亀元年閏六月二十一日条 (巻十、一二八頁)、『信叢』三四頁下段所収。

37 斯波義雄書状 (文亀元年)七月六日 一通
〔帖別番号〕四ノ三七
〔料紙〕切紙 楮紙 (杉原) 一六・九×三九・七糎 一紙
〔差出〕義雄 (花押) (斯波義雄)
〔宛所〕小笠原左衛門佐殿/進之候 (小笠原定基)
〔備考〕墨映あり。『信史』文亀元年閏六月二十一日条 (巻十、一二九頁)、『信叢』三五頁上段所収。

38 斯波義雄書状 (文亀元年カ)八月十二日 一通
〔帖別番号〕四ノ三八
〔料紙〕切紙 楮紙 (杉原) 一七・一×三四・一糎 一紙
〔差出〕義雄 (花押) (斯波義雄)
〔宛所〕小笠原弾正少弼殿 (小笠原貞忠)
〔備考〕墨映あり。『信史』文亀元年閏六月二十一日条 (巻十、一三一頁)、『信叢』三六頁上段所収。

39 斯波義雄書状 (文亀元年カ)十一月七日 一通
〔帖別番号〕四ノ三九
〔料紙〕切紙 斐紙 (楮交) 一六・二×三五・四糎 一紙
〔差出〕義雄 (花押) (斯波義雄)
〔宛所〕小笠原左衛門佐殿/進之候 (小笠原定基)
〔備考〕『信史』文亀元年閏六月二十一日条 (巻十、一三一頁)、『信叢』三六頁上段所収。

40 斯波義雄書状 (文亀元年)七月十日 一紙

〔帖別番号〕四ノ四〇
〔料紙〕切紙　斐紙（楮交）　一七・五×三五・八糎　一紙
〔差出〕義雄（花押）（斯波義雄）
〔宛所〕小笠原右馬助殿（小笠原貞朝）
〔備考〕『信史』文亀元年閏六月二十一日条（巻十、一三〇頁）、『信叢』三五頁下段所収。

41
伊勢宗瑞（盛時）書状写　（年未詳）三月九日　一通
〔帖別番号〕四ノ四一
〔料紙〕切紙　斐紙　一八・七×三四・四糎　一紙
〔差出〕宗瑞（花押）（伊勢盛時）
〔宛所〕謹上　小笠原殿／御宿所（小笠原定基）
〔備考〕本書は影写であり、原文書は早雲寺（神奈川県箱根町）の所蔵になる。『大史』永正十六年八月十五日第三条（第九編之九、三三一頁）、『信史』永正三年十月十九日条（巻十、二二五頁）、『信叢』三九頁上段所収。

42
伊勢宗瑞（盛時）書状写　（永正三年カ）十月十九日　一通
〔帖別番号〕四ノ四二
〔料紙〕切紙　斐紙　一六・五×三三・三糎　一紙
〔差出〕宗瑞（花押）（伊勢盛時）
〔宛所〕謹上　小笠原左衛門佐殿／御宿所（小笠原定基）
〔備考〕本書は影写であり、原文書は早雲寺の所蔵になる。本紙の袖部分に封紙ウハ書「謹上小笠原左衛門佐殿／御宿所　宗瑞」を影写する。『大史』永正十六年八月十五日第三条（第九編之九、三三〇頁）、『信史』永正三年十月十九日条（巻十、二二四頁）、『信叢』三八頁下段所収。

43
伊勢宗瑞（盛時）書状写　（年未詳）三月二十六日　一通
〔帖別番号〕四ノ四三
〔料紙〕切紙　斐紙　一七・四×四〇・六糎　一紙
〔差出〕宗瑞（花押）（伊勢盛時）
〔宛所〕謹上　小笠原左衛門佐殿／御宿所（小笠原定基）
〔備考〕本書は影写であり、原文書は早雲寺の所蔵になる。本紙の袖部分に封紙ウハ書「□小笠原左衛門佐殿／御宿所　早雲庵／宗瑞」を影写する。『大史』永正十六年八月十五日第三条（第九編之九、三三〇頁）、『信史』永正三年十月十九日条（巻十、二二七頁）、『信叢』三九頁下段所収。

44
瀬名一秀書状　（年未詳）三月二十三日　一通
〔帖別番号〕四ノ四四
〔料紙〕切紙　楮紙（杉原）　一六・〇×三六・八糎　一紙
〔差出〕一秀（花押）（瀬名一秀）
〔宛所〕謹上　小笠原左衛門佐殿（小笠原定基）
〔備考〕『信史』永正三年三月十日条（巻十、一九九頁）、『信叢』三七頁上段所収。

45
伊勢宗瑞（盛時）書状写　（永正三年）九月二十一日　一通
〔帖別番号〕四ノ四五
〔料紙〕切紙　斐紙　一八・六×三九・二糎　一紙
〔差出〕宗瑞（花押）（伊勢盛時）
〔宛所〕謹上　小笠原左衛門佐殿／御宿所（小笠原定基）
〔備考〕本書は影写であり、原文書は早雲寺の所蔵になる。『大史』永正十六年八月十五日第三条（第九編之九、三二八頁）、『信史』永正三年九月二十一日条（巻十、二二一頁）、『信叢』三七頁下段所収。『古文書時代鑑』下八五号は、原文書を宗瑞の自筆とする。

46
斯波寛元書状　（文亀元年）閏六月二十一日　一通
〔帖別番号〕四ノ四六
〔料紙〕切紙　楮紙（杉原）　一七・一×三八・五糎　一紙
〔差出〕寛元（花押）（斯波寛元）
〔宛所〕小笠原左衛門佐殿／進之候（小笠原定基）
〔備考〕本文の「春」字、擦り消しの上に書き直す。『信史』文亀元年閏六月二十一日条（巻十、一二七頁）、『信叢』三四頁下段所収。

47
瀬名一秀書状　（年未詳）四月十一日　一通
〔帖別番号〕四ノ四七
〔料紙〕切紙　斐紙（雁皮）　（本紙）一七・三×三四・二糎、（封紙）八・九×五・〇糎　一紙
〔差出〕一秀（花押）（瀬名一秀）
〔宛所〕謹上　小笠原左衛門佐殿／御返報（小笠原定基）
〔備考〕封紙ウハ書「□衛門佐殿／御返報　睡足軒／一秀」あり。『信史』永正三年三月十日条（巻十、二〇〇頁）、『信叢』三七頁下段所収。

48
織田敏定書状　（文明十年）十二月二十八日　一通
〔帖別番号〕四ノ四八
〔料紙〕小切紙　斐紙（漉返紙）　一〇・五×三三・七糎　一紙
〔差出〕敏定（花押）（織田敏定）
〔宛所〕小笠原左衛門佐殿／御宿所（小笠原家長）
〔備考〕『大史』文明十年十二月四日条（第八編之十、八八六頁）、『信史』同年月二十八日条（巻九、二三〇頁）、『信叢』三二頁下段所収。

49
斯波寛元書状　（文亀元年）三月十日　一通
〔帖別番号〕四ノ四九
〔料紙〕切紙　漉返紙　一八・九×三三・七糎　一紙
〔差出〕寛元（花押）（斯波寛元）
〔宛所〕小笠原左衛門佐殿／進之候（小笠原定基）
〔備考〕『信史』文亀元年閏六月二十一日条（巻十、一二五頁）、『信叢』三三頁下段所収。

50　甲斐敏光書状　（年未詳）六月二十一日　一通
〔帖別番号〕四ノ五〇
〔料紙〕切紙　斐紙（楮交）　（本紙）一四・五×三〇・三糎、（封紙）一四・六×四・一糎　一紙
〔差出〕右衛門尉敏光（花押）（甲斐敏光）
〔宛所〕謹上　小笠原左衛門佐殿（小笠原家長カ）
〔備考〕封紙ウハ書「□左衛門佐殿　甲斐／右衛門尉敏光」あり。『大史』文明七年二月十一日第三条（第八編之八、九三頁）、『信史』文亀元年閏六月二十一日条（巻十、一二九頁）、『信叢』三五頁上段所収。『静岡県史』資料編7中世三は文明十三年カとする（一三号）。

51　大谷盛勝書状　（文亀元年カ）十二月二十三日　一通
〔帖別番号〕四ノ五一
〔料紙〕切紙　斐紙（楮交）　一七・九×三三・七糎　一紙
〔差出〕長門守盛勝（花押）（大谷盛勝）
〔宛所〕謹上／小笠原左衛門佐殿／参人々御中（小笠原定基）
〔備考〕『信史』文亀元年閏六月二十一日条（巻十、一三二頁）、『信叢』三六頁下段所収。

52　信光カ書状　（年未詳）卯月二十八日　一通
〔帖別番号〕四ノ五二
〔料紙〕切紙　斐紙（楮交）　一六・〇×三一・三糎　一紙
〔差出〕信光カ（花押）
〔宛所〕左衛門佐殿／御宿所（小笠原定基カ）
〔備考〕『信史』永正八年八月二十三日条（巻十、三三三頁）、『信叢』四四頁下段所収。

53　富島為仲書状　（文明五年）三月十七日　一通
〔帖別番号〕四ノ五三
〔料紙〕切紙　斐紙（楮交）　（本紙）一五・六×二二・二糎、（封紙）一五・六×三・五糎　一紙
〔差出〕為仲（花押）（富島為仲）
〔宛所〕謹上／小笠原左衛門佐殿／人々御中（小笠原家長）
〔備考〕封紙ウハ書「謹上　小笠原左衛門佐殿／人々御中　富嶋常陸守／為仲」あり。『大史』文明五年二月二十一日条（第八編之六、四一八頁）、『信史』同年月日条（巻九、八九頁）、『信叢』三〇頁下段所収。

54　細川上野元治書状　（年未詳）四月五日　一通
〔帖別番号〕四ノ五四
〔料紙〕切紙　斐紙（雁皮）　一八・六×四一・〇糎　一紙
〔差出〕元治（花押）（細川上野元治）
〔宛所〕小笠原左衛門佐殿／御返報（小笠原定基カ）
〔備考〕『信史』永正五年十二月二十五日条（巻十、二六一頁）、『信叢』四三頁上段所収。

55 細川政国書状（文明五年）十一月二十一日　一通
〔帖別番号〕四ノ五五
〔料紙〕切紙　斐紙（楮交）　一四・五×三五・七糎　一紙
〔差出〕政国（花押）（細川政国）
〔宛所〕小笠原左衛門佐殿／進之候（小笠原家長）
〔備考〕『大史』文明五年十一月二十二日条（第八編之七、五一頁）、『信史』同年月二十一日条（巻九、一〇七頁）、『信叢』三〇頁下段所収。

56 今川氏親書状（年未詳）三月十日　一通
〔帖別番号〕四ノ五六
〔料紙〕切紙　斐紙（楮交）　一六・五×四〇・一糎　一紙
〔差出〕源氏親（花押）（今川氏親）
〔宛所〕謹上　小笠原左衛門佐殿（小笠原定基）
〔備考〕『信史』永正三年三月十日条（巻十、一九八頁）、『信叢』三七頁上段所収。氏親の花押は永正四・五年頃の形体を示す。

57 赤沢宗益経朝書状（文亀元年）六月十九日　一通
〔帖別番号〕四ノ五七
〔料紙〕小切紙　斐紙（楮交）　（本紙）一五・二×一七・二糎、（封紙）一五・二×四・七糎　一紙
〔差出〕宗益（花押）（赤沢朝経）
〔宛所〕小笠原左衛門佐殿／人々御中（小笠原定基）
〔備考〕封紙ウハ書「小笠原左衛門佐殿／人々御中　沢蔵軒／宗益」あり。『信史』文亀元年閏六月二十一日条（巻十、一二六頁）、『信叢』三四頁上段所収。

58 伊奈盛泰書状（永正三年）九月二十二日　一通
〔帖別番号〕四ノ五八
〔料紙〕切紙　楮紙（杉原）　一七・二×三八・六糎　一紙
〔差出〕弾正忠盛泰（花押）（伊奈盛泰）
〔宛所〕謹上　小笠原左衛門佐殿／御宿所（小笠原定基）
〔備考〕『信史』永正三年九月二十一日条（巻十、二二二頁）、『信叢』三八頁上段所収。四ノ四五「（永正三年）九月二十一日伊勢宗瑞盛時書状写」参照。

59 伊奈盛泰書状（年未詳）三月九日　一通
〔帖別番号〕四ノ五九
〔料紙〕切紙　斐紙（楮交）　（本紙）一九・九×三七・七糎、（封紙）一三・四×五・九糎　一紙
〔差出〕弾正忠盛泰（花押）（伊奈盛泰）
〔宛所〕謹上　小笠原殿参御宿所（小笠原定基）
〔備考〕封紙ウハ書「□殿参御宿所　伊奈／弾正忠盛泰」あり。『信史』永正三年十月十九日

条（巻十、二二六頁）、『信叢』三九頁下段所収。

60　小笠原長隆書状　（永正六年カ）三月十八日　一通

〔帖別番号〕四ノ六〇

〔料紙〕切紙　楮紙（檀紙）　（本紙）一五・八×四〇・七糎、（封紙）一五・八×六・五糎　一紙

〔差出〕長隆（花押）（小笠原長隆）

〔宛所〕小笠原殿／御内人々御中（小笠原定基）

〔備考〕端裏に切封墨引あり。封紙ウハ書「小笠原殿／御内人々御中　石見国小笠原兵部太（ママ）輔／長隆」あり。『信史』永正六年三月十八日条（巻十、二六三頁）、『信叢』四三頁上段所収。

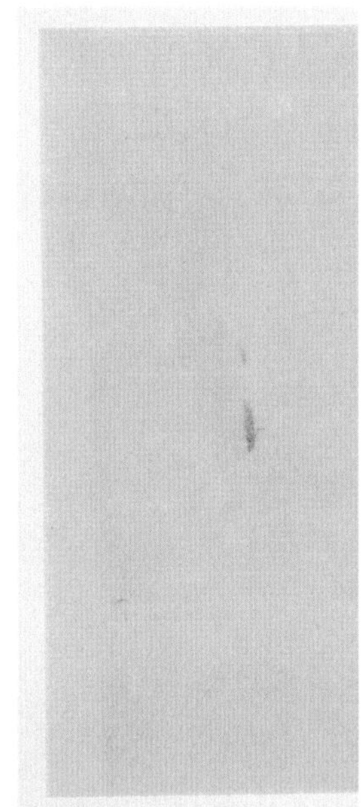

61(1)　小笠原長隆書状　（永正六年カ）八月二十七日　一通

〔帖別番号〕四ノ六一ノ一

〔料紙〕切紙　斐紙（楮交）　一八・九×四七・三糎　一紙

〔差出〕長隆（花押）（小笠原長隆）

〔宛所〕謹上　小笠原殿御内人々御中（小笠原定基）

〔備考〕端裏に切封墨引あり。『信史』永正六年三月十八日条（巻十、二六四頁）、『信叢』四三頁下段所収。本書は次号文書と一具のものであろう。

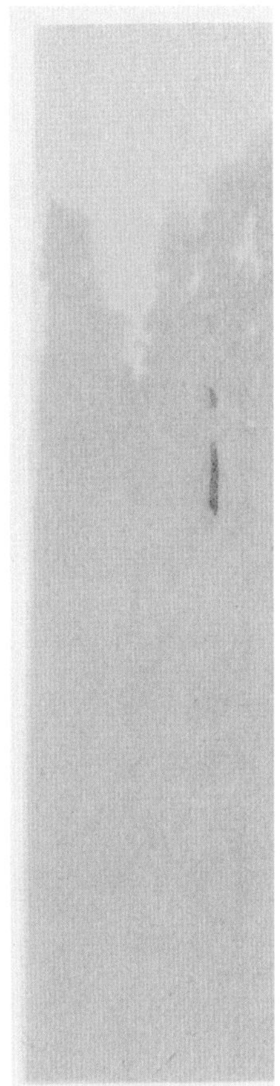

61(2)　小笠原長隆書状　（永正六年カ）八月二十七日　一通

〔帖別番号〕四ノ六一ノ二

〔料紙〕小切紙　斐紙（楮交）　（本紙）一二・七×一一・一糎、（封紙）一〇・一×五・五糎　一紙

〔差出〕長隆（花押）（小笠原長隆）

〔宛所〕謹上　小笠原殿人々御中（小笠原定基）

〔備考〕封紙ウハ書「□人々御中　石州兵部大輔／長隆」あり（ただし、本紙の筆跡と異なる）。『信史』永正六年三月十八日条（巻十、二六五頁）、『信叢』四四頁上段所収。本書は前号文書と一具のものであろう。

62 斯波義寛書状 (文亀元年カ)三月二十四日 一通
〔帖別番号〕四ノ六二
〔料紙〕切紙 斐紙(楮交) 一六・五×四三・二糎 一紙
〔差出〕義寛(花押)(斯波義寛)
〔宛所〕小笠原左衛門佐殿/進之候(小笠原定基)
〔備考〕『信史』文亀元年閏六月二十一日条(巻十、一二六頁)、『信叢』三四頁上段所収。

63 古雲智云書状 (年未詳)五月二十三日 一通
〔帖別番号〕四ノ六三
〔料紙〕切紙 斐紙(楮交) 一五・八×四八・三糎 一通
〔差出〕智云(花押)(古雲智云)
〔宛所〕六郎殿/御宿所
〔備考〕端裏に切封墨引あり。『大史』長享二年八月九日第二条(第八編之二十三、四四頁)、『信史』同年月日条(巻九、四六一頁)、『信叢』三三頁上段所収。古雲智云の自筆か。

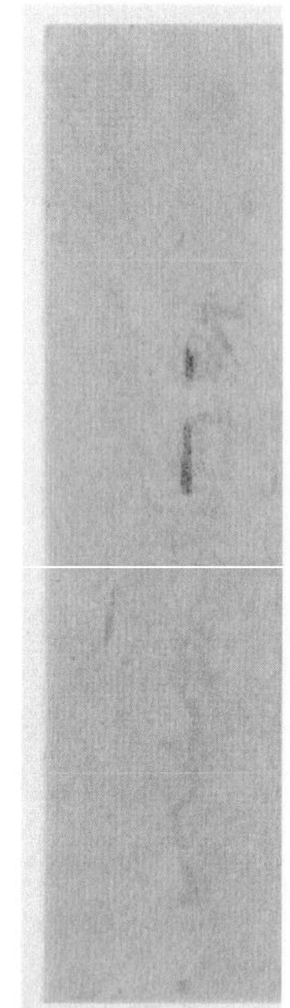

64 大井宗菊書状 (永正三年)九月二十七日 一通
〔帖別番号〕四ノ六四
〔料紙〕切紙 楮紙(杉原) 一八・三×三八・八糎 一紙
〔差出〕大井/宗菊(花押)
〔宛所〕謹上 小笠原左衛門佐殿参御宿所(小笠原定基)
〔備考〕『信史』永正三年九月二十七日条(巻十、二二三頁)、『信叢』三八頁下段所収。四ノ四五「(永正三年)九月二十一日伊勢宗瑞(盛時)書状写」参照。

65 頼常書状 (年未詳)九月十八日 一通
〔帖別番号〕四ノ六五
〔料紙〕切紙 斐紙(楮交) 一九・九×三七・五糎 一紙
〔差出〕頼常(花押)
〔宛所〕小笠原左衛門佐殿/御報(小笠原定基カ)
〔備考〕『信史』永正八年八月二十三日条(巻十、三三八頁)、『信叢』四六頁上段所収。

66 甲斐カ威邦書状 (年未詳)七月十七日 一通
〔帖別番号〕四ノ六六
〔料紙〕切紙 楮紙(檀紙) 一五・七×三六・七糎 一紙
〔差出〕藤原威邦(花押)(甲斐カ威邦)
〔宛所〕謹上 小笠原殿(小笠原家長カ)
〔備考〕『信史』文亀元年閏六月二十一日条(巻十、一三三頁)、『信叢』三六頁下段所収。『静岡

県史』資料編7中世三は本書の年次を文明十三年カとする（一六号）。

67　伝小笠原信嶺和歌詠草　（年月日未詳）　一通
〔帖別番号〕四ノ六七
〔料紙〕竪切紙　楮紙（杉原）　三三・六×二三・〇糎　一紙
〔備考〕付箋「信嶺公」あり。『信史』『信叢』収録せず。

68　土岐尚益書状　（永正三年）閏十一月八日　一通
〔帖別番号〕四ノ六八
〔料紙〕切紙　斐紙（楮交）　（本紙）一八・二×二五・二糎、（封紙）一四・二×四・一糎　一紙
〔差出〕尚益（花押）（土岐尚益）
〔宛所〕小笠原殿／御報（小笠原定基）
〔備考〕封紙ウハ書「□（小笠）原殿御報　土岐刑部少輔／尚益」あり。『信史』永正三年閏十一月八日条（巻十、二三二頁）、『信叢』四〇頁上段所収。

69　房次書状　（年未詳）卯月二十八日　一通
〔帖別番号〕四ノ六九
〔料紙〕切紙　楮紙（杉原）　一七・五×三八・九糎　一紙
〔差出〕房次（花押）
〔宛所〕楽音坊／民部卿殿　御両所
〔備考〕『信史』永正八年八月二十三日条（巻十、三三四頁）、『信叢』四四頁下段所収。

70　細川道賢（持賢）書状　（長禄二年）九月六日　一通
〔帖別番号〕四ノ七〇
〔料紙〕切紙　斐紙（楮交）　（本紙）一八・二×二五・二糎、（封紙）一八・二×四・一糎　一紙
〔差出〕沙弥道賢（花押）（細川持賢）
〔宛所〕謹上　木曽宮俊殿
〔備考〕封紙ウハ書「謹上　木曽宮俊殿　沙弥道賢」あり。『信史』長禄二年九月六日条（巻八、四〇一頁）、『信叢』二八頁下段所収。

71　遠山景房書状　（年未詳）十月十六日　一通
〔帖別番号〕四ノ七一
〔料紙〕切紙　楮紙（杉原）　（本紙）一六・四×二八・六糎、（封紙）一六・四×六・六糎　一紙
〔差出〕景房（花押）（遠山景房）
〔宛所〕謹上　小笠原殿／参人々御中
〔備考〕墨映あり。封紙ウハ書「謹上　小笠原殿／参人々御中　遠山六郎／景房」あり。『信史』永正八年八月二十三日条（巻十、三三九頁）、『信叢』四六頁上段所収。

72　久光書状　（年未詳）九月十七日　一紙

〔帖別番号〕四ノ七二

〔料紙〕切紙　楮紙（杉原）　一七・九×三五・九糎　一紙

〔差出〕左京亮久光（花押）

〔宛所〕謹上　小笠原殿

〔備考〕『信史』永正八年八月二十三日条（巻十、三三七頁）、『信叢』四五頁下段所収。

73　土岐尚益書状　（年未詳）六月三日　一通

〔帖別番号〕四ノ七三

〔料紙〕切紙　斐紙（雁皮）　（本紙）一七・八×三四・二糎、（封紙）九・〇×二・三糎、一紙

〔差出〕刑部少輔尚益（花押）（土岐尚益）

〔宛所〕謹上　小笠原殿（小笠原定基）

〔備考〕墨映あり。封紙ウハ書「□刑部少輔尚益」あり。『信史』永正三年閏十一月八日条（巻十、一三三頁）、『信叢』四〇頁下段所収。

74　宗泰書状　（年未詳）九月十八日　一通

〔帖別番号〕四ノ七四

〔料紙〕切紙　斐紙（楮交）、一七・二×四一・九糎　一紙

〔差出〕宗泰（花押）

〔宛所〕小笠原殿／参御報

〔備考〕端裏に切封墨引あり。『信史』永正八年八月二十三日条（巻十、三三七頁）、『信叢』四五頁下段所収。

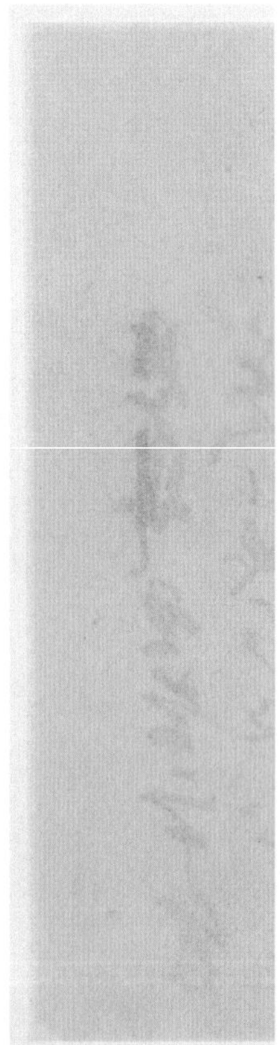

75　一色材延書状　（年未詳）卯月二十八日　一通

〔帖別番号〕四ノ七五

〔料紙〕切紙　斐紙（楮交）　一八・七×四四・四糎　一紙

〔差出〕材延（花押）（一色材延）

〔宛所〕小笠原殿／御返報（小笠原定基）

〔備考〕『信史』永正八年八月二十三日条（巻十、三三五頁）、『信叢』四五頁上段所収。

76　一色材延書状　（年未詳）六月二十四日　一通

〔帖別番号〕四ノ七六

〔料紙〕切紙　斐紙（楮交）　一七・九×四四・九糎　一紙

〔差出〕材延（花押）（一色材延）

〔宛所〕小笠原殿／御返報（小笠原定基）

〔備考〕『信史』永正八年八月二十三日条（巻十、三三六頁）、『信叢』四五頁上段所収。

77

雪江玄固書状　（年未詳）六月二十六日　一通

〔帖別番号〕四ノ七七

〔料紙〕切紙　斐紙（楮交）　一七・九×三六・九糎　一紙

〔差出〕僧玄固（花押）（雪江玄固）

〔宛所〕小笠原殿／人々御中

〔備考〕端裏に切封墨引あり。『信史』永正八年九月二十三日条（巻十、三四二頁）、『信叢』四六頁下段所収。

本文図版縮率一覧

※撮影時に写しこんだスケールにより算出した。

第一帖

帖別番号	縮率(%)
一ノ一	五〇・二
一ノ二	五〇・二
一ノ三	五〇・二
一ノ四	五〇・二
一ノ五	五〇・二
一ノ六	原寸
一ノ七	原寸
一ノ八	八〇・〇
一ノ九	原寸
一ノ一〇	原寸
一ノ一一	五〇・三
一ノ一二	五〇・三
一ノ一三	五〇・二
一ノ一四	五〇・三
一ノ一五	五〇・三
一ノ一六	五〇・二
一ノ一七	原寸
一ノ一八	原寸
一ノ一九	原寸
一ノ二〇	七五・七
一ノ二一	原寸
一ノ二二	四七・八
一ノ二三	五〇・三
一ノ二四	五〇・三
一ノ二五	五〇・三
一ノ二六	五〇・二
一ノ二七	五〇・二
一ノ二八	原寸
一ノ二九	五〇・三
一ノ三〇	六四・八
一ノ三一	五〇・三
一ノ三二	五〇・三
一ノ三三	五〇・三
一ノ三四	五〇・三
一ノ三五	五〇・三
一ノ三六	四八・八
一ノ三七	四九・三
一ノ三八	五〇・三

第二帖

帖別番号	縮率(%)
二ノ一	五〇・五
二ノ二	五〇・五
二ノ三	五〇・五
二ノ四	五〇・五
二ノ五	五〇・五
二ノ六	五〇・五
二ノ七	五〇・五
二ノ八	五六・二
二ノ九	五〇・三
二ノ一〇	五〇・三
二ノ一一	五〇・五
二ノ一二	五〇・五
二ノ一三	四九・三
二ノ一四	四九・三
二ノ一五	五〇・五
二ノ一六	五〇・五
二ノ一七	四九・〇
二ノ一八	五〇・五
二ノ一九	五〇・五
二ノ二〇	四八・五
二ノ二一	四八・三
二ノ二二	四七・三
二ノ二三	四七・八
二ノ二四	五〇・五
二ノ二五	四八・三
二ノ二六	五〇・五
二ノ二七	四九・五
二ノ二八	五〇・五
二ノ二九	四九・七
二ノ三〇	七七・〇
二ノ三一	四六・八
二ノ三二	四九・五

第三帖

帖別番号	縮率(%)
三ノ一	五〇・三
三ノ二	五〇・三
三ノ三	五〇・三
三ノ四	原寸
三ノ五	四六・七
三ノ六	五〇・三
三ノ七	五〇・三
三ノ八	四五・五
三ノ九	五〇・三
三ノ一〇	五〇・三
三ノ一一	五〇・三
三ノ一二	五〇・三
三ノ一三	四九・五
三ノ一四	五〇・三
三ノ一五	四七・八
三ノ一六	五〇・三
三ノ一七	四八・五
三ノ一八	四七・三
三ノ一九	五〇・三
三ノ二〇	五〇・三
三ノ二一	五〇・三
三ノ二二	四六・三
三ノ二三	七五・八
三ノ二四	七五・七
三ノ二五	七五・七
三ノ二六	七五・七
三ノ二七	六八・二
三ノ二八	五〇・三
三ノ二九	五〇・三
三ノ三〇	五〇・三
三ノ三一	七五・七
三ノ三二	原寸
三ノ三三	原寸
三ノ三四	四九・三
三ノ三五	四九・三
三ノ三六	四九・三

第四帖

帖別番号	縮率(%)
四ノ一	五〇・〇
四ノ二	九八・二
四ノ三	六九・七
四ノ四	八七・三
四ノ五	七〇・五
四ノ六	五六・三
四ノ七	六六・五
四ノ八	五〇・七
四ノ九	六六・〇
四ノ一〇	五六・三
四ノ一一	六四・八
四ノ一二	五九・七
四ノ一三	八〇・七
四ノ一四	六四・五
四ノ一五	七五・八
四ノ一六	四六・八
四ノ一七	原寸
四ノ一八	五二・七
四ノ一九	七一・五
四ノ二〇	八九・八
四ノ二一	六三・七
四ノ二二	八九・〇
四ノ二三	九五・五
四ノ二四	五八・七
四ノ二五	八〇・七
四ノ二六	六四・〇
四ノ二七	九〇・八
四ノ二八	原寸
四ノ二九	六八・八
四ノ三〇	五八・二
四ノ三一	八四・〇
四ノ三二	原寸
四ノ三三	四八・三
四ノ三四	六三・三
四ノ三五	七三・二
四ノ三六	六七・八
四ノ三七	六四・五
四ノ三八	七五・三
四ノ三九	七一・三

帖別番号	縮率(%)
四ノ四〇	七〇・八
四ノ四一	七五・〇
四ノ四二	七七・五
四ノ四三	六三・七
四ノ四四	七〇・三
四ノ四五	六六・二
四ノ四六	六七・二
四ノ四七	六二・五
四ノ四八	原寸
四ノ四九	七六・三
四ノ五〇	七〇・七
四ノ五一	七三・八
四ノ五二	八〇・七
四ノ五三	八三・三
四ノ五四	六三・二
四ノ五五	七一・八
四ノ五六	六四・二
四ノ五七	九〇・五
四ノ五八	六六・七
四ノ五九	五六・八
四ノ六〇	四七・二
四ノ六一	五八・五
四ノ六二	五九・二
四ノ六三	五三・二
四ノ六四	六六・三
四ノ六五	六八・〇
四ノ六六	七〇・五
四ノ六七	五三・三
四ノ六八	五七・五
四ノ六九	六五・三
四ノ七〇	七三・三
四ノ七一	六〇・五
四ノ七二	七一・五
四ノ七三	六五・八
四ノ七四	六〇・五
四ノ七五	五七・七
四ノ七六	五六・七
四ノ七七	六七・七

解説執筆
近藤成一
中藤靖之
林　譲
前川祐一郎

撮影
谷　昭佳
中村尚暁

修補
髙島晶彦
中藤靖之
山口悟史

東京大学史料編纂所影印叢書 4　小笠原文書

2008（平成20）年11月28日　初版発行

定価26,250円（本体25,000円＋税5％）

編纂者　東京大学史料編纂所
〒113-0033 東京都文京区本郷7-3-1

発行者　株式会社　八木書店
代表　八木壯一
〒101-0052 東京都千代田区神田小川町3-8
電話 03-3291-2961〔営業〕・2969〔編集〕
Fax 03-3291-6300
Web http://www.books-yagi.co.jp/pub

製版・印刷　天理時報社
製　本　博勝堂
用紙（特漉中性紙）　三菱製紙

ISBN978-4-8406-2504-3